权威·前沿·原创

皮书系列为
"十二五""十三五"国家重点图书出版规划项目

中国社会科学院创新工程学术出版项目

贵州蓝皮书

BLUE BOOK OF GUIZHOU

贵州法治发展报告
（2018）

ANNUAL REPORT ON DEVELOPMENT OF RULE OF LAW IN
GUIZHOU (2018)

主　编／吴大华

社会科学文献出版社
SOCIAL SCIENCES ACADEMIC PRESS（CHINA）

图书在版编目（CIP）数据

贵州法治发展报告 . 2018 / 吴大华主编 . －－北京：
社会科学文献出版社，2018.5
　（贵州蓝皮书）
　ISBN 978 - 7 - 5201 - 2346 - 4

Ⅰ.①贵…　Ⅱ.①吴…　Ⅲ.①社会主义法制－研究报
告－贵州－2018　Ⅳ.①D927.73

中国版本图书馆 CIP 数据核字（2018）第 040996 号

贵州蓝皮书
贵州法治发展报告（2018）

主　　编 / 吴大华

出 版 人 / 谢寿光
项目统筹 / 邓泳红　陈　颖
责任编辑 / 薛铭洁　桂　芳

出　　版 / 社会科学文献出版社·皮书出版分社（010）59367127
　　　　　　地址：北京市北三环中路甲 29 号院华龙大厦　邮编：100029
　　　　　　网址：www. ssap. com. cn
发　　行 / 市场营销中心（010）59367081　59367018
印　　装 / 三河市龙林印务有限公司

规　　格 / 开　本：787mm × 1092mm　1/16
　　　　　　印　张：26.25　字　数：398 千字
版　　次 / 2018 年 5 月第 1 版　2018 年 5 月第 1 次印刷
书　　号 / ISBN 978 - 7 - 5201 - 2346 - 4
定　　价 / 98.00 元

皮书序列号 / PSN B - 2012 - 254 - 2/12

贵州蓝皮书·法治卷编委会

主要编撰者简介

吴大华 男，1963 年生，侗族，法学博士后，经济学博士后；贵州省社会科学院院长，贵州省法治研究与评估中心主任，贵州省社会科学院大数据政策法律创新研究中心主任；二级研究员，华南理工大学、云南大学、贵州民族大学、贵州师范大学博士生导师；国家哲学社会科学"万人计划"领军人才、全国文化名家暨"四个一批"人才、国务院政府特殊津贴专家、贵州省核心专家。主要研究方向：刑法学、民族法学（法律人类学）、犯罪学、马克思主义法学、循环经济。主要社会兼职：中国法学会常务理事、中国世界民族学会副会长、中国法学会民族法学研究会常务副会长、中国人类学民族学研究会副会长暨法律人类学专业委员会主任委员、中国犯罪学研究会常务理事、中国刑法学研究会常务理事、贵州省法学会副会长兼学术委员会主任、贵阳仲裁委员会副主任，国家民委法律顾问以及贵州省人大常委会、贵州省人民政府法律顾问室、贵州省高级人民法院、贵州省人民检察院咨询专家。

先后出版《中国少数民族犯罪及对策研究》《依法治省方略研究》等专著 13 部，合著《法治中国视野下的政法工作研究》《侗族习惯法研究》等 35 部，主编著作 23 部；发表法学论（译）文 300 余篇；主持国家社会科学基金重大项目"建设社会主义民族法治体系、维护民族大团结研究"、中宣部"马工程"重点课题暨国家哲学社会科学重点项目"贵州省牢牢守住生态与发展两条底线研究""贵州省建设国家大数据综合试验区实践经验研究"、国家社会科学基金重点项目"中国共产党民族法制思想研究"等国家级科研课题 6 项；"中国少数民族传统法律文化及其现代转型研究"等省部级科研课题 10 余项。

王　飞　男，1973 年生，汉族，贵州省社会科学院法律研究所所长，研究员，法学博士，兼任贵州省法治研究与评估中心研究员，贵州师范大学、贵州民族大学硕士生导师，国家民委首届民族问题研究中青年专家、贵州省人民政府特殊津贴专家、贵州省甲秀文化人才。主要研究方向：刑事法学、民族法学、地方法制。主要社会兼职：中国人类学民族学研究会法律人类学专业委员会副主任委员。主持国家社科基金课题 1 项，出版《犯罪与矫正——对两所监狱少数民族服刑人员的法律人类学考察》等专著 2 部，发表《论少数民族习惯法的自主发展与人权保障》《关于城市少数民族流动人口权益保障的思考》等学术论文 50 余篇。

潘志成　男，1981 年生，汉族，贵州民族大学法学院教授，硕士生导师，法学博士，中国社会科学院法学研究所·贵州省社会科学院博士后，兼任贵州省法治研究与评估中心研究员。主要研究方向：法律史学、民族法学。主要社会兼职：中国人类学民族学研究会法律人类学专业委员会秘书长。出版《西南民族传统法文化的历史与现状考察》《清代贵州苗疆的法律控制与地域秩序》专著 2 部，合著或副主编著作 10 部，发表学术论文 20 余篇，主持或参与国家级、省部级课题 5 项。

摘　要

本报告立足于贵州省人大常委会法工委、省高级人民法院、省人民检察院、省政府法制办、省司法厅、省公安厅等有关部门的资料,关注贵州省法治建设和依法治省的重大举措,全面反映 2017 年贵州省法治发展的进程,深入解读其中的重点、难点和热点问题,对贵州省今后的法治发展形势予以分析,并在此基础上提出对策建议。

本报告认为,2017 年以来,贵州省地方法治建设紧密围绕贵州省委重大决策部署,取得了多方面的成就,科学立法工作取得新成效,法治政府建设持续推进,司法改革取得突出成就,生态文明法治建设稳步发展,为服务全省经济跨越发展、维护社会公平正义、促进社会和谐稳定营造了良好的法治环境。

针对当前贵州省在法治建设中面临的突出矛盾和问题,本报告提出了进一步推动贵州地方法治建设的对策建议:其一,进一步完善扶贫领域相关立法,深化条例宣传落实,健全监管和考评机制,助推精准扶贫,决胜脱贫攻坚;其二,推进大数据战略法规落地,探索国家大数据(贵州)综合试验区、国家生态文明试验区、贵州内陆开放型经济试验区三大国家级试验区政策法规协同与叠加,建设国家级大数据综合试验区;其三,完善生态文明法治"四梁八柱",探索可复制可推广的生态文明法治建设重大制度成果,打造生态文明法治建设示范区;其四,促进大健康法治建设,服务康养贵州;其五,创新法治保障举措,强化依法治旅、依法兴旅,适应全域旅游的发展需要,服务大旅游战略行动;其六,以法治建设优化政务环境和市场环境,助力大开放战略行动;其七,推进文化建设法治化,依法弘扬民族特色文化,依法振兴文化产业,健全公共文化服务体系,依法规范文化市场管理,助推民族特色文化强省;其八,加强社会民生领域立法,建设法治贵州。

Abstract

Based on the relevant data collected from such departments as People's Standing Congress Committee of Legal Affairs of Guizhou Province, People's High Court of Guizhou Province, People's Procuratorate of Guizhou Province, Legislative Affairs Office of Provincial Government of Guizhou, Justice Department of Guizhou and Department of Public Security of Guizhou, this report is concentrated on the major initiatives of the development of the rule of law and the law-based governance in Guizhou Province. Having analyzed the important, difficult and hot issues with a full reflection of the progress in promoting the rule of law in 2017 and predicting future development of the rule of law in Guizhou, this report proposes some suggestions.

It is held in this report that the local construction of the rule of law in Guizhou Province has been carried out closely around the major decisions of the provincial committee and provincial government, and that the achievement has been obtained, concerning the improvement of local legislation, steady pushing forward of the construction of law-based government and development of judicial reform, and rule of law in the field of ecology civilization. Favorable legal environment has been created to serve the leaping-forward economy development, to maintain the social fairness and justice and to ensure the harmonious development.

In view of the current prominent contradictions and problems facing the construction of the rule of law in Guizhou Province, this report has put forward some suggestion. Firstly, local legislation concerning poverty alleviation should be further improved, and such mechanisms regarding publicity, supervision and evaluation should be optimized to facilitate targeted poverty alleviation. Secondly, the regulations and policies concerning Big Data should be implemented in the construction of National Comprehensive Experimental Zone of Big Data. Thirdly, rule of law should be developed concerning all aspects in ecology civilization construction, in order to obtain the experiences with replicability and credibility. Fourthly, the rule of law in health industry should be developed. Fifthly, innovative countermeasures should be adopted to serve the goal of Big Tourism Strategy. Sixthly, environment concerning government affairs and the market should be optimized through the development of the rule of law, in order to facilitate the Opening Strategy. Seventhly, it is also important to promote the rule of law in culture industry. Finally, the legislation regarding people's livelihood should be improved.

目　录

Ⅰ　总报告

Ⅱ　专题研究报告

Ⅲ 调研报告

Ⅳ　附录

皮书数据库阅读**使用指南**

CONTENTS

I General Report

II Special Reports

CONTENTS ↖↘

Ⅲ Investigation Reports

Ⅳ Appendices

总 报 告

General Report

B.1

2017~2018年贵州法治发展现状及对策*

贵州省社会科学院课题组**

摘　要：　　2017年以来，围绕省委重大决策部署，贵州省在立法工作、法

* 本文系贵州省社会科学院2018年创新工程创新团队项目"法学理论与应用研究"成果，贵州省法治研究与评估中心项目成果。

** 课题组成员：吴大华，贵州省社会科学院院长，贵州省法治研究与评估中心主任，二级研究员，法学博士、博士生导师；潘善斌，贵州民族大学法学院教授，贵州省法治研究与评估中心研究员，法学博士；王飞，贵州省社会科学院法律研究所研究员，贵州省法治研究与评估中心研究员，法学博士；潘志成，贵州民族大学法学院教授，贵州省法治研究与评估中心研究员，法学博士，中国社会科学院法学研究所·贵州省社会科学院博士后；胡长兵，贵州省社会科学院法律研究所副研究员，贵州省法治研究与评估中心研究员，法学博士；张帆，贵州民族大学法学院教授，法学博士，贵州省法治研究与评估中心研究员；郭婧，贵州民族大学副教授，贵州省法治研究与评估中心研究员，法学博士；张可，贵州省社会科学院法律研究所副研究员，贵州省法治研究与评估中心研究员，法学博士；孟庆艳，贵州省社会科学院法律研究所副研究员、贵州省法治研究与评估中心研究员；吴月冠，贵州省社会科学院大数据政策法律创新研究中心副主任，副研究员；贾梦嫣，贵州省社会科学院法律研究所副研究员、贵州省法治研究与评估中心研究员；胡月军，贵州省社会科学院法律研究所副研究员，贵州省法治研究与评估中心研究员；王向南，贵州省社会科学院法律研究所研究实习员。

治政府建设、审判工作、检察工作、司法行政工作等领域取得了多方面的成就，为服务全省经济跨越发展、维护社会公平正义、促进社会和谐稳定营造了良好的法治环境。报告对2017 ~ 2018年度贵州地方法治发展的基本情况进行了总结，并在此基础上就法治助推精准扶贫、推进大数据战略法规落地、完善生态文明法治"四梁八柱"、促进大健康法治建设、创新旅游法治保障举措、优化发展环境、推进文化建设法治化、加强社会民生领域立法等问题提出了进一步推动贵州法治建设的对策建议。

关键词： 贵州　法治发展　法治环境

一　2017 ~2018年度贵州地方法治发展的基本情况

（一）科学立法工作取得新成效

2017年，贵州省人大常委会紧紧围绕省委重大决策部署，坚持问题和需求导向，着力提高立法的针对性和精准度；坚持人大主导，着力强化对立法选项的统筹作用；坚持科学立法，着力发挥立法的引领和推动作用；坚持民主立法，着力提升人民群众对立法工作的参与度、认同感。在立法工作中，既尊重各方面立法需求，也坚持急用先立原则，并考虑了立法任务的相对平衡；既保持省人大常委会自身立法工作力度不减，也考虑了9个市（州）新获得立法权后，批准市（州）法规工作量成倍增加的实际情况；既注重立法的必要性、可行性和成熟程度，也适当考虑了完成审议项目的现实性和客观条件。

一年来，贵州省人大常委会紧扣全省经济社会发展重点领域和重大问题，涉及实施大扶贫大数据大生态战略行动、促进大旅游大健康大开放发展，深化政府"放管服"改革，推进生态文明试验区、大数据综合试验区、内陆开放型经济试验区建设，决战脱贫攻坚、决胜全面小康，切实在保障和改善民生等方面开展地方性法规的立、改、废、释及批准工作。全年立、改、废及批准法规总计78部，其中由贵州省人大常委会制定的地方性法规9部、全面修改6部、部分条款修改25部、废止法规7部，批准全省9个市（州）及自治县新制定法规8部、部分条款修改法规7部、废止16部。上述各项工作，体现了贵州省人大常委会在立法工作中量力而行、控制数量、提高质量的要求，并为进一步推进法治贵州建设提供了强有力的保障。

1. 制定的地方性法规

2017年贵州省人大常委会制定的地方性法规，主要体现在以下几个领域。一是在经济立法方面，制定了《贵州省古茶树保护条例》《贵州省外来投资服务和保障条例》两部地方性法规，推动贵州省经济平稳健康发展。二是在社会和文化立法方面，制定了《贵州省民族乡保护和发展条例》《贵州省传统村落保护和发展条例》《贵州省未成年人家庭教育促进条例》《贵州省文明行为促进条例》4部地方性法规，积极回应了人民群众的立法诉求。三是在生态立法方面，制定了《贵州省环境噪声污染防治条例》《贵州省人工影响天气条例》《贵州省水污染防治条例》3部地方性法规，同时制定了《贵州省人民代表大会常务委员会关于大气污染物和水污染物环境保护税适用税额的决定》，已逐步建立了适应国家生态文明试验区可推广、可复制的地方生态环境法规体系。

2. 修改废止的地方性法规

2017年，对《贵州省预算审查监督条例》《贵州省统计管理条例》《贵州省食品安全条例》《贵州省动物防疫条例》《贵州省促进科技成果转化条例》《贵州省安全生产条例》6部地方性法规进行了全面修改。同时废止了1997年制定的《贵州省促进科技成果转化条例》、2000年制定的《贵州省统计管理条例》、2002年制定的《贵州省省级预算审查监督条例》、2004年制定的《贵州省动物防疫条例》、2004年制定的《贵州省外来投资者权益保障条例》、2006年制定的《贵州省安全生产条例》、2012年制定的《贵州省食品安全条例》。

另外，对由贵州省人大常委会制定并已颁布实施的《贵州省建筑市场管理条例》《贵州省风景名胜区条例》《贵州省城乡规划条例》《贵州省合同监督条例》《贵州省信息化条例》《贵州省水路交通管理条例》《贵州省节约能源条例》《贵州省政府投资建设项目审计监督条例》《贵州省食盐管理条例》《贵州省人民防空条例》《贵州省殡葬管理条例》《贵州省安全技术防范管理条例》《贵州省文物保护条例》《贵州省体育条例》《贵州省档案条例》《贵州省森林条例》《贵州省森林公园管理条例》《贵州省土地整治条例》《贵州省地质环境管理条例》《贵州省土地管理条例》《贵州省防震减灾条例》《贵州省防洪条例》《贵州省实施〈中华人民共和国水法〉办法》《贵州省农产品质量安全条例》《贵州省气候资源开发利用和保护条例》25 部地方性法规的部分条款进行了修改，使这些法规更适应贵州地方经济社会的发展。

3. 批准的地方性法规

2017 年，贵州省人大常委会依职权批准全省 9 个市（州）及自治县立、改、废法规共计 31 部，具体如下：一是批准《贵阳市政府数据共享开放条例》《六盘水市水城河保护条例》《毕节市饮用水水源保护条例》《黔东南苗族侗族自治州立法条例》《黔东南苗族侗族自治州农村消防条例》《铜仁市锦江流域保护条例》《安顺市虹山湖公园管理条例》《道真仡佬族苗族自治县城镇绿化管理条例》8 部法规由各地人大常委会颁布实施；二是批准《贵阳市城镇养犬规定》《贵阳市环境噪声污染防治规定》《贵阳市城市市容和环境卫生管理办法》《贵阳市房屋使用安全管理条例》《贵阳市水库管理办法》《贵阳市绿化条例》《贵阳市环城林带建设保护办法》7 部法规部分条款的修改；三是批准《贵阳市产品质量监督管理办法》《贵阳市价格监督检查条例》《贵阳市促进非公有制经济发展办法》《贵阳市企业国有产权交易管理办法》《贵阳市建设循环经济生态城市条例》《贵阳市城市房地产管理办法》《贵阳市建筑市场管理办法》《贵阳市村镇规划建设管理办法》《贵阳市房屋拆迁管理办法》《贵阳市房屋登记条例》《贵阳市职业教育规定》《贵阳市科技成果作价出资与提成办法》《贵阳市中小学生人身伤害事故预防与处理条例》《贵阳市道路货物运输管理办法》《贵阳市防雷减灾办法》《贵阳市劳动力市场管理规定》16 部法规废止。

（二）法治政府建设持续推进

1. 为贵州省法治政府建设划定总体蓝图

根据国务院《法治政府建设实施纲要（2015～2020年)》及相关文件要求，出台了《贵州省法治政府建设实施方案（2017～2020年)》，提出"到2020年与全国同步基本建成职能科学、权责法定、执法严明、公开公正、廉洁高效、守法诚信的法治政府，实现政府职能依法全面履行，依法行政制度体系完备，行政决策科学民主合法，宪法法律严格公正实施，行政权力规范透明运行，人民权益切实有效保障，依法行政能力普遍提高"的法治政府建设目标，并对"依法全面履行政府职能""完善依法行政制度体系""推进行政决策科学化、民主化、法治化""坚持严格规范公正文明执法""强化对行政权力的制约和监督""依法有效化解社会矛盾纠纷""全面提高政府工作人员法治思维和依法行政能力""落实组织保障"8个大项111个小项提出具体工作要求，为贵州省法治政府建设划定总体蓝图。

2. 通过政府立法工作保障全省经济社会发展

一是制定地方立法、评估和监督规定，创新立法工作。制定《贵州省人民政府起草地方性法规草案和制定省政府规章程序规定》，印发实施《贵州省政府立法第三方起草和评估办法》；对《贵州省水污染防治条例》《贵州省停车泊位管理办法》等进行委托立法；在全国省级政府层面率先建立立法协商制度；2017年通过网络、报刊、微信公众号等方式，开展"明年立啥法，请您来发声"的立法计划网络投票活动。

二是以政府立法服务全省经济社会发展。根据2017年计划，完成地方性法规草案35件、省政府规章草案23件，修改地方性法规33件、省政府规章15件。其中，起草的《贵州省传统村落保护和发展条例》是全国第一部保护发展传统村落的地方性法规；指导制定的《毕节市饮用水水源保护条例》是全省第一步保护集中式饮用水水源的地方法规。

3. 进一步推进规范性文件审查、监督、清理等工作

一是继续推进规范性文件的审查、监督工作。省政府法制办对省政府及

省政府办公厅拟指定的 426 件规范性文件进行前置合法性审查,对各市(州)政府和省直部门报送的 1368 件规范性文件进行审查,完成公民、法人和其他组织提出的规范性文件审查建议事项 42 件。

二是积极推进"三清理"工作。对"放管服"改革涉及以及不符合生态文明建设和环境保护、《法治政府建设实施纲要(2015～2020 年)》要求的三类法规、规章、规范性文件进行集中清理。共清理 1979～2016 年省政府、省政府办公厅规范性文件 938 件,决定废止 210 件,宣布失效 104 件,决定修改 46 件,保留 578 件。清理影响公平竞争的优惠政策规定,其中取消 1092 件,宣布失效 113 件,废止 175 件,修改 69 件。清理涉及招投标规范性文件 176 件,保留 31 件,修改或者废止 129 件。

4. 行政执法工作取得阶段性成果

一是 2017 年,毕节市、贵安新区被确定为全国"三项制度"改革试点地区。9 月初,在全国三项制度试点工作中期推介会上,贵州省"三项制度"试点改革相关经验得到充分肯定并获《贵州日报》、人民网、国务院法制办门户网站等重要媒体宣传报道。通过试点改革,"三项制度"试点工作在信息公开、程序规范、法制审核方面取得阶段性成果。

二是研发"贵州省行政执法管理系统",利用大数据对信息填报、资格审定、证件年审等进行信息化管理,创新行政执法人员资格管理方式。

5. 总结推广贵州政务"五全服务"模式,促进政府职能转变

2016 年,贵州省在全国"互联网＋政务服务"试点工作中的突出表现,被国务院办公厅概括为"符合西部地区经济社会和电子政务发展的政务服务'贵州模式'"。2017 年 6 月,贵州省再次被确定为 2017 年全国四个"互联网＋政务服务"综合试点示范省之一,有力推进了全省市县级政务服务中心标准化建设,促进"五全服务"模式向基层延伸,并印发实施《贵州省实体政务大厅和网上办事大厅标准化建设与服务规范》。

6. 抓好"关键少数",以督察考核促法治政府建设

一是根据《关于开展〈法治政府建设实施纲要(2015～2020 年)〉等重要改革举措贯彻落实情况实地督察工作的通知》,抽调省有关单位工作人

员组成督察组，分赴全省各地各单位进行实地督查。

二是继续深入推进依法行政自查和考核工作。自 2007 年以来，经过十多年的探索实践，各地各部门基本上都把法治建设作为衡量领导班子和领导干部工作实绩的重要内容。

7. 继续大力推进"法治毕节"创建工作

毕节是"法治贵州"创建的首个试点城市。2015 年以来，毕节市以"六大工程"为依托，积极推进"法治毕节"创建工作，各项工作取得明显成效。截至 2017 年底，毕节市"法制乡镇长"创建已经全部完成，行政执法信息平台已经投入运行，执法行为日益规范；全年行政机关负责人行政诉讼出庭应诉率为 58.3%，行政机关败诉率同比下降至 6.25%；省政府法制办 50 项创建任务、毕节市 59 项法治政府工程创建任务、赫章县 333 项法治创建任务均按时间进度完成或预期完成。此外，在毕节市和贵安新区开展了行政执法公示、行政执法全过程记录、重大执法决定法制审核制度改革试点。

（三）司法改革取得突出成就

2017 年，习近平总书记强调，司法体制改革在全面深化改革、全面依法治国中居于重要地位，对推进国家治理体系和治理能力现代化意义重大。全国政法机关要按照党中央要求，坚定不移推进司法体制改革，坚定不移走中国特色社会主义法治道路。习近平总书记指出，党的十八大以来，政法战线坚持正确改革方向，敢于啃硬骨头、涉险滩、闯难关，做成了想了很多年、讲了很多年但没有做成的改革，司法公信力不断提升，对维护社会公平正义发挥了重要作用。要遵循司法规律，把深化司法体制改革和现代科技应用结合起来，不断完善和发展中国特色社会主义司法制度。要全面落实司法责任制，深入推进以审判为中心的刑事诉讼制度改革，开展综合配套改革试点，提升改革整体效能。要统筹推进公安改革、国家安全机关改革、司法行政改革，提高维护社会大局稳定、促进社会公平正义、保障人民安居乐业的能力。各级党委要加强领导，研究解决重大问题，为推进司法体制改革提供有力保障。①

2017年7月10日，全国司法体制改革推进会在贵州省贵阳市召开。时任中共中央政治局委员、中央政法委书记孟建柱在会上传达习近平重要指示并讲话。其间，举行全国公安厅局长座谈会、全国高级法院院长座谈会、大检察官研讨班、全国政法委书记座谈会。大会介绍了贵州司法体制改革经验，播放贵州司改专题片并印发《贵州政法工作汇报材料》，贵州司法体制改革交上合格的"答卷"。

1. 积极推进司法体制四项改革试点

一是司法人员分类改革基本完成。按照中央确定的法官检察官员额比例控制在政法专项编制39%以下并预留员额10%的要求，截至2017年底，全省99个法院共遴选员额法官2742名，占中央政法专项编制的28.09%；100个检察院共遴选员额检察官2125名，占中央政法专项编制的32.61%。遴选后各类人员到位履职，入额法官检察官均在一线办案。

二是司法办案责任制逐步落实。全省99个法院全部调整了内设机构，89个县级检察院全面开展内设机构改革，组建新型办案团队，一线办案力量大幅度增加。全省法院检察院超过85%以上的力量投入办案工作。全省法院99%的裁判文书已由主审法官签发，全省检察院90%以上的案件已由主任（独任）检察官决定和审批，改革质效明显提升。2017年10月，成立了贵州省法官惩戒委员会、贵州省检察官惩戒委员会，将对故意违反职责、存在重大过失的当事法官检察官提出审查意见。

三是司法人员保障制兑现落地。按照改革后法检系统增资不低于全国平均水平的总体要求，贵州省于2016年11月底完成全省法官检察官单独职务序列等级评定套改，在全国率先兑现到位员额法官检察官改革后的基本工资和绩效考核奖金。

四是经费资产统管稳步推进。根据贵州省实际情况，暂将市、县两级法

---

① 《习近平对司法体制改革作出重要指示强调：坚定不移推进司法体制改革，坚定不移走中国特色社会主义法治道路》，《人民日报》2017年7月11日第1版。

院检察院经费资产交由市级统一管理，条件成熟后再收归省级管理。2017年5月底，市级统管已经落实到位，法院检察院公用经费保障标准均有较大提高。

2.积极探索运用大数据助推相关审判、检察、侦查制度改革

一是构建知识图谱和数字画像，为公诉出庭提供智力支撑。省检察院根据案件定罪要素、量刑要素、证据材料、证据要求构建犯罪构成的知识图谱，将案件中犯罪事实情节和证据材料按照案件要素和证据两个维度进行数字化分解和关联分析，得到犯罪事实、犯罪嫌疑人的数字画像，为案件办理提供可靠的依据。目前，已完成对故意伤害、故意杀人、盗窃、抢劫四类犯罪13万余件案件的知识图谱构建。

二是建立"智能笔录云平台"，助推警务效能大提升。黔东南州公安局开发运用"智能笔录云平台"，实现交叉签名、笔录雷同、超时询问查证、必问项目不全等一键自动检测和预警。刑事笔录质量受到检法两院一致好评。

三是研发"网上换押案管系统"，实现网上换押。安顺市平坝区公安局开发运用"网上换押案管系统"，在公、检、法、看守所四部门实现网上换押，并将换押提醒以短信方式发送到接收部门，大大缩短了换押时间，避免了人力、物力、财力的损耗，极大地提高了工作效率。

3.积极推进以审判为中心的诉讼制度改革

制定《关于推进以审判为中心的刑事诉讼制度改革的实施意见》和实施方案，积极推进庭审实质化，全面贯彻证据裁判原则。按照刑事司法规律，结合贵州实际，出台《刑事案件基本证据要求》，首次实现全省公检法适用统一的证据标准，改变了以前"公检法三家各有证据标准"的状况。贵阳市委政法委充分发挥大数据先发优势，统筹法院、检察院和公安局，在上级相关部门的指导下对五类刑事案件证据制定了统一适用的标准指引，并构建证据指引数学模型，以最先进的理念、技术和模式开发建设"贵阳政法大数据办案系统"，创新推进以审判为中心的诉讼制度改革，实现"四个转变"，即由"抓人破案"向"证据定案"转变、由人力跑腿向网上传输转变、由人工审查向智能审查转变、由制度约束向数据监督转变，这些举措有

效促进了执法司法工作的智能化、精细化和科学化，维护了司法公正，提高了办案效率，强化了权力监督。使广大法官检察官把大量精力从简单、重复、基础的证据审查工作中解脱出来，更多地投入到对关键证据的审查，有效缓解了"案多人少"的矛盾。

4. 积极完善司法权力运行机制改革

一是制定《关于办理及审批公益诉讼案件的工作规定（试行）》，明确办案要点、审查期限、审批流程，对全省公益诉讼办案工作进行规范。截至2017年6月30日（全国人大常委会批准两年试点截止时间），全省各试点院发现公益诉讼线索2091件（民事36件、行政2055件），已履行诉前程序1528件（民事18件、行政1510件），向法院提起诉讼153件。全省提起公益诉讼案件数、发现线索数、诉前检察建议数、省院审查批复数、法院审结数、基层院解决空白率及参与土壤污染防治专项，七项均名列全国第一。其中，六盘水市六枝特区检察院诉安顺市镇宁布依族苗族自治县丁旗镇政府案是全国首例跨行政区划管辖案件，入选最高人民法院2017年十大环境公益诉讼典型案例。

二是下发《关于加快推进失信被执行人信用监督、警示和惩戒机制建设的实施意见》，要求全省各级部门及其他机构按照职责分工负责实施信用监督、警示和惩戒措施，法院通过全国法院失信被执行人名单信息公布与查询平台、有关网站、移动客户端、户外媒体等多种形式向社会公开，实行联合惩戒，促使被执行人自觉履行生效裁判文书确定的义务，提高司法公信力，推进社会信用体系建设。

三是以福泉市法院被确定为"多元化纠纷解决机制改革示范法院"为契机，创新推进多元化纠纷解决机制，完善民事、家事案件前置调解程序，确保大量案件在诉前分流、审前分流。贵阳市两级法院建立职业律师、法学专家、退休法官、人大代表、政协委员等参与调解的工作机制，建立多元调解与司法确认对接机制，发挥司法确认"不收费、抗反悔、可执行、促效率"的制度优势。凯里市创新"九小工作法"，即"排查小隐患、控制小苗头、化解小纠纷、办理小事务、整治小环境、收集小信息、解决小困难、推进小宣传、提供小服务"，创造性提出"六调做法"，即"专家、行业、五老、民俗、社会、联动"，有效促进矛盾纠纷解决，实现"案结事好"。

5. 积极推进司法其他领域改革

一是深入推进社区矫正制度改革。大力推进县级社区矫正中心建设，全省共建成13个矫正中心，灵活采取一室多用、共享设置、相互协调的功能区域和人员管理形式，切实提高监管教育水平。

二是有效拓宽法律援助范围。印发《关于建立申诉案件法律援助工作机制的意见》，明确申诉人如经济困难，可以向相应的法律援助机构申请法律援助，充分保障当事人依法行使申诉权利，积极发挥法律援助化解社会矛盾纠纷的作用。

三是深化律师制度改革。印发《关于深化律师制度改革的实施意见》，对推进贵州律师制度改革工作作出全面部署，就发展壮大律师队伍、保障律师执业权利、规范律师执业行为等方面提出29项改革措施，为新形势下律师制度改革工作提供了重要遵循。

（四）生态文明法治建设稳步发展

2017年10月，中共中央办公厅、国务院办公厅印发《国家生态文明试验区（贵州）实施方案》，确立贵州打造"生态文明法治建设示范区"的战略定位。一年来，贵州生态文明建设重点领域立法步伐不断加快。全省生态文明法规规章体系框架基本拟定，与贵州省国家生态文明试验区建设相适应的法规框架基本成型。其中较为重要的略举如下。

一是围绕环境噪声、水污染防治等进行立法。2017年9月30日贵州省第十二届人民代表大会常务委员会第三十一次会议通过《贵州省环境噪声污染防治条例》，该条例是贵州省首部治理噪声污染的地方性法规。该条例在噪声污染防治诸多方面作了突破性规定，贯彻落实了党中央、国务院和省委关于生态文明建设的重大决策部署，固化了实践中被证明行之有效的监督工作机制，强化了环境噪声污染监督的权威性和严肃性，为进一步提升环境噪声污染监督效能，提供了有力的法律保障。2017年9月30日贵州省第十二届人民代表大会常务委员会第三十一次会议表决通过了《贵州省环境保护税具体适用税额方案》，有效推动《中华人民共和国环境保护税法》在贵州的实施。2017年11月30日贵州省第十二届人民代表大会常务委员会第三十二次会议通过《贵州省水污染防治条例》，该条例适用于贵州省行政区域内的江河、湖泊、水库、渠道、塘堰、水井等地表水体和地下水体的污染防治。加强了饮用水水源和地下水保护，强化了农业和农村水污染防治，建立了水环境质量监测和水污染物排放监测制度。

二是市（州）生态文明建设立法工作稳步开展。如2017年3月30日贵州省第十二届人民代表大会常务委员会第二十七次会议决定批准的《六盘水市水城河保护条例》《毕节市饮用水水源保护条例》《道真仡佬族苗族自治县城镇绿化管理条例》，2017年8月3日贵州省第十二届人民代表大会常务委员会第二十九次会议决定批准的《铜仁市锦江流域保护条例》《安顺市虹山湖公园管理条例》等。

三是开展《贵州省赤水河流域保护条例》立法后评估。赤水河被誉为"生态河、美景河、美酒河、英雄河"，是全国唯一干流无水坝的长江一级支流。2011年，贵州省人大常委会制定出台《贵州省赤水河流域保护条例》。2017年7月，贵州省人大常委会开展对该条例的立法后评估工作，对该条例文本的科学性、可操作性、有效性等做出综合评价，与国家新出台的水污染防治法、国家"水十条"等法律和行政法规进行梳理对照，及时总结贵州省地方立法工作和法规实施工作经验，为法规的修改完善提供参考依据，进一步加强和改进全省地方立法工作。贵州省人大常委会开展立法后评估尚属首次；跨地域多方参与，对一部地方性法规进行评估，这在全国也属首次。

四是切实抓好中央环保督察反馈问题整改工作。2017年4月26日至5月26日，中央第七环境保护督察组对贵州省开展了为期一个月的环境保护督察，并于2017年8月1日正式向贵州省反馈督察意见。贵州省委、省政府对此高度重视，及时研究制定了《贵州省贯彻落实中央第七环境保护督察组督察贵州反馈意见整改方案》，全面部署开展整改落实工作。针对中央环境保护督察组反馈意见，梳理分解列出72项具体整改措施清单，分类推进整改，逐一明确整改责任单位、整改目标、整改时限和整改措施，将具体整改责任落实到省有关部门和10个地级市（州）党委、政府，党工委、管委会。

二 进一步推动贵州法治建设的对策建议

（一）助推精准扶贫，决胜脱贫攻坚

2016年《贵州省大扶贫条例》（以下简称《扶贫条例》）出台后，得到时任中央政治局委员、国务院副总理，现任中央政治局常委、全国政协主席汪洋同志的充分肯定，并将其作为以扶贫战略法治思维和法治方式推进扶贫工作的典范，以及全国扶贫系统学习的参考。2017年，贵州省深入学习贯彻习近平新时代中国特色社会主义扶贫思想，把决战脱贫作为首要工作；认真贯彻实施《扶贫条例》，以法治思维和法治方式推进工作，脱贫攻坚取得显著成效。第一，自《扶贫条例》2016年11月正式实施后，贵州省相继出台了11件涉及扶贫领域的法规、规章、规范性的文件。《贵州省教育精准扶贫学生资助实施办法》对符合条件的贵州省内农村户籍建档立卡贫困户子女实施精准扶贫资助项目，并对项目资助对象、类别、标准、时限、方式、程序以及保障措施进行详细规定。《贵州省民族乡保护和发展条例》对支持民族乡扶贫开发、产业发展、旅游开发、移民搬迁、金融服务、基础设施建设、农业结构调整、电子商务发展等做出明确规定。《贵州省人民政府扶贫专线办理办法》具体明确了专线受理范围、责任主体、办理流程与考评措施。《贵州省传统村落保护和发展条例》要求政府扶贫开发部门与其他部门共同做好传统村落保护和发展工作；传统村落保护和发展规划应当与扶贫开发等有关规划相互融合；易地扶贫搬迁传统村落时，对村民所有的建（构）筑物处理应尊重村民意愿，并做出约定。《贵州省未成年人家庭教育促进条例》强调给予留守儿童家庭、特殊困境家庭、流动人口家庭更多的关爱和家庭教育指导服务，并作专章规定。《贵州省外来投资服务和保障条

例》用法律的形式保障外来投资者的权利，规范政府的帮扶义务，促进省内贫困地区的外来投资，打消外来投资者来黔投资的顾虑，拉动贫困地区经济发展。《贵州省人民政府关于支持民族自治县和民族乡加快发展若干政策措施的意见》就贵州省少数民族地区的发展问题提出了25项具体措施。第二，在《扶贫条例》宣传、普及方面，各部门通过领导干部带头、发展培训班等方式，进行宣传贯彻和教育培训工作；各地通过电视专栏、报刊、网络等媒体，向社会广泛宣传《扶贫条例》。第三，在扶贫监督与司法方面，各级政府按照《扶贫条例》建立健全督查机制，严肃责任追究，严厉查处腐败。2017年，贵州省检察机关开展集中整治和加强预防扶贫领域职务犯罪专项工作。其中，重点查办截留、挪用、骗取扶贫资金职务犯罪1775件、2955人；3件案件入选全国检察机关集中整治扶贫领域职务犯罪专项工作精品案例。第四，在立法后评价方面，2017年7月至9月，贵州省人大常委会执法检查组分十个小组，由副主任和秘书长带队，分别对九个市（州）和贵安新区进行《扶贫条例》实施情况检查，并形成检查工作报告提交省人大常委会审议。2018年是贵州省决战脱贫攻坚、决胜全面小康至关重要的一年。这对贵州省大扶贫法治建设提出了更高的要求。

1. 总结贵州地方经验，为国家反贫困综合立法提供借鉴

目前，我国在精准扶贫领域发挥重要指导规范作用的是国务院2014年出台的《社会救助暂行办法》及国务院各部门的规章、规范性文件。地方性的扶贫法规近年相继出台。但这些法律文件在效力层次上还是略低。扶贫工作涉及面广，形式灵活，政策多变。相较于法律的长期性与稳定性，规范性文件和政策对此都是较为缺乏的，影响了地方之间与地方政府各部门之间在精准扶贫中对"精准"的理解和使用。因此，从长远来看，贵州省《扶贫条例》及其配套制度的建立健全有助于为我国反贫困综合立法的出台提供地方经验，助推我国反贫困法制体系建设。

2. 完善相关配套法规与规范性文件，健全贵州省扶贫法制体系

（1）完善特困人群脱贫的法律保障

2017年，我国修订了《残疾人教育条例》，并印发了《贫困残疾人脱贫

攻坚行动计划（2016～2020年)》。《贵州省残疾人保障条例》于2014年通过并实施。2013年，贵州省人民政府印发了《贵州省残疾人就业办法》；2016年，印发《贵州省困难残疾人生活补贴和重度残疾人护理补贴制度实施办法》。下一步，贵州省不仅应根据当前发展政策与需要，及时修订《贵州省残疾人保障条例》，还需对贫困残疾人的脱贫政策予以制度化。

（2）加强"大扶贫＋大数据""大扶贫＋大生态"战略结合型的立法

第一，在"大扶贫＋大数据"战略结合型的立法方面，应尽快出台"贵州省促进农村电子商务发展条例"。2017年初，中共中央、国务院印发了《关于深入推进农业供给侧结构性改革加快培育农业农村发展新动能的若干意见》（2017年中央1号文件），鼓励推进农村电商发展，并指出要加快建立健全适应农产品电商发展的标准体系。"贵州省促进农村电子商务发展条例"在2016年和2017年都列入立法计划，但至今尚未出台。农村电商现在已经形成了上下联通打造全产业链的新模式。但电子商务领域法律制度严重滞后于实践发展。实践中，随着越来越多的企业加入农村电商的市场争夺战，行业规范出现了诸多乱象。如许多农村成为"三无"产品的倾销地；市场化培育不成熟，农村电商千网一面、盲目投资、重复建设、人才匮乏；基础设施落后导致物流不便，成本很高。2018年是贵州省决胜脱贫攻坚关键的一年。农村电子商务是运用"大数据"手段推进扶贫攻坚的体现，并在实践中已取得一定脱贫成效。出台"贵州省促进农村电子商务发展条例"，用立法的方式为"黔货出山"保驾护航，有助于"大扶贫""大数据"战略行动的胜利。

第二，在"大扶贫＋大生态"战略结合型的立法方面，推动生态补偿与生态移民法治建设，健全生态扶贫法制体系。贵州省是脱贫攻坚的主战场，也是全国生态文明省级试验区，承担着国家生态文明建设体制改革创新试验的重要任务。2017年10月，中共中央办公厅、国务院办公厅印发《国家生态文明试验区（贵州）实施方案》，明确贵州要守住发展和生态两条底线，建立生态文明法治建设示范区，构建立法、司法、执法与生态文明建设相适应的地方生态环境法规体系和环境资源司法保护体系。生态扶贫，法治先行。

首先，将生态补偿机制纳入法制保障。贵州省在 2017 年出台《关于健全生态保护补偿机制的实施意见》《贵州省生态环境损害赔偿磋商办法（试行）》等。但面对实际中生态问题的出现和生态管理的发展速度，生态补偿法制建设亟待健全。在实践中对于生态补偿的主体和客体是谁？补偿标准是什么？补偿方式有哪些？补偿权利如何救济？监督机制如何体现等问题缺乏专项的制度规定。即便涉及具体的生态领域规范性文件中有所涉及，但补偿范围与标准不一，不具系统性；且依托的文件效力层次低，难以形成制度合力。生态补偿的各环节产权有待明晰。我国农民的财产权以土地为核心，包括土地承包经营权、宅基地使用权、集体收益分配权等。建议加快推进生态补偿的专项制度出台，增强对农村集体资产管理及农村土地承包权、经营权等权益保障方面的立法研究，有利于生态补偿机制的法制建设与工作的顺利推行。

其次，加强生态移民制度建设。贵州省扶贫生态移民的规定也零散分布在政府不同的规范性文件中，无专门、系统的规定。基于各规范性文件制定的背景、目的不同，生态移民的安置补偿的标准和具体措施没有法律依据，随意性较大，移民权益难以得到法律的保障。除了生态移民过程中涉及的移民权利需要得到法律保障，生态移民后，移民的生计可持续性问题、社会文化的融入性和适应性问题，以及移民效益的评估问题等都需要纳入制度的保护之中。建议在今后的立法研究中，增加对生态移民的法治化研究。同时，全面清理和修订地方性法规、政府规章和规范性文件中不符合绿色经济发展、生态文明建设的内容。对《贵州省生态文明建设促进条例》《贵州省环境保护条例》再次修订。

3. 深化落实扶贫法制宣传，完善扶贫工作问责公开制

《贵州省人大常委会执法检查组关于〈贵州省大扶贫条例〉实施情况检查报告》中指出，有的地方干部对《扶贫条例》和政策把握不准、研究不深，有执行偏差、落实走样的情况，群众对《扶贫条例》和政策的知晓率较低，对扶贫政策的内容、标准，获得的扶助资金额，是否获得了扶贫资金存在不清楚的状况；部分群众内生动力不足，存在"不怕穷""靠着墙根晒太阳，等着上面来帮扶"现象。这些都说明一个问题，没有弄清楚主体是

谁。要改变这种状况，就要明确主体。在扶贫攻坚战中，政府是提供脱贫帮助的主体，而脱贫的主体是贫困的群众。对提供帮助的人，告知能提供帮助、实施帮助并监督帮助的实施是政府的义务而不是权利。在这项工作中政府的权利应是有选择先帮谁、后帮谁，帮谁、不帮谁，怎么组织帮助，监督自己和其他帮助者的工作等。作为需要富起来的主体——群众权利是为什么接受帮助（遭受风险的可能），接受哪些帮助，怎么帮助，哪种帮助更适合自身，参与对自己帮助工作，帮助是否有效。其义务是接受帮助后配合帮助工作，并自我监督。无论在立法过程还是在普法、执法过程中，若能明确主体以及彼此的权利与义务，从立法阶段就增加需脱贫群众的参与，让脱贫群众在内心清楚获得帮助的主体是自己，而不是施予帮助者的一家之言或是一厢情愿，在法律制度的接受、配合乃至信任都得到很好的改善。

另外，扶贫工作与法治推进工作都具有综合性和复杂性。不同部门之间人员互不熟悉，工作素质和工作方法也各异。加上行政部分职责分配模糊，容易造成履职不清、管理混乱。2017年，国务院办公厅印发《2017年政务公开工作要点》，国务院扶贫办出台《国务院扶贫办政务信息公开管理办法》，明确加大扶贫政策、扶贫对象、帮扶措施、扶贫成效、贫困退出、扶贫资金项目安排等信息公开力度。对此，贵州省可以结合文件要求与实际情况出台相关法律性规范性文件，不仅明确具体负责的政府单位，涉及多个单位负责的情况，还要明确不同单位的具体分工、厘清权责；严防"纸上扶贫"，建立健全问责制，让法律问责、行政问责和党内问责在法治框架下各司其职；制定"贵州省扶贫信息公开管理办法"，分情况设立特别程序，让立法、执法、司法信息在被帮扶地区更透明，助力制度的推行与救济，避免纠纷的产生。

4.继续加强整治、预防扶贫领域职务犯罪专项工作，推进扶贫领域职务犯罪惩防一体化机制建设

随着扶贫工作进入攻坚与决战阶段，中央和地方扶贫资金投入在加大，项目在增多。腐败的黑手也伸向了扶贫项目资金，严重影响扶贫攻坚的深入推进。加大扶贫领域职务犯罪惩防力度，是决战脱贫攻坚取得胜利的重要任务。2017年，贵州省先后有十余起通报扶贫领域涉嫌违法问题移送司法机

关处理的典型案件。目前扶贫领域的职务犯罪呈高发态势。究其原因：一是基层资金管理不健全。扶贫资金来源渠道多，所牵涉的部门广，资金处理的工作量大且流程复杂。责任分割后，规范管理的统一性和规范性大打折扣。加上有的干部存在"升官发财"的思想，廉洁底线失守。二是监督机制不健全。从自上而下的监督来看，目前我国基层扶贫开发工作的监督管理实施范围有限，监督深度不足。村一级干部既没有政治上升空间，待遇普遍偏低。责任考核机制和待遇不对等，让村干部工作积极性陷入困境，从而扶贫宣传、落实不到位，"不走心"。从自下而上的监督来看，基层民主监督效力不足。政务和村务不公开、不透明，村民对涉及自身利益的信息不了解。

建议继续加大扶贫领域职务犯罪惩防专项工作力度，完善精准扶贫领域的职务犯罪预防机制、惩治机制、反腐倡廉激励机制，推进扶贫领域职务犯罪惩防一体化机制建设。

第一，在健全精准扶贫领域的职务犯罪预防机制方面，首先，出台信息公开专项规范性文件，搭建全程公开的信息平台。在制度的依托下，从扶贫项目建设、资金分配与使用，到扶贫项目的建设与评估整个工作环节，通过虚拟平台和实体平台相结合的方式，增强信息透明度。其次，完善村务公开制度。在程序上，改变现在村民委员会发起村务公开的单向制的状况，建立不仅可以由村民委员会发起公开村务，也可以依据村民个人要求发起公开的制度。同时，保障意见反馈渠道的畅通。再次，完善扶贫开发资金动态管理机制，为每一笔扶贫资金建立专用数据采集和动态信息追踪制度。明确资金流向，建立扶贫资金信息对账数据库，明确具体责任人，且保障信息公开透明，压缩基层干部权力寻租空间。最后，实现扶贫开发纵横结合式的问责考评机制。纵向实现政府自上而下层层监管，明确具体职责；横向建立第三方机构评估机制，利用第三方的独立性与专业性，对有关部门扶贫工作的成效进行评估。

第二，加大精准扶贫领域的职务犯罪惩治专项工作力度。强化检察机关监督职能，依托司法体制改革，建立和完善职务犯罪侦查和预防的统一领导、协调机制；侦查和预防部门分工负责、配合协作机制；职务犯罪侦查和预防工作信息交流共享机制；职务犯罪预防部门介入典型案件侦查活动，开展同步预防机制；职务犯罪线索的发现和处置机制；上下级检察院预防工作分工承办、统一督办机制。同时，坚持宽严相济的刑事政策，严格把握罪与非罪的界限。既要对扶贫领域职务犯罪严厉打击、零容忍，也要坚持罪刑法定、疑罪从无等原则，以及严格的证据标准。

第三，完善精准扶贫领域的反腐倡廉激励制度。在薪酬制度合理化的基础上，提高基层扶贫工作人员的薪酬水平。基层扶贫工作人员，尤其是村一级工作人员的薪酬偏低，要求其保持旺盛的工作积极性，或是增加其工作考评制度，其效果都不会理想。同时，既要严格执行考核问责制度，也要强调考核激励制度。对于考核不合格的干部，依照相应规章制度，予以严格惩罚。对于绩效考评完成较好的干部，要及时嘉奖。如果多方评估意见较好，群众认可度高，干部除了受嘉奖还应获得公平、公正的职务晋升空间。以此减弱因工作待遇不高、职务上升空间有限而滋生的腐败动机。

（二）推进大数据战略法规落地，建设大数据综合试验区

贵州将大数据确定为全省三大战略行动以来，以国家级大数据综合试验区为平台，创新开展大数据发展应用工作，以开放创新的姿态在全国树立了大数据发展良好形象，吸引了一大批国际国内标杆企业、人才扎根贵州，以大数据创新倒逼全省各个领域改革，改善民生，补齐信息公共基础设施短板，为国家和兄弟省（区、市）提供贵州探索经验，成效初显。当前，贵州大数据发展正处于建设攻坚的关键阶段，建议继续下更大力气推进大数据战略政策法规等顶层设计落地生根。

1. 探索国家大数据（贵州）综合试验区、国家生态文明试验区、贵州内陆开放型经济试验区等三大国家级试验区政策法规协同与叠加，推进和保障大数据战略实施

在坚持贵州省三大国家级试验区分别根据各自特点创新开展各自领域工作的同时，可以在交叉领域、共性事务上注重分享与合作，共同推进三大国家级试验区更好更快发展。一是探索建立三大国家级试验区经验交流机制。

每季度定期就试验区建设发展的经验性做法开展交流，就实践中碰到的疑难问题开展研讨，为各个试验区建设提供更为丰富的做法、措施。二是探索建立三大国家级试验区政策共享机制。对于一些行之有效的试验性政策，可以将之推送给另外两个试验区有鉴别地试行。比如国家大数据（贵州）综合试验区的大数据人才特殊优惠政策也可考虑在国家生态文明试验区、贵州内陆开放型经济试验区相关领域实施；再比如全省开展的信息基础设施三年攻坚中探索的好做法也可以考虑应用到国家生态文明试验区、贵州内陆开放型经济试验区之中。通过政策叠加复用或有机配合，放大试验积极效应。三是探索建立三大国家级试验区协同配合机制。注重在全省开展试验试点的布局配合，可以选择在某些县市区、乡镇甚至特定企业叠加开展三大领域的试验试点工作。注重在与国家有关部门对接工作中的协调配合，必要时以联合试验试点的方式创新国家政策支持力度，同时有效避免重复向国家争取特定优惠政策和支持。

2. 在大数据发展重要领域和关键环节继续探索出台法规规章等，构建大数据发展应用法律保障体系

在前期贵州省及贵阳市等出台的大数据领域地方法规规章基础上，可以根据大数据发展应用实践需要，继续在数据安全、政府治理、民生服务、信用建设、数据应用等重要领域和数据开放等关键环节开展地方立法探索。一是通过修订、制定相关法规规范文件合理界定全省实践中国家秘密的具体范围，确立数据安全领域有关机制，明确数据安全部门职责实现大数据安全领域法治化。二是通过将数据铁笼工程、统一数据共享开放平台、统一网上办事应用、各行业领域云工程建设中的成熟做法上升为法规规章，推进和保障地方政府治理现代化。三是通过将交通、医疗、教育、社保、环境等民生领域大数据应用成熟做法上升为法规规章，推进和保障大数据社会价值实现。四是通过将信用制度等基础领域的大数据应用成熟做法上升为法规规章，筑牢经济社会良性发展基础。五是通过细化数据开放流程、明确数据开放部门职责、建立数据开放激励机制、确立数据开放具体方式方法和基本范围实现大数据开放关键环节法治化。进而通过系统、分步骤的立法探索，逐步形成体系化的大数据发展应用政策法规体系。

3. 发挥政策法规优势促进大数据产业壮大

贵州大数据形成的政策法规等软环境优势是众多知名大数据企业等市场主体扎根贵州的重要因素。为此，在吸引更多大数据企业到贵州投资的同时，进一步加强对落地大数据项目企业的优惠政策、法规规章规定、有关合同等落实情况的督促。一是对可能的国家政策法规变动引起的大数据企业权益责任变动进行合理处置。二是提高政府各行业服务管理部门依法开展的大数据重点项目服务的水平和效率。三是通过综合运用法治化的政府治理方法，促进大数据产业培育和壮大，形成成熟、稳定、可预期、良性互动的大数据产业发展软环境，进一步形成并发展大数据产业的集聚效应。

4. 加强大数据战略相关政策法规实施监督与成效评估

可以适时、分步对数据战略中出台的相关政策法规开展专项监督与评估工作。在文件规范领域，从落实大数据战略角度重点审查各行业出台的行业性规范文件与大数据政策法规衔接协调工作；省大数据办与省人大常委会法工委、省政府法制办建立清理联动协调机制，通过系统对照梳理检查，全面清理各类政策文件中与大数据战略和政策法规相冲突或不相称的规定。在行动实践领域，重点激励符合大数据战略目的和政策法规规定的大数据发展应用行为，规制和约束大数据发展应用工作不作为、少作为现象。委托科研院所、高校等大数据政策法规研究机构开展大数据政策法规第三方评估工作，以独立第三方视角对全省大数据发展应用工作进行评价和预测，增强和改进全省大数据发展应用工作。

（三）完善生态文明法治"四梁八柱"，打造生态文明法治建设示范区

2017 年 4 月，中共贵州省第十二次代表大会将"大生态"确立为未来贵州发展三大战略行动之一，标志着贵州生态文明建设迈入了一个新的发展阶段。2017 年 10 月，中共中央办公厅、国务院办公厅印发《国家生态文明试验区（贵州）实施方案》，明确以建设"多彩贵州公园省"为总体目标，确立打造"生态文明法治建设示范区"的战略定位，提出"在推进生态文

明领域治理体系和治理能力现代化方面走在全国前列，为全国生态文明建设提供有效制度供给"的主要目标。

1. 积极开展生态文明法治建设创新试验，探索可复制可推广的生态文明法治建设重大制度成果

围绕"大生态"发展战略和生态文明建设的新使命，进一步清理和修订地方法规、政府规章和规范性文件中与绿色发展及生态文明建设不相适应的内容，充分用好国家赋予的生态文明试验区的"先行先试"的政策，加快生态文明建设重点领域和关键环节立法步伐。

抓紧修订《贵州省环境保护条例》，以满足新时期贵州环境保护事业发展的要求。充分吸收贵州"生态文明试验区"建设和生态文明体制改革的成果，在立法思想、理念上体现落实"牢牢守住发展和生态两条底线"的根本要求，进一步明确政府、企业、社会的环境保护责任，切实解决环境"违法成本低"的问题。探索制定"贵州省生态环境损害赔偿条例"，以满足生态环境损害赔偿的需要。2016 年 11 月，《贵州省生态环境损害赔偿制度改革试点工作实施方案》正式实施，在全国率先开展生态环境损害赔偿制度改革试点。建议在此基础上，将较为成熟的经验上升为地方法规，切实破解"企业污染、群众受害、政府埋单"的困局。探索制定"贵州省国家公园建设促进条例"，以满足建设"多彩贵州公园省"总体目标的需要。2017 年 9 月，中共中央办公厅、国务院办公厅印发《建立国家公园体制总体方案》，党的十九大报告也有两处提到国家公园，即"国家公园体制试点积极推进""建立以国家公园为主体的自然保护地体系"。贵州各级各类自然保护区众多，可在推进国家公园省建设立法领域开展试点性立法，切实解决自然保护地管理体制不顺问题，实现山水林田湖草生命共同体一体化法治保障。探索制定"贵州省各级人大常委会环境保护工作监督与问责办法"，发挥省人大常委会对环境保护的监督与问责作用。探索制定"贵州省生态文明教育条例""贵州省绿色消费促进条例"等，切实加强全民生态文明教育，推动全民绿色消费行动。在现行贵州环境保护税具体适用税额方案施行的基础上，适时制定"贵州《环境保护税法》实施办法"，全面保障《环境

保护税法》在贵州有效实施。

2. 强化环境保护"党政同责、一岗双责"的体制和机制，坚决依法追究环境失职责任

2017年4月26日至5月26日，中央第七环境保护督察组在贵州开展环境保护督察，从中央环保督察组反馈的问题来看，省内一些地方官员对贵州生态环境保护的重要性、脆弱性，以及当前生态环境问题的严峻性、复杂性认识不到位，存在盲目乐观情绪等，守住两条底线的自觉性和坚定性不强，甚至存在把发展和保护割裂甚至对立看待的错误观念。必须强化"党政同责、一岗双责和失职追责"的体制和机制，各级党委、政府要对本行政区域生态环境保护工作及环境质量负总责，将"环境质量只能变好不能变坏"作为红线，层层分解落实各级生态环境保护责任清单，层层传导责任和压力。建立领导干部环保突出问题包干督察机制，强化人大、政协环保监督，同级人大常委会通过听取报告、执法检查、专题询问、代表视察等方式，政协常委会通过提案、委员视察等方式加强对同级人民政府及其有关职能部门履行环保职责情况的监督。依法依规严肃追责，强化震慑警示效应，以问责倒逼履责。对不担当、不作为、慢作为，或选择性落实、象征性执行的地方、部门和个人，该通报的通报，该约谈的约谈，该追责的追责。严格执行生态环保责任终身追究制，在领导班子、领导干部评先选优和干部选拔任用工作中，必须听取环保部门意见，对任期内发生重大生态环境破坏和重大环境污染事件的实行"一票否决"。

3. 切实保障环境行政执法监督权依法独立行使，充分发挥社会参与和监督作用

完善生态环境保护行政执法体制，保障环保部门依法独立行使职权，提升环保部门执法权威，强化环境执法能力建设，切实解决环保部门"缺位""畏权"的现象。尽管2014年11月国务院办公厅下发《关于加强环境监管执法通知》，明确提出"县级以上地方各级人民政府对本行政区域环境监管执法工作负领导责任，要建立环境保护部门对环境保护工作统一监督管理的工作机制"要求，从制度上为环保部门提供"靠山"。但从中央环保督察组

对贵州反馈的问题来看，贵州省部分地方环保部门依法独立行使环境行政执法监督权还不到位，受到地方政府不当干预的现象屡见不鲜。因此，必须建立健全权力和责任清单机制，明确环保部门及相关部门的职责权限，做到"法无授权不可为""法定授权必须为"，切实保障环保部门能够真正依法独立行使环境行政执法监督权。进一步深化环保执法"利剑"行动，加大环保执法部门联合与司法联动，依法严肃查处各类环境违法行为，不断加大环境监察稽查力度。加快建立生态环境"大数据"监测网络，完善"环保云"数字管理。加快推进水、大气、土壤、噪声、辐射、重点污染源等监测点位布设、监测数据共享、预报预警能力和监测质量控制体系建设，全面提升环保部门依法独立行使环境行政执法监督权的能力。

促进全民守法，强化公众参与。中央环保督察组对贵州反馈的诸多问题显示，一些地方党委和政府对环境保护和生态文明建设法律法规学习不够，对生态文明建设和环境保护决策部署未能及时传达学习、分析研究，甚至个别地方政府出台与环境保护和生态文明建设法律法规相违背的地方"土政策"。必须出台长效机制，各级党政机关工作人员应当带头遵守法律法规，树立可持续发展的观念和法治意识。同时，立法、行政、司法等公权机关要主动发布相关生态文明建设和环境保护信息，自觉接受公众监督。要创造有利条件，提高公众和媒体以及各类社会组织环保监督能力，特别是要充分发挥新兴网络媒体的监督作用，保障社会公众环境保护知情权、参与权、表达权和监督权能够通过网络媒体得到最大限度实现。进一步加强企业守法与环境信息公开制度建设。现行国家《环境信息公开办法》的立法位阶较低，公开范围及形式有限，公众获取不便。贵州应充分发挥大数据的优势，建成环保"大数据"信息共享平台。同时建立企业环境信息公开名录，健全企业环境信息公开中各方主体的救济机制、罚则及激励措施等。

（四）促进大健康法治建设，服务康养贵州

贵州省委实施"大健康"战略彰显了每一个公民的健康权和公民所享有的基本人权。因为没有全民的健康，就没有全民的小康。在此基础上，贵

州省紧紧抓住大健康产业快速发展的机遇，构建大康养格局，完善大康养机制体制，提升人民福祉。

1. 贵州省大健康产业的发展现状

随着贵州省政府相继印发《贵州省关于加快推进新医药产业发展的指导意见》、《贵州省新医药产业发展规划（2014～2017年）的通知》（黔府发〔2014〕24号）、《省人民政府印发〈关于支持健康养生产业发展若干政策措施的意见〉、〈贵州省健康养生产业发展规划（2015～2020年）〉的通知》（黔府发〔2015〕8号）、《省人民政府办公厅关于印发贵州省医药产业、健康养生产业发展任务清单的通知》（黔府办函〔2015〕40号）、省人民政府办公厅《关于印发贵州省大健康医药产业发展六项实施计划的通知》（黔府办发〔2015〕26号）等文件，贵州省委省政府适时提出，到2020年全省要基本形成覆盖整个生命周期和可推广示范并能涵盖"健、医、养、食、游、管"大健康产业网络链体系，全面建成"一核一带四区多点"的大健康产业格局的目标。

一年来，贵州省本着通过中医药带动大健康产业的发展思路，在中医药方面基本形成了结构优化、布局合理、优势突出、特色鲜明的产业体系。如贵安新区等10个贵州省大健康医药产业发展示范区市（自治州）、特区、县（自治县）的设置。同时接受省内外知名企业先后为贵州带来健康养生类项目48个，项目资金额达600亿元以上。同时在黔9个市（州）和贵安新区分别建成了至少拥有1个以上的山地户外运动基地，这些基地明显各具地方资源优势与特色。如在山地旅游业发展方面，贵州省旅游发展委员会党组成员、总规划师史静一在接受人民政府网在线访谈时回答记者，2017年贵州着力打造"温泉省""山地公园省"两张名片。在温泉产业方面，贵州省利用地理优势、温泉自身特点和旅游资源的特色，计划培育一大批具有差异化的"温泉＋"休闲度假区。并积极申报国家级和省级温泉旅游度假区，打造集文化遗产保护、休闲度假和服务产业发展为一体的旅游度假综合体。同时贵州省还要逐步实现"山地观光旅游"向"山地休闲＋运动＋养生＋避暑度假"复合型旅游过渡，"山地景点旅游"向"山地公园＋度假基地＋山地城镇＋特色村寨"的全域旅游转变。总之贵州省在山地旅游业发展方面最终从"山地旅游资源大省"逐步实现向"山地旅游强省"的跨越。培育无公害绿色有机食品产业链。逐步建设一批蔬菜、水果、花卉、油茶等无公害及有机农产品和食药两用绿色产品生产基地。分别建成国家级、省级现代山地化特色和高效的农业示范园区，在全省内至少培育 5 家具有贵州农业特色的龙头企业。强化培育健康管理产业链。逐步推进"互联网＋"大健康管理产业，引进国内外知名品牌管理公司参与康养贵州产业发展，实现康养贵州产业国际化、高端化和标准化程度。当然，贵州大健康产业的发展还需要配套的地方性法规制度的构建。

2. 贵州省大健康产业存在的法律问题

通过对《2016～2020 年贵州省大健康产业深度调研及投资前景预测报告》的分析发现，贵州省大健康产业在发展进程中还存在较多与地方性法规相关的问题。资料显示，贵州省大健康产业各环节还需要保持政策连续性和系统性，贵州省各级政府当前政策的制定只顾着眼前的利益，前后政策不连贯，出现了"断层"现象。贵州省人大常委会针对大健康产业在卫生法律领域尚没有对环境与健康的专门法规制度，也缺少公共卫生方面的综合性法规制度，贵州大环境领域标准指标还不统一。在保护公民以健康为中心的目的方面，缺乏环境与标准指标不合法的现实状况，从而导致康养贵州方面的缺陷；大健康产业规划中对贵州环境与健康现有标准体系在覆盖面与协调性等方面存在不足。贵州省医疗卫生服务供给总量相对不足，城乡村医疗卫生资源配置既不充分也不均衡，县域内医疗卫生人员能力和素质普遍偏低，严重影响基层卫生机构业务与功能的实现，妨碍了经济社会发展；同时缺乏统一的、与国际接轨的标准体系，缺乏强有力的协调推进机制。

3. 健全贵州省大健康产业的法律对策与建议

贵州省大健康法律法规保障体系的不健全导致地方性立法与大健康产业的实际状况不能衔接，为此，需要在以下方面做出改进。

其一，提高公民享有健康权的法律意识。大多数公民对所享受的健康权利以及如何维护自己的健康权利等漠不关心。为此，贵州省各级政府要充分利用广播、电视、报刊和网络等重点宣传与大健康相关的法律法规知识，让公民正确认识健康权是宪法赋予公民应该享有的基本权利；各部门法律工作者要积极向公民提供大健康法律援助等服务，充分调动广大公民积极参与大健康活动的积极性，扩大贵州大健康产业在全国的影响力。

其二，健全大健康产业的法规体系。伴随全面依法治国的稳步推进，贵州省人大常委会本着总结贵州地方经验、提供国家立法借鉴的理念，加快贵州大健康领域相关配套法律规范体系完善。在已经批准修改并适时实施《贵阳市城市市容和环境卫生管理办法》《贵阳市产品质量监督管理办法》等基础上，亟须健全配套的地方性法规，如"贵州省发展中医药条例""贵州省健康保险条例""贵州省温泉管理办法"等，这些地方性法律法规既能为国家在大健康产业立法领域提供借鉴，也能为贵州省大健康产业的有序发展提供法治保障。

其三，完善环境与健康间的合法技术标准。根据贵州省当前经济和技术水平，加强各级部门的合作，结合贵州省生态环境实际，对与特色生态环境不相适宜的标准指标进行及时的修订，并注意标准与环境间的协调性。建议制定适合贵州省情的生态环境标准体系，如"贵州省环境污染健康损害评价标准""环境污染健康损害判定标准""电磁辐射卫生评价标准""饮用水与室内空气卫生评价标准""环境健康影响评价标准""环境污染健康影响监测标准""环境健康影响风险评估标准"等，实现康养贵州和生态环境主旨的一脉相承与和谐共生。

其四，明确康养贵州产业领域违法行为的法律责任。大健康是根据时代发展、社会需求与疾病谱系的改变，提出的一种全新的理念。随着贵州大健康产业规模的持续壮大，大健康产业链条的不断拓展，结合当前贵州省环境违法的成本较低以及对违法者的震慑作用不足的实际状况，不利于形成在康养贵州产业领域的严格执法。因此，建议学习和借鉴国外经验，对环境违法行为"以日计罚"和"以件计罚"，逐步完善大健康产业违法的认定方案，保障康养贵州产业领域涉及违法责任的严格执行。

（五）创新法治保障举措，服务大旅游战略行动

贵州旅游资源丰厚，省委省政府于 2016 年初提出"十三五"期间要做强大数据、大旅游、大生态"三块长板"，把旅游业培育壮大为贵州省经济发展的重要支柱产业。为服务大旅游战略的实施，推动国家区域旅游示范区的建设，贵州省积极创新方式方法，强化依法治旅、依法兴旅，如 2016 年 3 月 31 日通过了《贵州省旅游条例修正案》，首次将全域旅游写入地方性法规，并积极推动"互联网＋"旅游发展和大数据产业促进旅游业发展；省高级人民法院、省人民检察院分别出台《关于进一步加强民事审判工作，为贵州省大旅游战略提供司法保障的意见》《关于充分发挥检察职能服务保障大扶贫大数据大旅游的实施意见》，为贵州大旅游战略实施提供更加有力的司法保障；黔西南州建立了大数据山地旅游警务中心，并成立首支旅游警察队伍。

上述举措为贵州省大旅游战略的实施提供了有力的法律保障。国家旅游局 2014 年《关于贯彻党的十八届四中全会精神全面推进依法兴旅、依法治旅的意见》明确提出，"全面推进依法兴旅、依法治旅，把依法治国、依法执政、依法行政的各项要求贯彻落实到旅游业改革发展和规范管理的各个环节，以旅游法治建设的不断完善促进旅游业持续健康发展"。旅游业的法治化是依法治国的要求，同时也是推进旅游业发展的动力，创新旅游业法治保障举措，将有利于引导和促进旅游业结构调整、转型升级，最终形成旅游业快速、健康发展的良性格局。

1. 进一步健全旅游业相关的政策法规，完善旅游管理的配套政策和管理制度

旅游产业的发展与各地经济发展水平、旅游资源禀赋、地域文化特征等因素密切相关，因此仅靠全国性的旅游立法无法解决各地的"依法兴旅、依法治旅"问题。结合地方实际情况、致力于解决地方特殊问题的地方旅游立法，是全国旅游业立法体系的重要组成部分。2016 年修订的《贵州省

旅游条例》是贵州省旅游管理领域的地方性法规，在该条例外，还需要进一步完善旅游管理的规范体系，通过制订行政规章、配套规范性文件的方式，将法律、行政法规、地方性立法和贵州省旅游业发展的实际情况结合起来，从而确保地方旅游业政策法规的针对性、操作性，使相关政策法规能更大限度地满足旅游业发展的需要。同时，随着旅游主体多元化和旅游业态多样化成为新的趋势，针对在线旅游、共享旅游、家庭旅馆、旅游短租、汽车营地等新的旅游业态、旅游方式、旅游现象，要适时出台具有针对性的管理规范，解决无法可依的问题。

2. 加强旅游行政执法，保障旅游法规的有效遵守和实施

旅游法律的生命力在于实施，旅游法律法规的作用和价值只有通过实施才能实现，旅游立法者的目的只有在《旅游法》的实施过程中才能达成。在现行法律和行政法规体系下，旅游资源及旅游业的管理权、执法权分别属于旅游、工商、公安、食品、质监、文物、林业、农业、国土、住建等不同的主管部门。尽管《旅游法》确立了对旅游业发展进行综合协调的旅游综合协调机制，但在地方层面，目前仍面临"九龙治旅、各不相关"的治理困境。在全域旅游时代，传统的各自为政的行政执法尽管能在一定程度上发挥作用，但因单个行政主管部门自身执法资源的有限性、各主管部门行政执法衔接机制的不健全，这种行政执法很难应对经营主体多元、业态多元、跨行业跨区域的全域旅游发展。为了适应跨行业、跨区域的旅游大市场监管的需要，行政执法更需要各相关执法部门的协调与整合（当然，不仅是旅游执法问题。在全域旅游时代，旅游基础设施建设、履行公共信息平台的建设等也需要政府不同职能部门来协调完成），合力形成良好的要素市场秩序。

（六）优化发展环境，助力大开放战略行动

1. 贵州深化实施大开放战略恰当其时

从区位看，位于中国西南地区腹地的贵州，虽近海、近江、近边但却不沿海、不沿江、不沿边。这种区位态势充分表明，开放空间决定贵州的发展

空间，开放水平决定贵州的发展水平，开放程度决定贵州的发展速度。在当今国家步入经济新常态下，贵州着眼长远和全局视角，充分结合自身实际，大力实施开放带动战略，不断实现开放发展。

贵州既大力加强开放平台建设，又大力加强开放通道建设。在大力加强开放平台建设方面，贵州积极契合国家《共建"一带一路"：理念、实践与中国的贡献》所提出丝绸之路经济带三大走向之一即从中国西南经中南半岛至印度洋的方向，积极融入"一带一路"倡议，积极参与长江经济带建设和泛珠三角合作，与各省（区、市）实现通关一体化，全方位扩大对外开放，不断推动大数据、大旅游和大生态发展，协同推进国家大数据综合试验区、国家生态文明试验区、国家内陆开放型经济试验区建设，开展内陆沿边地区国际贸易"单一窗口"试点，着力打造贵安新区、贵阳综合保税区等国家级对外开放平台，新增6个国家级开放创新平台，形成"1+8"国家级重点开放平台，中国—东盟教育交流周、酒博会、数博会等国际影响力持续扩大，与全球204个国家和地区建立了经贸往来关系。在大力加强开放通道建设方面，贵州着力打造立体化交通体系，破解长期制约贵州经济社会发展的交通瓶颈问题。继贵广高铁、沪昆高铁开通后，2017年渝贵铁路成功试运行，将重庆与贵阳的火车时间缩短至2小时左右，形成"北连川渝、南通两广、西通云南东南亚、东连长三角"的对外高速铁路大通道网络及贯通长三角、珠三角、京津冀和川渝滇的快速通道。贵州重回西南陆路交通枢纽的地位。不断完善的高速铁路、高速公路、水上交通和国际航班的立体交通网络，让贵州"出不去、进不来、进去不方便"的窘况成为历史，极大地促进了贵州的大开放，通江达海快速通过长三角、珠三角和东盟自由贸易区及孟中印缅等拥抱全球。

实施开放带动发展战略，促进贵州经济发展良好，表现在以下两个方面。第一，在地区生产总值增长上，2017年贵州全省地区生产总值为13540.83亿元，增长10.2%，增速高于全国水平3.3个百分点。地区生产总值增速连续7年位居全国前三位。第二，在招商引资上，呈现多重效应叠加。随着国家级内陆开放型经济试验区、生态文明建设实验区、大数据综合试验区三区同建的效应叠加，贵州日益成为投资"热土"。2011～2017年贵州引进省外到位资金3.5万亿元，实际利用外资年均增长30%。

2. 进一步建设优化政务环境、市场环境，不断助力大开放战略实施

（1）以法治建设优化政务环境。着眼于增强发展动力加大改革开放，推动形成全面开放新格局。首先，继续简政放权。推进政府向市场放权、向社会放权，推进省级政府向市县政府放权，推进"放管服"改革，公布行政权力清单、责任清单和权力运行流程图。其次，依法规范权力运行，形成完备有效的权力运行监督体系。切实贯彻落实《贵州省外来投资服务和保障条例》，搭建省市公共资源交易平台，断绝权力与微观经济联系，为外来投资者营造公平公正公开的市场环境。再次，优化政府服务。市场经济是"服务环境经济"，政务服务环境好，就能对资金、技术、人才等生产性要素产生巨大吸引力。最后，把已经上升为国家级论坛（展会）的生态文明国际会议、数博会等的成功举办经验和做法及时形成法规或规范性文件，定期举办国家级论坛（展会），不断扩大贵州对外开放形象和知名度、影响力。

（2）以法治建设优化市场环境。要运用法治思维和法治方式通过健全市场机制和改善发展环境来培育发展壮大市场主体。首先，坚持权利平等、机会平等、规则平等，不断优化培育发展壮大市场主体的法治环境，消除针对民营经济的不合法限制性规定，消除各种看得见和看不见的壁垒。其次，完善法律政策体系，建立国际通行且符合企业实际的政策支持体系，优化引进市场主体的法治环境。最后，深入贯彻落实《中共中央国务院关于完善产权保护制度依法保护产权的意见》《中共中央国务院关于营造企业家健康成长环境弘扬优秀企业家精神更好发挥企业家作用的意见》，建立健全以公平为核心的产权保护制度，着力营造依法保护企业家合法权益的法治环境、促进企业家公平竞争诚信经营的市场环境、尊重和激励企业家干事创业的社会氛围，激发市场主体创新发展的内生动力。

（七）推进文化建设法治化，助推民族特色文化强省

与经济、技术领域历史基础相对薄弱要求追赶不同，贵州传统文化资源丰富，民族文化、阳明文化、红色文化、山地文化、"三线"文化等多元和谐、交相辉映，发展具有先天优势。也因此，国务院2012年国发2号文件将贵州战略定位为"文化旅游发展创新区"。此后，从省"十二五"规划文化产业之"重要支柱产业"到省"十三五"规划"多彩贵州民族特色文化强省"的提升，地位愈益显著重要。

当前及未来一段时期，贯彻落实《关于建设多彩贵州民族特色文化强省的实施意见》《贵州省"十三五"文化事业和文化产业发展规划》，发挥特色禀赋，推动文化事业全面繁荣、文化产业快速发展，全力打造文化强省目标，增强文化整体实力和竞争力，尚有诸多工作要做，如科技创新、金融扶持、人才培养等，其间加强法制建设当然也不可或缺。

1. 加强文化发展的法治支持与保障

充分发挥立法的引领规范效能，制订完善文娱的创作、传播和消费，文物、文化遗产的保护、传承与开发等方面的地方性法规和政府规章，健全文化法律体系。重点关注新兴网络文艺知识产权法制先行先试，及时补足传统民间文艺作品版权法规缺位。积极宣教《贵州省文明行为促进条例》，适时出台全民阅读促进条例。在新修《立法法》更多扩张地方权限的形势下，加强对设区的市历史文化保护方面法规以及自治地方的文化事务单行条例的监督核准，推进科学立法，维护法制统一。

切实履行政府对文化事业的管理与服务职责，简政放权，实现市场在资源配置中的决定性作用；推进文化管理体制改革，加强监管，文明执法，维护公平交易秩序；加强基础设施建设，优化公共文化服务。

重视司法保障。完善知识产权案件集中管辖体制，提升涉文化类知识产权案件的审判质效。贯彻落实最高法院《关于充分发挥知识产权审判职能作用推动社会主义文化大发展大繁荣和促进经济自主协调发展若干问题的意见》，提高文化类知识产权的保护水平。积极沟通衔接行政部门，提出司法

建议，凝聚保护协作合力。深化"知识产权法官进企业"活动，指导企业法律事务规划。

2. 依法弘扬民族特色文化

挖掘、保护和传承文化遗产，推进实施《贵州省非物质文化遗产保护发展规划（2014～2020年）》《侗族大歌传承发展行动计划》。修订《贵州省非物质文化遗产保护条例》，明确"非遗"传承人的法律地位与相关权利。高度重视现今传承人队伍老龄化问题，及时着手开展传承人抢救性记录工作。

苗族文化是贵州民族文化的核心文化之一，借鉴2014年文化部《藏羌彝文化产业走廊总体规划》案例，打造"贵州千里苗疆走廊"文化区域品牌，推动申报为国家层面的第二个区域文化发展战略。支持黔东南国家级民族文化生态保护试验区建设。

围绕文化与大生态的深度融合，贯彻落实贵州省委省政府《关于推动绿色发展建设生态文明的意见》，传承更新贵州传统生态文化，唱响"绿色发展、知行合一"主旋律，健全绿色生态法制，久久为功，培育人与自然和谐共生的绿色文化。

3. 依法振兴文化产业

贯彻落实贵州省政府《关于振兴文化产业的意见》，加快出台文化产业促进条例，动态制作文化产业投资指导目录。做强做大贵州文化演艺集团，指导推进国有经营性文化单位转轨改制上市；加大对中小微文化企业扶持力度，降低社会资本进入门槛，完善市场准入和退出机制，继续实施县域文化产业发展"三个一"工程。推进上网服务行业、文化娱乐行业转型升级。加快发展以文化创意为核心，依托数字技术进行创作、生产、传播和服务的数字文化产业，培育形成文化产业发展新亮点。

制定促进民间资本进入文化领域的实施办法，拓宽资金来源渠道，丰富文艺产品与服务供给。鼓励和引导社会资本积极参与国有文艺院团转企改制、重大文化产业项目实施、对外文化交流和文化贸易。扩展政府资助、补贴和文化采购，支持民营文化企业通过并购重组、上市等方式融资。

加强申报文化部"文化金融扶持计划""弘扬社会主义核心价值观动漫

扶持计划"等国家文化产业项目，大力帮助文化企业获得融资机会，为企业更多争取国家政策和资金扶持力度，推动贵州文化产业发展。

4. 依法健全公共文化服务体系

制定《公共文化服务保障法》实施细则，推进实施贵州省《关于加快构建现代公共文化服务体系的实施意见》《贵州省基本公共文化服务实施标准（2015～2020年）》，加强文化基础设施建设，实现基本公共文化服务标准化、均等化，保障文化权利，让人民群众精神文化生活更加丰富，有更多文化获得感。

根据文化部等《关于深入推进公共文化机构法人治理结构改革的实施方案》，按照政事分开、管办分离原则，推进公共文化机构法人治理结构改革，以公共图书馆、博物馆、文化馆、科技馆、美术馆为重点领域，推动公共文化机构建立以理事会为主要形式的法人治理结构，吸纳有关方面代表、专业人士、各界群众参与管理，增强国有公益性文化单位活力。

建立以政府投入为主导、社会投入为支持的多元化公共文化服务体系投入机制。推广政府和社会资本合作（PPP）模式，扩大政府资助和文化采购，修订《贵州省做好政府向社会力量购买公共文化服务工作实施方案》，扩展承接主体到非法人组织的个人。

5. 依法推进文化扶贫行动

落实《贵州省文化厅文化扶贫行动计划（2017～2019）》《贵州省传统手工技艺助推脱贫培训计划（2016～2020年）》，通过文化育民、文化励民、文化惠民、文化富民，实现以大文化助推大扶贫战略行动目标。组织开展城乡惠民演出，放映农村公益电影，丰富贫困地区人民群众的精神文化生活，着力推进贫困地区文艺人才队伍建设。积极引进成熟、知名企业参与传统手工艺品的创意研发和销售。

6. 依法规范文化市场管理

落实贵州省委办公厅、省政府办公厅《关于进一步深化文化市场综合执法改革的实施意见》，推进文化治理能力现代化，加强文化市场综合执法工作的法制化、科学化、规范化，建立健全文化监管服务体系、文化市场联合执法机制和案件查办机制，加强日常监管和专项整治，维护文化市场秩序和国家文化安全。

建立健全文化市场动态监测网络，推进文化市场信息化建设工作。依法查处违法文化经营活动，加强版权行政执法和司法保护的衔接，严厉打击侵权盗版行为，规范文化市场秩序。依法加强文物保护与管理，完善文物安全防范体系，维护文物安全。

（八）加强社会民生领域立法，建设法治贵州

1. 对《贵州省电梯安全管理办法》实施效果进行评估，制定出台"贵州省电梯安全管理条例"

电梯安全直接关系广大人民群众的日常生活和人身安全，越来越受到社会各界的高度关注。近年来，随着贵州省经济持续高速增长，高层建筑日益增多，全省电梯数量也在快速增长，已覆盖全省所有区县，并呈现进一步覆盖乡镇的趋势。

电梯保有量的不断增多和覆盖范围的持续扩大，使安全管理中出现一些新问题，比如，一是电梯选型配置不当，导致电梯"先天不足"，使用过程中存在一定安全隐患；二是电梯安全使用管理主体责任不明确，安全使用管理责任落实难；三是维保质量不高，电梯故障较多；四是住宅电梯大修或更新改造资金提取使用困难，更新改造资金没有保障、不能到位，不能及时有效消除电梯安全隐患；五是电梯安全责任保险执行力度不够，电梯事故赔偿能力受限；六是电梯应急救援机制不完善，事故防范和应急处置能力不足等。

这些电梯安全问题严重影响全省广大人民群众的正常生活和人身安全。现行的2016年《贵州省电梯安全管理办法》已不能满足现实需要，因此，很有必要以花果园、未来方舟、世纪城等大型城市综合体以及各市（州）、有关企业、社区调研，评估《贵州省电梯安全管理办法》实施效果，尽快制定出台"贵州省电梯安全管理条例"，进一步明确和落实电梯安全管理责任，建立健全工作机制，强化电梯安全监管，最大限度降低和预防电梯安全

事故，降低电梯故障率，切实保障全省广大人民群众的正常生活和人身安全，这是推进电梯安全管理法治化的必然要求，也是一项民心工程、民生工程。

2. 制定出台"贵州省多元化解纠纷条例"

党的十八届四中全会对推进多元化纠纷解决机制改革做出重要部署，明确要求"健全社会矛盾纠纷预防化解机制，完善调解、仲裁、行政裁决、行政复议、诉讼等有机衔接、相互协调的多元化纠纷解决机制"。中央两办联合下发了《关于完善矛盾多元化解纠纷机制的意见》，要求按照完善制度、依法治理的原则，健全完善相关法律、法规、规章。这为贵州推进多元化纠纷解决机制立法工作提供了政策依据，也是贯彻落实中央改革决策部署的必然要求。

当前，我国全面深化改革进入深水区和攻坚期，社会矛盾纠纷频发，能否通过多元化纠纷解决机制及时高效化解这些矛盾，是评判国家和社会治理体系和治理能力是否实现现代化的重要标准之一。当前，贵州既要"赶"又要"转"，各种矛盾纠纷多发，但化解矛盾纠纷机制还有待建立健全。因此，需要通过地方立法，从法律层面推动非诉讼与诉讼解决纠纷方式衔接协调联动，及时有效化解矛盾纠纷。

当前，多元化的纠纷主体及需求、多元化的利益冲突都需要建立与之相适应的多元化纠纷解决机制。诉讼是化解社会矛盾纠纷的最后一道防线，但绝非唯一且最佳途径。出台"贵州省多元化解纠纷条例"，通过立法整合多种非诉讼化解纠纷资源，与诉讼衔接协调，完善多元化纠纷解决机制，可以满足人民群众多元化解纠纷的迫切需要。

当前，在党委领导、人大监督、政府支持、司法推动和社会各界共同努力下，贵州多元化纠纷解决机制建设积累了一些好经验，需要通过地方立法加以固定和总结提升。同时，现实中多元化解纠纷工作也遭遇诸多困难，需要通过地方立法引导规范。因此，出台"贵州省多元化解纠纷条例"可为推动多元化纠纷解决机制建设提供法治保障。

2016年5月1日，《厦门经济特区多元化纠纷解决机制促进条例》正式实施，这是我国第一部关于矛盾纠纷多元化解机制的地方性法规。2016年7

月22日，山东省十二届人大常委会第二十二次会议通过《山东省多元化解纠纷促进条例》，这是国内第一部关于完善多元化纠纷解决机制、促进多元化解纠纷工作的综合性省级地方性法规，具有开创性意义。2016年11月28日，《四川省多元化解纠纷促进条例（草案）》首次提交四川省十二届人大常委会第二十九次会议审议。2017年10月13日，黑龙江省十二届人大常委会第三十六次会议通过《黑龙江省社会矛盾纠纷多元化解条例》。2017年11月24日，福建省十二届人大常委会第三十二次会议通过《福建省多元化解纠纷条例》。

"贵州省多元化解纠纷条例"要制定哪些内容？如何确保可执行、容易操作、真管用、有特色？此条例如果仅由一个部门起草难以胜任，如果委托专家起草，可能存在理念超前、内容理想化、不具有实际可操作性等潜在问题。条例起草可以考虑"五步走"：成立立法领导小组—深入基层进行立法调研—学习外省立法经验—召开专家座谈会论证—举行多层面立法座谈会。

专题研究报告

Special Reports

B.2

贵州省三级法院"基本解决执行难"第三方评估指标体系细化考核研究*

贵州省高级人民法院、贵州省社会科学院联合课题组**

摘　要： 为解决长期困扰法院工作的"执行难"问题，提升司法公信力，最高人民法院引入第三方评估机制，制定了《人民法院

---

 * 本文系贵州省社会科学院2017年创新工程重大支撑项目"贵州法治建设评估与创新发展研究"（项目号为2017CXZ004）成果，贵州省法治研究与评估中心项目成果。

** 课题组组长：赵传灵，贵州省高级人民法院党组成员、副院长；吴大华，贵州省社会科学院院长、二级研究员，法学、经济学博士后，博士生导师，博士后合作导师。课题组副组长：陈永兴，贵州省高级人民法院执行工作局局长；王飞，贵州省社会科学院法律研究所所长、研究员，法学博士。课题组成员：李蓉，贵州省高级人民法院执行工作局综合处处长；王赞，贵州省高级人民法院执行工作局督导科科长；胡月军，贵州省社会科学院法律研究所副所长、副研究员；张可，贵州省社会科学院法律研究所副研究员，法学博士；孟庆艳，贵州省社会科学院法律研究所副研究员；贾梦嫣，贵州省社会科学院法律研究所副研究员。本报告执笔人：张可。本课题在调研过程中，得到中国社会科学院国家法治指数研究中心、法学研究所法治国情调研室田禾研究员、吕艳滨研究员、王小梅副研究员的细心帮助和指导，在此一并致谢。

"基本解决执行难"第三方评估指标体系》。贵州省高级人民法院为吃透该指标体系要求，分别针对本辖区范围内的高级、中级和基层三级法院评估指标体系进行细化。本文从背景与意义、基本原则、特色特点以及若干需要厘清的具体问题等方面，对贵州省三级法院"基本解决执行难"第三方评估指标细化进行研究论述，以准确理解该指标体系，切实解决"执行难"问题。

关键词： 法院　执行难　第三方评估　指标体系

序　言

"执行难"是长期以来困扰人民法院工作的重要问题，对司法权威的树立起了制约作用。2016 年 3 月，最高人民法院院长周强在十二届全国人大四次会议上庄严承诺"要用两到三年时间基本解决执行难问题"，这是提升人民法院司法公信力的内在要求，也是对人民法院执行工作的极大鼓舞。为客观、全面评估人民法院"基本解决执行难"工作的力度和成效，最高人民法院引入第三方评估机制，专门制定了《人民法院"基本解决执行难"第三方评估指标体系》（以下简称《评估指标体系》），这是最高人民法院首次将一项重要司法工作委托第三方评估，具有非常重大的意义。为吃透要求，贵州省高级人民法院（以下简称贵州高院）对该指标体系逐项分解，进行细化。同时，为保证该细化内容的科学可行，贵州高院委托本课题组对该指标细化进行专项研究。课题组在听取来自全省各级法院意见和建议、广泛深入调研的基础上，对该指标细化内容进行了认真详细的论证与修改完善。为使全省各级法院更加全面认识和准确理解该指标细化，本课题组现从指标细化的背景与意义、基本原则、特色特点以及若干需要厘清的问题等方面进行如下说明。

一 指标细化的背景与意义

司法审判是维护社会正义的最后一道防线，而执行工作则是当事人合法权益的最终实现。由于历史原因和信息技术的阻碍，"执行难"成为长期制约人民法院工作的瓶颈问题，也是人民群众对司法工作最为关心的问题。党的十八大以来，全面推进依法治国成为时代强音。党的十八届四中全会明确提出要"切实解决执行难"。习近平总书记对政法工作提出"要努力让人民群众在每一个司法案件中都感受到公平正义"的明确要求。在2016年3月召开的十二届全国人大四次会议上，最高人民法院周强院长做出"要用两到三年时间基本解决执行难问题"的庄严承诺。贵州作为西部欠发达省份，尽管经济较为落后，但司法工作不甘落后，奋勇争先，成为全国首批司法改革试点省区之一，在司法改革特别是执行工作方面取得了一系列有目共睹的成绩和进步。

为贯彻落实中央、省委重大决策部署，切实回应人民群众对司法工作的最关心问题，贵州高院要求全省各级法院要竭尽全力，争取在两年时间"基本解决执行难"。2016年5月，贵州高院决定在全省法院部署实施"四三二一"立体战，向"执行难"发起攻势。2016年10月，贵州高院制定出台《关于全省法院力争两年时间"基本解决执行难"的三十三条措施》，为全省法院做好"基本解决执行难问题"工作提供了明确的时间表、任务单、路线图。2017年2月，在全省法院院长会议上，时任贵州高院院长孙潮特别强调，要认真执行《评估指标体系》，落实好各项具体指标。

贵州高院执行工作局结合本省工作实际，研究制定了《评估指标体系》高级法院、中级法院和基层法院三套细化考核标准讨论稿。为确保该细化考核标准具有科学性、可行性，贵州高院委托本课题组对该细化考核标准进行评估研究。

课题组认为，贵州高院制定的《"'基本解决执行难'第三方评估指标体系"细化考核情况通报表》较为准确地理解和把握了最高人民法院委托中国社会科学院制定的《人民法院基本解决执行难第三方评估指标体系》，项目细化部分及要求较为全面、详细，情况通报部分涉及指标数据较为科学合理，基本上能够反映全省高级、中级、基层三级法院"基本解决执行难"所实施的各项工作。同时，通过严格执行该指标细化考核，能够使全省各级法院的执行工作普遍迈上一个台阶，对"基本解决执行难"起到重大的推动和促进作用。

二 指标细化的基本原则

贵州省三级法院"基本解决执行难"第三方评估指标体系细化的设计，坚持了依法细化、切合实际、科学可行、准确理解的基本原则。

（一）依法细化

由于《评估指标体系》是依照国家有关人民法院执行工作的法律、法规、司法解释以及相关规范性文件进行设定的，因此，对于指标体系的细化，亦应当严格依法进行，主要是《中华人民共和国民事诉讼法》《最高人民法院关于人民法院执行工作若干问题的规定（试行）》《最高人民法院关于落实"用两到三年时间基本解决执行难问题"的工作纲要》，特别是近年来最高人民法院为完善执行规范体系而出台的《关于人民法院办理执行异议和复议案件若干问题的规定》《关于限制被执行人高消费的若干规定》《关于审理拒不执行判决、裁定刑事案件适用法律若干问题的解释》《关于人民法院办理财产保全案件若干问题的规定》《关于严格规范终结本次执行程序的规定（试行）》《关于民事执行中财产调查若干问题的规定》《关于公布失信被执行人名单信息的若干规定》等司法解释和规范性文件。

（二）切合实际

《评估指标体系》以我国现行法院层级的四级法院（最高、高级、中级、基层人民法院）作为评估对象，分别根据四级法院不同的职能定位和工作侧重点进行设计。具体到贵州省执行工作实际，从目前现状来看，贵州高院主要承担较多的执行监督管理职能，此外，由于贵州高院对辖区内第一审民商事案件的管辖标准调整较晚，在2016年12月之前受理了大量的一审民商事案件，因此贵州高院也办理了相当数量的执行实施案件，这是贵州高院与全国其他高级法院相较而言具有的不同特点。而对于省内中级和基层法院而言，由于基层法院所处的县域经济普遍落后，信息化建设较为缓慢，较多的执行案件在网络系统管理运用方面不够普遍和及时。为此，本课题组在对《评估指标体系》进行细化分解时，需要认真、慎重考量全省三级法院的各自特点和不同情况，切合执行工作实际予以细化。

（三）科学可行

在对《评估指标体系》进行细化过程中，本课题组通过书面征求意见和召开座谈会的形式，较为广泛地征求了来自全省各级法院特别是基层法院的意见，充分听取了全省中级和基层法院代表单位的建议，并进行了可行性论证。特别是在执行保障板块的终本案件管理、人员结构优化、轮岗制度、执行指挥中心等方面进行了详细的分解和叙述，力争使全省各级法院执行部门在对照适用该指标体系以及填写相关数据时能够求真务实、言之有物、有的放矢，使各项指标考核均具有较强的可操作性。

（四）准确理解

由于《评估指标体系》是按照三级指标设置的，每项指标多则十余字，少则几个字，言简意赅，容易产生理解模糊和造成歧义，因此，课题组对指标细化内容进行反复论证和深入研究的基础上，力求使细化内容在最大程度范围内接近《评估指标体系》的设计本意。为此，课题组就普遍感到困惑和疑问的一些指标定义和内涵，例如实际执结率、个案执结到位率、执行行为撤改率等，专门向有关专家学者和实务部门人士进行咨询，并得到了具体、明确的答复。据此，课题组在对指标细化进行修改时，特别对一些项目予以备注说明，根据指标细化内容的考核更具有准确性，被评估考核单位也更易于理解。

三 指标细化的特点特色

《评估指标体系》是面向全国各级法院进行评估和考核的标准，具有普遍适用性。然而，地方性知识在司法工作实践中也具有非常重要的意义和作用。贵州整体经济落后，但是司法工作却在某些方面走在了全国前列。具体到执行工作，近年来全省各级法院进行了一些积极有益的探索，取得了长足的进步和发展，形成了鲜明的地方特色。对此，在指标细化中应当有所体现。

（一）大数据的广泛运用

当今时代是大数据时代，人民法院信息化建设 3.0 版本已经启动并且不断升级。近年来，贵州省在发展大数据方面敢为人先，先行先试，2016 年获批建设全国首个国家级大数据综合试验区，为国家大数据战略的有效运行做出了积极表率。贵州省各级法院牢牢把握举全省之力发展大数据这一特色，积极探索在执行工作中应用互联网、大数据、云计算等多种信息技术手段，使执行工作与大数据深度融合，有效对执行工作进行管理和规范，力争做到"精准执行"。特别是在使用执行案件流程信息管理系统方面，要求全省所有法院必须百分之百达标，所有上网案件必须全部百分之百有相关印证材料。通过大数据技术，更加全面地掌握了全省各级法院的执行工作，有利于执行工作的进一步推进和开展。

（二）执行联动的先行先试

在《评估指标体系》中，执行联动板块主要是针对最高人民法院与相关中央职能部门"总对总"网络执行查控体系落实情况的考核，对地方各级法院不作硬性要求。然而，在执行工作实践中，网络查控对于执行案件是否能够顺利进行，具有非常重要的意义，甚至起着决定性的作用。为此，贵州高院要求全省各级法院不再"等、靠、要"，必须积极行动起来，与所在区域同级相关部门进行有效沟通协调，力争"点对点"网络执行查控系统早日开通。特别值得一提的是，贵州高院执行局在工作中，意识到人社部门、税务部门对于执行查控的重要意义，已经与该两家部门进行有效沟通，即将开通相关查控系统，对网络执行查控系统指标的完善做出了创造性的探索。

（三）执行体制的深化改革

贵州是全国首批司法体制改革试点省市之一，在司法体制改革方面进行了积极有益的探索和尝试，其中的法官员额制、司法责任制、"以案定员"、"以案定补"在全国具有领先地位。具体到执行工作，在执行裁决权配置、执行团队优化组合等方面，贵州高院和各中级、基层法院均有一定意义的改革。由于执行工作的复杂性，执行体制改革具有相当大的难度。对此，在准确地把握好最高人民法院及《评估指标体系》的要求和精神的前提下，贵州高院在指标细化中对执行机构优化、执行人员配置、执行警务保障等方面提出了明确具体的要求，这将对执行工作机制体制的进一步深化改革起到有力的促进作用。

（四）执行宣传的形式多样

虽然执行工作的当事人是申请人和被执行人，但执行工作的效果是面向社会大众的。执行工作做得好，人民群众对法院工作才能有信心，司法权威才能树立起来。在指标细化中，贵州省各级法院对执行宣传都予以高度重视，并结合当前网络信息传播和智能可视化的特点，鼓励拍摄反映解决"执行难"的微电影，使执行工作寓教于乐，具有可视化，形象生动地宣传法院执行工作。同时，还特别注意网络宣传，充分运用网络媒体和法院自有平台，推送有关执行工作讯息，让执行工作深入人心，得到广大人民群众的支持和认可。

四　指标细化的若干具体问题厘清

（一）三级法院指标细化各有侧重

我国现行的法院体制，分为最高人民法院和地方各级人民法院，其中地方各级人民法院分为高级、中级和基层三级法院。地方三级法院中，高级法院除承办少量案件外，更多的职能定位是对所辖区范围内中级、基层法院的审判和执行工作进行监督管理。而中级、基层法院，几乎承担了绝大部分一审案件和大部分二审案件的办案职能。由于法律规定执行法院是原一审法院，也就是说，在地方三级法院中，高级法院主要承担执行监督和执行管理职能，中级、基层法院主要承担执行实施职能，同时中级法院也兼顾部分监督管理职能。

有鉴于此，本课题组在对相关指标进行细化时，注意根据三级法院的职能定位不同，分别有所侧重。其中，高级法院侧重于执行监督和执行管理，中级法院和基层法院侧重于执行实施，在评分标准方面差别较大；对高级法院的考核主要是以书面检查为主，而对中级、基层法院的考核是以案件抽查为主；对高级法院、中级法院所承担的监督管理职能指标，不做硬性数量要求，但要求各项规范性管理措施到位率高、较为全面；高级法院强调宏观管理和专项调研，中级、基层法院强调微观操作和具体办案。

（二）制度建设在指标细化中占有重要地位

当前法院"执行难"现象产生的原因是多方面的，要从根本上解决这一问题，形成良好的执行体制和执行机制，加强制度建设显得至关重要。就贵州省整体执行工作现有的情况来看，无论是高级法院还是中级法院，在执行体制和执行机制的制度建设上，较全国其他经济发达地区法院均显得力度不够，在很多重要制度方面空白点较多，特别是关于执行管理和执行实施的规范性指导意见较为阙如。这种情况的存在，对解决"执行难"问题构成了较大的制度性障碍。

近年来，最高人民法院为解决"执行难"问题，出台了一系列具有长效性和创新性意义的规范性文件及司法解释，对执行财产的调查、控制、处分、分配等各个环节以及执行行为进行规范的制度性建设，如查扣冻规定、执行异议和执行复议规定、财产保全规定、终结本次执行程序规定、追加变更当事人规定、委托执行规定、案款发放规定等。高级法院作为承上启下的省级法院，其加强执行制度建设工作尤为重要。基于高级法院管理职能和调研职能部门人员较为充足、业务水平较高的情况，高级法院的执行制度建设主要体现为分解细化最高法院出台的规范性制度，以及出台自身的执行管理制度。在对这类制度建设指标进行细化时，课题组认为应当全面落实而不在于具体数量。此外，制度建设还体现在调研指导方面，高级法院通过在全省范围辖区的调研，可以搜集、发现疑难问题，沟通协调上下级法院关系，统一观点认识，形成有针对性、指导性的执行工作规范意见。

（三）队伍建设特别是廉政建设要常抓不懈

"徒法不足以自行"，法律的实施关键在于执行，社会主义法治的本质是"执法必严"，执法者的责任重大。当前我国仍然处于社会转型期，利益冲突大，纠纷矛盾多，多数诉讼到人民法院的案件涉及财产，而执行是当事人财产权益实现的最终阶段，因此，法院执行人员的队伍建设必须常抓不懈。关于队伍建设指标细化，应当着重人员优化、教育培训和廉政建设三个方面，其中廉政建设是重中之重。

执行人员优化包括数量和结构两个层次，首先要保证执行法官的员额比例不低于本院审判业务庭法官员额比例，其次要建立执行法官年龄结构优化和审判执行岗位轮流的长效机制。这是非常具有现实针对性的，据了解，当前法院特别是中级、基层法院的一线执行人员，普遍存在年龄偏大、知识老化、不熟悉审判业务、工作效率较低的情况，这在人民群众中造成了不良影响，进而影响到法院的整体形象，因此在当前"基本解决执行难"的大环境下，必须对执行人员优化进行硬性指标要求，确保执行规范、高效。同时，鉴于目前最高法院出台的执行工作规范性文件和司法解释日益增多的现状，教育培训也应当作为日常工作同步开展。

关于廉政建设，课题组结合实际，从执行人员被投诉和受处分两方面进行指标细化，在此，法院纪检监察、立案信访两个部门应当形成长效沟通、协调联动，时刻掌握执行人员在遵守工作纪律、端正工作作风、做好廉洁自律等方面的动态。对于受到党纪政纪处分以及被追究刑事责任的,坚决实行"一票否决制",只要出现一起党纪政纪处分或被追究刑事责任案件,该项指标考核就全部扣分,促使执行法官时刻紧绷廉政意识,法院时刻对执行廉政建设工作常抓不懈。

(四)在执行质效方面要慎重适用"终本"程序

执行工作主要是针对金钱债务而言,在当前我国的执行工作实践中,据统计有40%的执行案件属于无财产可供执行情形。国外对于此类无财产可供执行的案件,一般是通过破产制度(自然人破产和法人破产)予以处理解决。但是,我国没有建立自然人破产制度,实践中法人破产制度也难以落实,致使大量的"僵尸企业"存在,这成为近年来我国法院执行工作必须面对的现实困境。"终本"是"终结本次执行程序"的简称,主要是指对于确无财产可供执行的案件,法院予以暂时终结执行程序,待发现财产后恢复执行的制度。2016年10月,最高人民法院专门颁布了《关于严格规范终结本次执行程序的规定(试行)》(以下简称《终本规定》),作为"终本"程序规范适用的法律依据。

"终本"程序的意义,在于法院执行工作更加具有现实性。然而,由于"终本"与执行结案率密切关联,实践中普遍存在执行法院放宽"终本"条件、片面追求结案率的现象,这在社会上造成了不良影响,需要加以重视和警惕。为此,课题组在对执行质效指标进行细化时,特别强调要严格执行最高法院《终本规定》,在实质方面"六个要件"缺一不可,在程序方面必须告知申请人并听取意见,"终本"裁定书要上网展示。

结 语

《贵州省三级法院"基本解决执行难"第三方评估指标细化考核》的制定,客观反映了贵州省法院系统对最高人民法院《评估指标体系》的认识,甚至在某种程度上还要严于《评估指标体系》,这充分体现了贵州法院的执行工作自我加压和自身特色，具有科学性，内容明确，便于理解。通过对该指标细化的研究与论证，可以进一步了解贵州省各级法院执行工作的开展与运行，有助于贵州省法院系统在两年内基本解决"执行难"问题。该指标细化内容，已经具有切实可行性，并将根据实际工作情况与《评估指标体系》的调整变化而不断进行更新优化。

B.3
司法改革背景下诉讼服务中心
职能定位研究

——以贵州法院诉讼服务中心建设为视角

赵传灵　曹晓莉　杨方程*

摘　要： 人民法院诉讼服务中心一方面应为人民群众服好务，另一方面要为法官服好务。其功能应进一步丰富、完善，转型升级，同时也要通过信息技术手段进一步深化、优化、细化，切实发挥服务和化解矛盾纠纷功能，彰显法治权威。

关键词： 诉讼服务　功能　法治权威

党的十八大以来，党中央从推进国家治理体系和治理能力现代化、建设中国特色社会主义法治体系的高度，对深化司法体制改革作了系统化的顶层设计，提出了"让人民群众在每一个司法案件中感受到公平正义"的目标。诉讼服务中心作为人民法院的窗口、司法诉讼的第一环节、多元化纠纷化解的重要场所，在司法改革背景下如何精准定位，如何进一步丰富完善职能，充分发挥好服务当事人、服务法官的功能，真正体现充实诉讼服务的本职，是新时期、新时代诉讼服务改革的新情况、新需求。本文以贵州法院诉讼服务中心建设为视角，对司法改革背景下诉讼服务中心职能

---

* 赵传灵，贵州省高级人民法院党组成员、副院长，一级高级法官；曹晓莉，贵州省高级人民法院三级高级法官；杨方程，贵州省高级人民法院三级高级法官。

定位进行探索，以期更好发挥其服务功能，充分展示人民法院司法权威，提升法院司法公信。

一 贵州法院诉讼服务中心基本概况

（一）诉讼服务中心建设探索阶段

2013年，在党的群众路线教育实践活动中，为积极回应社会与人民群众的司法新需求新期待，进一步完善"为民、便民、利民"的司法服务机制，使人民群众充分感受优质的诉讼服务，贵州法院把加强诉讼服务中心建设作为党的群众路线教育实践活动的重要载体，制定下发《贵州省高级人民法院诉讼服务中心工作规则》《贵州省高级人民法院关于规范全省法院诉讼服务中心便民措施的意见（试行）》等规章制度，对规范诉讼服务中心名称、基本功能、基本制度、标识等进行统一要求，揭开了全省法院诉讼服务中心建设的序幕。贵州高院多次专题研究诉讼服务中心建设，对诉讼服务中心建设的时间表、路线图、路径、目标进行安排部署。

2013年10月，中共中央将贵州法院列为涉法涉诉信访改革第四批试点，全省法院以此为契机，积极探索涉诉信访改革路径，同时将诉讼服务中心建设与涉诉信访改革工作有机结合，把诉讼服务中心作为开展涉诉信访改革的重要平台，作为涉诉信访改革的着力点、突破口，通过诉讼服务中心建设破解涉诉信访"信上不信下，信大不信小，信访不信法"的难题和痼疾，进而提升司法公信和法院良好形象。2013年12月，贵州省委十一届四次全会将法院加强诉讼服务中心建设写入了会议决议，对全省法院诉讼服务中心建设提出了明确要求，诉讼服务中心建设成为省委的一项重要决策部署，吹响了全省法院诉讼服务中心建设号角和集结号。为贯彻落实好省委决议，推进全省法院诉讼服务中心建设步伐，充分发挥诉讼服务中心便民、利民、方便群众、服务法官的功能，全省法院强力推进诉讼服务中心建设，把加快诉讼服务中心建设作为一项重要任务强力推进。截至2014年6月，全省99个法院通过新建或改建全部建成诉讼服务中心，做到群众诉讼服务有场所、问询有人引、事有人办等基本功能。诉讼服务中心在司法为民、纠纷化解等方面发挥了重要作用。但仍处于粗放阶段，功能仍有待进一步完善。

（二）诉讼服务中心建设转型升级阶段

2015 年 12 月，最高人民法院组织召开"全国法院诉讼服务中心建设推进会"，明确要求全国法院要积极推进诉讼服务中心建设，切实方便人民群众诉讼。为贯彻落实好最高法院要求，积极回应新形势下人民群众多元司法需求，全面构建开放、动态、透明、便民的阳光司法机制，有效提高诉讼服务能力和工作水平，贵州法院坚持立足群众需求，按照最高人民法院系统化、信息化、标准化、社会化的要求，加大信息化技术应用力度，结合全省法院实际，促进诉讼服务中心转型升级。

一是加大基础设施建设。按照科学适用、便民利民、司法公开的原则，加大对基础设施建设的资金投入，全省法院先后投入 6000 多万元对原来的"立案信访窗口"进行改建、扩建，为来访群众提供更人性、更便捷、更畅通的诉讼服务环境。统一将诉讼服务场所更名为"诉讼服务中心"，并在显著位置进行标识，方便群众知晓、便于群众诉讼。根据诉讼服务需求，特别是结合案件数量、辖区面积、人口数量、经济总量等因素，对诉讼服务中心面积进行科学测算。目前全省法院诉讼服务中心面积已达到 3 万余平方米，部分法院的面积大大超过了平均面积。如省法院诉讼服务中心面积为 1200 余平方米，实现了诉讼与信访的物理隔离；遵义中院新建审判大楼，诉讼服务中心面积达到了 1300 余平方米，完全满足每年 12000 余件案件的诉讼需求。作为基层法院的金沙县法院诉讼服务中心面积也达到了 500 余平方米。同时，服务设施更加完善、更加便民、更加温馨、更加人性化。在等候休息区配备了休息座椅、饮水器具、笔墨纸张、老花镜、电话机、传真机、复印机、充电宝等便民设施，为当事人诉讼提供必要服务设施。

二是进一步健全完善功能。在完善诉讼服务中心基本功能的同时，增加"诉讼服务、纠纷分流和矛盾化解"功能，把化解矛盾纠纷作为诉讼服务中心的一项重要职能。积极探索实行"大立案"新模式，着力为来访当事人提供"一站式"高效服务，切实减少当事人往返，减轻当事人诉累。探索新增心理咨询服务、诉讼保全等新职能。同时，运用网络和移动应用技术将实体诉讼服务向移动终端拓展，实现在网上进行引导、立案、查询、咨询、阅卷、申请、缴退费等智能服务，开展视频调解、视频接访等。

三是进一步健全完善规章制度。全省法院以制度规范为纲，以责任落实为纪，通过诉讼服务中心建设转变工作作风，实现为民服务宗旨。实行首问接待负责制，即使是职责外的事项，也由接待人员及时移交并向来访群众说明情况。实行挂牌上岗，窗口工作人员必须着法官制服并挂牌上岗。实行文明接访，窗口工作人员应仪表端庄、举止得体、语言规范、态度真诚、热情周到、方法得当。实行服务承诺，对立案、信访及材料移送等环节的时限做出公开承诺。实行办事公开，公开立案信访工作职责、工作流程及其他相关信息。在明显位置公开举报方式和举报电话，充分发挥纪检监察对诉讼服务中心工作的监督作用。

四是促进服务载体转型升级。加强整体谋划，注重系统性、协同性，从原来注重单一诉讼服务大厅建设到构建诉讼服务大厅、诉讼服务网、移送通讯服务 App、12368 热线"四位一体"的综合性服务平台，实现网上网下、线上线下的相互融合，形成人民法院面向社会的多渠道、一站式、综合性诉讼服务体系。

五是推动功能定位转型升级。按照最高人民法院"大服务、大平台、大辐射"的职能定位，从原来注重单一服务群众诉讼到对外服务群众进行诉讼活动、对内服务法官办案的"双服务"机制，促进法院工作整体优化。

六是注重服务内容转型升级。从原来注重单一法院自身提供服务到让司法走向社会，让社会走进司法，整合社会资源，统筹建立诉调对接平台，引入律师等第三方社会力量为群众提供咨询、疏导等服务；同时探索部分诉讼服务项目外包机制。截至 2017 年 12 月，全省 99 个法院已有 83 个法院完成转型升级。

七是矛盾纠纷化解机制更加健全。全省法院依托诉讼服务中心，成立调解工作室，配强诉前调解力量，积极探索以人民调解为基础，行政调解为补充，司法调解为主导，司法确认作保障的功能互补、良性互动、诉调对接的多元化纠纷解决机制，引导当事人选择多种渠道和途径解决纠纷。如福泉市法院准确把握新形势下人民群众多元化司法需求，以司法确认制度为切入点，以各级各类调解组织为依托，将多元化纠纷解决机制导入司法轨道，切实减轻群众诉累，有效缓解人民法院审判压力。通过委托调解及全市各级各类调解组织充分发挥调解职能在诉讼外化解大量矛盾纠纷的分流方式，案件增幅一直处于可控状态。2016年1月至2017年11月，福泉市法院共受理案件8184件，同比仅增加4.10%，比黔南州全州法院21.81%的增幅、全省法院20.78%的增幅分别低17.71个百分点和16.68个百分点。加强诉讼服务中心与法院各部门的横向沟通，确保工作有序流转。省级法院的诉讼服务中心加大对下级法院诉讼服务中心的协调指挥力度，确保政令畅通。上下法院诉讼服务中心之间互通信息，建立联动化解重大、疑难、复杂和缠访闹访等矛盾纠纷工作机制。

八是进一步强化队伍素质。加强软实力建设，配齐配强诉讼服务中心人员，将业务能力强、善做群众工作的法官充实到诉讼服务中心工作中，以展现人民法院良好的司法形象，提升诉讼服务中心化解矛盾纠纷的能力。截至2017年12月，全省法院诉讼服务中心共配备工作人员783人，其中本科及以上的588人，占75.09%；35周岁以下的382人，35~50周岁的246人，50周岁以上的155，平均年龄35.3岁，比2013年的46.7岁下降了11.4岁。同时将诉讼服务中心作为培养锻炼干部的基地，如2013年12月省法院党组研究决定新进工作人员必须到诉讼服务中心锻炼三个月，经过三年多的实践，效果很好。

（三）司法改革背景下诉讼服务面临的新需求

贵州法院作为司法改革的第一批试点法院，在中央政法委、省委的坚强领导和最高法院的有力指导下，根据符合中央精神、符合司法规律、符合贵州实际的要求，以改革审判组织结构为切入点，按照"切口准、深度改、出特色"的要求，着力构建"简化立案、精化审判、强化执行、细化监督"的审判运行机制，积极推进以司法责任制为核心的四项制度改革。改革试点中，创造了"以案定员、以案定补、以案定责、繁简分流、信息化大数据助力司法改革"等贵州经验，有力促进了审判质量和效率的双提升，提升了司法公信力，人民群众满意度得以提升，改革让法官更像法官，法院更像法院。但随着经济社会的发展、国家治理能力和治理体系的新变化和互联网技术的推进，传统诉讼服务模式已与人民群众的新期盼、新要求和矛盾纠纷化解的新模式不相适应，主要表现在以下几方面。

一是与立案登记制改革不相适应。为切实解决"立案难"，从2015年5月1日起，最高法院决定改"立案审查制"为"立案登记制"，切实做到有案必立、有诉必理。随着立案登记制改革的推进，案件大幅上升，对诉讼服务的需求增加。2014年全省法院共收案283747件，审结266180件，同比分别上升15.57%和10.14%；2015年全省法院共收案380586件，审结350118件，同比分别上升34.13%和31.53%；2016年共收案453174件，审结430963件，同比分别上升19.07%和23.58%。2017年1至11月，全省法院共收案521073件，同比上升18.75%；审、执结各类案件417067件，同比上升18.07%。案件逐年攀升，给法院审判工作带来了更多压力，对诉讼服务的需求既有量的增加，同时更有质的要求。

二是与人民群众对诉讼服务的新需求不适应。传统上，诉讼服务中心主要负责案件受理、涉诉信访职能，是负责上传下达的一个中间渠道、二传手，对当事人的服务停留在材料收转，上下传话等初级服务阶段。而对于能不能立案，当事人不清楚，诉讼服务窗口工作人员不能立马决定，造成有的案件当事人立案要多次往返法院补充材料，增加当事人诉累；特别是案件进入审理环节后，当事人对办案环节中的过程几乎一无所知，监督更是无从谈起，现代社会法治要求的公开、透明缺失，诉讼服务缺位。流程环节的不透明、司法的不公开，会让当事人产生合理怀疑，更会对司法公平产生怀疑。

三是与审辅分离的司法改革不适应。随着近年来案件数量攀长，而法官编制几乎不变的情况下，5＋2、白加黑成为法官工作新常态。传统上，诉讼服务中心只是作为立案庭工作的一部分，仅是对外服务群众的一个窗口、桥梁，大量审判辅助性事务都是由审判庭完成，这与大立案、精审判的改革路径不相符合。而审判法庭的法官既要面对日益增加的案件，同时，也还要承担一些譬如送达、保全等大量辅助性事务，使法官不能集中精力、集中时间专司审判，反而成为人们俗称的"司法民工"，与法官作为司法裁判"艺术家"的职业不相符合。司法改革制下的员额制改革，就是要让法官从繁杂的事务中解放出来，专注于案件争议焦点和法律适用，事务性工作需要由法官助理和诉讼服务中心予以完成，这对诉讼服务中心的职能提出了新要求。

四是与信息技术发展时代不相适应。在互联网、信息技术时代，人民群众对诉讼服务的需求不再满足于亲临窗口、问一答一的柜台式服务，而要让信息数据多跑路，群众办事少跑路。群众需要通过互联网提交诉讼材料、查阅卷宗、打印文书等便民利民的信息化服务。办案流程、诉讼须知、文书模板等诉讼服务的需求需要通过信息技术予以展现。同时，对案件流程、进展通过信息化途径予以了解、知晓、监督。

五是与多元化纠纷解决形势不相适应。随着经济社会发展，矛盾纠纷亦呈上升趋势，大量矛盾纠纷都涌入法院，法院将不堪重负。运用多方力量，形成化解合力，把矛盾化解在案前，化解在萌芽状态，增加社会和谐因素，是社会治理能力和治理体系现代化的新需要。而传统诉讼服务中心对整合力量、合力化解谋划不多，用力不够，甚至有的地方功能缺位。

司法改革背景下，群众对司法提出了一系列新要求、新期待，不仅要求司法裁判结果公平公正，还要求司法便捷、透明、公开，不仅要求司法机关提供实体上的司法保障，也要求提供良好的司法服务，不仅要求对司法活动有知情权，也要求参加司法活动的监督。针对这些新情况、新问题，如何适应新形势，满足群众新要求，贵州法院一方面开展体制创新，另一方面积极依托科技创新，运用信息化手段着力提高办案质量和效率，让"车之两轮""鸟之两翼"并驾齐驱，齐头并进。同时，积极开展诉讼服务改革，强化诉讼服务中心服务功能，着力服务诉讼群众，畅通诉讼渠道，让当事人少跑路；着力服务法官，让法官从繁杂的事务性工作中解放出来，专注于审判事务，努力提高案件质量，提升司法权威，提高司法公信力。

二　司法改革背景下诉讼服务中心职能探索

为适应司法改革背景下人民群众对诉讼服务的新需求、新期待，适应以司法责任制为核心的司法改革背景下员额法官专司审判的新形势，诉讼服务中心改革应立足于服务群众、服务法官的新要求，着力化解矛盾重重的新期待，需要精准定位职能，进一步完善功能，方能适应新时代的新需要。

（一）精准定位，科学规划

司法改革背景下，诉讼服务中心不再仅仅是传统立案庭的一个窗口，而是在大立案背景下服务功能的进一步拓展延伸、丰富和完善。要将司法改革与诉讼服务中心改造有机结合起来，对二者进行统一谋划、统一部署、统一安排、统一推进，做到齐头并进、共同发力。诉讼服务要立足对外服务好群众，对内服务好法官的"双服务"新模式、新格局、新常态。一是服务群众在做"加法"上下功夫。通过提供集中式、一站式服务，让当事人除了庭审之外的其他诉讼事务都在服务中心完成，进一步增加服务功能，完善服务条件。将审判辅助性事务进行集约化办理，诉讼中心行使诉讼引导、立案登记、材料收转、信访接待、约见法官等职能，把审判中的辅助性事务均由诉讼服务中心承担，让当事人在诉讼服务中心办完所有辅助性事务。丰富服务内容，健全服务功能。依托信息化，积极开展自助立案、网上立案等新服务功能，积极建立专家、公益律师、法律志愿者服务活动，在诉讼服务大厅开展为当事人提供法律咨询服务。大力开展心理咨询活动，引入心理咨询师，积极开展诉讼心理咨询、心理疏导，引导当事人理性诉讼、理性上访。创新服务方式，实现服务多样化。运用"互联网＋"诉讼服务新方式，充分依托互联网，积极开发在互联网上查询案件信息、司法公开网、手机 App 等信息化功能，方便当事人诉讼，让信息多跑路，使当事人少跑路。二是服务法官要在做减法上下功夫。要着力保障法官专注审判，把法官从审判事务性工作中分离出来。对部分书记员、送达员进行集中管理，把送达、保全、排期开庭、卷宗整理、归档等辅助性事务集中到诉讼服务中心，由诉讼服务中心明确专人负责，或者采取劳务外包模式，实行专门事务交给专门公司负责，做到专业化、集约化，既提高效率，又保证质量。

（二）依托信息化，打造智能化诉讼服务中心

要在完善传统诉讼服务中心基础设施、基础功能的基础上，依托运用现代信息技术对诉讼服务大厅进行技术改造升级，提高智能化服务水平。一是增强信息化基础设施。在诉讼服务中心服务大厅，应全面配置信息化服务终端，为当事人诉讼服务提供方便。如诉讼须知自动查询机、流动播放大屏、诉讼服务引导一体查询机等现代化科技设备，并充分发挥信息技术功能，实现服务智能化、高效化、便捷化。二是积极运用信息技术服务当事人。从立案环节开始，运用信息化技术手段，对案件进行二维编码，开展电子数据采集、电子送达、虚拟人物诉讼引导、智能位置指引、诉讼服务自助终端、自助案件查询等功能，实现诉讼服务中心的智能化，做到"让数据多跑路，让当事人少跑路"。运用"云柜"进行材料交换，实现自动提醒、交接留痕。三是积极开展网上立案、网上信访。运用现代信息技术，开发网上信访、网上立案、律师网上阅卷、当事人网上递交材料等软件，把现代信息技术运用到诉讼服务环节，减少当事人往返法院，提高办事效率，方便当事人诉讼。特别是通过信息技术，开展异域立案，打破传统地域限制、隔离，减少当事人跨地域奔波，方便跨地域辖区的当事人立案诉讼。四是积极开展网上送达服务。切实发挥现代科技优势，利用互联网进行网上送达，切实解决人找人、送达难这一难题，同时，第一时间向当事人送达诉讼文书，也减少当事人往返。五是提升诉讼服务智能化水平。推进卷宗电子化、数字化，从源头开始，所有文字材料进行电子扫描，实现电子卷宗随案生成，推动电子

卷宗深度利用，切实为法官减负，让法官集中精力、集中时间专注案件事实和争议焦点，着力提升案件质量。

（三）强化矛盾化解，推动多元化机制

积极发挥法院化解矛盾纠纷的职能作用，充分利用法院诉讼服务中心平台，努力打造诉调对接新机制。按照"精审判，强执行，优服务，实监督"的改革思路，着力对诉讼服务中心进行升级改造，努力将诉讼服务中心打造成为对外服务群众、对内服务法官的诉讼服务平台和诉调对接平台。一是打造矛盾纠纷分流平台。对诉讼到法院的纠纷进行分流过滤。积极开展与劳动、交通、妇联、居委会、消费者协会等职能部门的对接，在立案前引导当事人到相关职能部门进行矛盾纠纷的调解，选择非诉方式解决纠纷。二是跟踪协调，限期办理。对委托相关职能部门或行业组织进行调解的矛盾纠纷，要明确调解期限，到期不能调解的，及时对当事人进行释明，是否继续选择诉讼方式，当事人明确表示继续诉讼的，应及时立案，导入诉讼方式予以解决处理。三是积极开展司法确认。对人民调解组织调解结案的，积极引导当事人采取司法确认的方式对调解成果予以固定，避免再次转为诉讼纠纷，同时也对已达成调解成果的协议赋予强制执行力。四是加大立案调解力度。在诉讼服务中心配备法院专兼职调解人员，由擅长调解的法官或者司法辅助人员担任，专职从事调解指导工作和立案后的调解工作，把矛盾纠纷化解在立案环节，从而减少审判压力，增加和谐因素。五是建立驻地调解制度。加强与司法行政部门、律师协会等沟通联系，邀请律师到诉讼服务中心坐班值守，推动律师参与化解和代理涉诉信访案件，充分发挥律师在矛盾纠纷化解中的重要作用。把大量矛盾纠纷化解在诉前，减少了进入法院的案件数量，切实减少诉讼案件，真正发挥诉讼服务中心把矛盾化解在案前、化解在窗口的功能，在源头上减少诉讼案件。特别是缠访、闹访的涉诉信访案件，通过第三方律师的化解，有利于增加上访人的信任，有利于矛盾纠纷的化解。

（四）强化队伍素质，提高服务水平

诉讼服务中心作为服务群众的窗口，要求诉讼服务中心人员应有较强的法律素质和较高的服务水平。在司法改革人员分类管理下，诉讼服务中心作为人民群众司法需求的第一道关口，应配好配强诉讼服务工作人员。一是注重人员配备。诉讼服务中心作为法律服务第一线，需要配备员额法官，从事法律事务审查和裁决。同时，诉讼服务中心作为服务部门，具备大量法律事务性工作，需要配备大量法官助理从事法律服务。即诉讼服务中心工作既需要一定数量的员额法官，同时更需要众多的法官助理。同时，诉讼服务中心亦应配备一定数量的其他工作人员，如导诉员、心理疏导员、财政人员等。二是购买社会服务。诉讼服务中心作为诉讼服务的窗口，大量事务性工作如电子卷宗扫描、归档等专业事务性工作，应采取购买社会服务的方式，将专业性工作交由专门的社会服务机构办理，有利于提高工作质量，更有利于提高工作效率。三是注重专业化培养。诉讼服务中心作为服务群众的源头，专业性较强，需要对诉讼服务中心人员进行专业化培养。应健全完善岗位专业职业培训，针对服务中心的工作特性，注重把法律知识、风土民情、民风民俗、协调沟通能力作为中心工作人员培训的重要内容。同时，要保持骨干队伍的相对稳定，既不能把服务中心作为培养干部的摇篮，成熟一个调走一个；也不能把诉讼服务中心作为人员分流的承接部门，把没地方可去的人安置到诉讼服务中心。要尽可能减少中心人员的院内轮岗调动，积极为他们创造条件提供发展机会。四是拓宽人员来源渠道。在诉调对接、咨询、引导等环节可引入高校、社会团体法律志愿者或公益律师，一方面缓解法律人员不足的问题，另一方面第三方做法律咨询服务更可增加当事人的可接受性。

（五）弘扬法治精神，提升司法公信

诉讼服务中心作为服务人民群众的重要场所，也是普法教育的重要场所，更是社会主义法治精神培育的重要场所。一要充分发挥窗口的普法功能。诉讼服务中心要利用接待当事人、服务当事人、释法析理之机，做好法

律法规的宣传，提高当事人的法律意识和法律素质，让人民群众在尊法学法守法中深化对社会主义法治认识和信仰。二要把窗口作为培育司法权威的重要场所。通过司法裁判，让人民群众认识到法律既是保护自身权利的有力武器，更是必须遵守的行为规范，培育形成办事依法、遇事找法、解决问题靠法的良好行为习惯和行为环境。三要提升司法公信。诉讼服务中心作为信访窗口，要着力教育引导当事人依法维护自己合法权益，对司法路径已穷尽的情况下，应加强释法析理，引导当事人应自觉遵守司法裁判，维护司法权威，提升司法公信。

诉讼服务中心在司法改革的新时期，要主动适应司法改革的新形势，主动回应群众的新需求，主动变革诉讼服务新模式，进一步丰富完善诉讼服务功能，让群众诉讼更方便、更便捷、更高效，让群众在窗口感受到司法的更公开、更透明、更公信。同时，大量辅助性事务集中在诉讼服务中心办理，让专业化、职业化、精英化的员额法官成为裁判的艺术家，真正实现"让人民群众在每一个司法案件中感受到公平正义"的目标。

B.4
贵州省生态文明建设立法评估
——借鉴综合生态系统管理（IEM）法律质量
评价指标体系的分析*

贵州生态文明建设立法评估课题组**

摘　要： 借鉴综合生态系统管理（IEM）法律质量评价指标体系，形成地方生态文明建设立法评价指标体系，并对贵州生态文明建设立法进行探索性评估，可以为贵州建设国家生态文明试验区提供参考作用。通过对照指标评价建议，适时修订《贵州省生态文明建设促进条例》，使之真正成为贵州生态文明建设统领性法规；加快修改《贵州省环境保护条例》，使之切实对接2014年修订的《环境保护法》；抓紧制定出台贵州省环境影响评价条例、贵州世界自然遗产保护管理条例等，推动城市供水排水、公共机构节能等领域立法，构建贵州绿色发展法规体系。

关键词： 贵州　生态　立法　评估

　　中共中央办公厅、国务院办公厅印发的《国家生态文明试验区（贵州）实施方案》（2017年10月）提出，到2018年，贵州省在部分重点领域形成一批可复制可推广的生态文明制度成果。到2020年，全面建立生态文明制

＊ 本文系贵州省社会科学院2018年创新工程重大支撑项目"贵州法治建设评估与创新发展研究"成果，贵州省法治研究与评估中心项目成果。

＊＊ 执笔人：王飞，贵州省社会科学院法律研究所所长、贵州省法治研究与评估中心研究员。

度体系。其重要抓手之一，就是要加强生态环境保护地方性立法，全面清理和修订地方性法规中不符合绿色经济发展、生态文明建设的内容。鉴于此，借鉴综合生态系统管理（IEM）法律质量评价指标体系对贵州生态文明建设立法（此处特指省人大及其常委会的立法）进行探索性的评估，以期对贵州建设国家生态文明试验区提供参考作用。

一 地方生态文明建设立法评价指标体系构建

此处所构建的地方生态文明建设立法评价指标体系，借鉴了综合生态系统管理（IEM）法律评价指标体系的要素内容。综合生态系统管理（Integrated Environmental Management，IEM）不仅反映、彰显可持续发展精神，强调多部门合作，倡导公众参与，更重要的是这一理念提出了较高的法律政策能力建设要求。[①] 从环境资源法学上理解，作为管理自然资源和自然环境的一种综合管理战略和方法，综合生态系统管理要求，综合运用行政、市场等机制来解决资源利用、生态保护等问题。[②] 换言之，综合生态系统管理强调了在生态建设中通过制度保障这一因素来获得良好的社会效果。[③]

鉴于此，评价生态文明建设法律法规是否成熟完善，可以借鉴综合生态系统管理（IEM）法律评价指标体系，审视和评估视其内容中是否充分反映了综合生态系统管理原则和能力所要求的基本法律要素。从有关文献看，综合生态系统管理在内容上有共识形成目标、管理面向基层、管理时空范围适度、管理风险评估、生态制约管理、生态补偿赔偿、生态系统结构和功能优先保护、规划注重长远、遵循自然规律、保护利用结合、信息吸纳共享、广泛主体参与12项原则，在法律评价指标体系上包含立法目的和依据、适用

---

① 万宗成等：《综合生态系统管理法律制度研究》（下），甘肃人民出版社，2008，第341页。
② 王灿发主编《中国干旱地区土地退化防治立法与政策研究》，法律出版社，2009，第2页。
③ 朱炳成：《论综合生态系统管理视阈下渔业水域保护法制之完善》，《中国政法大学学报》2017年第6期。

范围和对象等 19 项（有的文献提出 20 项）基本法律评价要素。[①] 课题组根据研究主题，以综合生态系统管理原则及其法律评价指标体系所含基本评价要素为基础，参考立法学关于法律的内容包括规范性内容和非规范性内容分类，[②] 尝试提出包含了 2 个一级指标、11 个二级指标、34 个三级指标的地方生态文明建设立法评价指标体系（见表 1），[③] 用以评估贵州生态文明建设立法。

[①] 综合生态系统管理（IEM）法律评价指标体系所包含的 19 项法律评价要素分别为：1. 立法目的和依据；2. 适用范围和对象；3. 社会主体关于自然资源可持续开发、利用和管理的权利与义务；4. 农村土地权益的保障和土地质量的保护；5. 主要的名词术语界定；6. 政策；7. 共同管护义务；8. 行政机关的职能；9. 利益关联机构（或组织）的设置和作用；10. 行政管制措施；11. 教育、科研、宣传；12. 调查、监测、统计和评价；13. 公众参与；14. 资源可持续利用和生态保护的规划、计划及区划；15. 生态系统管理措施；16. 财政投入和市场激励机制；17. 遵守、执行和监督；18. 纠纷解决机制；19. 法律责任（王灿发主编《中国干旱地区土地退化防治立法与政策研究》，法律出版社，2009，第 10～14 页）。也有观点认为，综合生态系统管理（IEM）法律评价指标体系包含 20 项基本法律评价要素，也就是对法律文件规定了与综合生态系统管理有关但又不属于上述 19 项要素的那些规定，可以列入"其他"这一评价要素中。万宗成等：《综合生态系统管理法律制度研究》（下），甘肃人民出版社，2008，第 348 页。

[②] 比较权威的立法学观点认为，成文法的内容包括规范性内容和非规范性内容。规范性内容即通常所说的法的规范，它规定人们行为的法定模式及人们法定行为的法的后果。非规范性内容即法中关于立法依据、宗旨和原则的说明，专门概念和术语的解释，通过机关和通过时间、批准机关和批准时间、公布机关和公布时间的标记，法的适用范围和生效或施行时间，授权有关机关制定变通、补充规定或制定实施细则的规定，废止有关法的规定，以及其他有关内容。周旺生：《论完善中国法的内部结构》，《中国法学》1989 年第 6 期。

[③] 需要说明的是，这套地方生态文明建设立法评价指标体系的编制依据在于：一级指标是根据立法学关于法律内容可以分成规范性内容和非规范性内容的观点拟定。课题组认为，既然是对立法进行评估，也就不应该避用立法学研究中的权威观点。二级指标主要是根据综合生态系统管理（IEM）12 项原则进行归纳拟定，同时又对这些原则中不便于直接转换为立法评估二级指标的内容做出了调整到三级指标的安排。课题组认为，综合生态系统管理（IEM）12 项原则已在国内外的理论界和实务界形成较大共识，可以将这些原则是否得到规定或体现作为考察生态文明建设立法情况的标准。三级指标主要是根据综合生态系统管理（IEM）法律评价指标体系 19 项法律基本评价要素并做了调整、归并和扩充拟定。课题组认为，所借鉴的综合生态系统管理（IEM）法律评价指标体系中的核心要素经过了多个生态建设相关项目评估的运用验证，所有总体上大多数要素用以评估生态文明建设立法是可行的。同时，课题组又结合生态文明建设涵盖领域更广的实际情况在三级指标中对评价要素作了微调和补充。当然，这套地方生态文明建设立法评价指标体系的编制是尝试性的，是否科学和实用，是可以讨论和修正的。

表 1　地方生态文明建设立法评价指标体系

一级指标	二级指标	三级指标
非规范性内容	共识形成目标	立法目的
		立法依据
		立法用语（术语解释）
		立法程序（开门立法）
	时空范围适宜	适用的时间
		适用的空间
		适用的对象
	动态顺应生态	立法修改
		立法废止
		立法解释
规范性内容	宏观生态思路	系统保护优先
		有限管理生态
		保护利用平衡
	层级治理生态	各级行政机关职能
		各类主体共同管护义务
	广泛主体参与	利益关联机构（或组织）的设置和作用
		公众参与
	信息吸纳共享	生态教育、科研、宣传
		知情权保障
	生态规划长远	生态区划
		资源可持续利用（生态保护）规划
		区划规划的实施与管理
	生态风险评估	生态调查
		生态监测
		生态统计
		生态评价
		环境影响评价
	生态补偿赔偿	生态资源物权者的权利与义务
		生态资源使用者的权利与义务
		财政投入和市场激励机制
	生态措施配套	生态系统管理促进措施
		生态系统维护行政管制措施
		纠纷解决机制
		法律责任

二 贵州现行有效的生态文明建设立法概况

为了较好地运用地方生态文明建设立法评价指标体系对贵州生态文明建设立法做出符合实际的评估，课题组梳理了贵州现行有效的生态文明建设立法情况（截至 2018 年 2 月 1 日，见表 2）。

表 2 贵州现行有效的生态文明建设立法概况

序号	法规名称	制定(实施、修订)时间
1	《贵州省农业技术推广条例》	1990 年 9 月 25 日通过,1990 年 9 月 25 日起施行,1994 年 9 月 28 日第一次修正,1998 年 3 月 27 日第二次修正
2	《贵州省绿化条例》	1996 年 5 月 29 日通过,1996 年 5 月 31 日起施行,2010 年 9 月 17 日修正
3	《贵州省土地登记条例》	1997 年 7 月 21 日通过,1997 年 7 月 29 日起施行
4	《贵州省基本农田保护条例》	1997 年 7 月 21 日通过,1997 年 7 月 27 日起施行,1999 年 9 月 25 日第一次修正,2010 年 9 月 17 日第二次修正
5	《贵州省河道管理条例》	1997 年 11 月 21 日通过,1998 年 1 月 1 日起施行,2004 年 5 月 28 日修正
6	《贵州省森林条例》	2000 年 3 月 24 日通过,2000 年 4 月 3 日起施行,2004 年 5 月 28 日第一次修正,2010 年 9 月 17 日第二次修正,2015 年 7 月 31 日第三次修正,2017 年 11 月 30 日第四次修正
7	《贵州省矿产资源管理条例》	2000 年 3 月 24 日通过,2000 年 7 月 1 日起施行,2004 年 5 月 28 日第一次修正,2011 年 11 月 23 日第二次修正,2012 年 3 月 30 日第三次修正
8	《贵州省土地管理条例》	2000 年 9 月 22 日通过,2001 年 1 月 1 日起施行,2010 年 9 月 17 日第一次修正,2015 年 7 月 31 日第二次修正,2017 年 11 月 30 日第三次修正
9	《贵州省夜郎湖水资源环境保护条例》	2002 年 7 月 30 日通过,2002 年 10 月 1 日起施行,2010 年 9 月 17 日修正
10	《贵州省农作物种子管理条例》	2002 年 9 月 29 日通过,2002 年 12 月 1 日起施行
11	《贵州省防洪条例》	2003 年 7 月 26 日通过,2003 年 9 月 1 日起施行,2004 年 5 月 28 日第一次修正,2015 年 7 月 31 日第二次修正,2017 年 11 月 30 日第三次修正

序号	法规名称	制定(实施、修订)时间
12	《贵州省林地管理条例》	2003 年 9 月 28 日通过,2004 年 1 月 1 日起施行,2010 年 9 月 17 日修正
13	《贵州省林木种苗管理条例》	2004 年 9 月 24 日通过,2005 年 1 月 1 日起施行
14	《贵州省实施〈中华人民共和国水法〉办法》	2005 年 9 月 23 日通过,2005 年 11 月 1 日起施行,2011 年 11 月 23 日第一次修正,2017 年 11 月 30 日第二次修正
15	《贵州省渔业条例》	2005 年 11 月 25 日通过,2006 年 1 月 1 日起施行,2015 年 7 月 31 日第一次修正,2016 年 5 月 27 日第二次修正
16	《贵州省地质环境管理条例》	2006 年 11 月 24 日通过,2007 年 3 月 1 日起施行,2017 年 11 月 30 日修正
17	《贵州省风景名胜区条例》	2007 年 9 月 24 日通过,2007 年 12 月 1 日起施行,2017 年 11 月 30 日修正
18	《贵州省气象灾害防御条例》	2007 年 9 月 24 日通过,2007 年 12 月 1 日起施行
19	《贵州省森林公园管理条例》	2008 年 9 月 26 日通过,2009 年 1 月 1 日起施行,2011 年 11 月 23 日第一次修正,2017 年 11 月 30 日第二次修正
20	《贵州省环境保护条例》	2009 年 3 月 26 日通过,2012 年 3 月 30 日修正
21	《贵州省气象条例》	2009 年 11 月 25 日通过,2010 年 1 月 1 日起施行,2010 年 9 月 17 日修正
22	《贵州省红枫湖百花湖水资源环境保护条例》	2010 年 3 月 31 日通过,2010 年 7 月 1 日起施行,2012 年 3 月 30 日修正
23	《贵州省森林林木林地流转条例》	2010 年 7 月 28 日通过,2010 年 10 月 1 日起施行
24	《贵州省土地整治条例》	2010 年 11 月 30 日通过,2011 年 3 月 1 日起施行,2017 年 11 月 30 日修正
25	《贵州省赤水河流域保护条例》	2011 年 7 月 29 日通过,2011 年 10 月 1 日起施行,2012 年 3 月 30 日修正
26	《贵州省防震减灾条例》	2011 年 9 月 27 日通过,2011 年 12 月 1 日起施行,2017 年 11 月 30 日修正
27	《贵州省水土保持条例》	2012 年 11 月 29 日通过,2013 年 3 月 1 日起施行
28	《贵州省气候资源开发利用和保护条例》	2012 年 11 月 29 日通过,2013 年 1 月 1 日起施行,2017 年 11 月 30 日修正
29	《贵州省矿产资源监督检查条例》	2013 年 1 月 18 日通过,2013 年 3 月 1 日起施行
30	《贵州省节约能源条例》	2013 年 9 月 27 日通过,2013 年 11 月 1 日起施行,2017 年 11 月 30 日修正

序号	法规名称	制定(实施、修订)时间
31	《贵州省森林防火条例》	2013 年 11 月 30 日通过,2014 年 1 月 1 日起施行
32	《贵州省义务植树条例》	2014 年 1 月 9 日通过,2014 年 3 月 1 日起施行
33	《贵州省新型墙体材料促进条例》	2014 年 3 月 19 日通过,2014 年 5 月 1 日起施行
34	《贵州省生态文明建设促进条例》	2014 年 5 月 17 日通过,2014 年 7 月 1 日起施行
35	《贵州省黔中水利枢纽工程管理条例》	2015 年 1 月 15 日通过,2015 年 3 月 1 日起施行
36	《贵州省民用建筑节能条例》	2015 年 7 月 31 日通过,2015 年 10 月 1 日起施行
37	《贵州省湿地保护条例》	2015 年 11 月 27 日通过,2016 年 1 月 1 日起施行
38	《贵州省水利工程管理条例》	2016 年 3 月 31 日通过,2016 年 5 月 1 日起施行
39	《贵州省大气污染防治条例》	2016 年 7 月 29 日通过,2016 年 9 月 1 日起施行
40	《贵州省水资源保护条例》	2016 年 11 月 24 日通过,2017 年 1 月 1 日起施行
41	《贵州省古茶树保护条例》	2017 年 8 月 3 日通过,2017 年 9 月 1 日起施行
42	《贵州省环境噪声污染防治条例》	2017 年 9 月 30 日通过,2018 年 1 月 1 日起施行
43	《贵州省人工影响天气条例》	2017 年 9 月 30 日通过,2018 年 1 月 1 日起施行
44	《贵州省水污染防治条例》	2017 年 11 月 30 日通过,2018 年 2 月 1 日起施行

从立法数量看,截至 2018 年 2 月 1 日,贵州省人大及其常委会制定的现行有效生态文明立法数量为 44 件,占现行有效 184 件法规的 23.9%。这说明,生态文明建设立法是贵州地方立法的"重头戏"之一。从覆盖领域看,贵州生态文明建设立法覆盖领域广泛,已经基本形成生态文明建设法规体系(生态文明建设法规群)。44 件法规涉及了水资源领域、林业领域、农业领域、土地管理领域、地质矿产领域、水土保持领域、节能领域、环境保护领域、防灾减灾领域、生态旅游领域以及生态综合领域等,其中水资源领域有 8 件,占 18.2%;林业领域有 7 件,占 15.9%;防灾减灾领域有 5 件,占 11.3%;土地管理、节能、环境保护领域分别有 4 件,分别占 9%;农业、地质矿产领域分别有 3 件,分别占 6.8%;水土保持、生态旅游以及生态综合领域分别有 2 件,分别占 4.5%(见表 3)。

表3 贵州生态文明建设立法覆盖领域情况

领域	法规名称	数量
水资源领域	《贵州省河道管理条例》《贵州省夜郎湖水资源环境保护条例》《贵州省实施〈中华人民共和国水法〉办法》《贵州省红枫湖百花湖水资源环境保护条例》《贵州省赤水河流域保护条例》《贵州省水利工程管理条例》《贵州省黔中水利枢纽工程管理条例》《贵州省水资源保护条例》	8
林业领域	《贵州省森林条例》《贵州省林地管理条例》《贵州省林木种苗管理条例》《贵州省森林林木林地流转条例》《贵州省森林防火条例》《贵州省义务植树条例》《贵州省古茶树保护条例》	7
农业领域	《贵州省农业技术推广条例》《贵州省农作物种子管理条例》《贵州省渔业条例》	3
土地管理领域	《贵州省土地登记条例》《贵州省土地管理条例》《贵州省基本农田保护条例》《贵州省土地整治条例》	4
地质矿产领域	《贵州省矿产资源管理条例》《贵州省地质环境管理条例》《贵州省矿产资源监督检查条例》	3
水土保持领域	《贵州省水土保持条例》《贵州省湿地保护条例》	2
节能领域	《贵州省节约能源条例》《贵州省气候资源开发利用和保护条例》《贵州省新型墙体材料促进条例》《贵州省民用建筑节能条例》	4
环境保护领域	《贵州省环境保护条例》《贵州省大气污染防治条例》《贵州省环境噪声污染防治条例》《贵州省水污染防治条例》	4
防灾减灾领域	《贵州省防洪条例》《贵州省气象灾害防御条例》《贵州省气象条例》《贵州省防震减灾条例》《贵州省人工影响天气条例》	5
生态旅游领域	《贵州省风景名胜区条例》《贵州省森林公园管理条例》	2
生态综合领域	《贵州省绿化条例》《贵州省生态文明建设促进条例》	2

三 根据地方生态文明建设立法评价指标体系评估贵州生态文明建设立法情况

（一）对生态文明建设法规群中非规范性内容的评价

1. 对照"共识形成目标"指标的评价

在"立法目的""立法依据"上，现行有效的贵州生态文明建设法规都规定了立法目的（立法依据）。在"立法用语（术语解释）"上，多数法规根据需要对法规中使用的专门用语进行了解释或界定。在"立法程序（开门立法）"上，自 1985 年 12 月 18 日施行《贵州省制定地方性法规的程序的暂行规定》（于 2001 年 1 月 18 日废止）、2001 年 1 月 18 日施行《贵州省地方立法条例》以来，贵州省地方立法都按照法定程序进行，法规草案向全社会公开征求意见也在近 10 年来逐渐形成一种惯例。生态文明建设立法也不例外，现行有效的多数生态立法都采取了开门立法的做法，广泛征求了各类意见和建议。

2. 对照"时空范围适宜"指标的评价

在"适用的时间""适用的空间""适用的对象"上，现行有效的贵州生态文明建设法规都规定了法规的施行时间、管辖范围和适用对象，在这一指标上没有不达标的情况。

3. 对照"动态顺应生态"指标的评价

在"立法修改""立法废止""立法解释"上，在现行有效的 44 件贵州生态文明建设法规中，施行以后经过修改的法规有 22 件，占 50%；没有修改过的 22 件法规中，只有 6 件是施行时间超过 5 年的，其余 16 件都不满 5 年。另外，根据课题组梳理，被废止的生态文明建设立法有 20 余件。这说明大多数贵州生态文明建设法规坚持与时俱进，立改废并举，紧跟生态建设需要步伐。由于"立法解释"只是在需要时才进行，因此贵州生态文明建设立法中没有该项也不应作为该指标不达标的依据。

（二）对生态文明建设法规群中规范性内容的评价

1. 对照"宏观生态思路"指标的评价

在"系统保护优先""有限管理生态""保护利用平衡"上，一些现行有效的贵州生态文明建设法规对其部分内容和理念有所涉及。比如，《贵州省生态文明建设促进条例》第 4 条规定明确了"生态文明优先"，第 5 条规定明确了"自然恢复为主"。① 再如,《贵州省环境保护条例》第4条规定了"确保环境保护与经济建设同步推进协调发展"。②

2. 对照"层级治理生态"指标的评价

在"各级行政机关职能""各类主体共同管护义务"上,现行有效的贵州生态文明建设法规大多都有相应规定。比如,《贵州省水资源保护条例》第4条规定了各级政府的职责;第5条规定了各级政府主管行政部门、其他相关行政部门的职责,并明确了"行政首长负责的河长制";第6条规定了"任何单位和个人都有节约和保护水资源的义务"(因条文数目多,在此省去引注)。

3. 对照"广泛主体参与"指标的评价

在"利益关联机构(或组织)的设置和作用""公众参与"上,一些现行有效的贵州生态文明建设法规规定了相应内容。比如,《贵州省生态文明建设促进条例》第50条第2款规定明确了"高等院校、科研机构"等参与生态文明建设。③ 再如,《贵州省绿化条例》第6条规定明确了"鼓励单位和个人种植树竹花草"。④

4. 对照"信息吸纳共享"指标的评价

在"生态教育、科研、宣传""知情权保障"上,一些现行有效的贵州生态文明建设法规规定了相应内容。比如,《贵州省节约能源条例》第7条

---

① 《贵州省生态文明建设促进条例》第4条规定:"在本省行政区域内进行经济建设、政治建设、文化建设、社会建设等活动,应当与生态文明建设相协调,不得与生态文明建设的要求相抵触。"第5条规定:"生态文明建设坚持节约优先、保护优先、自然恢复为主的方针,坚持政府引导与社会参与相结合、区域分异与整体优化相结合、市场激励与法治保障相结合的原则,实现资源利用效率提高、污染物产生量减少、经济社会发展方式合理、产业结构优化、生态系统安全。"

② 《贵州省环境保护条例》第4条规定:"县级以上人民政府应当将环境保护纳入国民经济和社会发展规划,确保环境保护与经济建设同步推进,协调发展。"

③ 《贵州省生态文明建设促进条例》第50条第2款规定:"高等院校、科研机构应当加强生态文明建设相关领域的学科建设、人才培养和科学技术研究开发。鼓励高等院校、科研机构加强与省外高等院校、科研机构开展生态文明建设研究合作与交流,带动本省科技力量发展,推动生态文明建设。"

④ 《贵州省绿化条例》第6条规定:"各级人民政府应当积极开展绿化宣传教育,鼓励单位和个人种植树竹花草,发展绿化事业。在绿化事业中做出显著成绩的单位和个人,由人民政府给予表彰和奖励。"

规定开展多种形式的节能宣传、教育，普及节能科学知识。① 再如，《贵州省生态文明建设促进条例》第 7 条规定了保障公民、法人和其他组织在生态文明建设上享有知情权、参与权、表达权和监督权。②

5. 对照"生态规划长远"指标的评价

在"生态区划""资源可持续利用（生态保护）规划""区划规划的实施与管理"上，一些综合性的生态文明建设法规对此作了规定。比如，《贵州省生态文明建设促进条例》以"规划与建设"为该条例第二章章名，在该章下自第 10 条至第 25 条共用了 16 个条文来规定生态区划、规划及其实施管理等（因条文数目多，在此省去引注）。

6. 对照"生态风险评估"指标的评价

在"生态调查""生态监测""生态统计""生态评价""环境影响评价"上，一些生态文明建设法规条例适用对象作了一定的规定。比如，《贵州省地质环境管理条例》在第二章"地质环境影响评价和监测"下的第 8 条至第 10 条规定了进行地质环境影响评价情形、内容和监测的要求（因条文数目多，在此省去引注）。

7. 对照"生态补偿赔偿"指标的评价

在"生态资源物权者的权利与义务""生态资源使用者的权利与义务""财政投入和市场激励机制"上，一些生态文明建设法规根据条例规范重点规定了前述部分内容。比如，《贵州省森林公园管理条例》第 9 条规定了森林、林木、林地的所有权人或者使用权人的权利和义务。③ 再如，《贵州省

---

① 《贵州省节约能源条例》第 7 条规定："各级人民政府应当积极开展多种形式的节能宣传、教育，普及节能科学知识，增强全民的节能意识。任何单位和个人都应当依法履行节能义务，有权检举浪费能源的行为。新闻媒体应当宣传节能法律、法规和政策，刊播节能公益性广告等进行节能宣传，发挥舆论监督作用，营造节能的社会氛围。"

② 《贵州省生态文明建设促进条例》第 7 条规定："鼓励公民、法人和其他组织参与生态文明建设，并保障其享有知情权、参与权、表达权和监督权。公民、法人和其他组织有权检举、投诉和控告危害生态文明建设的行为。"

③ 《贵州省森林公园管理条例》第 9 条规定："森林、林木、林地的所有权人或者使用权人，可以申请设立森林公园；利用集体所有或者个人承包的森林、林木、林地及其他土地设立森林公园的，应当依法办理相关手续。"

基本农田保护条例》第 15 条规定了使用基本农田进行农业生产的单位和个人的权利和义务。① 又如,《贵州省生态文明建设促进条例》第 46 条第 1 款规定了安排生态文明建设财政预算。②

8. 对照"生态措施配套"指标的评价

在"生态系统管理促进措施""生态系统维护行政管制措施""纠纷解决机制""法律责任"上,贵州所有的生态文明建设法规都规定了生态系统维护行政管制措施和法律责任,一些生态文明建设法规根据本条例规范的需要还规定了生态系统管理促进措施。比如,《贵州省森林条例》在法律责任一章中用了 8 个条文来规定(因条文数目多,在此省去引注)。再如,《贵州省生态文明建设促进条例》第 27 条第 2 款规定组织实施重大生态修复工程。至于纠纷解决机制,由于国家《人民调解法》《行政复议法》《行政诉讼法》《民事诉讼法》《仲裁法》等已经提供调解、行政复议、行政诉讼、民事诉讼和仲裁的纠纷处置渠道,生态文明建设过程中的纠纷亦可以由此解决,因此是否具备主要起参考作用的该项指标要素,不影响对生态文明建设法规的评价结果。

四 评估结论与建议

通过上述对照评价,可以看出贵州生态文明建设法规群能够涵盖地方生态文明建设立法评价指标体系提出的核心评价要素,契合综合生态系统管理(IEM)理念,总体情况良好。但与此同时,贵州生态文明建设立法中,也存在对生态系统结构与功能保护优先强调还不够,缺少优先保护其结构与功能的明确规定;对有限管理生态的规定比较空泛,更多还停留在原则倡导的

---

① 《贵州省基本农田保护条例》第 15 条规定:"使用基本农田进行农业生产的单位和个人,必须保护农田水利设施,改善灌溉条件,防止水土流失,不断整治耕地,提高耕地质量。"
② 《贵州省生态文明建设促进条例》第 46 条第 1 款规定:"县级以上人民政府应当将生态文明建设作为公共财政支出的重要内容,在年度财政预算中统筹安排,逐步加大投入。通过专项资金整合,综合运用财政贴息、投资补助等方式支持公益性生态文明建设项目。"

阶段，缺少具体的规定；在层级生态治理上对基层治理规定不够，基本是在县级及以上层级权限进行等有待今后立法改进的问题。

　　鉴于此，应当适时修订《贵州省生态文明建设促进条例》，使之真正成为贵州生态文明建设统领性法规；加快修改《贵州省环境保护条例》，使之切实对接 2014 年修订的《环境保护法》；抓紧制定出台贵州省环境影响评价条例、贵州世界自然遗产保护管理条例，推动城市供水排水、公共机构节约能源资源等领域立法，构建贵州绿色发展法规体系。

B.5
贵州省多元化纠纷解决机制研究报告[*]

课题组^{**}

摘　要:　建立健全多元化纠纷解决机制,对于保障人民群众合法权益和促进社会公平正义、和谐稳定具有重大现实意义。在贵州决战脱贫攻坚、决胜同步小康关键时期,各类不稳定不确定因素增多,经济、社会民生等领域矛盾纠纷较多。这暴露出当前贵州在建立健全多元化纠纷解决机制方面创新思维、系统思维、法治思维等不强。宏观而言,建立健全贵州多元化纠纷解决机制,必须坚持系统治理、源头治理、依法治理、综合治理。具体对策包括:做实基础业务控增量,抓实多元化解去存量,善于依法治理防变量;加强社会稳定风险评估预警;集中力量攻坚化解重大矛盾和突出问题;最大限度预防减少发案,积极预防妥善处置突发事件;提升大数据深度应用能力;提升社会共建共治共享水平。

关键词:　贵州　矛盾纠纷　多元化纠纷解决机制

概括而言,多元化纠纷解决机制是指一个社会中各种纠纷解决方式、程序或制度(包括诉讼与非诉讼两大类)共同存在、相互协调构成的纠纷解

* 本文系贵州省社会科学院2017年创新工程创新团队项目"法学理论与应用研究"(项目号为2017CXT005)成果,贵州省法治研究与评估中心项目成果。

** 执笔人:王向南,贵州省社会科学院法律研究所研究实习员。胡月军,贵州省社会科学院法律研究所副所长、副研究员,贵州省法治研究与评估中心研究员。

决系统。① 多元化纠纷解决机制意味着化解主体多元化、化解机制多元化、化解方式多元化。

我国多元化纠纷解决机制理念产生于世纪之交，现已成为人民法院司法改革的重要内容。十八届四中全会《中共中央关于全面推进依法治国若干重大问题的决定》正式把多元化纠纷解决机制确定为国家发展目标。2015年10月13日，中央全面深化改革领导小组第十七次会议通过了《关于完善多元化纠纷解决机制的意见》，标志着我国多元化纠纷解决机制进入了全面系统推进阶段。

当前，中国多元化纠纷解决机制改革地方实践取得了一些试点经验，比如成功入选十八大以来30个改革成功案例之一的"眉山经验"。② 与此同时，也存在一些不容小觑的共性困难和问题。③

今后，中国多元化纠纷解决机制改革正面临五大发展趋势：一是解纷渠道从诉讼"一元独大"到调解、仲裁、和解等相互衔接多元化；二是解纷资源从公共资源为主发展为公共、社会、市场资源等共聚合力多元化；三是解纷人员构成从单一化到大众化与职业化并存多元化；四是解纷平台从线下运行到线下线上跨界融合多元化；五是解纷力量整合从单一国内资源发展到世界各国家和地区、国际组织共同参与多元化。④

建立健全多元化纠纷解决机制，是坚持以人民为中心的发展思想的重要体现，是实现国家和社会治理体系与治理能力现代化的必然要求，是建设社

---

① 范愉：《当代世界多元化纠纷解决机制的发展与启示》，《中国应用法学》2017年第3期。

② 眉山市中级人民法院课题组：《眉山市中级人民法院"诉非衔接"多元化纠纷解决机制的探索与实践》，载《四川依法治省年度报告2016》，社会科学文献出版社，2016。

③ 比如，立法供给不平衡不充分与化解手段现实需求之间存在矛盾；法定非诉讼纠纷解决机制应然与实然之间存在冲突；司法审判资源过度利用的修正路径"内""外"之间存在冲突；功能定位法院主导与因影响力不足而难以主导之间存在冲突。导致这些共性困难和问题的深层次原因在于：顶层设计推动力有待增强；立法层面支撑力有待加强；法院内部驱动力有待加强；行政机关等外部策应力有待加强；当事人认同力有待加强；社会影响力有待加强。江苏省泰州市中级人民法院课题组：《多元化纠纷解决机制的实践困境与路径探析》，《中国应用法学》2017年第3期。

④ 龙飞：《迈向全球调解趋势的浪潮之巅——中国多元化纠纷解决机制改革的五大发展趋势》，2016年10月20日亚洲调解协会第四届国际调解研讨会发言稿。

会主义和谐社会的根本保障，对于保障人民群众合法权益和促进社会公平正义、和谐稳定具有重大现实意义。

一　当前贵州主要矛盾纠纷领域及现状

当前贵州既要"赶"又要"转"，加速发展、加快转型中一些深层次矛盾问题更加凸显。只有及时化解经济社会快速发展中的矛盾纠纷，才能同步顺利推动"赶"和"转"。境内外各种敌对势力插手利用贵州人民内部矛盾、特定利益群体"维权"活动和社会热点问题，企图把一般问题复杂化、经济问题政治化、国内问题国际化，一个地方小问题、个案在互联网信息时代很可能在很短时间内引起全国甚至国际社会关注，给全省乃至全国大局造成被动。在贵州决战脱贫攻坚、决胜同步小康关键时期，各类不稳定不确定因素增多，矛盾纠纷较多。

（一）经济领域现实风险与潜在风险相互交织

全国经济下行压力持续加大，经济风险不断聚集并向社会稳定领域快速传导，极易引发连锁反应。金融领域风险凸显，贵州非法集资案增多，[①] 金融诈骗案多发。[②] 房地产库存量较大，一些开发商因资金链断裂延迟交房、

---

① 比如 2008 年 11 月，被告人李某与张某成立一家理财公司，由张某任法定代表人，被告人李某为实际控制人和经营者。2009 年 5 月至 2013 年 1 月期间，被告人李某以投资油罐车、银行、房地产、股票等生意急需资金为由，以月息 4% 至 10% 不等的高额利息为诱饵，向社会不特定公众非法吸收资金并集资款用于支付投资人利息、个人购买高档汽车、门面、房产及其他投资。经司法会计鉴定，截至 2013 年 1 月，被告人李某向 129 名不特定投资人非法集资人民币 1.165 亿元，造成投资人损失人民币 8500 万元。案例来源：贵阳广播电视台《法治直通车》，2018 年 1 月 9 日。

② 2017 年 8 月起，贵阳市公安局不断接到群众报警，称在花果园被金融诈骗。花果园派出所发现此类报警主要涉及贷款公司以委托贷款方式实施诈骗，这些公司主要采取与报案人签订信贷协议，但协议上约定服务与贷款方式模糊、范围广，且收取资金为诚意金或服务费，之后公司并未开展贷款业务，到一定周期后携款潜逃。此类公司基本没有市场监管部门登记授权的工商执照，仅通过公司法人委托一名负责人就租赁一处办公场所开展业务，租赁时间短则几个月，长则一年，到期就撤，年终就撤。专案组已打掉两个犯罪团伙，查封金融公司 3 家，刑事拘留 28 人，冻结一级、二级账户 32 个，查封房产 7 处。案例来源：新华网贵州频道，2018 年 1 月 8 日。

房屋质量等问题致使业主聚集维权。部分县市地方债务已进入偿债高峰期，偿债能力弱，有的甚至违规挪用涉农扶贫等专项资金。企业破产改制也诱发社会不稳定事件，企业改制引发职工聚集，煤炭行业兼并重组过程隐患重重。工程建设领域包括一些政府投资项目拖欠工程款、拖欠农民工工资问题突出，引发暴力讨债、以极端方式讨债和群体性事件概率增大。

（二）社会领域传统风险与非传统风险相互渗透

因劳资社保、环境污染、城市管理、教育卫生以及一些政府投资引资项目引发矛盾突出，各类矛盾纠纷多样多发且易叠加演变升级，有的诉求表达方式极端。部分涉军退役人员、原民办代课教师、部分行业系统协调人员、乡镇七站八所临时聘用人员等涉及群体大，诉求攀比性组织性强，极易引发群访非访、聚集维权甚至极端恶性事件。

（三）公共安全领域社会治安形势严峻复杂

当前贵州严重暴力、命案、多发性侵财等传统犯罪仍高位运行，网络电信诈骗等新型犯罪增多，两抢一盗占七成。公共安全隐患量大面广，交通、消防、石化等领域安全隐患较多，高铁轻轨、寄递物流等新兴领域安全问题突出。截至 2017 年初，贵州全省机动车保有量 620 多万辆，高速公路通车里程 5433 千米，临水临崖、桥梁隧道路段多，尤其是县乡道路安全防护薄弱，交通事故易发多发；老旧城区、棚户区、城中村消防隐患突出，黔东南少数民族农村集中连片木结构建筑"火烧连营"隐患大量存在。全省危险化学品经营企业众多，安全隐患大量存在；全省邮件快件寄递许可企业达 500 家，下设分支机构或网点 2736 处，安全监管存在漏洞。全省特殊人群基础大，恶性敏感案事件时有发生，全省命案中严重精神病障碍患者作案占三成。

（四）网络安全领域面临严峻挑战

电信网络诈骗、金融诈骗和网络黄赌毒、盗窃、传销、贩枪、传授制爆技术、窃取公民个人信息等违法犯罪增多，各类矛盾也极易通过网络迅速扩散并持续发酵、放大甚至爆发涉稳事件。贵州网民已达 1400 万人，全省涉网案件多发且呈上升趋势。电信网络诈骗案件居高不下；过滤删除网络谣言和有害信息工作量很大。2017 年，安顺警方历时 203 天，转战 10 余省市开展调查抓捕缴枪工作，捣毁非法制造枪支弹药窝点 4 个，捣毁网络贩卖枪支弹药团伙 3 个，抓获违法犯罪嫌疑人 30 余人，收缴各类枪支 80 余支，成品子弹 4519 余发，火药 50 斤，钢珠 30 斤，以及一批零部件和制作枪支弹药工具。①

《中国社会形势分析与预测 2018》指出，近年来，诈骗案件呈现"案数下降，金额上升"和"小骗下降，大骗上升"新特点以及我国走私犯罪数量呈现连年上升趋势。此外，随着中国互联网金融快速发展，人民群众投资方式日趋多元灵活便捷，新时期中国社会治安面临四大新困境：涉众类经济案件引发社会稳定问题突出，虚拟货币违法犯罪风险增加，传销引发的"谋财害命"带来新困境，城市后单位社区安全存在风险等问题都对社会治安形势形成了严重隐患。②

此外，正如习近平总书记在 2018 年新年贺词中所说："人民群众最关心的就是教育、就业、收入、社保、医疗、养老、居住、环境等方面的事情，大家有许多收获，也有不少操心事、烦心事。"

以上领域矛盾纠纷不断，暴露出当前贵州在建立健全多元化纠纷解决机制思维观念方面存在以下问题。

（1）创新思维不强、内生动力不足。跟不上经济、社会、科技等领域日新月异变化，思想解放不够，习惯于凭经验办事、按传统模式办事。学习借鉴外地多元化纠纷解决机制先进经验，总结推广自身典型经验不足。

---

① 《快递点包裹有异常，安顺警方牵出特大网络贩枪案，居然有七个大学生》，http：//www. orz520. com/a/social/2017/1224/8195241. html？ from = haosou。
② 李培林、陈光金、张翼：《中国社会形势分析与预测 2018》，社会科学文献出版社，2017。

（2）系统思维不强，共建共治共享能力不足。对抓当前抓长远统筹不够，工作整体性、协同性差。沟通协作不力，推诿扯皮、消极应付时有发生。充分调动社会力量和人民群众参与社会矛盾纠纷化解机制不畅、力度不够。

（3）法治思维不强、依法办事能力不足。一些领导干部法治观念不强，以言代法、以权压法仍有发生。一些政法干警执法不规范，个别干警吃拿卡要、冷硬横推，办关系案人情案金钱案。一些群众法治意识淡薄，信访不信法、信上不信下、弃法转访。

（4）大数据思维不强、科技运用能力不足。信息采集滞后，基础信息不完整、不准确、不鲜活，为日常管理和防范打击提供支撑不够。信息共享不足、互通不畅，缺乏共享意识和共享平台，重复建设现象突出，形成信息孤岛、条块孤岛。信息化、现代化手段应用不够，工作效率有待提高。

（5）问题意识不强、防控能力不足。对可能诱发社会矛盾纠纷的苗头缺乏敏锐性，小事拖大、大事拖炸。防范与打击关系处理不佳，习惯于以打开路，人防物防技防心防统筹不到位，"运动式"执法。

（6）基础基层弱、支撑能力不足。基础建设滞后，公共安全和社会治理急需一些监管服务场所和基础设施建设薄弱。基层工作薄弱，底数不清、情况不明。基本保障不力，人才断层流失问题突出，经费保障不够。

二　建立健全贵州多元化纠纷解决机制的对策建议

宏观而言，建立健全贵州多元化纠纷解决机制，是贵州社会治安综合治理的重要内容，必须坚持系统治理、源头治理、依法治理、综合治理，必须走向法治化、规范化、实质化。

微观而言，建立健全贵州多元化纠纷解决机制，需要做到以下几个方面。

（一）做实基础业务控增量，抓实多元化解去存量，善于依法治理防变量

做实基础业务控增量。一是在建立健全多元化纠纷解决机制过程中应该践行群众路线，进一步完善专群结合信息采集机制，建立健全奖励群众举报线索制度，使群众成为做好防打管控工作"千里眼、顺风耳"。二要以推动警力下沉为抓手做强基层实战单元。进一步完善制度机制，把人财物更多投到基层，做实综治办、法庭、检察室、派出所、司法所等基层实战单位。黔西南、黔南、水城县等地推行"一村一警务助理"，实现防控阵地迁移力量下沉。三要把为人民服务落到实处。在户籍管理、出入境管理、交通管理、便民诉讼、法律援助等方面推出更多便民措施和更多一站式、一条龙服务，在"为人民服务"中加强基础工作。深入推进社会矛盾纠纷动态排查多元化解。认真贯彻中办、国办《关于完善多元化纠纷解决机制的意见》，总结推广贵州本地的余庆经验、福泉经验，实现小事不出村、大事不出镇、难事不出县、矛盾不上交、信访不上行。对涉稳风险严格落实属地稳控责任，严防发生集体进京访。

抓实多元化解去存量。推广余庆、福泉等地经验做法，进一步创新完善调解、仲裁、行政裁决、行政复议、诉讼等有机衔接和相互协调的多元化矛盾纠纷解决机制，积极搭建一站式一条龙多元化解平台，统筹好政法、综治、维稳、信访等部门和企事业单位、社会组织等资源，综合运用法律规范、经济调节、行政管理、思想教育、道德约束、心理疏导等方法手段，努力把矛盾解决在基层萌芽状态，把重点人员吸附在当地，确保问题不上交、不爆发、不相互交织、不汇集到省到京。

善于依法治理防变量。坚持依法维权与依法维稳相统一，认真落实信访责任制实施办法和"三到位一处理"要求，深化包案督访、干部下访、网上信访、视频接访等有效做法，推动信访问题及时就地解决。千方百计保障群众合法权益，千方百计解决群众实际困难，对一时不能完全解决的要及时解释清楚，明确提出解决措施、办法和时限，不合理诉求要依照法律政策耐

心解释劝导。开展好重大矛盾隐患和信访突出问题"五个专项治理",把工作做深做实做细,落实好台账管理和分级挂牌督办制度,提高工作实效。另一方面,完善群体性事件和非正常上访联动处置机制,一旦发生群体性事件和群访非访,属地、涉事单位、公安机关等部门人员要第一时间到场,配合做好接待、劝返、答复和处理等工作,严防事态升级,坚决维护正常社会秩序。对缠访闹访、煽动闹事、捣乱破坏触犯法律的,要依法调查、固定证据、打击处理。

(二)加强社会稳定风险评估预警

密切关注金融股市、公司企业破产改制、非法集资、民间借贷、劳资纠纷、房地产行业、产能过剩行业、地方政府债务等领域潜在风险,及时发现预警并向当地党委政府报告,提请有关部门尽早采取防范应对措施,防止形成行业性、连锁性、区域性影响社会稳定重大问题。比如,自2018年1月1日起,全面落实最高人民检察院、公安部《关于公安机关办理经济犯罪案件的若干规定》,在办理涉及企业案件时把握好办案方向、时机,慎用查扣冻结等强制性措施,防止案件办了、企业垮了、当地投资环境不稳定了。大力推进重大事项决策、重大工程项目社会稳定风险评估全覆盖。推广铜仁、黔西南等地社会稳定风险评估经验,按照"扩面、提质、增效"目标,把社会稳定风险评估作为重大决策出台、重大项目上马必经程序,应评尽评、真评实估,切实解决评估不客观中立等问题,从源头上防止因重大事项决策重大工程项目不当引发矛盾。坚决制止违法违规征地、暴力野蛮拆迁等行为,决不能与民争利。特别是房地产、交通基础设施建设征地拆迁要严格按照程序依法依规进行,不得以任何理由损害群众合法权益,也不得满足姑息纵容一切不合法不合理要求。

(三)集中力量攻坚化解重大矛盾和突出问题

建立重大矛盾纠纷"清单制度"和省级主管部门点对点帮扶基层机制,着力破解企业破产改制、金融体制改革、部分军队退役人员、民办代课教师等历史遗留问题，化解一批钉子案、硬骨头案。及时总结推广一些地方成功实践，比如六枝特区扎实解决老兵就医难、就业难、住房难、生活难"四难"问题，实现了进京到省"零上访"。黔东南州针对山林水土边界权属纠纷建立县际联动机制，有效形成了矛盾化解合力。要加强对矛盾突出、心态失衡、扬言报复社会、长期闹访缠访等人员管控，防止其制造事端。认真落实国办《关于全面治理拖欠农民工工资问题的意见》，推动治理拖欠农民工工资长效机制建设，推广黔西南州利用大数据技术破解农民工欠薪难题，避免农民工欠薪问题年年整治年年治不好，坚决防止因农民工集体讨薪引发群体性事件。

（四）最大限度预防减少发案，积极预防妥善处置突发事件

建立健全多元化纠纷解决机制，不出事少出事才是硬道理。总结研究贵州省多元化纠纷解决地方实践，要总结推广贵阳"两严一降"、安顺"六张网"、黔西南"八个一"、都匀犯罪实时预防控制机制等经验，坚持以防开路，把功夫下在平时，把"六张网"织牢，舍得花小钱预防疾病，而非等出了事再花大价钱进"重症监护室"。最大限度解决好群众反映强烈的社会治安突出问题。坚持什么犯罪突出就打击什么犯罪、什么问题突出就整治什么问题、哪里治安混乱就整治哪些地方，深入开展专项严打和集中整治行动，切实解决发案率高、破案率低、群众不满意问题。比如，针对近年来贵州境内电信网络诈骗违法犯罪活动增多，贵州省公安厅成立了反诈骗中心，在打击电信网络诈骗违法犯罪方面取得良好成效。全面强化公共安全隐患排查整治和安全监管。严字当头、警钟长鸣，切实推动党政领导责任、部门监管责任、企业主体责任这三个责任落到实处，推动日常监管、隐患整改、责任追究等制度措施落地见效，避免亡羊补牢。进一步重点加强特殊人群服务管理，巩固现有的贵州育新工程、雨露工程、阳光工程、回归工程、安宁工程、红丝带工程"六项工程"。切实做好特定利益群体工作。要在完善政策制度上出实招求实效。贯彻落实好中央《关于加强新形势下优抚安置工作的意见》，从源头解决好涉军退役人员历史遗留问题，落实贵州2014年出台

的复员退伍军人困难帮扶工作 10 条意见 33 条措施。对涉军退役人员、企业改制人员等特定利益群体，保持政策连续性，敢于担当、善于创新，认真研究是否有政策调整空间，是否能够通过政策制度设计、修改、完善改变现状，最大限度化解矛盾。要在帮扶解困上出实招求实效。把维稳与维权、管控与解困结合起来，对生活确有困难、在案事件处理中确有冤屈群众，要积极稳妥解决好合法合理诉求，设身处地、想方设法帮助解决其实际困难。要大力推广贵阳"三个 100%"（个人信息台账 100%、走访慰问 100%、一人一策 100%）、六枝特区"解四难"（就医难、就业难、住房难、生活难）涉军退役人员优抚帮扶等做法，让特定利益群体从党和政府方针政策中得实惠，实现进京到省"零上访"。要在防止组织化倾向上出实招求实效，高度警惕当前特定利益群体组织化倾向，坚持早发现早处置，迅速查清组织网络体系，做好骨干人员教育转化工作，依法打击处理幕后组织者、策划者和操纵者，有效防止串访、群访、聚集等事件发生。一旦发生突发事件，要认真落实贵州省维稳办"八个第一时间"处置要求，建立健全应急处置突发事件机制，确保招之即来、来之能战、战之能胜。各地各有关部门一把手要在第一时间靠前指挥，担当负责，回应关切，控制局势，及时把事态平息在第一现场萌芽状态。

（五）提升大数据深度应用能力

坚持共享导向，进一步完善标准体系、统一接口和共享模式，推动互联互通、集成应用，避免各自为政、重复建设；搭建共享平台，下大气力推进贵州政法综治信息资源一体化工程，建好"政法平安云"和贵州政法信息互联共享业务协同平台、贵州综治视联网平台、贵州公安信息资源一体化平台等"三大平台"，尽快实现联动共享；强化深度运用，把大数据、信息化手段充分运用到预防打击、执法办案、服务群众等各环节领域，形成系统经验。

紧扣业务需求导向抓大数据。建好综治、司法、服务、监督大数据。第一，建好综治大数据，贵阳块数据建设，黔西南州大数据"1＋8"警务，黔东南州"1565"智慧警务，省公安厅交通集成指挥监管云平台，剑河县、兴义市等地综治大数据云平台，钟山区大数据"五情联动"等，有力推动了工作转型升级。第二，建好司法大数据。省法院司法大数据分析平台、省检察院案件质量风险评估系统、省公安厅执法监督系统都发挥了很好效用，既为办案人员提供智力支持，又实现风险提示、偏离预警、监督纠正。第三，建好服务大数据。法院12368、检察院12309、司法行政12348，居民身份证异地受理、网上办理交管、消防业务，还有不少单位公众号、官网官微、QQ群，极大地方便了群众。让数据多跑腿，群众少跑路，将网下服务拓展到网上提供，将跨地域服务推展到当地提供，让群众在家门口、掌心里办成事。第四，建好监督大数据。总结推广贵阳、黔西南等地做法，大力建设数据铁笼，强化数据督察，实现执法司法权行使全程留痕、可视监督，对违规操作、廉政风险自动提醒预警，做到人在干、数在转、云在算、天在看。

提升社会共建共治共享水平。建立健全社会协同机制，加大对公益服务类社会组织培育扶持力度，将适合由社会组织承担职能，通过政府购买服务方式交给相关社会组织承担，充分发挥社会共治作用；提高群众工作能力，推广贵阳"社会和云"经验，探索"人力+科技""传统+现代"社会治理模式，开创专群结合、群防群治新格局；充分发挥德治作用，道德失范必然滋生违法犯罪，据统计，贵州命案中杀亲案占比达1/3，这表明要继续加强思想道德建设，广泛开展精神文明创建活动，广泛开展社会主义核心价值观教育，润物无声，促进人心向善、遵纪守法。加强综治社会化建设，要善于把不擅长、做不好的事情交给社会组织，贵阳"货车帮"建立司机货主失信标记机制和与相关部门联动机制、七星关区信访事项"公道评说"机制、西秀区"新芽"戒毒志愿者团队、盘县向村居购买网格化服务等做法都很有成效。加快培育公益性、互助性社会组织，善于运用市场思维、市场机制向社会组织购买公共服务，鼓励其在参与风险防控、矛盾调解、社会救助、心理疏导、公共服务中发挥重要作用。追求"微创"甚至"无创"效果，严格区分经济纠纷与经济犯罪，准确把握经济违法行为入刑标准，严防刑事执法介入经济纠纷。在办理企业相关案件时，依法慎重决定是否采取拘留、逮捕和查封、扣押、冻结等强制措施，防止案件办了、企业垮了、社会不稳定了、投资环境被破坏了。对执法办案中确实需要查封、扣押、冻结财产的，要严格依法进行，像做"微创"甚至"无创"手术一样，尽可能减少对企业正常生产经营影响。

B.6
国家大数据（贵州）综合试验区
制度创新分析[*]

吴月冠^{**}

摘　要： 本文从对国家大数据（贵州）综合试验区建设中的发展体制、法规规章、标准体系、行业应用、人才培育等方面制度创新举措进行了梳理分析，在此基础上总结出以大数据体制创新推动欠发达地区大数据新兴产业发展、以大数据法制创新保障大数据创新发展、以大数据标准制度创新破解大数据发展技术障碍、以大数据发展制度补欠发达地区信息化短板、以大数据应用制度创新惠及民生等经验，以供国家有关部门和其他地区参考。

关键词： 国家大数据（贵州）综合试验区　大数据　制度创新

自贵州省发展大数据、创建国家级大数据综合试验区以来，在国家支持下，全省上下通过发展体制、法规规章、标准体系、行业应用、人才培养等系列领域制度创新，国家大数据（贵州）综合试验区建设得到全面推进，取得系列经验。

---

* 本文系贵州省社科规划课题"贵州大数据产业发展的法律保障研究"、贵州省社会科学院特色学科"大数据治理学"、贵州省哲学社会科学创新工程（编号：CXTD03）阶段性成果。

** 吴月冠，贵州省社会科学院大数据政策法律创新研究中心副主任，党建研究所副研究员。

一 创新大数据发展体制，保障大数据综合试验区建设

成立以省长为组长的大数据发展领导小组。2014 年 6 月正式设立"贵州省大数据产业发展领导小组"[2016 年 6 月 5 日更名为"贵州省大数据发展领导小组"，并同时作为国家大数据（贵州）综合试验区建设领导小组运行]，由贵州省省长担任领导小组组长，由分管省领导、省会城市主要负责人等担任副组长，领导小组成员包括相关省级职能部门的主要负责人、贵安新区和全省市（州）主要负责人、高校科研院所主要负责人、具有战略作用的大数据企业主要负责人等为领导小组成员。领导小组在省经信委设办公室，办公室主任由省经信委分管领导担任。基于全省大数据发展战略，各市（州）、区县先后设置了相应大数据发展组织协调机构。为全省大数据发展应用迅速铺开和强力推进提供了坚强保障，为全省大数据重大行动、重要工程快速推进和重大疑难问题解决提供了协调解决路径。

2016 年 9 月，贵州省设立全国首个直属省政府正厅级大数据发展管理机构——参公事业单位：贵州省大数据发展管理局。贵州省大数据发展管理局专门负责大数据领域相关地方法规规章的起草、相关标准和技术规范，研究大数据发展应用战略规划拟定和相关环节的政策实施及其评价体系组织实施；统筹协调全省信息化领域、通信领域与大数据发展应用工作；统筹协调大数据资源采集、传输、存储、共享、开放、应用、安全等重要环节管理工作，以协调推进大数据"聚通用"工作，促进大数据政用、民用、商用，培育大数据核心业态、关联业态、衍生业态；提出大数据政府引领性措施建议，提出大数据领域相关固定资产投资及引导资金使用建议；推进大数据领域科技发展和产学研协调发展，加强大数据人才培养，指导大数据领域协会组织发展；开展大数据领域国际交流与合作，推动大数据领域相关贸易活动。管理单位包括省信息中心（省电子政务中心、省大数据产业发展中心）。

以贵阳市为代表的市（州）先后设立大数据发展机构，推动地方大数据发展应用。贵阳市于 2015 年 12 月底即提出要组建专门的大数据政府管理

部门——贵阳市大数据发展管理委员会。并赋予其推动大数据发展的行政职责，包括当地大数据战略规划、政策、标准体系、考核体系、标准规范等顶层设计文件的拟定工作，同时统筹推进大数据发展应用工作及"互联网＋"等信息化领域重要工程，推进政府数据的共享开放，协调全市领域信息安全工作。铜仁市也设立了大数据事业单位——铜仁市大数据管理中心，主要职能亦覆盖大数据发展应用领域的方方面面。

除全省上下联动的大数据发展领导小组协同工作推进国家大数据综合试验区建设外，贵州省发展大数据还积极寻找相关载体，灵活设置多样工作推进主体，搭建了"一领导小组一办一局一中心一企业一智库"（大数据发展领导小组及其办公室、大数据发展管理局、大数据产业发展中心、云上贵州大数据公司、大数据专家咨询委员会）的发展管理体制。

二 率先探索大数据法律保障，促进大数据综合试验区稳健发展

自 2010 年起，贵州省即着手从立法领域对作为大数据基础的信息化领域相关环节进行规范调整。贵州省 2010 年 3 月颁布《贵州省信息化条例》规定了县级以上人民政府在推动现代信息技术创新、信息产业发展的职权和责任，提出要加强"人口、法人单位、自然资源和空间地理、宏观经济"等作为大数据基础的数据库建设；2014 年 3 月又出台《贵州省信息基础设施条例》，提出政府要出台土地、供电、基础设施等优惠政策以激励大型数据中心等信息基础设施建设。

随着贵州省大数据发展应用探索的铺开和国家大数据综合试验区创建工作开展，2016 年初，贵州在全国率先出台大数据地方法规《贵州省大数据发展应用促进条例》，该条例着眼于大数据发展应用的系列环节和数据共享开放、数据安全等重点内容进行规范调整，以促进大数据发展应用、保障安全，为全省大数据发展提供法治保障，为国家大数据立法提供贵州方案。有立法权的市（州）等在大数据关键环节和领域先行先试，创造性地开展立

法工作。2017 年 4 月，贵阳市出台《贵阳市政府数据共享开放条例》，以促进和规范政府数据共享与开放为突破口，发力大数据地方立法探索，成为全国首部政府数据共享开放地方性法规。该条例以政府数据为对象，较为全面地规定数据采集、汇聚、共享、开放环节所应遵守的基本规范，明确政府机关对所采集数据的管理权和使用权，明确对政府数据进行目录管理和分级管理，把积极主动精神融入数据开放行为规范中，最大限度地扩大政府数据开放空间，明确文书、证照等特定政府数据与纸质原件具有同等效力，设置政府数据共享开放的关键程序和时限，为推动政府数据共享开放政策措施落地提供法治保障。

出台基础性行政规范文件，为大数据地方法规实施提供配套支撑。2016 年 11 月，贵州省政府办公厅出台《贵州省政务数据资源管理暂行办法》，系统规定了贵州省政务数据采集、存储、共享、开放等各大环节，为下步贵州省政务数据更大范围开放、共享和促进大数据应用等工作提供了指南。同月，《贵州省应急平台体系数据管理暂行办法》出台，该办法对全省应用数据管理机制进行了系统安排，将应急数据类型化为基础信息类数据、专题信息类数据、资源保障类数据、风险隐患类数据和监测预警类数据，并对应急数据的采集、存储、更新、应用、安全等环节做出规范性安排。2017 年 7 月，贵州省大数据发展领导小组办公室出台《贵州省政府数据资产管理登记暂行办法》，这是全国首个政府数据资产登记规范性文件。该办法规定了政府数据资产登记的基本原则、登记内容和范围、登记机构及相关职责，明确了政府数据资产登记簿这一资产登记载体。

三　注重大数据标准建设，提供技术层面制度保障

贵州省建立关键共性标准制度，探索国家大数据（贵州）综合试验区建设。2016 年 6 月，贵州省大数据发展领导小组办公室集中出台《政府数据　数据分类分级指南（试行）》《政府数据资源目录第 1 部分：元数据（试行）》《政府数据资源目录第 2 部分：核心数据元素（试行）》《政府数

据资源目录 第 3 部分：编制指南（试行）》4 项规范标准，为规范政府数据资源管理提供基础标准。与此同时，积极探索大数据产业统计制度。2016年 8 月，贵州省近年来首次获国家统计局批准实施《贵州省大数据产业统计报表制度（试行）》，成为全国首个省级大数据产业统计报表制度。围绕"云上贵州"平台打造工作，出台了"云上贵州"系统平台的建设规范、使用管理规范、安全管理规范、迁云工作指南、共享交换管用指南等规范性指引文件，出台《贵州省大数据清洗加工规范》对全省大数据行业清洗加工工作提供规范标准。

贵州省层面以及贵阳市等地方层面还积极参与国家层面政策标准制定工作，包括参与《信息技术、数据交易服务平台、交易数据描述》《信息技术、数据交易服务平台、通用功能要求》等国家标准制定工作，贵阳市成为全国大数据政府数据共享安全领域三项国家标准的试点城市，积极融入国家大数据领域规范性文件建设，并贡献贵州大数据探索智慧。

四 落实大数据战略行动，释放政府引领制度优势

较早建立大数据发展应用促进机制。2014 年贵州省在全国范围内率先出台促进大数据产业发展应用的省级规划，配套出台促进大数据产业发展的有关优惠政策激励，在全省进行信息基础设施建设的三年会战重点行动，建立大数据发展目标和督促考核相关保障机制；形成了以全省大数据发展领导小组凝聚全省各类力量，以省大数据局为大数据推动工作机构，跨地区、跨行业、跨部门协同推进大数据发展应用，推进试验区建设的工作机制。

出台国家大数据综合试验区建设实施文件。国家大数据（贵州）综合试验区建设已纳入国家《国民经济和社会发展第十三个五年规划纲要》，成为国家大数据战略的重要组成部分。为更好、更快、系统地开展国家大数据（贵州）综合试验区建设，2016 年 6 月，贵州省召开大数据战略行动推进大会并出台《关于实施大数据战略行动建设国家大数据综合试验区的意见》等探索建设国家级大数据综合试验区的总则性文件，同时配套出台了具体实

施方案和工作推进机制等 8 个可操作性配套文件，系统布局贵州省大数据战略和国家大数据（贵州）综合试验区建设。各市（州）配套出台落地文件，细化国家大数据综合试验区建设政策措施。贵阳市于 2016 年 7 月 11 日出台《关于以大数据为引领加快打造创新型中心城市的意见》，贵安新区于 2016 年 8 月 14 日出台《建设五大发展新理念先行示范区，加快大数据战略行动的实施意见》及配套 13 个实施性文件，贯彻落实贵州省大数据战略部署。

五 注重大数据重要领域制度建设，促进大数据综合试验区应用价值实现

以"云上贵州"工程为抓手促进政府数据聚、通、用，挖掘大数据政用价值。2016 年 9 月，正式上线运行贵州省政府数据开放平台，十余个省直部门数据资源面向公众开放，在全国范围内率先实现省级政府的可机读活数据集开放。2016 年 11 月，国家发改委批复贵州省创建全国第一个国家大数据工程实验室——"提升政府治理能力大数据应用技术"国家工程实验室。2017 年 12 月，在全国率先建成上线省级信用云平台——"贵州信用云"，建成政府单位、事业单位、社会组织、企业、自然人等信用基础主体数据库，通过大数据信用机制促进全省各领域发展。

全省统一和各地补充出台大数据领域相关优惠政策，不断促进大数据的商用价值实现。2016 年 8 月，贵州省发改委出台国家首个省级大数据产业引导目录——《贵州省大数据产业发展引导目录（试行）》，为全省大数据产业发展投资提供系统化指引。在发展大数据之处，贵州省即通过土地、规划、税收、财政奖补、专项资金引导、城市居住服务优惠等举措，引导促进大数据产业发展。目前，国内外知识互联网企业纷纷在贵州建立大数据中心，美国苹果公司通过与云上贵州公司合作也将中国用户数据中心建在贵州。大数据企业货车帮公司在贵州迅速成长为独角兽企业。这些大数据商事主体和项目的繁荣发展，显示出大数据综合试验区政府引领机制带来的大数据发展成果正逐渐显现。

六 探索大数据人才保障制度，增强大数据发展后劲

大数据综合试验区建设需要更加着力解决的问题之一就是大数据人才问题。贵州坚持引进和培养相结合的方式，探索大数据人才培育制度。贵阳等市（州）出台大数据产业人才队伍建设的实施意见，出台了"十百千万"人才培养专项计划，不断夯实大数据发展的人才支撑。全省也在整合各类文件有关人才引进和培养的优惠措施，为贵州大数据人才工作生活提供更好的软环境。开展大数据领域人才职称制度创新，贵阳市专门出台《大数据产业人才专业技术职务评审办法》，针对大数据专业特点，为大数据人才职称评定提供政策支持。依托高校科研院所设置大数据专业学科，培养大数据专业高校毕业生。贵州大学、贵州师范大学、贵州理工学院等高等院校已分别设置大数据专业，培养大数据专业硕士研究生和本科生。此外，还通过设置大数据相关领域院士工作站、国家研究机构分支机构、建立国家各部门和东部发达地区大数据专家到贵州挂职机制、建立大数据人才引进绿色通道等方式，从多种渠道引进大数据专业人才，推动贵州大数据发展应用工作创新。

七 大数据综合试验区制度创新取得初步经验

一是以大数据体制创新推动欠发达地区大数据新兴产业发展。在贵州作为欠发达地区面临后发超越历史任务和转型升级时代要求背景下，通过设置强有力的大数据发展领域体制推动工作，可以让处于初始发展阶段的大数据产业迅速在欠发达地区扎下根基。通过创新大数据各领域工作机制，可以让扎下根基的大数据产业顺利孵化出多种业态、扩大行业渗透，实现大数据×各行业的倍增效果和经济社会等领域颠覆性模式变革。二是以大数据法制创新保障大数据创新发展。贵州以较强深刻的法治意识保障大数据的发展应用，按照改革于法有据、为国家立法提供经验、为贵州大数据发展提供有力法治保障的思路，及时制定大数据领域总则性地方法规和政府数据共享开放

等大数据关键环节地方法规，实现以实践供给法治、以法治创新引领实践创新的良性互动。三是以大数据标准制度创新破解大数据发展技术障碍。大数据发展应用除了制度层面的障碍需要破解外，技术层面的障碍也需要破解。贵州先后探索出台有关环节的大数据标准，以统一当前处于条块分割、纵横交错的数据孤岛、数据烟囱式的大数据格式等要素，为数据聚、通、用等大数据发展应用提供技术保障。四是以大数据发展制度补欠发达地区信息化短板。大数据发展制度包括信息通信基础设施建设、数据中心建设、信息产品生产等，这些领域的建设和发展可以促进贵州省作为欠发达地区的信息化短板补齐，为全国均衡发展、信息化红利共享做贡献，提升贵州基础发展能力。五是以大数据应用制度创新惠及民生。促进大数据政用、商用和社用的应用制度创新，可以促进各个领域、行业、部门服务和产品的变革，让数据多跑腿、百姓少跑路，丰富和便利百姓日常生活，服务民生事业。

总之，国家大数据（贵州）综合试验区制度创新是一个动态发展过程，随着国家大数据试验在全国多个省市区陆续开展并取得更丰富的经验成效，国家大数据（贵州）综合试验区制度创新工作在更丰沃的经验借鉴参考中得到更好更快发展，必将取得更多成效，进而促进大数据价值实现、为增强我国大数据领域国际竞争力添砖加瓦。

B.7
贵州省地方政府性债务相关法律问题[*]

贾梦嫣^{**}

摘　要：　近年来，"地方政府性债务"成为热点话题。从贵州省来看，截至2013年6月底，贵州省政府性债务余额6321.61亿元。在已支出的政府负有偿还责任的债务中，85.09%用于市政建设、交通运输设施建设、教科文卫发展、保障性住房建设、土地收储、农林水利建设、生态环境保护等基础性、公益性项目。从2014年开始，地方政府性债务逐步被推进预算内管理，以增强地方政府性债务的规范性。在此背景下，贵州省出台了一系列的措施，对政府性债务进行管理，该领域工作虽有成效，但仍存在很多问题，需要进一步解决。

关键词：　贵州省　地方政府性债务　法律

　　近年来，"地方政府性债务"的概念渐为政府部门、研究机构和社会大众熟知，并成为热点话题。根据国家审计署2013年公布的数字，截至2013年6月底，全国地方政府负有偿还责任的债务108859.17亿元，负有担保责任的债务26655.77亿元，可能承担一定救助责任的债务43393.72亿元。^①根据财政部公布的数字显示，到2016年末，"全国地方政府债务余额

　＊　本文系贵州省社会科学院2018年创新工程创新团队项目"法学理论与应用研究"成果，贵州省法治研究与评估中心项目成果。
＊＊　贾梦嫣，贵州省社会科学院法律研究所副研究员、贵州省法治研究与评估中心研究员。
　①　参见《全国政府性债务审计结果》（2013年12月30日公告）。

153200 万亿元，加上纳入预算的中央政府债务余额约 120100 万亿元，全国政府债务余额约 273300 亿元"[①]。2017 年，中国社科院公布的《中国政府资产负债表 2017》显示："2010 年至 2015 年，如果计入社保基金缺口的参考值，中国政府总负债从约 400000 亿元增至 700000 亿元；如果不计入社保基金缺口的参考值，政府总负债从约 300000 亿元增至约 600000 亿元"[②]。

从贵州省来看，截至 2013 年 6 月底，贵州省政府性债务余额 6321.61 亿元。在已支出的政府负有偿还责任的债务中，85.09% 用于市政建设、交通运输设施建设、教科文卫发展、保障性住房建设、土地收储、农林水利建设、生态环境保护等基础性、公益性项目。[③] 贵州省历史欠账多、建设成本（尤其是交通运输设施建设）高，政府性债务一定程度地缓解了资金压力，有力地推动了全省经济社会发展和民生改善，对撬动贵州地方经济蓬勃发展发挥了积极的作用。但是，随着各级地方政府债务规模的不断扩大和还款高峰期的日渐临近，地方政府偿债压力不断凸显，债务风险不断涌现。因此，对贵州省而言，摸清家底，了解当前的"存量风险"，通过判断全省政府性债务的基本走向和变化趋势，便于政府对出现负债较重行业和地区予以重点关注，及时采取措施防止风险扩大和扩散是十分必要的。

从 2014 年开始，地方政府性债务逐步被推进预算内管理，以增强地方政府性债务的规范性。2014 年 9 月，《国务院关于加强地方政府性债务管理的意见》出台，明确提出要"建立'借、用、还'相统一的地方政府性债务管理机制"，同时明确"地方政府对其举借债务负有偿还责任，中央政府实行不救助原则"[④]。但是，地方政府性债务的规范管理并未就此解决。审计署对 2015 年度中央预算执行和其他财政收支的审计报告表明，截至 2015

---

① 孙韶华、夏思宇：《我国政府债务风险总体可控》，《经济参考报》2017 年 8 月 25 日第 001 版。

② 《"中国政府资产负债表 2017 发布会暨政府财务报告学术研讨会"在京召开》，中国社会科学院网站，http://cass.cssn.cn/keyandongtai/xueshuhuiyi/201709/t20170901_3627142.html，2017 年 9 月 1 日，访问日期 2017 年 11 月 1 日。

③ 截至 2013 年 6 月底的数据来源：《贵州省政府性债务审计结果》（2014 年 1 月 24 日公告）。

④ 国发〔2014〕43 号。

年底"有的地区仍违规或变相举债"①。政府应当如何举债，如何还债？仍是一个具有现实重要意义的问题。

一　贵州省地方政府性债务情况

（一）债务余额及债务率情况

1. 总体情况

根据《贵州省政府性债务审计结果》，截至 2013 年 6 月底，全省各级政府性债务余额约为 6321.61 亿元，其中，负有偿还责任的债务（一类）4622.58 亿元，负有担保责任的债务（二类）973.70 亿元，可能承担一定救助责任的债务（三类）725.33 亿元②（见图 1）。

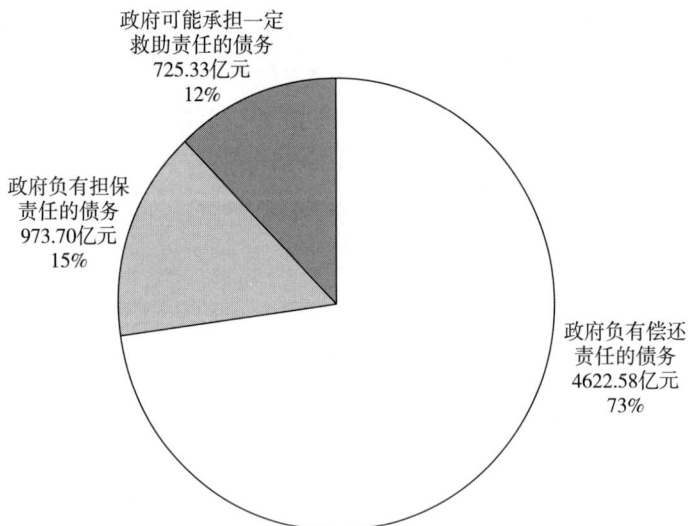

政府可能承担一定
救助责任的债务
725.33亿元
12%

政府负有担保
责任的债务
973.70亿元
15%

政府负有偿还
责任的债务
4622.58亿元
73%

图 1　截至 2013 年 6 月底全省政府性债务类别统计

---

① 《财政部发文，对地方政府新增债务限额分配管理》，《人民日报》2017 年 4 月 18 日。
② 截至 2013 年 6 月底的数据来源：《贵州省政府性债务审计结果》（2014 年 1 月 24 日公告）。

横向比较，根据财政部公布的数字，截至 2015 年底，在全国各个省份中（除西藏外），贵州省负有直接偿还责任的债务余额位列第五，排在江苏、山东、浙江、广东之后（见图 2）；而考虑到各省财力，贵州省债务率则为全国最高[①]。

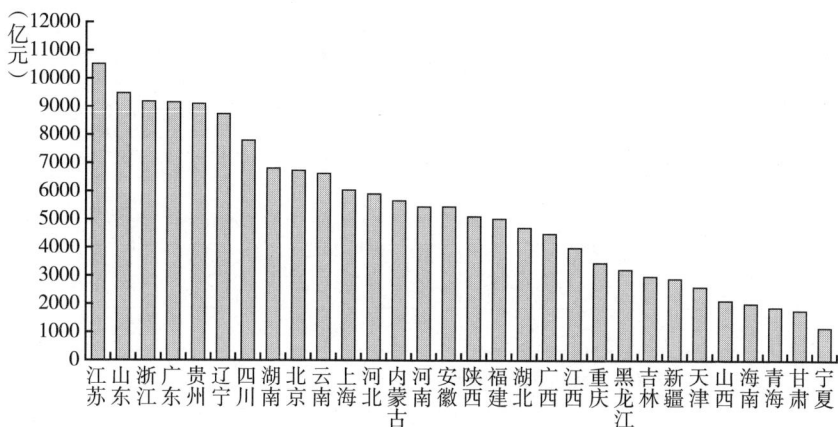

图 2　截至 2015 年底各省地方政府性债务（一类）情况

资料来源：贾晓俊、顾莹博：《我国各省份地方债风险及预警实证研究》，《中央财经大学学报》2017 年第 3 期。

2. 分层级看债务余额情况

从政府层级来看，截至 2013 年 6 月底，省本级负有偿还责任的债务 413.07 亿元，市本级 1028.98 亿元，县级 3064.59 亿元、乡镇政府 115.94 亿元（见表 1）。从政府层级来看，全省政府性债务主要集中在县级政府一级。

3. 从资金投向看政府性债务情况

基础设施建设和公益项目建设（包括教育医疗等）是主要的投资方向。截至 2013 年 6 月底，在已经支出的政府负有偿还责任的债务 4225.48 亿元

---

① 除山东、广东、湖北三省外。杨志锦：《2015 地方债图谱：14 省份政府债务规模减少　贵州债务率最高》，《21 世纪经济报道》2016 年 12 月 19 日。

中，用于市政建设、交通运输、科教文卫、保障性住房、土地收储、农林水利、生态建设和环境保护等基础性、公益性项目支出 3595.62 亿元，占已支出政府负有偿还责任债务的 85.09。[1]

表 1 截至 2013 年 6 月底各级政府性债务规模情况

单位：亿元

政府层级	政府负有偿还责任的债务（一类）	政府负有担保责任的债务（二类）	政府可能承担一定救助责任的债务（三类）
省本级	413.07	798.56	368.98
市本级	1028.98	68.34	187.23
县级	3064.59	104.70	168.62
乡镇	115.94	2.10	0.50
合计	4622.58	973.70	725.33

资料来源：《贵州省政府性债务审计结果》。

4. 2015 年以来贵州省发行地方债券置换存量债务情况

根据修正后的《预算法》要求，地方政府债务通过"发行地方政府债券举借"[2]，对此前就已经形成的存量债务，应当通过地方政府债券置换，偿还即将到期或者已经到期的债务利息或者本金，以此缓解偿债压力，化解存量债务风险。基于此，财政部陆续印发了《关于印发〈地方政府一般债券发行管理暂行办法〉的通知》（财库〔2015〕64 号）、《关于印发〈地方政府专项债券发行管理暂行办法〉的通知》（财库〔2015〕83 号）等文件，发布了财政部关于做好发行第 1 批、第 2 批、第 3 批地方政府债券置换存量债务有关工作的通知。在此背景下，贵州省 2015 年发行一般债券 20 期、专项债券 2 批，2016 年发行一般债券 20 期、专项债券 8 期，截至 2017 年 10 月 31 日，发行一般债券 12 期、专项债券 10 期。[3]

---

[1] 《贵州省政府性债务审计结果》。
[2] 第三十五条。
[3] 根据公开资料整理。

5. 全省通过 PPP 模式项目建设化解债务风险情况

2015 年 6 月，贵州省颁布《关于推广政府和社会资本合作模式的实施意见》。实施意见提出"建立省级 PPP 引导基金"等 6 项政策，推广政府与社会资本合作的模式，减轻政府在公共产品和服务供给、基础设施建设中的压力。截至 2016 年 10 月底，贵州省累计有 1757 个项目被成功录入"财政部 PPP 综合信息平台"，并对外公布，项目涉及总投资额达 15330 亿元，贵州省项目数和投资总额均列全国第一。已经录入的项目涉及市政工程、生态建设和环境保护、保障性安居工程、交通运输、水利设施建设、教育文卫、政府基础设施建设、社会保障和民生改善等行业。其中，项目数最多的领域依次为：市政工程建设、交通运输、旅游项目建设、环境保护项目和保障性安居工程，占项目总数的 58%[①]。

（二）贵州省规范管理地方政府性债务的主要举措

1. 建立工作协调机制

2014 年，贵州省成立政府性债务管理工作领导小组，时任省长陈敏尔任组长，时任常务副省长谌贻琴任副组长，省财政厅、省发改委、省审计厅相关负责人任成员。同时在省财政厅设立政府债务管理处，专门负责相关工作。

2. 健全债务管理制度

陆续出台了《贵州省人民政府关于加强政府性债务管理的实施意见》《地方政府一般债券预算管理办法》《省人民政府关于转发国务院办公厅关于妥善解决地方政府融资平台在建项目后续融资问题相关事项的通知》《地方政府专项债券预算管理办法》《贵州省地方政府风险评估和预警暂行办法》《贵州省地方政府性债务监管实施办法（暂行）》《贵州省政府性债务风险应急处置预案》等文件，明确"政府举债不得突破省政府确定的限额""各级政府举借的债务资金只能用于公益性资本支出和适度归还存量债务，

---

① 贵州省财政厅：《贵州省财政厅 2016 年 PPP 工作情况报告》，财政部网站，http：// jrs. mof. gov. cn/ppp/gzdtppp/201612/t20161228_ 2507277. html，访问日期 2017 年 11 月 1 日。

不得用于经常性支出""政府债务不得通过企业举借,企业债务不得推给政府偿还"① 等基本原则和要求。

3. 加强债务风险防控

根据贵州省相关文件要求,在中央对贵州省实施债务限额管理的基础上,对高风险地区截至2014年底的债务余额进行锁定,原则上不允许被列入风险预警和风险提示名单的地区新增政府性债务。要求高风险地区"通过控制项目规模、压缩公用经费、处置存量资产等方式降低还债压力和偿债风险"。根据财政部要求,2016年贵州省政府债务限额9199.5亿元,其中,省本级债务限额为730.75亿元;2016年,全省各级债务余额均在规定的政府债务限额内。②

4. 积极推进PPP项目建设

2015年6月,贵州省颁布《关于推广政府和社会资本合作模式的实施意见》,提出"建立省级PPP引导基金"等6项政策,推广政府与社会资本合作的模式,减轻政府在公共产品和服务供给、基础设施建设中的压力。同时,严控BT、BOT、垫资施工等高成本融资建设项目。

5. 发行地方政府债券,置换存量债务

据统计,截至2015年底,贵州省地方政府债券的累计发行金额为2320亿元,其中,置换债券2264亿元;2016年全年发行政府债券2589.68亿元,主要的用途包括脱贫攻坚工作、重大基础设施建设以及政府存量债务置换。③ 2016年,全省政府性债务已置换债务平均期限从4年拉长至6.2年,平均利率从7.8%降低至3.1%,累计减少利息支出约218.43亿元,有效缓解市县偿债压力。④

---

① 《贵州省人民政府关于加强政府性债务管理的实施意见》。
② 2016年数据来源于《贵州省2016年全省和省本级预算执行情况与2017年全省和省本级预算草案的报告》。
③ 2016年数据来源于《贵州省2016年全省和省本级预算执行情况与2017年全省和省本级预算草案的报告》。
④ 2016年数据来源于《贵州省2016年全省和省本级预算执行情况与2017年全省和省本级预算草案的报告》。

二 贵州省地方政府性债务管理中
存在的风险和主要问题

（一）贵州省地方政府性债务管理中存在的风险

1. 债务风险总体较高

根据财政部公布的数字，截至 2015 年底，贵州省政府负有直接偿还责任的债务余额位居全国第 5，而债务率则位居全国之首。根据该年度数字，有学者对全国各省份（西藏除外）的债务风险情况进行了测算，2012 ~ 2015 年贵州省政府负有直接偿还责任的债务增速为 98%，居全国中等位置；但截至 2015 年底，贵州省政府负债率（地方政府债务总额/GDP）为 87%，债务率（债务余额/综合财力）为 202.5%，均位居全国首位，负债率指标超过了 60% 的警戒线（见表 2），据此，研究者将贵州省政府债务风险评定为"重警"。

当然，由于构建模型、测算方法、选择数据、统计口径等方面的差异，不同研究者对于政府性债务率和负债率测算的结果存在差异。[①] 但是，总体来看，截至 2015 年底，贵州省政府债务率仍然偏高，存在较高债务风险。

2. 结构性风险存在

（1）债务层级结构不合理，尤其是市（州）以下财政压力巨大。

截至 2013 年 6 月 30 日，市（州）以下［尤其是含县（区）级］承担政府性债务占全省政府性债务的大部分，部分债务规模比较大的县（区）债务风险比较突出。以住建行业为例，县（区）一级政府承担了大量基础设施建设和保障性住房建设等低收益甚至无收益项目建设任务。随着税制改

[①] 例如，《21 世纪经济报道》测算，2015 年贵州省政府债务率测算结果为 189%。而朱文蔚在《中国地方政府性债务与区域经济增长的关系研究》中，对贵州省政府性债务（2013年）测算结果：负债率 79.0%，债务率 92.0%，属于全国四个高风险地区之一。

革的推进，地方财权与事权的进一步分离，市（州）以下政府的财政收入和举债能力、渠道等受到一定影响，住建行业政府性债务的结构风险进一步增加。

表 2　2015 年年底各省债务率及负债率

单位：%

地区	省份	负值率	债务率	地区	省份	负值率	债务率
东部地区	北京	29.1	92.8	西部地区	四川	25.9	97.8
	天津	15.7	64.8		重庆	21.7	66.0
	上海	24.1	71.0		贵州	87.0	202.5
	河北	19.8	91.4		云南	48.3	147.2
	江苏	15.1	72.9		内蒙古	31.5	130.6
	浙江	21.4	108.5		陕西	27.9	104.9
	福建	19.4	104.0		甘肃	25.2	63.6
	山东	15.1	82.4		青海	77.3	134.1
	广东	12.6	64.1		宁夏	39.1	94.1
	海南	54.0	134.4		新疆	30.7	83.4
中部地区	山西	16.6	58.4		广西	26.6	93.1
	安徽	24.6	86.5		西藏	—	—
	江西	23.4	74.9	东北地区	吉林	21.1	99.4
	河南	14.8	71.4		辽宁	30.3	159.8
	湖北	15.9	71.3		黑龙江	21.0	79.9
	湖南	23.3	102.6				

资料来源：贾晓俊、顾莹博：《我国各省份地方债风险及预警实证研究》，《中央财经大学学报》2017 年第 3 期。

（2）融资手段单一，特别是县（区）一级政府依赖回购（BT）模式和垫资施工（延期付款），举债成本和社会风险高。

根据财政部《关于进一步做好政府和社会资本合作项目示范工作的通知》（财金〔2015〕57 号）要求，"严禁通过保底承诺、回购安排、明股实债等方式进行变相融资，将项目包装成 PPP 项目"[①]，新增 BT 项目被全面叫

---

① 参见该通知第一条第（二）项。

停。但是，数据显示，以往 BT 项目产生债务和垫资施工（延期付款）仍然是主要的债务模式。以贵阳市为例，截至 2015 年底，贵阳市本级到期存量债务本金 239 亿元，其中拖欠工程款约 30 亿元；贵阳市辖各区（市、县）到期存量债务本金 276 亿元，其中拖欠工程款约 50 亿元。[①] 尤其是县（区）一级政府，缺乏有效的融资手段，对 BT 和垫资施工（延期付款）模式依赖显著，容易造成拖欠施工方工程款、民工工资、征地拆迁补偿等问题，引发群体性事件，破坏社会和谐稳定，影响政府信用。

（二）贵州省地方政府性债务管理中存在的主要问题

1. 指导思想不明确

（1）"举债"环节上，一是部分地区的领导干部对"该不该举债，规模是扩大还是收缩"认识看法不一，该地区是否举债受主要领导个人观念、素质、能力等影响比较大。二是缺乏科学规划和安排，对债务规划和管理方式过于粗放。一些地方政府没有根据当地的经济发展战略和财政能力合理地确定项目，没有充分进行投资估算论证，不考虑政府债务负担的规模，仅凭领导人意愿，盲目地举债发展。

（2）"还债"环节上，缺乏积极还债意识。一些地方政府领导人和企业领导人对地方政府性债务固有的风险认识不足：只要有资金，就会争取更多的贷款；项目是否有效益，或是否有还款来源，未经充分论证；"这届借了下届还"几成常态，如此产生严重的恶性循环。这导致超财力举债的情况经常发生。由于缺乏有效的约束机制，一些地方政府领导缺乏还款意识、还款压力和激励，只能依靠土地财政来偿还。

2. 新的发展对资金的需求量较大

为加快城市交通和基础设施发展，还需要对城市道路、园区建设、环境保护、民生保障等公益类项目投入大量的建设资金。但按照新预算法和国务院、财政部的相关规定，地方政府新增融资应当通过发行地方政府债券或 PPP

---

① 数据来源：贵州省社会科学院财税与金融研究中心。

方式进行，从目前的债务情况来看，部分地方新增地方政府债券已基本没有空间，PPP 建设模式又主要针对有一定收益的项目，资金供求矛盾突出。

3. 监管中，对债务统计缺乏制度规范

在债务数据统计方面，债务统计不完善，信息失真。调研显示，其一，政府各职能部门之间缺乏完整、统一的统计口径和数据，同一地区不同部门的统计数据往往大相径庭。其二，一些部门出于自身利益等方面的考虑，不愿提供准确、及时的债务信息。债务信息失真，使得各级政府对债务总量的界定不够清晰，无法有效监管和监督。其三，除政府各部门外，政府性债务领域的信息公开工作不足，政府举债缺乏有效的外部监督。

4. 缺乏有效的还款来源，不得不过分依赖土地财政

主要体现在：债务抵押物靠土地，债务偿还靠土地出让金。调研中，部分地方反映，过度使用土地进行抵押，对建设用地指标使用造成影响，使本来不足的建设用地更加不足。同时，较大的土地依赖性也加大了地方政府征地需求。从贵州省各地财政收支来看，绝大部分地方都是保运转的"吃饭财政"，在土地出让金无法保证偿还债务的情况，只能采取举借新债还旧债，推迟债务还款压力，或者拖欠形成逾期债务。

5. 地方政府置换债券到位和债务到期时间不匹配

按财政部相关政策，各金融机构贷款的到期本金偿还基本可以通过地方政府置换债券进行置换。但由于地方政府置换债券由省级财政统一发行并报财政部审批，流程较长，可能出现债务到期而置换债券不能及时到位的情况。

三　贵州省政府性债务化解与风险防范中的几点对策建议

（一）正确看待贵州省政府性债务问题

1. 正视贵州省政府性债务风险问题

由于选择测算方法、模型、数据等方面的差异，不同研究者和研究机构对于贵州省政府性债务负债率、债务率和风险层级得出的结论虽有不同，但

是，考虑到财政收入和综合财政情况，贵州省政府性债务进入高风险范围这一结论，却已经得到了研究者的普遍认同。从感性认识的角度出发，近年来，在贵州省，政府拖欠工程款、土地征收款引发纠纷的报道亦不鲜见。因此，正视贵州省政府性债务风险问题，是讨论这一命题的首要前提。

2. 从其成因及作用看

已被广泛接受的一个观点是，政府性债务对于促进地方经济社会发展，推动基础设施建设和民生改善具有重要的推动作用。有学者提出，我国地方政府性债务与区域经济增长之间存在 U 型关系，这种数量关系表明，在负债率较高的省份，政府债务对区域经济的促进作用比较明显①。对于贵州省来说，以往历史欠账太多，随着城市基础设施和交通路网建设工作的进一步开展，各级对资金的需求将愈加增加。因此，地方政府性债务问题将长期存在，并对贵州省经济社会发展起到不可或缺的作用，想要一劳永逸地解决政府性债务问题，不具有现实性，应当从政府性债务的管理角度入手，通过机制体制建设，规范政府举债行为和举债规模，切实防范债务风险。

3. 从管理和偿还责任看

尽管我国地方政府还没有破产制度，但相比以往的代发代还模式（2009～2010 年）和自发代还模式（2011～2013 年），自发自还模式是更未规范的地方政府发债模式，这标志着我国地方政府性债务治理进入了一个新阶段，明确了地方政府的偿债责任。② 2016 年 11 月 14 日，国务院办公厅印发《地方政府性债务风险应急处置预案》明确："地方政府对其举借的债务负有偿还责任，中央实行不救助原则，省级政府对本地政府性债务风险应急处置负总责。"③ 在此基础上，《贵州省政府性债务风险应急处置预案》进一步明确："省政府对全省政府性债务风险应急处置负总责；各市（州）政

① 朱文蔚：《中国地方政府性债务与区域经济增长的关系研究》，社会科学文献出版社，2015。

② 贾晓俊、顾莹博：《我国各省份地方债风险及预警实证研究》，《中央财经大学学报》2017年第 3 期。

③ 第 1.1.2 条。

府、贵安新区管委会、各县（市、区、特区）政府按照属地原则各负其责。"① 省级政府在地方政府性债务的管理、规范工作中具有重要作用，从省级层面相应规定，建立健全政府性债务管理机制体制，意义重大。

（二）贵州省政府性债务化解与风险防范中的几点对策建议

1.合理界定政府投资范围，避免项目重复建设

基础设施和公共服务历史欠账多是贵州省政府性债务形成的重要原因。在经济社会发展过程中，各地各级资金需求和财力欠缺之间的矛盾将持续存在。鼓励地方政府加大对基础设施和公共服务的投资力度，具有合理性和积极意义。但是，对于地方政府大规模的投资冲动，应当合理抑制和控制。具体而言，对地方政府投资项目，应当进行仔细甄别，合理界定政府投资范围，防止重复建设，将有限的资金用在具有实际需要的地方，从源头上控制债务的不合理增长。

2.完善财政报告和信息披露机制

数据的真实性、统一性是研究和政策制定的前提。但是，由于地方政府性债务构成复杂、统计口径不一、数据敏感等问题，政府性债务领域政务公开程度低，债务资金使用问题既缺乏有效的内部监督（即政府内部不同部门的相互监督），更缺乏有效的外部监督。2014年，经修正的《预算法》对预算公开的内容、时限、主体等问题做出了规定。此外，贵州省财政厅也根据发行地方政府债券的相关要求，对贵州省政府性债务数额等情况进行了披露。贵州省政府《关于加强政府性债务管理的实施意见（试行）》（黔府发〔2015〕23号）亦提出要求，要"建立政府性债务公开制度，加强政府信用体系建设，按规定向社会公开政府性债务及其项目建设情况，自觉接受社会监督"②。

但是，贵州省政府性债务公开情况仍不容乐观；需要地方政府进一步向

---

① 第1.4条。
② 参见该实施意见第三条。

社会公众及有关机构提供完备、详尽的财务报告，对具体的债务信息（包括债务数额、来源、本金、期限、利率等）进行披露。此外，将政府性债务纳入政府信息公开和信息公开年报中，作为重点公开内容向社会公布。确保政府性债务数据的真实性、统一性，避免人为地制造信息孤岛。

3. 进一步健全政府性债务追责制度

在实践中，"前任借钱，后任还债"似乎已经成为一个普遍现象，《关于加强政府性债务管理的实施意见（试行）》明确提出，要"建立和落实政府性债务管理责任及考核问责机制"，并从明确政府主管责任、落实部门监管责任、强化债务人主体责任、约束债权人信贷责任和建立考核问责机制几个方面提出了具体要求。[①] 意见要求，各级政府要强化领导干部举债责任意识，明确责任落实，把政府性债务作为一个硬指标纳入政绩考核，从思想认识上纠正不正确的政绩导向，强化离任审计，实行终身负责。应该说，仅从规定上看，该实施意见所涉及的方面和措施已经较为完善、全面。但是，其落实情况如何，是否依法对相关责任人进行追责、审计，目前尚未见到相应报道。应当对该实施意见的落实情况进行全面审查、评估，为下一步的决策提供参考。

4. 组织对或有债务进行集中清理

根据《关于加强政府性债务管理的实施意见（试行）》要求，应当依法依规管理或有债务，对原政府负有担保责任和承担一定救助责任的债务，按照担保法、预算法有关规定，分清有效担保和无效担保。对超时效担保和无效担保，地方政府及时清理，妥善处置。[②] 应当由组织对辖区内或有债务进行集中清理，明确债务清理情况，并将清理情况予以公布。

5. 对 PPP 项目建设情况开展集中清查和调研工作，谨防 PPP 项目变为地方违法违规变相举债的渠道

据报道，截至 2017 年 6 月底，按照财政部要求审核纳入 PPP 项目库的

---

① 参见该实施意见第五条。

② 参见该实施意见第三条。

项目 13554 个，总投资额 16.4 万亿元。在高速增长的同时，一些地方政府借 PPP 之名变形举债，"伪 PPP 乱象丛生"①。该报道指出，一些地方政府规避 PPP 制度要求，以政府购买服务等方式变相上项目，还有的以明股实债的方式，增加了地方政府或有债务，或者违规突破 PPP 项目支出不超过政府预算支出总额 10% 的红线。建议组织相关力量，或者委托第三方，对贵州省 PPP 项目实施情况进行定期、集中清查，对在 PPP 项目实施中发生的违法违规问题进行问责，引导 PPP 项目有序开展，谨防 PPP 项目变成违法违规举债的渠道。

6. 加强对地方相关工作人员培训

调研显示，省级政府部门相关工作人员对地方政府性债务规范和管理相关政策的掌握程度明显好于市（州）和县（区）级政府工作人员。尤其是在 2014 年经修正的《预算法》出台和国务院、省政府相关管理文件发布以后，对地方政府性债务管理要求、举债方式、债务限额、融资模式等问题都有新的要求。但是，部分政府工作人员仍延续旧有思路，无法适应日益变化的新要求。基于此，建议在相关部门开展集中、定期培训，使其能够理解相应规定，提高债务管理的规范性。

---

① 赵洋：《PPP 缘何成为变相举债的"暗渠"》，《金融时报》2017 年 9 月 8 日第 2 版。

B.8
贵州省创客发展及法治保障研究[*]

孟庆艳[**]

摘　要： 随着大数据、IT 等新兴产业在贵州的迅速发展，越来越多的人才、资金流入贵州，贵州的创客运动也蓬勃发展起来。贵州省为大学城、科技创业园、孵化器、创客空间等的建立创造了良好的政策环境。同时，作为创客发展的主力军，需加大对大学生创业的引导和帮助。

关键词： 创客　法治保障　贵州省

　　2015 年 3 月 11 日，国务院出台《关于发展众创空间推进大众创新创业的指导意见》——"创客空间"这个在国内相对较为陌生的概念得到迅速传播。《2016 年中国创客白皮书》的大数据分析，中国创业发展呈现地域较为集中、全国分布不均匀的特点。2016 年，根据中国证券投资基金业协会统计，各地区投资机构数量排名情况：北京、上海、广东（数据不包含深圳市）三地不管是融资数量还是融资规模都位居全国前三，仍旧保持着资本投放密集的趋势和优势。全国各地区科技企业孵化器和众创空间的发展情况：东部地区各项指标都遥遥领先；西部地区在财政资金支持和创业人数、总收入三项指标上落后于东部和中部地区，在入驻空间数、提供工位数、服务人数及创业导师数量上超过了中部地区，与东部地区的差异在缩小，但差距还是很明显。贵州省就是后来居上的典型代表。

---

　　* 本文系贵州省社会科学院2018年创新工程创新团队项目"法学理论与应用研究"成果，贵州省法治研究与评估中心项目成果。

　　** 孟庆艳，贵州省社会科学院法律研究所副研究员、贵州省法治研究与评估中心研究员。

一　贵州省创客发展概况

（一）创业园区初具规模

2015 年，贵州省贵安创客联盟已有理事单位 37 家、会员单位 55 家，涵盖大学城各高校、贵安新区各园区及省内外企业；54 家大学生创业企业在创客联盟总部基地和各分部落户；180 余家初创小微企业在新区注册成立；有意愿落户贵安新区创新创业高校（含清镇职教城）毕业生 429 人。总部开展路演及相关活动 150 余场次、专题演讲 70 余次、参与活动 7000 余人次；组建了贵安创客服务中心；引进投融资公司 2 家、会计师事务所 1 家、律师事务所 2 家、创业导师 25 人；引进贵州银行在大学城设立创客银行。

2016 年花溪大学城建立了大学城双创园，通过引进企业，提供一站式政务服务、优惠金融服务等措施，为大学生提供良好的创业就业平台。贵安新区作为国家级开发区，倚靠花溪大学城、电子信息产业园、清镇职教城、新医药大健康产业园、高端装备制造产业园的产业优势，主抓政策扶持、平台搭建、生态体系建设、活动培训等相关工作，逐步构建起"创业苗圃 + 孵化器 + 加速器 + 放大器"的孵化体系，提升了科技创新能力。2016 年 9 月数据显示，贵安新区已聚集孵化平台 11 家，在孵企业 939 家，培育市场主体 7000 余家，新增科技在孵企业 210 家，已累计建设 12 家众创空间和科技企业孵化器。[①]

2017 年，贵州省推荐 6 家众创空间升级为"国家级"，分别为色谱创客空间、贵阳大数据创新产业（技术）发展中心联合众创空间、良知山创客空间、思源众创空间（贵阳）；黔南州领略中国农产品电商众创空间、贵州

---

① 《贵安新区：聚集孵化平台 11 家培育市场主体 7000 余家》，http://www.gaxq.gov.cn/xwdt/gayw/201611/t20161110_ 1330587. html。

淘手游众创空间，目前已进入公示阶段。

目前贵州省共有 50 余家省级众创空间，其中国家级众创空间已达 20 家，为大众创新创业提供了积极、便捷的服务，贵州省的创新创业生态已初具雏形。

（二）科技型创新企业发展迅速

据贵州省科技厅公布的最新数据显示，[①] 截至 2017 年上半年，贵州全省共有 31 家科技企业孵化器，国家级的有 4 家，分别是贵阳高新技术创业服务中心，贵州贵阳软件园，贵州铜仁高新汇智科技孵化管理服务有限公司和贵阳高新智慧运营管理有限公司；大学科技园 10 家。这 41 家省级以上科技型企业孵化器和大学科技园管理机构从业人员 773 人，同比增长 6.04%；总面积达 374.74 万平方米，同比减少 9.22%；在孵企业数为 2570 个，同比增长 122.9%；在孵企业从业人员 27546 人，同比增长 26.14%，在孵企业总收入 312288.51 万元；在孵企业知识产权申请数为 1306 件，同比增长 67.65%；累计毕业企业 465 个，同比增长 37.98%，其中 2017 年当年毕业企业为 114 个，增幅为 147.83%。

1.科技企业孵化器发展情况

（1）总量规模

孵化器数量：截至 2017 年上半年，贵州省全省孵化器有 31 家，其中国家级 4 家；较上年增长 40.9%。分别为贵阳市 9 家，遵义市 7 家，安顺市 2 家，毕节市 1 家，铜仁市 3 家，黔西南州 1 家，黔东南州 1 家，黔南州 4 家，贵安新区 3 家（见图 1）。

31 家孵化器中，企业性质的孵化器 25 家，占比 80.65%。

根据省科技厅提供的数据资料，对比 2016 年上半年与 2017 年上半年各地州孵化器数量，得出：六盘水市目前还没有一家科技型企业孵化器；

---

① 数据资料来源于贵州省科技厅网站创新创业处公示文件，http：//kjt. gzst. gov. cn/index. php? show – index – cid –7 – id –18447. html。

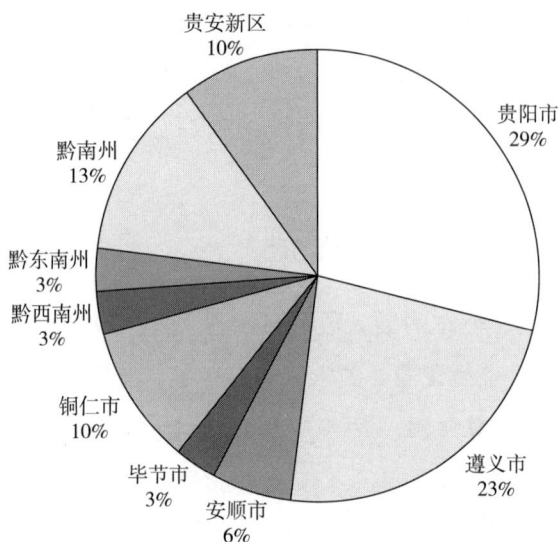

图1 各市（州）大学科技园数量比较

遵义市比上一年减少一家；安顺市、毕节市、黔东南州和黔西南州持平，
没有变化；贵阳市、铜仁市、黔南州和贵安新区同比上年有所增加（见
表1）。

表1 各地州孵化器数量2016年、2017年对比

地州名称	2016年上半年	2017年上半年
贵阳市	5	9
六盘水市	0	0
遵义市	8	7
安顺市	2	2
毕节市	1	1
铜仁市	1	3
黔东南州	1	1
黔西南州	1	1
黔南州	2	4
贵安新区	1	3

孵化器面积情况：孵化器共有孵化面积 3452256.93 平方米，同比减少 11.85%。其中办公用房 236881.44 平方米，同比减少 67.76%；在孵企业用房 2448738.1 平方米，同比增长 2.79%；公共服务用房 454853.73 平方米，同比增长 49.27%。

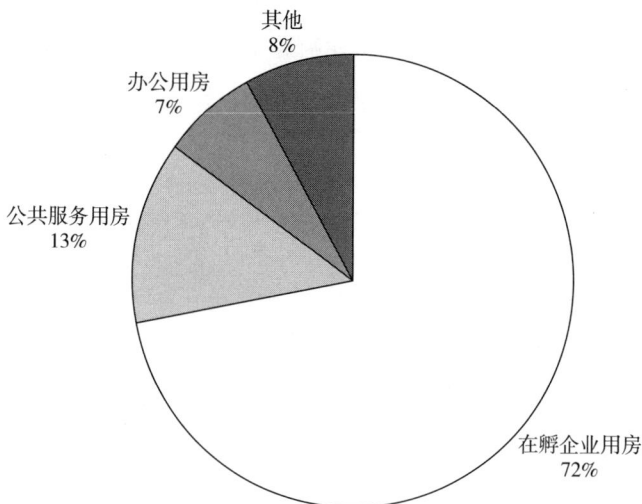

其他
8%

办公用房
7%

公共服务用房
13%

在孵企业用房
72%

图 2　孵化器面积构成

人员情况：管理机构从业人员 670 人，同比增长 3.24%。其中，专业技术人员 307 人，同比增长 5.50%；大专以上学历 512 人，同比增长 27.36%。

孵化器收入：2017 年上半年孵化器总收入 10.15 亿元，同比增长 35.77%；其中综合服务收入 1.70 亿元，同比增长 11.25%；物业收入 8854.47 万元，同比增长 30.50%；投资收入 1.87 亿元，同比增长 7.75%；

（2）在孵企业

2017 年上半年省级以上孵化器在孵企业达到 2137 家，同比增长 139.57%，其中留学生创办企业数 25 家，同比增长 10.46%。在孵企业总收入 30.10 亿元，同比增长 10.25%；R&D 投入 1.52 亿元，同比增长 31.71%；获得风险投资 1.12 亿元，同比增长 38.50%。

在孵企业从业人员达 2.43 万人，同比增长 21.19%；其中大专以上学历 10537 人，同比增长 15.25%；留学回国人员 121 人。2017 年在孵企业申请知识产权保护数 1078 项，同比增长 64.58%；批准知识产权保护数 1000 项，同比增长 24.38%；其中发明专利 331 项，同比增长 57.62%。

（3）毕业企业

截至 2017 年上半年，从科技企业孵化器毕业企业累计达 439 家，其中当期毕业 107 家，同比增长 137.78%；收入达千万元的企业 70 家，同比增长 25%。

（4）国家级孵化器

2017 年上半年国家级孵化器 4 家，新增 1 家。国家级孵化器占全省孵化器总数的 12.9%。国家级孵化器有 3 家分布在国家高新区内，占 75%。国家级孵化器内有在孵企业 442 家，占在孵企业总数的 20.68%。当年毕业企业 25 家，占全部毕业企业的 23.36%。国家级孵化器总收入 7.9 亿元，占孵化器总收入的 77.80%（见表 2）。

表 2　贵州省国家级孵化器占比

	孵化器（个）	在孵企业（家）	毕业企业（家）	总收入（千元）	在孵企业总收入（千元）
全省孵化器	31	2137	107	1014935	3010015
国家级孵化器	4	442	25	789637	1134619
占比（%）	12.9	20.68	23.36	77.80	37.69

2. 大学科技园发展情况

（1）基本情况

截至 2017 年 6 月 30 日，全省共有大学科技园 10 家，其中国家级 2 家。据统计，10 家大学科技园共拥有场地面积 2.95 万平方米，同比增长 39.32%。其中孵化用房 6.29 万平方米，研发用房 3.33 万平方米，生产用房 2.18 万平方米。孵化基金总额 1295.4 万元，同比增长 150.75%。管理机构从业人员 103 人，其中大专以上学历 103 人，占比 100%。

（2）在孵企业、毕业企业

大学科技园在孵企业 433 家，同比增长 53.55%。其中当年新入孵企业85 家，师生自办企业 266 家，高新技术企业 5 家。在孵企业从业人员 3238人，其中大专以上学历从业人员 2955 人，占比 91.26%。2017 年上半年在园企业接纳应届毕业生 330 人，截至 2017 年上半年，累计毕业企业 26 家，当期毕业企业 7 家。

（3）承担计划项目

2017 年上半年，10 家大学科技园在孵企业承担各级各类计划项目 138项，其中国家级 4 项；在孵企业申请专利 228 项，其中发明专利 57 项，转化成果数 117 项，其中依托高校数量 60 项，在孵企业总收入 1.13 亿元。①

（三）大学城大学生双创工作取得成效

1. 主要成效

入驻大学城的贵州师范大学、贵州财经大学、贵州医科大学等 9 所高校，共建了 18 家众创空间、孵化器、创业孵化基地等"双创"孵化平台，入驻企业 83 家，入驻创业团队 161 家，带动大学生创业就业 1530 余人，创业导师 351 位，孵化面积 3 万平方米。从原高校苗圃期遴选一批市场生存能力较强的"瞪羚"企业，入驻 4 万平方米的大学城双创园，引进包括"凤岐茶社""政和科技"等国内知名创服机构做园区运营，提供集融资、培训、政务等功能较完善的双创综合服务职能。通过前两期的孵化、加速，优选一批运营半年以上、产业规模达 500 万元以上的优质企业，入驻贵安数字经济产业园和新区其他园区，目前有贝格、树精英、慧云网安、易讯等 20余家企业入驻。

2. 主要做法

一是构建三级孵化体系，打造"高校苗圃期、双创加速期、产业放大

---

① 数据均来自贵州省科技厅官方网站公示文件，http：//kjt. gzst. gov. cn/index. php？show - index - cid - 7 - id - 18447. html。

期"三级梯度孵化体系。在高校内部时期就在老师引导下开展创客创业活动,匹配一定的政策支持。在第一步的基础上,选出一批比较有发展前景的、有市场生存能力的、可行的企业入驻到大学双创园。最具代表性的是贵州树精英"云择校"项目,它是由贵州财经大学的学生从贵州财经大学的众创空间再到大学城双创园二次加速,目前已入驻贵安数字经济产业园的典型代表,经过两年时间,团队已发展到200余人。

二是定期参与或举办与之相关的活动、比赛。省科技厅通过举办创新创业大赛,积极搭建企业与金融机构的交流平台,架起项目与金融的对接桥梁,促进优质项目与投资机构深入合作,真正实现了投资机构与创业项目的零距离接触,帮助企业快速成长。贵安新区每一年都会有计划地开展各类创新创业交流活动,如一年一大会、一季一嘉年华、一月一赛事、一周一论坛等,全力营造良好创新创业氛围。2016年,新区举办创业论坛45场,创业大赛12场,创客嘉年华4场,完成创业(技能)培训近8000人次。引进一批基金投资公司和科技中介服务机构,推动了"众创、众包、众扶、众筹"四创新模式,建立起覆盖"创业培训、创业引智、创业孵化、创业融资、创业大赛和创业服务"的创新创业扶持体系。

三是深挖内部潜力,做好做足高校内创新创业引导。大学城的优势在于高等教育资源集中,大学城集中了贵州师范大学、贵州财经大学、贵州医科大学等9所高校。除了雄厚的师资力量,学校还调整和改进了课程设置。通过教学教法改革、双实践训练、与机构合作,引入"中国创新创业慕课平台"资源,建设贵安课程中心。实施"324"数字人才培养工程,即三个月短训、技术骨干到学校上课、教师到企业上班;高校大三慕课线上教育、大四学生到企业实训;大学四年字教程选修及课程植入。①

四是用好政策,用好资金。对于想创业的大学生来说,最大的困难莫过

---

① 参见《"五子登科"助推大学城双创工作上新台阶——贵安新区花溪大学城双创工作报告》。

于资金短缺，而大学城在建立之时，便引入了金融机构，推出针对大学生的优惠利率，为大学城的创业者提供资金支持。贵安新区相继制定出台支持大学生创业落户和推进"大众创业、万众创新"发展的政策文件和配套管理办法，打通政策落地的"最后一公里"。

二 贵州省创客发展政策环境分析

贵州省将大数据作为三大战略行动之一，投入大量的人力物力予以支持。以贵安新区为例，2016 年，贵州省信息基础设施建设累计完成 25.07 亿元投资，电信运营公司完成 23.26 亿元投资，非基础电信运营公司完成投资 1.81 亿元。34 个重点项目得到有序推进，形成基本的基础设施框架。三大运营商数据中心一期项目全部建成投入运行，可承载服务器配置 15 万台以上，2017 年力争突破 30 万台。

2015 年 6 月《贵州省众创空间遴选和管理办法（试行）》出台，首次对众创空间进行量化考核，满足条件并备案成功的众创空间可获得百万元补助。2016 年《关于以大数据为引领实施区域科技创新战略的决定》（黔党发〔2016〕17 号）围绕打造"贵安创谷"，以及《关于发展众创空间支持大众创业万众创新若干政策措施（试行）》等一系列发展众创空间、支持"大众创业、万众创新"的政策措施出台。

按照省政府《大力推进大众创业万众创新的实施意见》，计划到 2020 年，贵州省将新增"双创"服务平台 200 个，扶持各类创业创新团队 3000 个以上。对于具备一定条件的众创、众包、众扶、众筹平台，要给予 20 万元到 100 万元的财政资金支持。同时，省科技厅还设立了每年 1000 万元的专项资金，用于扶持大学生创业。近年来，团省委青年创业就业服务中心还动员社会力量投入 3200 万元，支持了 3500 多名青年创业。贵阳国家高新区先后出台"创客十条""大数据技术创新十条"，为贵州大数据、创客、科技创新提供了优厚的政策支持和物质资助。

三 对策建议

（一）创新驱动实质是人才驱动

美日欧引领全球创新的格局基本稳定，但是发展中国家创新指数整体排名比较落后。2016 年中国创新指数排名位居世界第 17 位，比上一年提升 1 位。这源于中国对创新的重视和资源投入持续增加，创新能力发展水平大幅超越了其经济发展阶段。突出表现在知识产出效率和质量快速提升、企业创新能力稳步增强等方面，遥遥领先于世界其他发展中国家。相比美日韩，中国创新指数得分还相对较低，但差距在缩小。[①]

根据《国家创新指数报告 2016～2017》，全国的区域创新能力不断提高，2014 年全国研发人员共计 535.15 万人，其中具有硕士和博士学位人员共计 101.66 万人，占比 19.0%，较上年大幅提高。高学历研发人员比重的提升进一步促进了整体研发实力的增强。整体上看，东部仍然是创新能力最强的地区，中西部地区相对偏弱，且排名变化较大。从经费投入占比来看，北京市、上海市、陕西省、四川省和江苏省五个地区的经费投入总和约占全国投入总量的 50%，领先优势进一步集中，同时在专利申请方面也具有较大优势。在科技服务业从业人数、高技术产品出口规模、新产品销售份额增长率方面，贵州省均超过了 10%。通过发展科技服务业，不断优化创新创业服务，在研发公共服务、科技金融服务以及技术交易服务方面基本形成完整的链条。

根据 2016 年全国区域创新能力综合排名，贵州省创新能力排名由 2015 年的第 22 名升至第 17 名，连续 3 年进步明显，成为全国的亮点区域。从一级指标看，贵州省各项指标排名全面提升，知识创造指标提升 6 位，居第

[①] 《国家创新指数报告 2016～2017》，科学技术部官网，http://www.most.gov.cn/cxdc/cxdcpjbg/201710/P020171027321781250072.pdf。

12 位；知识获取提升 4 位，居第 12 位；企业创新提升 8 位，居第 17 位；创新环境提升 16 位，居第 7 位；创新绩效提升 7 位，居第 21 位①（见表3）。在区域创新潜力指标（包含知识创造潜力、知识获取潜力、企业创新潜力、创新环境潜力、创新绩效潜力）方面贵州省排名全国第 1 位。

表3 贵州省 2015 年、2016 年相关指标排名比较

年 份 \ 指 标	知识创造	知识获取	企业创新	创新环境	创新绩效	创新能力综合
2015	18	16	25	23	28	22
2016	12	12	17	7	21	17

从基础指标看，创新环境评价体系的改变是影响排名变化的重要因素，贵州省在新增的创业孵化相关指标中排名靠前，如"创业孵化器增长率""创业孵化器孵化基金增长率""当年科技企业孵化器毕业企业数增长率"等指标均领先其他地区；此外，创新环境的传统评价指标也排名较高，如"教育经费支出占 GDP 比重"指标排名第 2 位，"教育经费投资增长率"指标排名第 1 位，"居民消费水平增长率"指标排名第 2 位等。

取得这些成绩得益于贵州省在大数据、云计算、信息技术服务等新兴产业中的快速发展，得益于这几年引进的大量高科技人才，连续举办两届大数据发展论坛也为贵州省大数据产业的发展增添了强大动力。但是作为典型的西部省份，贵州省科技基础依然薄弱，获取知识能力仍然较低，仍需在基础设施建设、人才培养、核心技术突破以及企业创新能力提升方面加大投入力度，在保持高速发展的可持续性方面需要下功夫。

贵州省需要一方面增强内功修炼，提升本地高校的创新人才的培养，立足本省现有教育资源，加强对相关人才的培养；另一方面要积极引进高层次人才，除了引进来，还能留得住，在资金、工作环境、生活环境等方面提供便利，最大限度发挥引进人才的才干。

①《国家创新指数报告 2016～2017》，科学技术部官网，http://www.most.gov.cn/cxdc/cxdcpjbg/201710/P020171027321781250072.pdf。

（二）融资方式要更加灵活

根据《国家创新指数报告 2016～2017》，全国各地孵化器当年获得风投的资本量情况：上海 264168 万元，江苏 276552 万元，广东 103400 万元，四川 34225 万元，重庆 9215 万元，贵州 5325 万元，云南 3280 万元，内蒙古 2633 元。数据没有一一列出，但可以看到其存在的巨大差距。最近几年，贵州大数据产业发展得如火如荼，各种相关产业相继出现，贵州紧紧抓住机遇，弯道取直取得了不俗的成绩。但是通过与其他省区市的比较可以看出，差距是巨大的，资金压力是巨大的。当然，底子薄是主要原因，但同时也说明上升的空间很大。只要在观念上进一步跟进，招商引资的政策落到实处，继续发挥和完善诸如 PPP 的合作模式，采取适当措施，放大资金倍数，加强与发达地区的合作，引进先进理念，用资源换资金，用股份换资金，等等。

2015 年贵州开始施行《贵州省科技创新券管理办法》，它是由贵州省科技厅探索推动企业创新发展的一项无偿资助政策。更进一步来考虑，可以把资方作为股东，让其于企业创设人设计一套可行的股权结构模式，当然这需要专业机构和专业人士来提供服务，政府在这方面应该起到牵线搭桥的作用。有了这一套双方认可的股权结构，可使技术能够迅速转化为生产力，也使资金起到放大自己若干倍的作用。

（三）建立和加强知识产权保护体系

目前，大学生创业过程中出现的知识产权纠纷较多，多表现为商标侵权、专利侵权、创新性的商业模式抄袭等。既有侵他人之权也有被他人侵权，既给别人造成伤害也受到伤害。通常被侵权悲剧的发生都是大学生创业者在自我权益保护方面缺乏法律意识，同时维权成本较高，创业者没有时间、金钱和精力去维护。法律纠纷一旦发生，就会耗费大量的人力物力，大学生创业者出于成本考虑，较少借助法律途径解决问题。这给创业者带来较大的困惑。

表4　贵州省近五年专利申请情况

年份	2011	2012	2013	2014	2015
专利数量（件）	8351	11296	17405	22471	18295

资料来源：《贵州统计年鉴2016》。

　　贵州省的创客发展已经粗具规模并有较快的发展势头，诸多技术创新性企业，不可避免地涉及知识产权的保护问题。一方面要保护好自己的智力成果，另一方面不能侵犯他人的智力成果。目前，我国关于企业知识产权的法律体系已建立，且拥有自主知识产权的创新型企业不断发展，加之大数据的广泛应用使企业对知识产权的保护需求也日益增加。根据表4可以看出，贵州省的专利申请数量近几年有较大的提升，对知识产权保护机制提出了较高的要求。因此，下一步贵州省应围绕着企业创新发展的几个阶段来完善知识产权制定体系，鉴于创新型企业大多具有规模比较小，抗压能力弱，知识产权专业知识薄弱，市场信息的不对称，社会成本相对较高这些不利因素，建议政府在此过程中可以选择适当地参与其中。

（四）完善创客教育体系

　　就目前我国的情况看，创新创业的教育大多起源于大学。然而大学时代，人的自我认知基本上已经定型。对于未来如何在社会上立足、生存已经有了较为明确的认知。在这个群体里，成为一个创客、自主创新创业需要很大的勇气，首先得解决温饱问题，其次要考虑稳定问题，然后考虑发展问题，最后才是自己的兴趣问题。成为创客或是说自己创业并不是一种自然而然的想法，是要经过一定的思想斗争才能迈出这一步。对此不妨借鉴美国的一些经验。

　　在美国有很多创业成功的典型，但是在他们成功之前，我们在国内几乎没想过在简陋的地下室、在车库、在宿舍甚至在没有大学毕业的情况下（当然我们并不鼓励大学生休学创业）可以创业，这说明在美国创业的理念和观念都已深入人心。这些应得益于美国创业教育体系的完善。他们的创业教育体系已经纳入且很成功地融入了自身的国民教育体系。只要你有好的想法、好的创意，那么你就可以利用国家提供的比较完善的创业扶持政策体系和硬件设施最大限度地进行实践。比如美国硅谷就是一个比较成熟的创客发展环境，已经实现了学习与创业无缝切换。而根据中国教育部一项公开数据显示，中国高校仅有 3% 的课程涉及创业教育。[①]

建立和完善较为成熟的创业孵化服务。特别是对于大学生创业，要从培养意识开始孵化，即所谓的前孵；然后是项目初创阶段的培养培育，即初孵；然后是对成熟项目的扶持，即深度孵化阶段。每一个阶段都是对资金、对导师的挑战。条件好的地区可以加大财政预算投入，集中部分优秀的创业导师和创业团队，然后将经验和成果辐射到全省各区域，从而带动全省的整体发展水平。其实提高创新创业水平并不是要创造一个什么指标，而是实实在在地创造一个良好的创业氛围和环境，进一步才能引进人才留住人才，从而促进贵州省经济社会的良性可持续发展。

[①] http://www.ga-mv.com/index.php/interact/detail/id/80.html，访问时间 2017 年 11 月 28 日。

B.9
贵州民营经济政策法治建设[*]

王 飞[**]

摘 要: 2017年贵州民营经济发展状况良好,继续保持了《贵州省提高民营经济比重五年行动计划》(2013年)实施以来的始终高于全省GDP增速的较快增长态势。政策法治对贵州民营经济快速发展发挥了重要的促进和保障作用。民营经济政策法治体系进一步健全,服务民营经济的商事制度改革进一步深化,对民营经济的司法保护进一步加大。深入贯彻落实《中小企业促进法》《贵州省外来投资服务和保障条例》等法律法规及中央和省委系列规范性文件,不断释放制度改革和法律修订"红利",是今后民营经济政策法治建设的重中之重和重要抓手。

关键词: 贵州 民营经济 政策 法治

2017年贵州民营经济发展状况良好,继续保持了《贵州省提高民营经济比重五年行动计划》(2013年)实施以来的始终高于全省GDP增速的较快增长态势。2017年上半年与去年同期相比,民营经济对全省GDP增长的贡献率有了较大幅度的提升,从67.3%提高到79.2%,增幅为11.9个百分

---

* 本文获2018年度"贵州省哲学社会科学创新工程"(编号:CXZD05)和贵州省法治研究与评估中心项目资助。
** 王飞,贵州省社会科学院法律研究所研究员、贵州省法治研究与评估中心研究员。

点；民营经济占全省 GDP 比重从 48.7% 提高到 51.5%，增加 2.8 个百分点；全省民间投资达到 2188.52 亿元，增长 11.8%；民营经济三次产业结构从 12.3：44.1：43.6 优化为 10.6：45.7：43.7。2017 年民营经济增加值完成 7200 亿元。政策法治对民营经济快速发展发挥了重要的促进和保障作用，本文以此切入考察贵州 2017 年民营经济政策法治建设情况（从全国法制统一的视角看，国家颁行的相关民营经济政策法治在没有特别授权变通的情况下，对贵州也同样适用。鉴于此，讨论贵州民营经济政策法治过程中对相关国家民营经济政策法治也作一定叙述），并预判 2018 年民营经济政策法治建设方向。

一 健全民营经济政策法治体系

（一）国家层面的政策法治体系完善

1. 修改通过《中小企业促进法》

从《中小企业促进法》的修改历程看，2014 年 1 月，启动《中小企业促进法》修改工作。2017 年 9 月 1 日，全国人大常委会通过了修订的《中小企业促进法》。2018 年 1 月 1 日，新修订的《中小企业促进法》实施。

比较修改前的《中小企业促进法》，新修订的《中小企业促进法》变动较大，在结构和内容上都有一些亮点，结构由原来的 7 章扩展为 10 章，条文由原来的 45 条增加为 62 条。在结构上的修改如下：一是将原"资金支持"一章分置为"财税支持"和"融资促进"两章，把实践中相对比较成熟和具体的国家对中小企业财税和金融方面扶持政策予以法制化。二是将原第四章"技术创新"改名为"创新支持"，强化国家支持企业创新的政策导向。三是增加"权益保护"一章，回应实践中中小企业要求加强权益保障的呼声。四是增加"监督检查"一章，以保障该法的有效实施。在条文上，修改的重点内容有中小企业发展促进工作机制、融资促进、权益保护、负担减轻、发展专项资金、发展基金、创业创新、市场开拓等。这些新增规定针对以往中小企业扶持政策不够具体、操作性不强等问题提供法制解决方案。比如，在牵头组织部门上，规定由国务院负责中小企业促进工作综合管理部门来宏观指导、综合协调和监督检查中小企业发展政策的实施（第5条），以改进以往存在的法律实施责任主体界定不清，管理部门职能弱化、交叉和缺位等问题。再如，在促进中小微企业融资上，新增加对金融机构开展小微型企业金融服务实行差异化监管（第15条）、政策性金融机构采取多种形式为中小企业提供金融服务（第16条）、国家推进和支持普惠金融体系建设（第17条）、促进中小企业利用多种方式直接融资（第20条）、支持中小企业以应收账款申请担保融资（第20条）、鼓励征信机构发展针对中小企业融资的征信产品和服务（第23条）等，以帮助解决中小企业"融资难""融资贵"等问题。

新修订的《中小企业促进法》对加快改善中小微企业的经营环境，保障中小微企业市场竞争公平，激励中小微企业创业创新，维护中小微企业的合法权益，具有重要的促进作用，有利于优化中小微企业发展环境，激发中小微企业活力和创造力，实现中小微企业的持续健康发展。

2. 党的十九大报告规划了民营经济的新蓝图

中国共产党第十九次全国代表大会于2017年10月18日至10月24日在北京召开，大会通过的十九大报告对鼓励支持民营经济发展提出许多新的重大论述。十九大报告重申，"毫不动摇鼓励、支持、引导非公有制经济发展"。十九大报告强调，构建"亲""清"新型政商关系，促进非公有制经济健康发展和非公有制经济人士健康成长。激发和保护企业家精神，鼓励更多社会主体投身创新创业。十九大报告要求，全面实施市场准入负面清单制度，清理废除妨碍统一市场和公平竞争的各种规定和做法，支持民营企业发展，加强对中小企业创新的支持。比较党的历次重要会议和文件，十九大报告第一次提出"民营企业"，过去都是用"民营经济"和"非公有制经济"来表述，既深化了对民营企业作为非公有制经济市场主体的认识，又肯定了民营企业为改革开放和经济社会建设做出的巨大贡献。十九大报告给民营经济持续健康发展规划了新蓝图。

3. 中共中央、国务院印发《关于营造企业家健康成长环境弘扬优秀企业家精神更好发挥企业家作用的意见》

2017 年 9 月 8 日，中共中央、国务院印发《关于营造企业家健康成长环境弘扬优秀企业家精神更好发挥企业家作用的意见》（中发〔2017〕25号）提出，营造依法保护企业家合法权益的法治环境、促进企业家公平竞争诚信经营的市场环境、尊重和激励企业家干事创业的社会氛围，弘扬企业家爱国敬业遵纪守法艰苦奋斗、创新发展专注品质追求卓越、履行责任敢于担当服务社会的精神，加强对企业家优质高效务实服务和优秀企业家培育以及党对企业家队伍建设的领导。该意见高屋建瓴，着力从法治环境、市场环境等方面激励企业家创新创业活力，激发和保护企业家精神。

（二）贵州完善民营经济政策法治体系

1. 制定《贵州省外来投资服务和保障条例》

2017 年 9 月 30 日，贵州省人大常委会通过《贵州省外来投资服务和保障条例》。2018 年 1 月 1 日，《贵州省外来投资服务和保障条例》实施。这是全国第一个将投资服务、纠纷调处、诚信建设等纳入政府法定职责的地方性条例。

从该条例的制定背景看，根据中共贵州省委于 2014 年在《省委十一届四次全会改革举措实施规划（2014～2020 年)》部署的"推进我省对外开放地方立法工作"安排，该条例旨在总结和升华贵州省实施"十二五"以来在对外开放、招商引资等方面的政策经验，以制度化和法治化解决一些地方政府存在的履约不充分、服务不到位，部分招商引资项目推进缓慢，以及外来投资者的诉求表达机制不畅等问题。

从该条例的内容规定看，该条例共 31 条，涉及投资服务、诚信建设、权益保障、投诉事项调处、违法责任追究等内容。其中，第 8 条至 12 条规定了政府投资服务，对政府在建设投资信息服务平台、编发产业招商项目、健全项目事前评估制度、网上集中受理行政审批和设立并联审批综合窗口等职责事项上进行规范，并强调推行外来投资项目审批首问责任制。第 16 条、

17 条和 22 条规定了政府诚信建设，对政府失信责任追究制度、法定事由改变政府承诺补偿和开展投资环境综合评估等事项进行明确。第 18 条至 21 条规定了政府调处投诉制度，对外来投资投诉受理部门、处置程序和最长时限等内容进行确定。

《贵州省外来投资服务和保障条例》的制定和实施，强化贵州省各级政府及相关职能部门服务和保障外来投资职责，着力培育稳定、公平、透明、法治、可预期的营商护商环境，有利于加强对外来投资者合法权益的保障，帮助贵州在新阶段打造更加透明高效责任的政务环境和提振贵州省作为"投资热土"的良好形象。

2. 出台其他规范性文件

从发文时间看，贵州省政府在 2017 年下半年较为密集地出台了一系列与民营经济发展相关的规范性文件。

2017 年 7 月，《关于加快发展新经济培育新动能的意见》（黔府发〔2017〕11 号）提出，推进中小微企业创新发展，培育以高新技术企业为骨干的中小创新型企业集群。根据《关于深化投融资体制改革的实施意见》（黔党发〔2017〕17 号）的相关规定，《关于深化交通基础设施投融资体制改革的指导意见》（黔府发〔2017〕15 号）提出，研究适用贵州交通基础设施项目的 PPP 投融资模式，建立 PPP 交通项目库。《关于发布政府核准的投资项目目录（贵州省 2017 年本）的通知》（黔府发〔2017〕14 号）废止《政府核准的投资项目目录（贵州省 2015 年本）》。

2017 年 8 月，《关于加强政务诚信建设的实施意见》（黔府发〔2017〕22 号）提出加强重点领域政务诚信建设，对政府采购领域、政府和社会资本合作领域、招标投标领域、招商引资领域、政府债务领域等的政务诚信建设提出要求。特别强调，建立各级政府部门和社会资本合作失信违约记录，建立政府在招商引资中的信用承诺制度等措施，对政府诚信履约提出了更为明确的规范。

2017 年 9 月，《关于印发贵州省深化制造业与互联网融合发展实施意见的通知》（黔府发〔2017〕23 号）提出，支持中小微企业提升信息化能力，推动中小企业制造资源与工业云公共服务平台对接，提升中小企业快速响应和柔性高效的供给能力。《关于印发贵州省降低实体经济企业成本工作实施方案的通知》（黔府发〔2017〕25号）提出，大力降低企业融资成本，通过差别准备金率、再贷款、再贴现等政策工具加强对小微企业的信贷支持力度。充分利用多层次资本市场降低融资成本，推动中小微企业挂牌。发挥好政府性融资担保作用，扩大中小微企业融资担保业务规模。该通知强调，落实国家税收优惠政策，提高小微企业纳税所得额。① 降低企业用房成本，政府对租用政府投资标准化厂房的小微企业可给予租金补贴或减免租金。

2017年10月，《关于做好当前和今后一段时期就业创业工作的实施意见》（黔府发〔2017〕27号）强调，深入实施"3个15万元"扶持微型企业发展政策，落实小微企业降税减负等扶持政策和清理规范涉企收费政策，发挥小微企业就业主渠道作用。搭建中小企业公共服务示范平台，着力推进小微企业创新发展。对小微企业开放科研基础设施、大型科研仪器的力度要加大，支持小微企业产品研发、试制。鼓励向小微企业转移科技成果，创造条件支持小微企业协同创新发展。《关于促进创业投资持续健康发展的实施意见》（黔府发〔2017〕28号）提出，鼓励和支持民营企业等各类实体经济企业依法依规牵头或参与设立创业投资企业，支持民营企业等与政府引导基金合作设立创业投资母基金。加快推动天使投资发展，重点支持初创期创新型小微企业（以推动设立天使基金以股权投资等方式）。完善创业投资机制，加强"新三板"等深度合作，支持中小微创新型企业挂牌。通过政府参股的引导基金引导更多社会资本投资中小科技型企业，加大对战略性新兴产业和高技术产业领域中小企业的投资力度，促进中小微企业创新发展。

2017年11月，《关于进一步推进贵州省城镇市政公用领域政府和社会

---

① 通知提出，自2017年1月1日到2019年12月31日，将小型微利企业年应纳税所得额上限由30万元提高到50万元，对年纳税所得低于50万元（含50万元）的小型微利企业，其所得按50%计入应纳税所得额，按20%的税率缴纳企业所得税。自2017年1月1日到2019年12月31日，将科技型中小企业开发新技术、新产品、新工艺实际发生的研发费用在企业所得税税前加计扣除的比例，由50%提高至75%。

资本合作的指导意见》（黔府发〔2017〕30号）提出，大力实施PPP项目，鼓励和引导社会资本积极参与市政公用领域项目的建设和运营。该意见规定了城镇市政公用领域可以采用PPP模式的项目条件，包括三点：一是政府负有提供责任；二是需求长期稳定；三是适宜由社会资本方承担。明确了城镇市政公用领域项目中推行PPP模式的范围，包括四大领域：一是市政交通方面，含城镇道路及附属设施、轨道交通、桥梁隧道、公共停车场等项目；二是城镇环境保护方面，含污水处理（含再生利用、污泥处置）、生活垃圾收运处理、建筑垃圾综合利用、餐厨垃圾收运处理、黑臭水体整治、环卫清扫保洁、园林绿化等项目；三是城市生活能源公共服务方面，含供水、供热、燃气等；四是其他综合公共领域方面，含排水、排涝、地下综合管廊、海绵城市等项目。该意见还规范了项目发起、方案编制、社会资本选择、项目实施、项目移交和退出等PPP模式项目实施程序，并强调了落实建设用地政策、投融资服务政策、价格收费政策和创新财政资金使用方式等政策措施。该意见的出台，为民营资本参与PPP项目提供了发展空间和营造了良好环境，应该说对民营经济发展相当利好。

2017年12月，《关于新形势下加快知识产权强省建设的实施意见》（黔府发〔2017〕31号）提出，发挥企业在知识产权创造中的主体作用，深入实施中小企业知识产权战略推进工程，到2020年，企业发明专利拥有量占全省总量的比重达70%以上。加快知识产权转化运用，鼓励中小微企业知识产权托管服务试点，支持拥有自主知识产权的企业通过资本市场直接融资。建立健全知识产权保护预警防范机制，帮助企业规避知识产权风险。

此外，贵州省政府办公厅也出台了一些发展民营经济的文件。2017年10月，贵州省政府办公厅下发《关于印发〈贵州省关于开展外商投资股权投资企业试点工作的暂行办法〉〈贵州省外商投资股权投资企业试点工作操作规程〉的通知》（黔府办发〔2017〕59号），对贵州省外商投资股权投资企业试点工作进行规范。2017年12月，贵州省政府办公厅发布《关于进一步激发社会领域投资活力的实施意见》（黔府办发〔2017〕70号），提出进一步激发医疗、养老、文化、教育、体育等领域投资活力。

二 优化民营经济行政服务

（一）贵州省政府工作报告提出明确目标

贵州省 2017 年政府工作报告提出，构建"亲""清"新型政商关系，深入开展民营经济服务年活动。深入推进"放管服"改革，全面实行"一址多照、集中登记"，全面推行企业简易注销登记，扩大"证照分离"试点，对符合国家规定的外商投资企业设立及变更由审批改为备案。深入推进投融资体制改革，创新小微企业贷款风险分担机制。着力解决融资难融资贵问题，鼓励金融机构围绕小微企业发展等量身定制金融产品。进一步开放油气勘探开发、民用机场、市政和养老等投资领域。民间投资达到 6000 亿元，民营经济增加值达到 6800 亿元。招商引资到位资金 8800 亿元，实际利用外资增长 20%。

（二）商事制度改革进一步深化

2017 年贵州省商事制度改革主要集中在企业简易注销登记改革和"多证合一、一照一码"登记制度改革、"证照分离"试点等工作上，取得了良好效果。据统计，2017 年 1 至 11 月，全省市场主体发展状况良好，新登记 58.89 万户市场主体，同比增长 77.80%，平均每天新增 1763 户市场主体；新登记 1.08 万亿元注册资本，同比增长 0.71%。截至 2017 年 11 月底，全省市场主体总量突破 250 万户，达到 250.91 万户，同比增长 17.12%；① 注册资本总量达到 5.58 万亿元，同比增长 37.85%。

在企业简易注销登记改革上，在 2016 年铜仁市、安顺市和毕节市改革

---

① 过去五年，贵州省市场主体增长跑出了"加速度"：2012 年底，全省市场主体总量突破 100 万户，达到 109.93 万户；2014 年底，全省市场主体总量达到 161.18 万户；2016 年 7 月底，全省市场主体总量突破 200 万户，达到 201.87 万户；2017 年 11 月底，全省市场主体总量突破 250 万户。

试点的基础上，贵州省工商局于 2017 年 2 月在全省范围内全面启动实施企业简易注销登记改革。凡是符合企业简易注销登记条件的企业可以在简易注销和一般注销两种程序上自主选择适用哪一种注销程序退出市场。企业简易注销登记改革提高了市场主体退出市场效率和企业名称利用效率，对创业者重新整合资源以实现更好更快发展提供了诸多便利。

在"多证合一、一照一码"登记制度改革上，根据 2017 年 5 月 5 日《国务院办公厅关于加快推进"多证合一"改革的指导意见》（国办发〔2017〕41 号）和 2017 年 8 月 28 日《贵州省人民政府办公厅关于全面实施"多证合一、一照一码"登记制度改革的通知》（黔府办函〔2017〕149 号）的规定，贵州省工商局于 2017 年 9 月 1 日在"五证合一"登记制度改革的基础上，启动实施"多证合一、一照一码"登记制度，把其他 13 项涉企证照事项整合到营业执照上（具体整合事项见《贵州省"多证合一"涉企证照整合事项目录》），实行"十八证合一"，被整合的涉企证照事项在企业领取营业执照后不需再另行申办。"多证合一、一照一码"登记制度的实施，进一步压缩和整合了企业进入市场前后的涉企证照事项，降低了市场主体创设企业的制度性交易成本，为企业办事提供了极大方便。

表 1　贵州省"多证合一"涉企证照整合事项目录

序号	整合事项	实施机关	实施依据
1	国际货运代理企业经营者备案	商务部门	《国际货运代理企业备案（暂行）办法》（商务部令 2005 年第 9 号）第二条
2	直销企业服务网点备案	商务部门	《直销管理条例》（国务院令第 443 号）第九条、第十条
3	特许经营备案	商务部门	《商业特许经营管理条例》（国务院令第 485 号）第八条
4	再生资源回收经营者备案	商务部门	《再生资源回收管理办法》（商务部令 2007 年第 8 号）第七条
5	权限内收费公路建设项目法人和项目建设管理单位进入公路建设市场备案	交通运输主管部门	《交通运输部关于修改〈公路建设市场管理办法〉的决定》（交通运输部令 2011 年第 11 号）、《交通运输部关于进一步加强公路项目建设单位管理的若干意见》（交公路发〔2011〕438 号）

续表

序号	整合事项	实施机关	实施依据
6	旅行社分社备案登记证明	旅游行政管理部门	《旅行社条例》(国务院令第550号)第十条
7	旅行社服务网点备案登记证明	旅游行政管理部门	《旅行社条例》(国务院令第550号)第十一条
8	出入境检验检疫报检企业备案	出入境检验检疫部门	《出入境检验检疫报检企业管理办法》(国家质检总局令第161号)第五条
9	房地产经纪机构及其分支机构备案	住房城乡建设部门	《房地产经纪管理办法》(住房和城乡建设部令2011年第8号)第十一条
10	煤炭经营备案登记	煤炭经营监督管理部门	《煤炭经营监管办法》(国家发改委令〔2014〕第13号)第八条
11	台湾居民在大陆申请办理个体工商营业执照备案	—	—
12	船舶管理业务经营者信息变化备案	航务管理部门	《国内水路运输辅助业管理规定》(交通运输部令2014年第3号)第十条
13	原产地注册登记备案	出入境检验检疫部门	《中华人民共和国进出口货物原产地条例》(国务院令第416号)第十八条

在"证照分离"改革试点上,2017年贵州省在"1+8"开放创新平台扩大"证照分离"改革试点范围。2017年8月,贵安新区在前期试点工作基础上,将"证照分离"改革事项由50项调整为62项。2017年8月,遵义综合保税区、遵义国家经济技术开发区推动"证照分离"改革试点,纳入改革事项48项。2017年11月,贵阳经济技术开发区、贵阳国家高新技术产业开发区、贵州双龙航空港经济区、贵阳综合保税区推动"证照分离"改革试点,纳入改革事项44项。"证照分离"改革试点使市场准入门槛更加放宽,市场主体创新创业更加便捷。贵州省工商局牵头草拟了贵州省推进"证照分离"改革试点方案,拟在贵州省所有国家级新区、经开区、高新区全面复制推广上海"证照分离"的成熟经验。

（三）扶持微型企业发展工作持续推进

2017 年贵州在扶持微型企业上的力度进一步加大。1~9 月，全省扶持了 1.8 万户微型企业；带动 8.07 万人就业，其中扶持失业人员、复退军人、返乡农民、大中专毕业生等重点群体创业就业 4.73 万人；兑现财政补助资金 1.86 亿元给 4142 户微型企业。以发展省级重点行业的微型企业为例，扶持 5319 户，占扶持全省总数的 29.52%；带动 2.43 万人就业，占全省带动就业总人数的 30.11%。进一步加强帮助微型企业融资，1~9 月，省农村信用联合社、贵州银行、贵阳银行 10504 户微型企业发放"黔微贷"贷款，累计发放贷款额为 24.99 亿元。

三　加强民营经济司法保护

作为一个跨省域的全国性话题，民营经济的司法保护在 2017 年得到进一步加强。

（一）国家层面的民营经济司法保护

2017 年 8 月 7 日，最高人民法院印发《关于为改善营商环境提供司法保障的若干意见》（法发〔2017〕23 号），提出依法平等保护各类市场主体，准确把握市场准入标准，保障市场交易公平公正，加强破产制度机制建设，推动社会信用体系建设，着力为改善投资和市场环境，营造稳定公平透明、可预期的营商环境提供司法服务和保障。

2017 年 12 月 29 日，最高人民法院印发《关于充分发挥审判职能作用为企业家创新创业营造良好法治环境的通知》（法发〔2018〕1 号），提出依法保护企业家的人身自由和财产权利、诚实守信企业家的合法权益、企业家的知识产权和自主经营权，努力实现企业家的胜诉权益，切实纠正涉企业家产权冤错案件，不断完善保障企业家合法权益的司法政策。该通知要求，坚决防止利用刑事手段干预经济纠纷，妥善认定政府与企业签订的合同效力，探索建立知识产权惩罚性赔偿制度，综合运用各种强制执行措施加快企业债权实现。

2017 年 12 月 12 日，最高人民检察院下发《关于充分发挥职能作用营造保护企业家合法权益的法治环境支持企业家创新创业的通知》，提出为企业家健康成长和事业发展营造宽松法治环境。准确把握法律政策界限，规范自身司法行为，切实维护企业家财产权、创新权益及经营自主权等合法权益。

（二）贵州加强民营经济司法保护

2017 年 4 月，贵州省高级人民法院向社会公开发布《贵州法院知识产权司法保护状况（2016 年）》白皮书。同时，贵州省高级人民法院还一并发布了贵州青酒厂与安顺市兴安酒厂侵害商标权及不正当竞争纠纷案、广州市富可士数码科技有限公司诉遵义市宏隆科技商贸有限责任公司、长沙洋华机电设备制造有限公司侵害外观设计专利权纠纷案、彭梵侵犯商业秘密案三件 2016 年贵州法院知识产权司法保护典型案例。为贵州实施创新驱动发展战略，服务地方经济社会发展提供司法保障。2017 年 10 月，贵州省贵阳市观山湖区法院绿色金融法庭成立。该法庭将充分运用大数据信息共享平台，运用智能化办案系统开启方便快捷的绿色审判通道，实现立案登记前置，立案一键激活，证据云端保存，远程数据传输，审判程序全程信息覆盖跟踪，多方信息共享，线上网络法庭、线下实体法庭双重选择，为深化金融改革、防控金融风险、服务实体经济提供强有力的司法保障功能。

2017 年 2 月，贵州省人民检察院制定《关于加强产权司法保护的二十条措施》，提出为更好保护产权提供司法保障和优质司法服务。2017 年 4 月，贵州省人民检察院举行"加强检企共建　服务健康贵州"检察长董事长"两长"座谈会，共同为切实维护企业合法权益，推动大健康企业持续健康稳定发展建言献策。同年 8 月，贵州省人民检察院举行"加强产权司法保护　切实服务企业发展"检察长董事长"两长"座谈会，与企业家等共话产权司法保护，通报全省检察机关依法保护产权情况。

四 民营经济政策法治存在的问题

在看到民营经济政策法治不断完善的同时，也要看到当前民营经济的制度环境和市场环境还需进一步改善。在市场统一公平竞争、产权平等全面依法保护等方面，个别地方仍然存在政府信用缺失、政策执行落实不到位等问题，距离法治、透明、公平的环境要求还有差距。

我国多数民营中小企业集中在传统产业链的中低端，面临生产经营成本上升，调结构任务艰巨，生存与发展的压力不断加大。民营企业面临的市场、融资和转型等困难并没有得到根本性的解决。在市场准入上，存在门槛壁垒和投资障碍，一些民营企业仍然面临"弹簧门""玻璃门""旋转门"的阻碍。在企业融资上，融资难、融资贵仍然成为民营企业最普遍、最突出的问题。在转型发展上一些民营企业面临创新能力不足和创新人才匮乏困境没有明显改善。[1]

根据浙江大学管理学院发布的《2017中国企业健康指数报告》显示，近年来企业的营商环境获得感提升。中国企业健康三维度（企业行为、企业家精神和企业环境）得分中，企业行为得分为79.1；企业家精神得分为76.4；企业环境得分为71.8。[2] 但同时又要看到，企业环境维度得分较之前二者还是有些差距。

五 贵州民营经济政策法治建设展望

2018年是全面贯彻落实党的十九大精神和贵州省第十二次党代会精神的开局之年，是改革开放40周年，是实施"十三五"规划至关重要的一

---

[1] 辜胜阻、韩龙艳：《中国民营经济发展进入新的历史阶段》，《求是》2017年第7期。

[2] 《独家揭秘：《2017中国企业健康指数报告》6大"核心发现"》，浙江大学管理学院网，http://www.som.zju.edu.cn/xinwenzhongxin/xinwenzhongxin/zhuanti/32735.html，2017年12月28日最后访问。

年。2018年政府工作报告提出,贵州民营经济占地区生产总值比重要提高到55%。一分部署,九分落实。深入贯彻落实《中小企业促进法》《贵州省外来投资服务和保障条例》等法律法规及中央和省委系列规范性文件,不断释放制度改革和法律修订"红利",是民营经济政策法治建设的重中之重和重要抓手。

一是抓好法律法规政策落实。大力推进《中小企业促进法》《贵州省外来投资服务和保障条例》等法律法规政策的宣传实施。尽快制定《中小企业促进法》《贵州省外来投资服务和保障条例》相关配套规定和实施细则,认真落实法律法规政策实施的主体责任,推动法律法规政策各项规定落到实处,做好法律法规政策的宣传工作,加大法律法规的学习宣传力度,加强对法律法规政策落实的监督检查,推动法律法规政策贯彻工作制度化、规范化、常态化。

二是加大民营中小企业融资帮扶力度。进一步落实《中小企业促进法》《贵州省外来投资服务和保障条例》规定的融资帮扶措施和国务院关于金融支持小微企业发展的相关政策。大力推动中小企业直接融资,继续实施银企对接工作,加快引入更多的金融机构和融资服务机构,为中小企业提供更多的融资渠道。

三是切实降低民营中小企业成本。切实促进有关财税政策落地,清理规范各类涉企经营服务性收费,以降低融资、物流、用电成本为重点,力争为企业降低各类成本400亿元。对中小微企业新购入500万元以下的研发仪器、设备当年一次性在税前扣除,完善小规模纳税人年销售额标准,扩大创业投资企业和天使投资个人有关税收政策试点范围。

B.10
黔中经济区新型城镇化推进
及法治保障探讨[*]

——以安顺市平坝区为例

张　帆　周家洪**

摘　要： 平坝区是黔中经济增长极贵安新区的核心区和安顺主城区的
重要组成部分，推进"平坝区新型城镇化"不仅有助于做强
安顺主城区，更有利于贵安经济一体化进程的形成。为此，
通过法治化建设保障平坝区新型城镇化推进以彰显区域社会
稳定和经济健康发展。

关键词： 黔中平坝区　新型城镇化　法治保障

新型城镇化推进是全面建成小康社会和实现可持续发展必不可少的重要
环节。黔中经济区新型城镇化推进的特殊性[①]，决定了在新型城镇化建设的

---

* 本文系2015～2016年度贵州省教育厅高校人文社会科学研究硕士点项目"贵州省依法治省评
价指标体系设计与运用价值研究"的阶段性成果（批准号：2015SSD16）。

** 张帆，贵州民族大学法学院教授，法学博士，贵州省法治研究与评估中心研究员；周家洪，
法学硕士，安顺市平坝区委办公室副主任，兼任羊昌乡党委副书记。

① 这里的"特殊性"是指平坝地处安顺东大门，因"地多平旷"而得名，距省会贵阳市48
公里，距安顺市38公里，素有黔之腹、滇之喉、蜀粤之唇齿之称。在整个贵安新区的规
划中，平坝的面积占了51%，可以说占据了贵安新区的半壁江山，平坝是贵安新区核心
区和安顺主城区的重要组成部分。同时平坝是贵州少数民族人口较多的县之一，其中苗
族、布依族、回族等26个少数民族，少数民族人口占全县总人口的比重为27%，是一个
多民族的县。

进程中必须结合该区域经济社会发展的特点，结合国务院出台同意设立国家第八大新区——贵安新区（国发 2 号）和《国务院关于同意贵州省调整安顺市部分行政区划批复》（国函〔2014〕160 号）文件精神，贵州省安顺市委根据平坝的实际情况和发展优势，提出了"黔中带动、黔北提升、两翼跨越、协调推进"的原则，推动实现平坝区"五联十同"①。

调查材料显示，黔中经济区当下在推进城镇化的过程中各领域不顾当地经济社会发展的客观规律，缺乏对法律意识不同程度的认识，固守传统的城镇化发展模式，强行推进法律程序的做法，完全不能适应现实城镇化发展所需。需要政府从政策导向和法治发展的角度审视黔中经济区新型城镇化发展的现实路径，寻求一条城镇化与工业化协同发展、资源环境承载力与城镇基础设施配套、城市产业支撑和人员就业吸纳能力相适应的适应经济发展水平的新型城镇化发展之路。需要运用现代法治思维和法治方式，确保新型城镇化建设的每一个实践步骤都在法治的轨道上运行，破解黔中经济区新型城镇化发展过程中存在的无序状态。为此，笔者以黔中平坝区为考察中心，对黔中经济区如何结合法治保障更好推进新型城镇化建设以促进"黔中崛起"这一重大课题进行研究。

一　黔中经济区推进新型城镇化建设的现状

新形势下，为解决城乡发展不平衡、实现经济社会整体大发展的所需，贵州省委省政府适时提出了黔中经济区推进新型城镇化②实施规划的宏大构想。该规划要求以贵阳—安顺、贵阳—遵义、贵阳—凯里、贵阳—都匀和若

---

① 据了解，这里的"五联十同"项目主要内容包括平坝东外环线、北斗湖路二期、观安路安顺段 3 条道路，总长约 103 千米，总投资预计 200 亿元。而东外环线道路工程是"五联十同"首批重点建设项目之一，全长 9.29 千米，总投资 24.77 亿元，道路等级为城市快速路兼城市主干道，主路为双向六车道，设计时速 80 千米，建设工期 18 个月。

② 这里的"城镇化建设"是指集工业、农业、城市、城镇和农村居民作为一个群体，在改革、发展、稳定的政策指引下，通过政策调整和经济社会体制改革，逐步推进城乡经济社会协调、稳定和可持续健康发展。

干区域为轴线，以黔中经济区为核心的山区特色城镇化体系，明确国家实施新一轮西部大开发布局中逐步将黔中经济区打造成为黔域重点经济发展区。

推进黔中经济区率先发展，是逐步探索欠发达的内陆地区实现"后发赶超和跨越式发展"的新途径，是区域内能源安全和经济安全的有力保障，是优化国家生产力布局并带动贵州多民族地区共同发展与致富，实现贵州与全国同步全面建成小康社会的有力举措。贵州省域特别是民族区域走向富裕，标志着西部欠发达地区的贵州与全国缩小差距的有力佐证。调研资料显示，当前黔中经济区还面临诸多困难与挑战：一是处于"赶"与"转"繁重任务阶段，减负调整产业结构的压力，发展方式相对其他领域而言比较粗放；二是基础设施建设滞后，如水利、交通、能源等重大设施，水资源丰富与工程性缺水并存；三是城镇化进程有待加快，如逐步提高城镇化承载能力，逐步解决城乡发展非平衡状况；四是逐步优化黔中经济区域环境的创新，消除人才结构不合理，逐步引进先进的技术，解决科技投入不足等问题。从强化城乡群众的法律意识的培养、落实城乡社会保障法律制度、建立健全城乡规划法律制度、严格执行环境保护法律制度、建立矛盾纠纷调处机制等方面培育黔中经济区特色优势产业群，构筑现代化经济社会发展产业体系，建成西部地区新的经济增长极。

二 平坝区推进新型城镇化建设的现实路径

中共中央、国务院于 2014 年 3 月在《国家新型城镇化规划（2014～2020 年）》中强调指出，新型城镇化所体现的"新"，主要体现在如何有序推进农业转移人口市民化，如何持续提高城市可持续发展能力，如何有效推进城乡一体化建设，从而达到城镇化建设总体布局的优化和城镇化建设的形态设计。[①] 黔中平坝区坚持以新型城镇化建设为导向，推动 2020 年城镇化

---

① 中共中央、国务院：《国家新型城镇化规划（2014～2020 年）》，《人民日报》2014 年 3 月 17 日第 12 版。

率达 61% 以上，到 2020 年确保该地区生产总值突破 210 亿元以上，每年平均增长 15% 左右，在全社会固定资产投资方面，黔中平坝区党委政府计划每年平均增长 25% 左右，城镇居民人均可支配收入，确保每年平均增长 13% 左右，农村居民可支配收入，每人每年平均增长 15% 左右，到 2018 年基本实现贫困人口全部脱贫,[①] 实现全面小康。

（一）打造三大城镇组团

围绕城乡总体规划和"一核两翼"[②] 发展布局，以城区为中心构建夏云—城区—白云城镇中心城镇组团；以乐平为中心构建乐平—天龙城镇组团；以羊昌为中心构建齐伯—羊昌—十字城镇组团，形成以中心城区组团为核心、以乐平城镇组团和羊昌城镇组团为依托的城镇发展格局，促进城乡发展。到 2020 年基本建成城市人口 25 万人以上的中心城区，小城镇新增城镇人口 5 万左右，新增城镇就业人口 2 万左右，建成乐平、夏云、天龙、白云、羊昌 5 个 3 万人以上的特色小城镇。2015 年以来，共投资 82.07 亿元用于新型城镇化建设。[③] 基本构建了区域和谐互动、城乡协调发展、资源紧凑集约的新格局。

（二）提升城乡建设水平

按照"一分三向"模式，统筹推进新老城区建设，逐步完善城乡供水、供电、供气、供热、停车场等基础设施，完成城区北斗湖二期、卫惠高速、观安路、平引路、平黎大道至北斗湖连接线等骨干路网建设，逐步建成金石希尔顿等一批星级酒店，逐步发展一批融购物、娱乐、餐饮、酒店、文化于

---

① 转引自《安顺市平坝区委二届全面深化改革领导小组第十四次会议及工作报告》，平坝区新闻传媒中心网，http://www.gzpb.gov.cn/doc/2018/01/02/129503.shtml，访问时间 2018 年 1 月 2 日。

② 这里的"一核两翼"是指一核即以城区主体为核心区，两翼则以夏云示范镇和高铁新城为两翼实施城市建设"三年行动计划"。

③ 《贵州省安顺市平坝区 2017 年政府工作报告》，平坝区人民政府网，http://d.drcnet.com.cn/eDRCNet.Common.Web/DocSummary.aspx，访问时间 2018 年 1 月 3 日。

一体的大型商业综合体。继续将"8＋X"项目作为推进小城镇建设重要内容，推进农贸市场、敬老院、保障性住房、寄宿制学校、文化馆、体育场等公共服务设施向乡镇延伸，加快小城镇路网、广场公园、公共停车场、公共交通客运站、垃圾无害化处理设施等基础设施建设，提升小城镇服务功能。实施"1＋N"镇村联动模式，突出乡村特点、地域特征、民族特色、文化内涵，总结推广小河湾村"农旅融合"、塘约村"村社一体、合股联营"等发展新模式带动乡村经济发展。

（三）推进海绵城市建设

平坝区坚持绿色城乡发展思路，将海绵城市自然积存、自然渗透、自然净化的思路贯穿到城市管理规划全过程，以道路和广场、公园与绿地、建筑与小区等为重要抓手，推动海绵城市建设，到 2020 年基本建成 5 条海绵型示范道路、5 个海绵型示范公园绿地、3 个海绵型示范小区、1 条生态景观示范河道。[①] 同时鼓励引导单位、社区和居民实施屋顶绿化、安装雨水收集装置，提高雨水积蓄利用率。

（四）提升城镇发展基础

新型城镇化建设的基础离不开产业的带动和支撑。一方面，丰富延伸城市业态，充分利用平坝的房价、区位、环境等优势，围绕沪昆南站配套发展高端房地产业，提升发展传祺瑞兹、希尔顿、亿丰商贸城等一批服务企业，推动购物、餐饮、住宿、娱乐等相关产业快速发展，吸引更多的人到平坝居住生活，推动服务业大发展。另一方面，做优做强三次产业，抓住安顺高新区成功申报为国家级高新区机遇，夏云工业园重点发展高端装备制造、大健康新医药、信息技术等产业，乐平工业园加快发展民用航空产业，羊昌工业园提升发展特色食品加工、白酒等产业，形成互补互动的产业格局，建成全

---

① 转引自《贵州省安顺市平坝区 2017 年政府工作报告》，平坝区人民政府网，http：// d. drcnet. com. cn/eDRCNet. Common. Web/DocSummary. aspx，访问时间 2018 年 1 月 3 日。

省知名的新兴产业集聚区。抓住和用好推进大数据发展机遇，依托"一镇两馆""食品产业大数据中心"等新经济平台，促进产业上下游优势企业落户平坝，形成相互配套的大数据产业体系。坚持"全域旅游"理念，到2020年基本建成3个以上4A级景区，推动旅游业呈"井喷式"增长。围绕沪昆高速和黔中路沿线等特色产业带，建成以白云、羊昌、夏云为主的10万亩以上优质大米生产基地，以齐伯、十字为主的万亩中药材、生姜等特色农产品基地，以乐平、十字、天龙为主的万亩优质蔬菜基地，提升农业发展水平，实现农产品"泉涌"，做强县域经济，实现"平坝崛起"。

（五）强化城镇化建设的治理

常言道，"三分建、七分管"，这表明新型城镇化建设的根本还是要靠政府治理。为此，逐步建立健全城乡管理机制，理清管理边界交叉和职能不清的问题。按照现代化标准，推进城乡综合管理标准化建设对城乡管理目标量化、管理标准细化、管理流程规范、管理责任明确，实现城乡管理标准化全覆盖。加大智慧城乡联动建设，用好智慧城乡管理信息营运中心平台，促进公安、交通、城管、社区等服务平台互通共享，提升综合管理水平。

三 平坝区推进新型城镇化建设的制约因素

调查资料显示，黔中平坝区长期以来城镇化发展基础比较薄弱，面临着既要"赶"又要"转"的双重任务。为此，平坝区推进新型城镇化建设进程中还存在相当制约因素。

（一）城乡文化差异突出

每一个具体城镇传承着独有的地域文化和厚重历史。在走访调查中发现，平坝区所辖的乡镇宗法传统思想比较浓厚，传统习惯法占据重要地位，当自身合法权益受到侵害时，通常会以习惯法作为遵循的准则，以村（乡）规民约或村（居）委会的相关规定做出协调。这导致法律意识比较淡薄。

当然，在全面依法治国的背景下，尽管城市具有糟粕意义的民俗思想正在对乡镇予以渗透，或使传统习俗规范出现盲从状态，但乡镇传统习惯法思想正在被法治理念强烈地颠覆。

（二）城镇化联动发展水平低

虽然构建了"一核两翼"城市发展格局，但受建设水平和建设范围的限制，城区与贵安新区直管区以及夏云、白云、天龙、乐平等乡镇的联动发展水平不高。城镇化对县域经济发展的带动作用不强。资料显示，城镇化对产业发展的带动作用较弱，没有真正形成良好的产业发展体系，县域经济总量还比较小。

（三）生态环境屡遭破坏

城镇化进程中环境遭到破坏的现象不可避免地牵涉农村。开发商往往只追求经济效益而缺乏以生态化城镇发展战略为指引的思路，造成了生态环境极度恶化。鉴于生态保护立法尚未到位，要解决好这个难题，直接决定着黔中平坝区城镇化水平的提升。[①]

（四）征地拆迁导致农民利益失衡

平坝区新型城镇化的推进，城乡规模不断拓展，必然导致农村土地被征收征用。可见，城乡土地便成为冲击城镇化建设的必然资源。调查发现在已经推进的城镇化领域，土地征用便引发了大量的社会矛盾，如社保、就业保障措施不配套，补偿政策不到位，农业奖励补偿和民众利益分配不公等。[②]

（五）社会深层矛盾加剧

新型城镇化强调以人为本和协调发展，但在城镇化推进的过程中却产生

[①] 刘同君：《论农民权利发展的价值逻辑——以我国新型城镇化为视野》，《法学》2014 年第12 期。

[②] 丁德章：《在建设"美丽中国"背景下大力发展农村小城镇》，《行政管理改革》2013 年第1 期。

了和人本思想相背离的诸多社会矛盾问题。调查显示,平坝区城镇化推进过程中犯罪及治安问题凸显。[①] 随着经济社会结构的不断调整,大规模外来流动人口集中到城镇,给他们带来了利益关系失调、贫富严重分化、价值观的冲突等,这些深层次问题与矛盾的产生将影响社会稳定和阻碍城镇化进程。

不可否认,面对上述存在的问题,尤其在制度、体制和机制等方面存在的不足,亟须完善相关法律法规引导、服务和保障平坝区新型城镇化推进。

四 黔中经济区推进新型城镇化建设的法治保障

黔中经济区新型城镇化的有效推进,离不开法治思维的运用,法律方法的采纳和法律制度的配套,同时借助法治力量实现法治城镇化建设以促进"黔中崛起"的趋势不可逆转。

(一)强化城乡群众的法律意识的培养

结合黔中经济区经济社会发展实际,黔中经济区所在的党委政府积极深化普法改革,长期以来,坚持行政执法和法治宣传相结合的思路,严格落实"谁执法谁普法"的普法理念,认真落实普法责任制。同时,采取利用以案说法、以案普法、以案学法等方式开展法治宣传,实行区、乡(民族乡)、村三级联动普法。创新法治宣传模式并制定并执行《"谁执法谁普法"集中宣传时段表》,建立《"谁执法谁普法"普法责任联系制度》,采取播放法治宣传片、制作户外法治宣传广告、板报、墙报、橱窗、标语等形式和广播电视、报刊、部门门户网站、政务微博、微信、手机短信等媒体平台,在医院、公园、车站、集贸市场、旅游景点等人群集中场所加强法治宣传。实行定期组织对各部门的普法责任制落实情况进行检查考核。[②]

[①] 吴梦楠:《我国农村治理的历史发展和现状》,《理论与实践》2014年第12期。
[②] 《平坝区落实"谁执法谁普法"普法责任制构建法治宣传教育大格局》,平坝区人民政府网,https://www.toutiao.com/i6320440013322453506/,访问时间2018年1月5日。

（二）落实城乡社会保障法律制度

统筹城乡社会保障制度目的是推进城乡基本公共服务均等化。新型城镇化推进必须在投入、户籍和土地等瓶颈性因素方面考虑以人为本思想。① 据了解，黔中经济区政府给予更加宽松、自由的城乡人口流动政策以保障城镇化建设稳定有序地推进。同时在城乡民众对土地权益和土地资源利用方面出现的矛盾问题，正确采用法治思维和法治方式予以正确处理。户籍管理方面，落实全国统一的居住证制度，还原户籍的地理标识。土地制度方面，建立科学合理的征地和拆迁补偿标准，制定法律救济机制，做好集体土地确权工作，激活土地的金融属性，赋予农民更多财产权。

（三）建立健全城乡规划法律制度

黔中经济区重视并落实对城镇建设进行规划的地方立法，在法律上将城乡纳入一体进行统筹规划与建设。改变城区、郊区、乡村行政界限，区别对待城市和农村并分而治之，对于类似水源地、保护用地区和无工业区等区域进行禁建区划分。② 同时引入法律监督机制、公众参与机制和违规司法审查程序，营造城乡稳定、有序的法治环境。

（四）严格执行环境保护法律制度

资料显示，围绕《关于安顺市平坝县省级生态县建设工作技术评估反馈意见》提出的重点问题，贵州省环保厅联合安顺市环保局对照《贵州省生态县建设标准（试行）》5 项基本条件和22 项建设指标，在饮用水源、垃圾中转站、城区污水处理厂、垃圾填埋场、秸秆综合利用等13 个项目对平坝区创建省级生态县（区）进行了过关考核。但这距推动新型城镇化建设

---

① 解其斌、刘艳梅：《国外以法治方式推进城镇化的经验对我国的启示》，《理论与实践》2014 年第 4 期。
② 田之珍：《西部地区新型城镇化的法治保障研究》，《管理观察》2015 年第 7 期。

的要求相差甚远。为此，黔中经济区党委政府在新型城镇化推进过程中加大力度强化城乡污染综合治理和生态建设，严格执行国家环境保护法律和地方性生态法律法规制度，节约资源和保护环境以促进城镇化健康持续发展。

（五）建立矛盾纠纷调处机制

黔中经济区党委政府积极主张建立良好"政府—民众"双向互动机制以化解社会矛盾。就民众的利益诉求而言，政府要有所反应，反之就政府的行为而言，民众必须做出评价，并借助互联网进行信息反馈，通过民众与政府之间的沟通与协商，构建县、乡、村与小组四层调解机制，认真办理每一件案件；充分利用以人民调解制度为主，以行政调解、司法调解为辅的"大调解"机制的合力效应。[①] 同时建立和健全城乡社会矛盾的应急处置机制，调动民间力量，利用村民自治中的乡规民约，动员各种社会力量参与化解黔中经济区在新型城镇化推进过程中存在的社会矛盾纠纷。

---

① 曲延春：《社会转型与农村社会治理体制创新》，《农村经济》2014 年第 8 期。

B.11
"贵州省教育督导条例"制定研究[*]

潘善斌[**]

摘　要： 教育督导是国家法定基本教育制度之一，是实行依法治教、提升教育治理能力不可或缺的重要手段。2006 年颁布实施的《贵州省教育督导规定》已不能满足新时期教育督导工作需要，制定出台"贵州省教育督导条例"的条件和时机已经成熟。要以习近平新时代中国特色社会主义思想为指导，按照办好人民满意教育目标要求，更加关注落实立德树人、发展素质教育、促进教育公平、义务教育均衡发展、教师队伍建设等，尽快出台"贵州省教育督导条例"，依法实施督导，推进贵州教育治理体系和治理能力现代化。

关键词： 贵州　教育督导　立法　三位一体

1995 年，随着《中华人民共和国教育法》的出台，教育督导制度也上升到国家基本教育制度的高度。2010 年，《国家中长期教育改革和发展规划纲要（2010～2020 年）》提出探索建立相对独立的教育督导机构，完善督导制度和监督问责机制。2012 年，国务院颁布《教育督导条例》，标志着我国

---

* 本文为2017年贵州省省级法制教育专项委托课题（贵州省教育厅）"贵州省教育督导条例（草案）起草"和2017年贵州省教育科学规划重点课题"'贵州省教育督导条例'制定研究"（2017A003）的阶段性成果。

** 潘善斌，贵州民族大学教育评估中心副主任（主持工作），法学博士，教授，博士生导师。

教育督导工作纳入法治化轨道。随着国家《深化教育督导改革转变教育管理方式的意见》及督学与教育评估若干文件的出台，我国建立起了督政、督学、评估监测三位一体的教育督导体系。与此同时，地方教育督导立法工作步伐加快。自国务院《教育督导条例》颁布以来，天津、上海、重庆、云南、江西、新疆、福建已颁布实施地方性法规，教育督导有法可依、有规可循的局面初步形成。贵州教育督导立法工作起步较早，2006 年就出台了《贵州省教育督导规定》于当年 9 月 1 日正式实施，该规定对于推进和保障贵州省教育督导工作发挥了重要的作用。10 多年过去了，贵州教育事业发展已发生翻天覆地的变化，新时期国家出台了 30 余项教育督导领域的政策，该规定已不能满足新时期贵州教育督导工作的需要。早在 2011 年，《贵州省教育督导规定》作为需要修改的省政府规章项目之一，纳入当年省政府立法工作计划中。后因国务院出台《教育督导条例》，因此，对原有规定的修改就转为制定"贵州省教育督导条例"。2017 年，"贵州省教育督导条例"起草作为预备立法项目再次纳入省政府立法工作计划，重新提上了立法日程。

一 制定"贵州省教育督导条例"是深化教育督导改革，加快推进教育治理体系现代化的必然要求

出台"贵州省教育督导条例"，不仅是维护国家法制统一的需要，更是贵州实施国家综合改革试验、推进政府转变职能、引导教育回归育人本源的现实需要。教育督导作为法定的基本教育制度，是实行依法治教、提高教育治理能力不可或缺的重要手段，教育督导作为教育管理的重要环节，在保障"两基"历史任务全面完成、推动国家重大教育政策项目落实、县域义务教育均衡发展、全面改善义务教育薄弱学校办学条件、农村义务教育营养改善计划实施等方面发挥了不可替代的作用。实践证明，充分发挥教育督导作用，是督促地方政府落实教育法律、法规、规章和国家教育方针政策，促进教育科学发展的重要抓手。全面构建起贵州省督政、督学、评估监测三位一

体的教育督导体系，进一步细化国务院《教育督导条例》的规定，有效落实国家教育督导政策，凸显教育管理转向教育治理的改革理念，确立教育督导应有的法律地位和作用，突出教育督导在管办评分离中对教育决策和执行起到监督保障作用，是贯彻落实国家改革要求、固化贵州教育督导经验做法的需要，对于进一步强化教育督导地位、保障教育督导实施、规范教育督导行为具有积极意义。"贵州省教育督导条例"出台，将标志着全省教育督导走上法制化的轨道，必将推动教育发展方式和管理模式发生深刻变化，形成与决策、执行相协调的更为有力的教育督导制度，推动教育法律法规和方针政策的贯彻落实，转变政府管理教育的职能和方式，改变当前教育行政管理存在的"重决策、轻监督"的情况。

出台"贵州省教育督导条例"，不仅是切实解决贵州教育督导存在的诸多现实问题，更是建立长效机制、依法保障国家教育法律法规及政策有效落地、加快贵州教育事业发展的现实需要。贵州作为一个后发赶超的省份，自国务院《教育督导条例》实施以来，建立健全督导机制和督导工作机构，加强督导队伍的建设以及督导结果的公开，强化督导经费的保障，全力助推"新两基"攻坚，加强教育教学质量监测，各级政府教育履职意识不断强化，推动贵州教育事业快速发展。但教育督导的制度设计仍不尽完备，政策落实还不到位。教育督导体制没有完全理顺。教育督导机构改革进展缓慢，职能调整与国家层面不相对应，难以依法组织实施对各级各类教育的督导评估、检查验收、质量监测。督学队伍建设还比较薄弱。督学资格准入、录用、培训、考核、管理等各项制度还不够具体，各级督学队伍还普遍薄弱，专职督学数量较少，督学专业化水平不高。督导评估技术和手段还不够丰富。教育督导工作的程序还不够严格，大数据督导、"互联网＋"督导处于起步阶段。评估监测资源分散、各自为政，缺乏统筹整合，社会专业评估力量薄弱。义务教育阶段质量监测已全面展开，但其他各级各类教育质量监测指标体系、工具方法还不够完善，教育评估监测的专业化程度与发达省区先进水平相比还有差距。通过制定"贵州省教育督导条例"，建立有效教育督导长效保障机制，督促地方政府切实履行教育职责，完善专项督导制度及重大教育突发事件督导制度，推进督学方式创新，健全评估监测体系，强化教育督导权威，强化教育督导保障，提高教育督导的针对性和实效性。

二 "贵州省教育督导条例"制定应坚持问题导向，既遵循地方教育督导立法一般规律又要充分体现贵州特色

我国《立法法》规定，为执行法律、行政法规的规定，需要根据本行政区域的实际情况作具体规定的事项，地方性法规可以就此作出规定。《贵州省地方立法条例》明确制定地方性法规应当遵循不得与宪法、法律、行政法规相抵触以及从本省实际出发、突出地方特点等原则。时任全国人大常委会委员长张德江在出席第二十三次全国地方立法工作座谈会时强调，地方立法"要紧紧抓住提高立法质量这个关键，坚持问题导向，突出地方特色，着力提高立法精细化水平，立符合实际的法、有效管用的法、百姓拥护的法，以良法促进发展、保障善治。要严格依照法定权限和程序进行立法，保证党中央大政方针得到全面贯彻落实，保证宪法法律、行政法规得到有效遵守和执行"①。制定"贵州省教育督导条例"，应坚持问题导向，既遵循地方教育督导立法的一般规律又要充分体现贵州特色。

（一）维护法制统一，保证党中央大政方针得到全面贯彻落实，保证宪法法律、行政法规得到有效遵守和执行

我国地方立法要严格依照法定权限和程序进行，保证党中央大政方针得到全面贯彻落实，保证宪法法律、行政法规得到有效遵守和执行，坚决维护社会主义法制统一，这是社会主义法制建设的本质要求。制定"贵州省教育督导条例"，要立足于保证党中央教育方针和政策得到全面贯彻落实，要立足于保证《教育法》及《教育督导条例》等法律、法规得到有效遵守和

---

① 张德江：《与时俱进完善中国特色社会主义法律体系》，人民网，http://politics.people.com.cn/n1/2017/0906/c1001-29519755.html，访问时间2018年1月20日。

执行,要立足于国务院教育督导委员会及教育部有关教育督导政策文件得到充分体现。

自国务院出台《教育督导条例》尤其是党的十八大以来,围绕教育督导事业发展,党和国家出台了一系列推动教育事业发展以及深化教育督导工作体制机制的重要决策和举措,理应成为新时期地方教育督导立法的核心内容。例如,十八届三中全会明确要求,要深入推进教育管办评分离,强化国家教育督导。十八届四中全会对深入推进依法行政、加快法治政府建设做出了一系列制度安排。十八届五中全会提出,要完善教育督导,加强社会监督。党的十九大站在全局和战略高度,明确指出建设教育强国是中华民族伟大复兴的基础工程,必须把教育事业放在优先位置,加快教育现代化,办好人民满意的教育;强调要全面贯彻党的教育方针,落实立德树人根本任务,发展素质教育,推进教育公平;要求推动城乡义务教育一体化发展,高度重视农村义务教育。并对全面发展各级各类教育,提高教育教学质量作出部署,明确要求努力让每个孩子都能享有公平而有质量的教育。中共中央办公厅、国务院办公厅《关于深化教育体制机制改革的意见》提出,要完善教育督导体制,促进教育督导机构独立行使职能,落实督导评估、检查验收、质量监测的法定职责,完善督学管理制度,提高督学履职水平,依法加强对地方各级政府的督导,依法加强对学校规范办学的督导,强化督导结果运用。地方教育督导立法,就要确保党的教育方针政策落地生根,让人民群众不断增强教育的获得感、满意度。

在政策和举措方面,国务院教育督导委员会《深化教育督导改革转变教育管理方式的意见》对构架教育督导改革做出了总体规划,明确了深化教育督导改革的工作目标。督政方面,建立地方政府履行教育职责督导评价机制,严格落实问责制度,引导地方政府优先发展教育事业,提高基本公共教育服务能力和水平。督学方面,完善督学队伍管理,实行督学责任制,监督指导各级各类学校规范办学行为,全面提高教育质量。教育质量评估监测方面,建立教育督导部门归口管理、专业机构提供服务、社会组织多方参与的专业化教育质量评估监测体系,对各级各类教育进行科学、系统、权威的评估监测，为改进教育教学、管理、决策提供依据和支撑。教育部《关于深入推进教育管办评分离促进政府职能转变的若干意见》明确提出，要强化国家教育督导，加强各级教育督导工作力量，健全管理制度，提高督导工作专业化水平。加大机构和职能整合力度，形成覆盖各级各类教育的教育督导队伍。依法对各级各类教育实施督导和评估监测，实行教育督导部门归口管理。完善教育督导和评估监测报告发布制度，建立健全公示、公告、约谈、奖惩、限期整改和复查制度，健全问责机制，提高教育督导的权威性和实效性。教育部《督学管理暂行办法》对督学的聘任、责权、监督、培训、考核等进行明确和规范。国务院办公厅《对省级人民政府履行教育职责的评价办法》旨在明确评价目标、规范评价流程，加强考核问责，推动省级人民政府依法全面正确履行教育职责，确保国家教育方针政策的贯彻执行。国务院教育督导委员会办公室《加快中西部教育发展工作督导评估监测办法》提出，督导评估监测工作由教育部加快中西部教育发展工作领导小组（以下简称领导小组）统筹领导，领导小组办公室负责组织实施，委托有关第三方专业机构具体开展。按照横向联动、纵向推动、动态调控、督促指导等原则，通过建立工作协调机制和推进机制、开展评估监测和专项督导，不断健全机制、完善措施，推进加快中西部教育发展工作目标到2020年如期实现。督导评估监测主要包括七个方面内容，未能如期完成总体目标任务的省份，将依据国务院有关规定提出问责建议。上述有关教育督导的重要政策和举措，理应构成地方教育督导立法的重要内容。此外，《幼儿园办园行为督导评估办法》《中小学校体育工作督导评估办法》《县域义务教育优质均衡发展督导评估办法》《高等职业院校适应社会需求能力评估暂行办法》《中等职业学校办学能力评估暂行办法》《全面改善贫困地区义务教育薄弱学校基本办学条件工作专项督导办法》《中小学校责任督学挂牌督导规程》《中小学校责任督学工作守则》《中小学校责任督学挂牌督导办法》以及其他专项督导办法或方案，制定地方教育督导条例时也应充分参考和吸收。

不得与宪法、法律、行政法规相抵触，是制定地方性法规应当遵循的首要原则。制定"贵州省教育督导条例",应立足于贯彻《教育法》等法律和国务院《教育督导条例》等法规,确保立法内容与上位法一致,对于上位法尚无明文规定的内容,确保符合相关法律精神。

（二）坚持问题导向,重点关注社会反映集中、具有立法紧迫性的问题,总结提炼贵州经实践检验行之有效的经验做法,有针对性地解决问题

要坚持以问题为导向,重点抓住"督导责任主体""督导主体资格""督导内容范围""督导程序标准""督导手段工具""督导结果使用""督导保障机制""督导责任追究"等关键问题进行研究,考察教育督导是否真正成为教育监管的"一把利器",是否"督"出了权威,是否"督"出了力量,是否"督"出了实效。成功的经验在哪里,因素是什么?不成功,问题出在哪里,原因是什么?要坚持民主立法、科学立法,委托第三方开展立法前评估,学习借鉴省外立法先进经验,以座谈会、书面征求意见等形式广泛征求政府部门、各级各类学校、人大代表、政协委员、学生家长、学生和督学代表的意见建议。从《国家教育督导检查组对贵州省 22 个县（市、区）义务教育均衡发展督导检查反馈意见》（2017 年 12 月 9 日）和 2017 年 8 月 30 日教育部教育督导局对贵州开展贯彻落实《教育督导条例》及深化教育督导改革暨第十届国家督学聘任工作会议精神情况专项督导反馈意见看①,目前贵州教育督导工作存在的突出问题主要有:教育督导工作未得到高度重视;教育督导法制建设滞后;教育督导机制不够健全;教育督导职能划分尚未理顺,监督、检查、评估、指导尚未真正实行归口管理;督学队伍建设有待进一步加强;督导专业化水平有待进一步提高;督导评估标准体系

---

① 《国家教育督导检查组对贵州省 22 个县（市、区）义务教育均衡发展督导检查反馈意见》,2017 年 12 月 9 日,http://www.moe.gov.cn/jyb_xwfb/moe_2082/zl_2018n/2018_04/201801/t20180105_323822.html;《国务院教育督导委员会督导组赴我省开展贯彻落实〈教育督导条例〉和深化教育督导改革暨第十届国家督学聘任工作会议精神情况专项督导》,http://www.gzsedu.cn/2017/09/04/160500155823.html,2018 年 2 月 1 日访问。

不够完善；督导评估信息化技术不高等。这些问题折射出贵州教育督导机制、督导队伍、督导能力、督导手段及督导保障等方面都亟待加强，理应成为"贵州省教育督导条例"制定所关注的重点内容。当然，贵州教育督导工作也有许多成功的探索，有些方面还走在全国的前列。如教育部公布的30个2017年教育管理信息化应用优秀案例中，贵阳市教育督导大数据视导项目入选。①

三 关于"贵州省教育督导条例"起草基本框架及主要内容的思考

整体而言，教育督导立法的主要目的就是如何确保教育法律、法规和国家教育方针、政策得到有效贯彻执行，切实提高教育质量，促进教育公平，推动教育事业科学发展，推进教育治理体系和治理能力建设。围绕这一立法的根本宗旨，比照国务院《教育督导条例》，参考天津、上海、重庆、云南、江西、新疆、福建等省份教育督导立法文本，结合贵州教育督导工作实际和立法需求，现初步提出"贵州省教育督导条例"的基本框架和主要内容。

（一）基本框架

国务院《教育督导条例》共有五章，分别是总则、督学、督导的实施、

---

① 为更好地实施好督政、督学、质量监测、满意度调查"四位一体"的教育督导工作，2016年，贵阳市在全国率先开发应用"教育督导现场视导App"软件。系统通过移动端采集数据，后台自动将视导数据及时传送到服务器，经过系统梳理，一个个数据模块、一项项指标评价内容，相关音频、视频、图文和文字构成的教育现场视导的数据库。系统web端口实现教育现场视导学校数、问题学校数、问题指标、区（市、县）单次和年度现场视导数据分析报告等数据的深度挖掘，为政府及相关部门的教育决策提供有效参考，实现了教育督导现场视导App的科学智能，使教育现场视导工作更加便捷高效、科学智能，推动教育督导过程性数据真实客观。让数据说话，从中挖掘分析教育实践的动向和规律，进一步实施智慧教育。目前，该App系统已经覆盖了全市的1195所学校。《贵阳发展"大数据+教育"成效初显》，央视网，http://news.cnr.cn/native/city/20171124/t20171124_524038081.shtml，访问日期2018年2月2日。

法律责任和附则。共二十七条，其中，第三章"督导的实施"就有十四条，占据一半以上。该条例对教育督导适用范围、教育督导的原则、教育督导机构、督学、教育督导实施及其法律责任等方面都做了明确的规定，构成了完整规范的体系。该条例明确了督导机构是人民政府的机构；明确了督导机构独立行使教育督导职能；扩大了教育督导的范围，明确把各级各类教育纳入督导范围；确立了督学地位，国家实行督学制度；规范了教育督导的类型和程序，把教育督导分为综合督导、专项督导和经常性督导三类；强化了监督问责。该条例对督学做出了明确的规范：明确规定配备专职督学、聘任兼职督学；明确督学资格条件；明确督学工作要求。明确督学管理。条例用了一半多的篇幅，明确督导事项，严格督导程序，建立督导责任区，建立限期整改、督导报告和公报制度。

天津、重庆、上海和福建均采取的是制定地方性法规。《天津市教育督导条例》（2013）是国务院颁布《教育督导条例》后第一个地方性教育督导法规。该条例没有分章，共二十二条。该条例主要是对国务院《教育督导条例》有关制度的具体化，条例重点明确规定六个主要方面的内容：明确教育督导的范围和内容；明确教育督导机构及其职责；明确督学的相关管理制度；明确教育督导活动的形式、内容和程序；明确教育督导意见的产生程序和结果应用；明确相关法律责任。《重庆市教育督导条例》（2015）共六章，分别是总则、督导机构与督学、督导实施、结果运用、法律责任和附则。该条例共三十九条。《上海市教育督导条例》（2015）共分六章，分别是总则、督学的管理、教育督导的实施、督导报告与评估监测、法律责任及附则。该条例共三十条，明确教育督导的内容，细化对督学的管理，规范教育督导的实施，实行督导报告与区、县政府自评公告制度，补充明确法律责任。《福建省教育督导条例》（2017）是最新的一部地方教育督导法规。该条例共六章，分别是总则、督学的管理、教育督导的实施、督导报告与评估监测、法律责任和附则。条例共三十六条，对督学的管理、教育督导的实施、督导报告与评估监测等做出具体规定，填补了福建省在教育督导方面的地方性法规规章空白，细化了国务院《教育督导条例》的相关规定，完善了福建省督政、督学、评估监测三位一体的教育督导体系。

云南、江西、新疆三省区采取的是出台政府规章。《云南省教育督导规定》(2015)未分章，共二十七条，对教育督导机构及其职责、教育督导的对象及其内容、教育督导的实施及其程序、教育督导的结果应用、教育督导的保障措施、法律责任等方面都做了明确的规定。《江西省教育督导规定》(2015)未分章，共二十六条，重点针对督导机构职责不清、权限不明，督导内容重点不够突出，督导的针对性有待于进一步提高，督导结果运用和考核奖惩措施有待于进一步加强等问题加以解决。《新疆维吾尔自治区实施〈教育督导条例〉办法》(2015)未分章，共二十条，主要是对国务院《教育督导条例》的细化。

从目前国内有关地方教育督导立法基本框架的角度比较，大体上均包括总则(一般规定)、督学管理、督导的实施、法律责任和附则等。其中，值得注意的是，与国务院《教育督导条例》结构有所不同的是，《上海市教育督导条例》《福建省教育督导条例》均增加了"督导报告与评估监测"一章，而与之相应的是，《重庆市教育督导条例》用了"结果运用"章名。《云南省教育督导规定》则突出了"教育督导的保障措施"内容，强化了对教育督导工作的保障与支持。根据新时期国家教育督导的新使命和新要求，结合国家近期出台的若干教育督导政策和规定，建议"贵州省教育督导条例"基本框架分为七章，包括总则、督学的管理、督导的实施、督导报告与评估监测、保障措施、法律责任及附则。从条文数来看，上述地方法规和规章条文数在二十条以上四十条以内。建议"贵州省教育督导条例"条文数原则上在四十条左右。

(二)主要内容

1.明确教育督导范围和教育督导机构职责

教育督导的范围是教育督导的基础问题，国家已构建"督政""督学""评估、监测"三位一体的教育督导体系。教育督导包括三个方面内容：一是对政府相关职能部门和下级人民政府依法履行教育职责实施监督、指导；

二是对各级各类学校和其他教育机构规范办学实施监督、指导；三是对教育发展状况和教育质量组织开展评估、监测。提升教育督导的管理层级，成立市、区县政府教育督导委员会，确保教育督导机构在该级人民政府领导下独立行使督导职能，保障教育督导的权威性，确保教育督导机构对该行政区域内各级各类教育依法实施督导。县级以上地方人民政府负责教育督导的机构承担该行政区域的教育督导实施工作，在该级人民政府领导下独立行使教育督导职能，指导、管理第三方专业评估机构开展教育评估监测工作。省教育督导机构承担全省教育督导实施工作，指导市、县（区）教育督导工作。督促地方政府切实负起统筹规划、政策引导、监督管理和提供教育公共服务的责任，实现综合"督政"新突破。

2. 完善督学管理

督学是依法行使教育督导职权、执行教育督导任务的人员，在教育督导实施中具有重要地位，国务院《教育督导条例》中专门规定了督学制度，对督学的条件、指派、考核、履职规则以及回避均作了严格规范。结合教育部出台的《督学管理暂行办法》，对督学的聘任、责权、监管、培训、考核等进行明确和规范，促进督学管理科学化、规范化、专业化。

3. 规范教育督导实施

教育督导的实施包括教育督导的形式、周期和工作方式等内容，是教育督导制度的核心部分。明确教育督导责任区的设置方式，依法按标准配备责任督学，定期对责任区学校实施监督、指导和服务；规范督导程序，明确督导室做出督导意见书的工作时限和通过政府网站等方式向社会公布；教育督导工作中发现违规问题，要及时向社会发布警示信息等。

4. 督导报告与评估监测

教育督导室在专项督导或者综合督导结束后，应当向该级人民政府提交督导报告，强化教育督导结果运用，督导报告作为对被督导单位及其主要负责人进行考核、奖惩、任免的重要依据。及时公布督导报告，通过政府公众信息网，定期发布督导报告和评估监测报告，公布督导结果，主动回应社会关切。规定市、县人民政府应当按照规定对本行政区域的教育工作进行自评，说明教育财政经费保障、教师队伍建设、班额达标率以及教育资源变更等情况，并形成自评报告报送省教育督导委员会。经省教育督导室核查后，向社会公布。通过上述自评、公示制度，督促市、县政府主动作为、依法履职，提高市、县政府对教育工作的重视程度和保障水平。

5.保障措施

加强对教育督导工作经费保障，鼓励开展教育督导研究和教育督导培训与交流。县级以上人民政府应当将教育督导所需经费列入本级财政预算，配备与教育督导工作相适应的教育督导人员。县级以上人民政府鼓励科研机构和高等院校开展教育督导研究，支持教育督导机构加强教育督导培训和国内外教育督导交流。督学参与教育督导专业评估享受督学工作补贴。兼职督学履行经常性督导工作职责应当获得相应工作补贴。

6.补充法律责任

可参考上海市的做法，国务院《教育督导条例》中已对被督导单位及其工作人员、督学或者教育督导机构工作人员的违法行为设定了相应的法律责任，不再重复，以指引条款的形式作规定。可增加对教育督导室未依法履行职责的行为设置相应法律责任，依法对教育督导室的直接负责的主管人员和其他责任人员给予相应的行政处分。

B.12
人民法院司法体制改革效果
评估及指标体系研究*

——以安顺市两级法院为样本

安顺市两级法院司法改革效果评估课题组**

摘　要： 随着司法改革在我国的纵深推进与发展，人民法院司法改革
效果如何，需要认真进行归纳总结。贵州省安顺市两级法院
近年来积极探索和推进司法改革，为客观评价司法改革效果，
安顺市中级人民法院专门委托贵州省社会科学院作为独立第
三方机构，对安顺市两级法院司法改革效果进行动态评估。
本文从评估背景、评估原则、评估依据、评估主体、对象与
方法，以及评估指标体系设置的说明等方面，对司法改革效
果评估工作进行探索性研究。

关键词： 司法改革效果　评估　指标体系　安顺　法院

＊　本文系贵州省高级人民法院2017年度重点调研课题"法院司法改革成效的评价标准及评估机
制研究"阶段性成果。
＊＊　课题组组长：蒋浩，贵州省安顺市中级人民法院院长，法学博士；吴大华，贵州省社会科学
院院长、二级研究员，法学、经济学博士后，博士生导师，博士后合作导师。课题组成员：
孙明勇，贵州省安顺市中级人民法院司改办主任；张化冰，贵州省安顺市中级人民法院研究
室主任；王飞，贵州省社会科学院法律研究所所长、研究员，法学博士；胡月军，贵州省社
会科学院法律研究所副所长、副研究员；张可，贵州省社会科学院法律研究所副研究员，法
学博士；孟庆艳，贵州省社会科学院法律研究所副研究员；贾梦嫣，贵州省社会科学院法律
研究所副研究员；王向南，贵州省社会科学院法律研究所实习研究员。

党的十八大以来，以习近平同志为核心的党中央总揽全局、运筹帷幄，全面推进依法治国，加快建设社会主义法治国家，司法体制改革不断向纵深推进。党的十八届三中、四中全会对司法体制改革进行了全面安排部署，党的十九大报告对司法体制改革提出了更高的要求，明确要深化司法体制综合配套改革，全面落实司法责任制。近年来，贵州省安顺市两级人民法院（以下简称"安顺法院"）在司法改革方面进行了大量的探索与实践。本课题组在梳理已有经验的基础上，对安顺法院司法改革效果进行全面、客观评估，为全省乃至全国法院深化司法体制改革提供应用对策与路径参考。

一 评估的背景

随着司法改革在我国的纵深推进与发展，安顺法院在审判工作机制和审判管理机制各个方面都取得了卓有成效的进步。司法改革实际取得的效果如何，其成绩和不足在哪里，需要认真对待并加以归纳总结。为此，安顺市中级人民法院专门委托贵州省社会科学院作为独立第三方机构，对安顺市两级法院司法改革效果进行动态评估。应该说，本次司法改革效果评估具有一定程度的创新性。同时，本次司法改革效果评估亦是在放眼全国、立足本地的基础上予以开展的。

（一）最高人民法院的部署与举措

最高法院自 1998 年以来就开始积极探索司法改革，先后发布了四个《人民法院五年改革纲要》，从各个方面全方位地对人民法院司法体制进行改革。特别是党的十八大以来，最高法院对全面深化司法改革进行顶层设计与重大部署，促进中国特色社会主义司法制度不断自我发展和完善，人民法院司法改革从此进入了全面发展的快车道和新时期。

（二）贵州省高级人民法院的探索与努力

贵州作为全国司法改革首批试点省份之一，在此轮司法体制改革工作中不甘落后，亮点迭起。贵州高院从法官员额、司法保障、司法责任和司法监督四个方面入手，强力推进全省法院司法改革。通过"以案定员"和"以案定补"，全面实现法官员额制，大幅度提高员额法官薪酬待遇，明确法官办案权力和责任，健全对审判权力的监督机制，形成"争办案、快办案、办好案"的正能量。

（三）安顺市中级人民法院的改革与实践

安顺作为国家"黔中经济带"的重要中心城市，全市法院积极适应新形势、新任务需要，注重改革创新，近年来在司法改革方面取得了长足的进步。推进法官员额制改革，科学确定员额比例，积极开展员额法官遴选。推进以审判为中心的刑事诉讼制度改革，促进庭审实质化。推进审判委员会工作制度改革，强化宏观指导职能，充分发挥审判委员会在重大、疑难、复杂案件审理方面的指导作用。

二 评估的原则

（一）依法评估

评估标准坚持有规可循的原则，即所有评估内容均应依照十八届三中全会公报、十八届四中全会公报和十九大报告内容等展开，以相关法律法规和中央、贵州省、安顺市的有关文件、会议以及具体实施办法为依据。

（二）科学评估

司法改革涉及法院工作的各个方面，就具体事项而言，内容十分庞杂。因此，评估内容本身应当具有科学性，必须在有限的时间、空间范围内确定科学的评估内容和评估指标。考虑到司法改革错综复杂，牵一发而动全身，故评估应做到重点突出。并且在设置评估指标时，必须要对这些指标的统计在具体工作中是否可行进行考虑，即具有可行性。

（三）有效评估

对于我国法院特别是中级、基层法院来说，日常审判工作往往具有直接性，即与当事人、有关职能部门直接进行沟通交流。因此，在司法改革效果评估中要特别注意有效性问题。本课题组在设置指标体系时，充分考虑到该指标的有效性，不为追求改革过程而设置该指标，务必要考虑这些指标一旦被设置，就要成为可以统计考核的有效数据，而不能被随意变更和具有不确定性。

（四）量化评估

司法改革效果不仅要有内容，更要有数量。因此，各项司法统计数据显得尤为重要，无论是办案质量还是办案效率，都必须有一定的数据予以支撑。而司法公开即司法透明度，更需要通过网络信息化建设来体现。对于这些数据，该课题组将全面进行统计，并结合司法改革效果因素的影响度进行细化处理，以期达到"让数据说话"的目的，从而在客观上推动司法大数据和"智慧法院"的建设。

三 评估的依据

司法改革是中央事权，必须从上至下、在党的领导下稳步推进。司法改革既要有自身实践，也要严格依照法律政策实施。本课题组以相关法律法规和有关文件、会议以及具体实施办法作为评估依据，具体而言，主要包括以下内容。

（一）指导性文件

《中共中央关于全面深化改革若干重大问题的决定》《中共中央关于贯彻落实依法治国若干重大问题的决定》《决胜全面建成小康社会 夺取新时代中国特色社会主义伟大胜利——在中国共产党第十九次全国代表大会上的

报告》《中共中央政法委员会关于印发〈关于司法体制改革试点若干问题的框架意见〉的通知》《最高人民法院关于全面深化人民法院改革的意见——人民法院第四个五年改革纲要（2014~2018）》《贵州省司法体制改革试点工作实施方案》《中共贵州省委全面深化改革领导小组关于印发〈贵州省法院司法体制改革试点工作实施方案〉的通知》《中共安顺市委关于进一步支持人民法院依法独立行使审判权的意见》等。

（二）重要会议精神

中央政法委、最高人民法院领导在全国司法体制改革推进会上的讲话，中央组织部、人社部、财政部在全国司法体制改革推进会上的发言，以及贵州省司法改革工作领导小组会议纪要，中共贵州省委主要领导在省委常委会、省司法改革工作领导小组会议、省委政法工作会议上的讲话，中共安顺市委全面深化改革领导小组、中共安顺市委政法委会议纪要等。

（三）执行实施文件

《中共中央组织部、最高人民法院关于印发〈法官职务序列设置暂行规定〉的通知》《最高人民法院关于完善人民法院司法责任制的若干意见》《人力资源和社会保障部、财政部关于印发法官、检察官和司法辅助人员工资制度改革试点实施办法的通知》《中共贵州省委组织部、贵州省高级人民法院、贵州省人民检察院关于印发〈贵州省法官检察官职务套改实施方案〉的通知》《中共贵州省委全面深化改革领导小组关于印发贵州省省以下法院、检察院经费资产由省级统一管理的实施方案》等。

四 评估的主体、对象与方法

（一）评估主体

贵州省社会科学院作为科研学术机构，对安顺法院司法改革效果进行第三方评估，是积极贯彻党中央、国务院关于深化司法体制改革以及"让社会力量对政府工作进行评估、监督"等精神的重大创新举措，有利于改变法院工作及评价"自弹自唱"。本次司法改革效果评估，是由法学理论学者对司法实务部门的具体工作进行量化评估，是法律职业共同体推动法治实践的一次重要尝试。

（二）评估对象

本次司法改革效果评估的对象，是安顺市两级法院，即安顺市中级人民法院及其所辖区域范围内6家基层法院（西秀区、平坝区、普定县、镇宁县、关岭县、紫云县人民法院）的司法改革实施情况。在时间节点方面，鉴于司法改革是动态的工作，课题组选取2017年、2018年和2019年作为评估时段，从而使本次司法改革效果评估工作具有连贯性，以利于发现问题和解决问题。

（三）评估方法

1. 文献分析

课题组在对全国法院司法改革相关工作规定、文献等进行全面系统梳理的基础上，重点搜集了最高法院、贵州高院和安顺中院于2013～2017年发布的有关司法改革工作的制度文件、工作总结和统计数据，并对这些文献进行梳理、比较、分析和挖掘。

2. 问卷调查

课题组以法院工作人员（中院和基层法院）、普通人民群众（当事人和群众）为对象，设计了四套调查问卷。与一般的满意度调查不同，四套问卷强调问题的客观性原则，目的在于了解和掌握法官和群众对法院司法改革工作的看法以及在办案过程实际发生的情况。在问卷设计中，以标准化选择题目为主，辅以开放性题目，以收集调查问卷对象对完善司法改革的意见和建议。

3. 案卷评查

课题组对安顺市两级法院的各类案卷进行评查，以评估法院在司法改革中的具体办案情况。为此，课题组通过多种方式听取专家学者、实务工作者的意见，设计出一整套案卷评查司法改革效果指标体系，并进行不断修订和完善。课题组从安顺中院和各基层法院上一年度结案的各类案件中，随机抽取若干数量的案卷，对其中涉及司法改革效果部分的内容进行评查打分，以确保评估的真实可靠性。

4. 综合访谈

为进一步了解司法改革亲历者对司法改革的态度和看法，课题组拟对相关法官和司法工作人员进行访谈，以了解法院相关人员对司法改革的认识和感受。同时，还拟对一些案件当事人（包括代理律师）和普通人民群众进行访谈。通过综合访谈，可以获得更加真实、生动的情况，避免完全以文本和问卷等书面方式获得数据，进一步增强评估工作的科学性和可靠性。

五　评估指标体系的说明

（一）司改重点工作完成效果

1. 司法责任制

司法权力有效运行的关键，是建立权责统一、权责明晰、权力制约的司法责任制，司法责任制被喻为本轮司法改革的"牛鼻子"。"让审理者裁判，由裁判者负责"是司法责任制的主要目标，也是司法授权和司法监督的具体体现，为此，司法责任制效果评估围绕上述两方面展开。

在司法授权方面，要实现"让审理者裁判"。首先，设置"裁判文书签发""审委会讨论案件"两个二级指标，并分置"裁判文书签发制度""审理者签发裁判文书比例""审委会讨论案件制度""审委会讨论案件比例"四个三级指标，可直观展现审理者裁判情况；其次，设置"内外部过问案件"二级指标，并分置"过问案件防范制度""领导干部违法过问案件情况""法院内部人员违法过问案件情况"三个三级指标，来检验审判权是否独立行使。

在司法监督方面，要保证"由裁判者负责"。首先，设置"审判监督"二级指标，并分置"法官违纪违法举报投诉平台""法官违纪违法线索受理、调查、反馈机制""对不实和恶意举报投诉的调查澄清处理机制"三个三级指标；其次，设置"审判责任追究"二级指标，并分置"审判责任追究制度""审判责任追究情况"两个三级指标，以此评估评价机制、问责机制与惩戒机制的有效衔接。

2. 法官员额制

法官员额制是按照司法规律配置司法人力资源的重要制度，实行员额制是让法官回归办案本位，充实一线审判力量的重要途径。本指标体系从员额法官进入、办案、退出三方面予以设置。

建立员额法官进入机制，并通过这一机制遴选出优秀法官是检验员额制改革成效的重要标准。为此设置"进入员额法官机制"二级指标，并分置"进入员额法官制度""进入员额法官比例"两个三级指标。

员额制改革旨在实现司法者的亲历性，员额法官必须承办一定数量案件。为此设置"员额法官办案"二级指标，并分置"员额法官办案效率""非员额法官办案情况"两个三级指标。本轮司法改革强调入额必须办案的原则，入额领导干部办理案件情况成为衡量员额制改革成效的重要标准。为此设置"入额领导办案"二级指标，并分置"入额院庭领导办案制度""入额院庭领导办案情况"两个三级指标。

员额制并非固化制度，需要构建一个能进能出、能上能下的动态机制，除解决员额法官进入路径，也提供员额法官退出通道。为此设置"退出员额法官机制"二级指标，并分置"退出员额法官制度""退出员额法官比例"两个三级指标。

3. 司法人员分类管理

司法人员分类管理，是按照司法规律合理配置法院人力资源的重要制度。评估司法人员分类管理改革，离不开对办案团队进行考评。为此设置"审判团队"二级指标，并分置"法官与法官助理比例""法官与书记员比例""法官与司法行政人员比例""办案人员与司法行政人员比例"四个三级指标。

"以案定员"要求在精确测算人员、案件量的基础上，对审判资源进行动态调整和合理配备，因此评估司法人员分类管理改革应考察人案配比的科学性。为此设置"人员案件比"二级指标，并分置"案件数量与人员配备比例""案件繁简分流与人员配备情况"两个三级指标。

近年来，一些地方司法人员离职现象比较突出，随着司法人员分类管理改革的推行，尤其是员额制的实施，该现象是否减少甚至扭转，值得作为司法改革的评估内容。为此设置"院外分流"二级指标，并分置"法官辞职比例""其他司法人员辞职比例"两个三级指标。

4. 司法人员职业保障

司法改革要求建立完善的司法人员职业保障制度，有良好的职业保障，才会有职业尊荣感。晋职制度是司法人员职业保障的一项重要内容。为此设置"政治待遇"二级指标，并分置"员额法官晋升机制""其他司法人员晋升机制"两个三级指标。

司法人员特别是员额法官的薪酬改革，为司法从业者所殷切期望，也是司法改革者极为重视的问题。为此设置"薪酬待遇"二级指标，并分置"员额法官薪酬兑现""其他司法人员薪酬兑现"两个三级指标。

司法人员职责是否明确，是否承担法定职责以外的事务，职业荣誉感是否得到增强，以及履职是否有安全保障等，均是司法人员职业保障的重要内容。为此设置"司法人员职责定位""承担法定职责外事务""职业荣誉""安全保障"等二级指标，并对应分置"法官职责明确""其他司法人员职责明确""法官承担与法定职责无关的业外事务情况""其他司法人员承担与法定职责无关的业外事务情况""法官职业荣誉提升机制""其他司法人员职业荣誉提升机制""司法人员履职安全保障机制""司法人员履职不安全事件发生情况"等三级指标。

（二）法律效果

1. 裁判公正

习近平总书记要求政法机关"努力让人民群众在每一个司法案件中感受到公平正义"。人民法院是社会公平正义的最后一道防线。为此，在设置裁判公正项下指标时，主要是围绕程序合法与实体公正两方面进行，该项下设置若干二级指标。

调解、撤诉情况：民事案件可以在合法、自愿的原则下进行调解，同时，经过调解让一部分当事人撤诉，达到真正和解。一般而言，调解案件自动履行的比例很高，真正实现了当事人的合法权益。

再审立案准确情况：近年来随着民事诉讼法的修改，当事人申请再审案件急剧增多。为缓解再审案件数量日益增多的压力，维护司法权威和生效裁判文书既判力，特设立此指标。

再审改判情况：再审案件的审理，就程序而言是监督各类生效案件，就实体而言则是对当事人权利义务的再次确认和划分，再审改判情况，对于维护司法权威具有重要意义。

案件重大改判、发回重审情况：我国实行"两审终审"制，二审程序既是对当事人诉讼权利的保障，也是对一审程序的监督。二审重大改判、发回重审客观上反映了一审案件的质量。

案件开庭情况：开庭审理能够充分展现司法公开，以公开促公正。然而实践中，二审案件大多不开庭审理，二审程序是终审程序，意义重大，因此二审案件开庭情况是需要重点考察的指标。

一审案件服判息诉情况：我国实行"两审终审"制，但实践中由于裁判公正性以及当事人具体考量等因素，相当多的一审案件系服判息诉，该指标有助于掌握司法改革对案件质量的影响。

人民陪审员参审情况：人民陪审员是我国特有的审判制度，是司法民主化的具体体现，同时也可以体现社会监督。

重大疑难复杂案件裁判文书释法说理情况：审判实践中，重大疑难案件容易引致社会问题。为此，要求对重大疑难案件文书进行释法说理，接受当事人和社会各界的监督，进而提高法官业务水平。

2. 诉讼效率

"迟来的正义非正义"，在现实生活中，由于经济日益发展和法律意识提高，诉讼到法院的案件越来越多。同时，由于历史和现实原因，法院办案效率总体较低，特别是民事案件。为此，在"诉讼效率"项下设置若干二级指标。

综合结案情况：该指标主要考察法院整体收结案情况，通过收案数、结案数进行统计。同时，以科学的眼光看待结案率，强调在办案件数量及比例，避免"年终突击结案"和"立案难"现象的发生。

当场立案登记情况：这是落实"立案登记制"的重要指标，本轮司法改革，尤为强调立案登记，这是体现司法为民和注重民生服务的重要举措。

法定审限内结案情况：审限问题是长期为当事人所诉病的法院"顽症"，该指标突出"法定审限"，即对于符合法律规定的扣除审限情形，要予以正确处理。

简易程序适用情况：基层法院审理的民事案件在法院案件中占绝大多数比例，按照诉讼法规定和"简繁分流"原则，应当大力提倡简易程序适用，以提高诉讼效率。

员额法官人均结案数：法官员额制是本轮司法改革的重要内容，鉴于全市两级法院已经全部实现法官员额制，对员额法官人均结案数进行考察，具有十分重要的意义和价值。

审理周期缩减情况：司法改革的主要目标之一是提高诉讼效率，办案周期缩短是诉讼效率提高的重要体现，特别是与司法改革前的审理周期进行对比，可以对司法改革效果有较为积极的影响。

长期未结案情况：某些案件长期未结，是当事人对法院工作不满的重要原因，同时也严重影响法官办案的士气，在此要对此类案件进行分析统计。

当庭宣判情况：当庭宣判既是对讼争案件的高效裁判，也是对办案法官业务水平的重要考量。同时，也可以避免审判"暗箱操作"，是阳光司法的重要体现。

法定时限内案件移送情况：实践中常常会遇到案件早已上诉，但案卷长时间未予移送的情况。这其实是法官工作效率和责任心的体现，往往对案件的审理周期人为予以拖长。为此，特设此指标，以提高办案效率。

平均审理案件天数情况：该指标与法定审限、审理周期有较大关联，主要是考察法院整体办案效率，以对办案效率有总体认识。

3. 权益实现

该项指标是针对法院执行工作设置的。执行是确保司法裁判得以落实、当事人权益得以保障的最后一道关口，直接关系到社会公平正义的实现，关系到司法审判的权威，是提升司法公信力的关键环节。该指标项下设置若干二级指标。

裁判文书履行情况：该指标具有较强的现实意义，执行的前提是生效裁判文书，通过对裁判文书履行情况的考察，可以发现执行工作的规律性。

执行结案情况：该指标可以在司法统计数据中予以体现，要特别注意终本情况，严格按照法律和司法解释规定履行终本程序，避免不必要的执行资源浪费。

执行和解情况：执行和解是诉讼调解的延伸，对于维护社会稳定、促进社会和谐具有重要意义，要加大执行和解力度，提高执行工作的成本效益。

依法启动强制执行程序：该指标主要为司法统计数据所掌握，是执行工作中申请人权利的重要体现。

网络查控系统利用情况：当前我国社会已经进入网络时代，为提高执行效率，"让数据多说话，让群众少跑腿"，法院应充分运用网络查控系统对被执行人财产进行调查，切实维护申请人合法权益。

对失信被执行人的监督、警示、惩戒情况：失信被执行人俗称"老赖"，是"执行难"产生的根本原因，要严格依照国家法律、司法解释中对失信被执行人进行惩处，促使社会整体信用的提升。

对协助执行义务人的惩戒情况：实践中，协助执行义务人往往与被执行人具有密切关系，甚至是利益共同体，如银行、房产、国土部门等，对法院实施执行行为时有阻挠，对此情况要严格依法处理。

（三）社会效果

1. 司法公开

近年来，各级法院以司法改革为动力，以信息化建设为支撑，推进司法公开，以司法公开促进司法公正。根据最高人民法院全力打造的"司法公开四大平台", 主要设置以下二级指标。

审判流程公开: 审判流程信息公开有助于切断司法权力寻租的链条。人民法院通过主动推送审判流程信息, 挤压权力寻租的空间, 增强人民群众对司法的信赖。

庭审活动公开: 庭审活动公开能最大限度地消除当事人对司法公正的怀疑和猜忌。庭审直播能够让当事人"有话说在庭上, 有据呈在庭上, 有理辨在庭上", 使当事人认可和接受司法裁判结果。

裁判文书公开: 能够大大提高当事人对裁判结果的接受度。通过互联网公开裁判文书, 法官对裁判文书质量的责任感大大增强, 当事人对裁判文书的满意度明显提高。

执行信息公开: 能够为当事人和社会公众理解、支持执行工作打下良好基础。执行信息公开可以使当事人更加真实地看到被执行人实际财产状况和"执行不能"的真正原因, 也对执行工作形成全面监督。

2. 司法便民

在新的历史条件下, 通过扎实有效的工作更好地满足人民群众对法院工作的新要求、新期待, 是人民法院一切工作的根本出发点和落脚点。结合司法便民工作实际, 主要设置以下二级指标。

优化诉讼服务中心功能: 诉讼服务中心是广大群众接触法院的第一窗口, 主要从立案情况、信访接待、诉讼引导、案件查询、办案人员联系、诉讼材料接转等方面对诉讼服务中心进行评估。

人民法庭巡回审判: 主要是对基层法院的考察, 一方面考察巡回法庭的设置情况, 是否能够真正方便群众, 另一方面考察巡回法庭的运行情况, 包括巡回法庭的审判人员、案件质效等。

司法行为规范及服务态度: 司法行为和司法服务态度是人民群众对法院工作的直观感受。该指标主要考察与规范司法行为相关的制度建设情况和对不规范行为的通报、整改等情况。

3. 司法权威

司法权威和尊严是法治社会的基本要求。审判权是判断权、裁决权, 更是中央事权。离开对司法权威和尊严的保障，审判权就不可能代表国家介入社会纠纷作出裁判，化解矛盾就更无从谈起。在该指标项下主要设置以下二级指标。

裁判文书说理：裁判文书是司法审判的最终产品，"说理"是裁判文书的精髓，既体现裁判过程，又彰显法官智慧，更承载司法文明。说理充分透彻的裁判文书是树立司法权威的重要因素。

执行工作情况："用两到三年时间基本解决执行难问题"是人民法院的庄严承诺。只有加大执行力度，法院的判决才不会落为"一纸空文"，司法权威才能确实得以维护。

社会公众认可程度：司法权威来源于公众对司法的信任与认同，社会公众对司法权威的感知虽然可能受到其主观因素的影响，但确系评价司法权威和公信力的重要指标。

4. 司法民主

司法民主是保证司法公正的重要因素，也是提高司法权威和公信力的重要方式。司法民主是中国特色社会主义司法制度最大的优越性。在该指标项下主要设置以下二级指标。

人民陪审员参与案件审理：人民陪审员制度能够丰富司法民主的内涵，弥补司法专业性的不足。本指标主要考察人民陪审员制度建设、名单管理、陪审员实际参与案件开庭、讨论、充分发表意见等情况。

民意沟通和"两代表一委员"联络机制：本项指标主要考察新闻发言人（发布会）、公开举报电话和邮箱、院长接待日、法院公众开放日等沟通渠道和"两代表一委员"联络机制的建设及其实际应用。

第三方评估机制：司法体制改革效果如何，应由第三方进行客观、公正的评估。该指标主要考察第三方评估制度建设及其实际应用情况。

检察机关开展"两法衔接"
实践效果与路径思考

——以黔东南州检察机关"两法衔接"工作为视角

陈继忠*

摘　要： 党的十九大胜利召开为新时代检察工作指明了新的方向，对检察机关聚焦法律监督主责主业，认真研究强化法律监督的措施，维护公平正义，推动解决执法司法领域人民群众反映强烈的突出问题，努力让人民群众在每一个司法案件中感受到公平正义，提出了新的要求和期望。因此，检察机关要深化依法治国实践，把检察工作融入立法、执法、司法、守法的各个环节，围绕完善法律体系，推进法治政府、法治社会建设和促进公正司法等方面的重点任务，找准新接口、拓展新内涵、彰显新成效。要深入开展以审判为中心的刑事诉讼制度改革，依托行政执法与刑事司法（以下简称"两法衔接"）平台，大力推进智慧检务建设，提高检察机关公正司法水平，充分展现新时代检察工作新作为。

关键词： 检察机关　两法衔接　实践效果　路径思考

党的十八届四中全会对"行政执法与刑事司法衔接"工作提出了明确

---

* 陈继忠，黔东南苗族侗族自治州人民检察院党组书记、检察长。

具体的要求，曹建明检察长强调，要深刻领会习近平总书记关于"检察官作为公共利益的代表"的重大论断，切实当好法治秩序的建设者、公共利益的维护者。2015年以来，黔东南州检察机关立足检察职能，以切实维护"公平正义"为出发点和落脚点，注重创新法律监督的方式方法，积极搭建行政执法与刑事司法相衔接平台建设，延伸工作触角，探索出了一条"两法衔接"的新路子，取得了实效。

一　检察机关开展"两法衔接"工作的重大意义

十八届四中全会提出"行政执法与刑事司法衔接机制"，完善案件移送标准和程序，建立行政执法机关、公安机关、检察机关、审判机关信息共享、案情通报、案件移送制度，坚决克服有案不移、有案难移、以罚代刑现象，实现行政执法与刑事司法的无缝对接。可见，检察机关作为法律监督机关，担负着法律监督的重要职责，是维护公平公正、促进行政机关积极履职尽责、不断提高人民群众美好生活水平的重要力量，在建设法治中国中责任重大。为此，检察机关必须从全局和战略的高度，深刻认识强化法律监督的重大意义和检察机关担负的重大责任，充分发挥职能作用，积极探索改革新路径，综合运用"两法衔接"平台，采取更加有力措施，提升法律监督的实践价值。

二　检察机关在"两法衔接"工作中的实践效果

检察机关围绕工作大局，切实担负起依法治国的重要职责，充分体现了检察机关在法律监督工作中的实践价值。笔者以黔东南州检察机关为例进行阐述。近年来黔东南州检察机关通过"两法衔接"工作监督了一批重大有影响力的案件。截至2017年12月20日，全州检察机关通过"两法衔接"平台发现公益诉讼案件线索59件，涉及国有资金7000万元；发现涉嫌犯罪线索397件，监督立案16件，移送职务犯罪案件线索2件。2件监督案件入选2015

年全国检察机关加强生态环境司法保护十大典型案例,一件入选2016年全国十大优秀监督案件。2017年时任贵州省委副书记、省委政法委书记、现任贵州省长谌贻琴对黔东南州院"两法衔接"工作给予了充分肯定。2017年10月20日,全省检察机关大数据应用推进年专项工作第二次现场观摩会在安顺召开,黔东南州人民检察院作为市(州)院代表,在会上就"两法衔接"平台工作情况进行了经验交流。黔东南州检察机关竭力创新工作新机制,着力破解法律监督工作难题,走出了一条创新法律监督工作新路子。

(一)紧紧围绕中心,服务大局,切实维护"公平正义"

全州检察机关按照省院的要求,主动向党委、人大、政府、政协主要领导汇报"两法衔接"工作,争取在人员和经费保障方面的支持。州检察院切实加强组织和领导,在侦查监督处设立了"两法衔接"工作部门,配备检察业务骨干,把思想和行动统一到中央、省委、省检察院和州委的工作部署上来,紧紧围绕州委州政府中心工作,把法律监督工作摆在突出位置来抓,进一步增强工作合力,及时研究制定工作方案,明确工作任务和要求,落实工作措施,强化组织和实施,逐步形成了"纵向联动、横向协作、全州一盘棋"的"两法衔接"工作格局,不断加强督查和指导,坚持问题导向,创新法律监督方式方法。经过一年攻坚克难,以大数据为切入点的"两法衔接"平台于2017年3月上线运行后,依法监督了多起案件,切实保障民生民利、生态环境、社会管理秩序,得到了最高检、部分全国人大代表的充分肯定。最高检认为"贵州检察机关在大数据应用于'两法衔接'领域方面做出了积极有益的探索,尤其是在数据筛查、分析等方面走在全国前列"。全国人大代表认为"检察机关根据法律赋予的职责对行政执法机关依法监督做得非常好,贵州检察机关在这方面做了很好的探索"。

(二)坚持以问题为导向,配置平台功能,切实提升监督质效

黔东南州"两法衔接"平台以问题为导向,针对传统"两法衔接"平台数据采集被动、人工分析信息效率不高等问题,除了配备传统"两法衔

接"平台具有的案件办理、综合查询、分类统计、动态管理等功能,改变了传统平台的数据采集模式,新增了案件个性预警、共性分析7大功能。目前全州有104家单位接入平台进行试运行,以信息共享、促进依法行政,履行监督职责为着力点,稳步推进试运行工作。发现涉嫌犯罪线索397件,监督立案16件。

1. 转变数据采集模式,实现信息同步共享

黔东南州"两法衔接"平台以信息化为引领,改变了传统的将案件结果信息手工录入平台的方式,通过与行政执法机关开放数据接口、打通数据通道的方式采集行政案件信息。构建以网络互连、数据推送为主的信息采集模式,实现了案件办理信息的动态同步更新。

2. 增设个案预警功能,实现自动精准监督

针对传统"两法衔接"工作量大、效率低等问题,黔东南州检察院配置了个案预警功能。针对五家试点单位的82个案件类型设置了187个预警标准,试运行以来,平台根据预设参数、要素触发预警案件类型35个,自动预警案件890件。对涉及民生、邪教、人身自由类的行政执法案件进行全预警(13个),对其他类型的案件根据涉案金额、情节、后果设定不同的指标值。检察机关对预警的案件进行重点审查,以提升监督效率,实现精准监督。黔东南州检察院通过平台全预警设置,发现贵州某医药公司有生产销售劣药的行为,经调卷审查认为,该公司的行为已涉嫌生产销售伪劣产品罪,经与食药监、公安部门沟通对接,为了进一步警示医药行业规范运行,切实保障人民群众生命健康安全,依法对该案启动立案监督程序。黎平县检察院在平台上通过设置数值参数预警,发现陆某某开采石煤的行为造成矿产资源严重破坏价值达48万元,超出破坏性采矿的立案标准,黎平检察院依法启动立案监督程序,对依法保护生态环境起到了警示作用。

3. 配置关联案件智能分析功能,彻底消除监督死角

黔东南州检察院在以往的"两法衔接"工作中发现较多问题,如拆案处罚案件难以发现线索,部分涉嫌犯罪案件被行政执法单位化整为零,拆分为若干行政案件逃避法律制裁;又如多次作案案件容易遗漏事实,一人多次

作案，被多次处罚的，在次数、数额计算等问题上较容易遗漏。以上问题均会形成监督死角，不利于司法公正。该州"两法衔接"平台针对上述问题配备了关联案件分析功能，通过对涉案人员、作案时间、地点的关联性分析找出具有拆案嫌疑和多次作案的案件，为发现犯罪线索提供信息，消除监督盲点，有力打击犯罪，促进司法公正。锦屏县检察院在平台上开展工作时，发现刘某某、徐某某等人涉及多起滥伐林木案件，该系列案件被系统自动预警，经审查该案可能涉及一个刑事案件被拆分为多个行政处罚案件，该案就是平台通过关联分析功能发现的拆案线索，且该案背后的执法人员可能涉及职务犯罪线索，以上线索正在审查办理中。

4. 扩大信息共享范围，维护公平正义更加全面

公安机关行政处罚案件量大、种类多，通过日常查看台账、翻阅卷宗涉及的案件有限，在海量卷宗里发现以罚代刑、有案不立的线索更是寥寥无几。该州"两法衔接"平台将公安机关行政处罚案件全部纳入共享范围进行备案审查，一方面在阳光的监督下个别腐败分子不敢违法处理案件，一方面通过大数据分析功能提取重点案件进行备案审查更能提高发现线索的概率，让司法腐败无处遁形，维护司法公正更加全面、准确。平台试运行以来，凯里市检察院在"两法衔接"平台上发现一件赌博犯罪线索，凯里市检察院认为该案极有可能涉及职务犯罪，遂对赌博案立即启动立案监督程序，对相关职务犯罪线索移送渎职侵权部门办理。

（三）坚持突出重点、夯实责任，切实健全完善平台机制建设

1. 建立长效机制促进工作规范化

平台上线试运行后，为了规范平台操作及线下工作开展，检察机关与公安、林业、环保、国土、食药监五家试点单位会签了上线试运行文件，并下发了包含案件移送制度、工作监督制度、咨询会商制度、平台管理制度、联席会议制度、检查督导制度、责任追究制度七项制度在内的《黔东南州行政执法与刑事司法衔接工作实施办法（试行）》，明确各单位工作职责、平台使用权限、案件移送标准和程序等，促进工作规范化、常态化开展。

2. 以深化改革为推手加强平台应用

为了强力推进"两法衔接"平台的运行，促使各试点成员单位提高认识，加强对平台的应用，经向州深改办汇报，州深改办同意将"两法衔接"工作纳入深改项目，对各成员单位提出任务及考核要求，强力推进该项工作使全州司改更见成效。

3. 以业务需求为准线加强沟通

"两法衔接"工作是检察机关履行立案监督职责的重要内容，为了确保建成后的"两法衔接"平台的实用性，业务部门与技术部门、研发公司实行"1+7+X"制度，即每月对接业务需求，每周对接研发进度，随时对接存在问题，确保研发方向不偏离业务实际，切实做到搭建的平台真正为业务所用，用起来高效、便捷、准确。

4. 多汇报确保思路正确

黔东南州"两法衔接"平台是根据省检察院提出的大数据应用思路进行筹建，为了确保研发和使用思路正确，研发小组每月向州院党组专题汇报研发工作，每一季度向省院侦监处和信息中心专题汇报研发工作，从制定方案到研发落实，从发现问题到解决问题，从版面设计到功能配置，争取将每一个细节汇报清楚，将每一个问题解决到位，促使大数据与检察工作的深度融合。

5. 推进工作常态化

试运行以来，为确保平台取得实效，州院每月进行一次工作调度，建立工作台账，以召开座谈会、情况通报等方式，听取相关部门意见，督促各县级单位加强工作推进，并收集工作中存在的问题和建议，完善平台运行和建设。

三 "两法衔接"工作面临的困境与成因

当前，全州检察机关"两法衔接"工作得到加强，加大了对行政执法案件的监督力度。但是"两法衔接"及信息共享平台工作在推进过程中存在一些不容忽视的困难和问题，行政执法领域"有案不移、以罚代刑"的问题依然存在，未得到根本解决。

（一）"两法衔接"缺乏法制保障

现行刑诉法、行政法规和规范性文件未将"两法衔接"列入立法范畴，导致"两法衔接"平台缺乏法律依据，对衔接的途径、形式、具体程序，操作流程未进行明确，导致"两法衔接"缺乏法制保障。

（二）部分行政执法部门基础建设不到位

部分单位未实现网上办案，部分行政执法单位没有执法办案系统，无法通过网络实现数据推送，如国土、林业、药监部门，向平台录入案件只能通过手工录入的方式，影响了信息的及时性、准确性、完整性。

（三）行政执法机关与检察机关未实现无缝对接

部分单位未开放数据接口，有办案系统的部门，未解决网络连通或数据权限问题，导致不能向平台开放数据接口。如公安与环保部门均有办案系统，但因没有开放数据接口，不能将案件信息通过网络推送至平台，目前仍采用手工录入的方式。

（四）行政执法部门对数据的录入主动性不强

在实际工作中部分行政执法部门对相关案件信息未做到应录尽录。一方面试点单位的案件没有全部录入平台，存在选择性录入的情况，目前录入平台的案件大多为轻微案件；另一方面部分已录入的案件存在信息填录不规范、错填、漏填等现象，信息不规范、不完整直接影响平台预警功能的实现，进而影响平台的功能作用。

（五）部分行政执法部门对平台运行重视不够

部分单位录入案件较少，个别单位存在零数据。一方面是因为部分单位对"两法衔接"工作认识不到位，甚至存在抵触情绪；另一方面是因为县级市场监督管理局合并了工商、质监、食药监三部门职能，内部存在扯皮现象，导致无人负责该项工作。

四 检察机关"两法衔接"的路径选择

检察机关开展"两法衔接"，一定要针对工作的特点、成因、现实情况及时判断和科学决策，制定或采取相应的可操作性、有针对性的工作机制，多元化、多渠道创新"两法衔接"工作方法，提升法律监督质效。

（一）建议由国家层面制定法律法规

检察机关应当结合本地工作实际，继续加大调查研究工作力度，深入挖掘，找准工作中存在的问题和原因，提出对策建议，形成调研报告，逐级上报上级检察院和地方党委。建议国家层面制定法规，推动地方立法，实现对衔接的途径、形式、具体程序、衔接工作中不作为法律后果和追责制度等形成操作性细则，对"两法衔接"的责任主体、工作原则、适用范围、职责分工、移送标准、运行程序和效能监察等做出明确规定，确立"网上衔接、信息共享"的工作机制，做到有法可依。

（二）依托大数据平台建设，健全完善"两法衔接"的相关配套制度

检察机关要加强与相关行政执法部门的沟通协调，建立健全工作配合机制。一是进一步健全和完善联席会议机制。各成员单位可通过联席会议相互通报情况、沟通信息，加强学习，消除分歧，进行个案协调等，特别是针对一些重大疑难的行政执法案件，各方可以通过联席会议进行论证与研究，有利于达成共识。二是建立案件协同配合机制。行政执法机关在对涉嫌犯罪的重大违法案件进行查处时，可以商请公安机关共同行动、邀请人民检察院适时介入，就案件的定性、法律的适用以及取证的方向等提出建议，通过联合执法在第一时间内对犯罪嫌疑人采取有效措施并对证据进行收集和固定，形成工作合力，提高效率。三是完善监督管理机制。检察机关对"两法衔接"

工作中发生的行政执法机关对涉嫌犯罪案件不移送、以罚代刑、不配合检察机关监督和公安机关对移送案件不依法办理等问题切实发挥监督作用，依法履行实施行政执法监督。

（三）拓宽监督渠道，加强检察监督职能

一是加大宣传力度，积极寻求上级部门支持。加强与党委、人大和政府的联系，通过出台重大行政执法活动报告制度，举行行政执法联合检查等，及时了解行政执法机关办案情况；二是进一步明确拒不移交刑事案件的法律责任。对于拒不移交的，可向检察机关移送线索，依法追究行政执法人员徇私舞弊不移交刑事案件的刑事责任；三是加强对公安机关的立案监督，防止当立不立、不当立而立的情形。

（四）加快行政执法与刑事司法信息共享平台的建设

积极构建新型网络共享平台，实行信息多方横向和纵向通报制度，各成员单位以及相互定期互相通报案件办理、机构、人员、相关法律、法规变动情况。加快该信息共享平台有利于整合案件信息资源、提高工作效率、降低工作成本，也有利于增强行政权力运行的透明度，遏制腐败，并推动"两法"衔接工作快速发展。

总而言之，党的十九大胜利召开为新时期检察工作指明了新的方向，检察机关要深化依法治国实践，把检察工作融入立法、执法、司法、守法的各个环节，围绕完善法律体系，推进法治政府、法治社会建设和促进公正司法等方面的重点任务，找准新接口、拓展新内涵、彰显新成效。要聚焦法律监督主责主业，认真研究强化法律监督的措施，加快"两法衔接"平台建设，切实维护公平正义，推动解决执法司法领域人民群众反映强烈的突出问题，努力让人民群众在每一个司法案件中感受到公平正义。

B.14
开发区管委会法律地位与
诉讼主体资格研究

——以贵州黔南开发区法制的司法实践为例

袁承东 胡长兵*

摘 要: 经济技术开发区是现今区域经济发展中最具活力的增长点。但其繁盛中也出现了一些问题,如法律地位不明、管理体制混杂等。从法理来看,各类开发区及其管委会法律地位不同:国家级开发区管委会为规章授权组织,省级及以下多属受委托组织,无行政主体资格。以贵州黔南开发区法制的司法实践为例,应加强开发区项目申报审批工作,利用民族立法权限完善管理体制等。

关键词: 贵州黔南 开发区管委会 行政诉讼主体资格

开发区是改革开放的产物,是现今区域经济开发中最具活力潜力的新型增长带和试验经济区。截至2018年初,全国共有219个国家级经济技术开发区,每省均有分布(其中贵州拥有2家:贵阳经济技术开发区、遵义经济技术开发区)。①

---

* 袁承东,黔南州中级人民法院副院长;胡长兵,贵州省社会科学院副研究员、贵州省法治研究与评估中心研究员。

① 《国家级经济技术开发区219个》,商务部网站,http://www.mofcom.gov.cn/xglj/kaifaqu.shtml。据商务部数据,2016年,现有219家国家级经济技术开发区的地区生产总值、第三产业增加值、财政收入、税收收入增幅均高于全国平均水平,其地区生产总值、第二产业增加值、第三产业增加值、财政收入、税收收入和进出口总额占全国的比重分别为11.2%、19.4%、6.3%、9.6%、12.1%和19.6%。商务部外资司:《2016年国家级经济技术开发区主要经济指标情况》,商务部网站,http://ezone.mofcom.gov.cn/article/n/201706/20170602594167.shtml,访问日期2018年1月16日。

然则繁荣之下，开发区也不可避免地出现了一些前进中的问题，如法律地位不明、管理体制混杂等。

关于这些问题，人们已进行了一些理论分析，提出了若干治理的对策。例如，余宗良解读了开发区实践与其"表达"间的背离所引发的问题和成因[①]；刘銮在归纳了开发区管委会的现状、问题及其成因后，建议将其确立为地方政府的派出机关，张治国等观点与之类同[②]；杨如冰等则主张其为法律授权组织。[③]

一　开发区法制的发展现状

开发区法制建设的重要特征是在实践中逐步探索和总结其法律地位状况，未曾于起始阶段设计出一个完整的理想模式。

（一）开发区基本类型的法律界定日渐明确

1984 年大连经济技术开发区初建，其后国内开发区快速增长，种类繁多。2003 年，国务院对当时急剧膨胀、无序发展的开发区进行了清理整顿，将保留下的规范为三类：综合型经济开发区、高新技术产业园区和特色产业园区。另外，对余留的省级开发区，国家发改委参照民政部命名规范进行了重新命名。[④]

（二）开发区法制建设的法律条文不断增多

起步阶段，开发区法制建设主要依靠政策文件支撑获得发展，较少出台

[①]　余宗良：《困境与出路：开发区管委会法律性质之辩》，《中南大学学报》（社科版）2013 年第 1 期。

[②]　张治国等：《经济开发区管理机构法律地位问题探析》，《红河学院学报》2014 年第 4 期。

[③]　杨如冰等：《开发区管委会及其职能部门的行政诉讼被告资格研究》，《山东审判》2013 年第 4 期。

[④]　张志胜：《开发区的治理与变迁》，经济科学出版社，2011，第 40 页；国家发改委等：《关于清理整顿现有各类开发区的具体标准和政策界限的通知》，2003。

相关法律。1992 年后，对开发区及其管委会的法律地位较为清晰的勾勒则归功于地方立法。

1. 法律

1993 年《科学技术进步法》设置了高新技术开发区的存在，但没有界定它的法律性质，更未对其管理机构及体制予以安排。

2. 国务院办公厅文件

2005 年国办下发通知，就商务部等呈报的《关于促进国家级经济技术开发区进一步提高发展水平若干意见》一文批转道：各省（区、市）可制订有关经开区的地方性法规，其中国家级开发区管理机构应属地市级以上政府的派出机构。2014 年国办再就促进经开区转型升级发布意见，鼓励有条件的国家级经开区积极探索和相关行政区创新融合发展的体制和机制。2017 年国办又最新发布《关于促进开发区改革和创新发展的若干意见》，鼓励各地探索开发区管理体制，健全开发区法制。以上指导性意见是重要的，但未重要到通过行政法规层面对开发区进行规范，不过比规章效力要高。

3. 部委规章

建设部《开发区规划管理办法》（1995，已失效）、国家科委《国家高新技术产业开发区管理暂行办法》（1996）、文化部《国家级文化产业示范园区管理办法（试行）》（2010）等，虽与开发区有关，但基本未规定开发区管委会的职能。

4. 司法解释

最高法院 2005 年第 5 号关于国有土地产权的适法解说指出，开发区管委会无权成为土地使用权出让合同的出让一方。这是对管委会作为合同主体资格效力的首次裁决。

5. 地方性法规和规章

（1）省级人大的立法。最早的是《天津经济技术开发区条例》（1985），之后陆续有江苏、河南、贵州等，共计 17 个。它们对开发区管委会的定位是比较重要的，如天津条例指出，管委会为市政府派出机构，代表着市政府领导和管理开发区。（2）省级政府的配套规章。如广东省《〈湛江经济技术开发区条例〉实施细则》（1997）等，对开发区管委会的定位起到辅助作用。该实施细则第 3 条规定：开发区管委会代表市政府行使地、市一级的管理权限。（3）较大的市的人大立法。全国共有大约 50 个，以《福州市经济技术开发区条例》（1986）为最先，按其第 3 条：经开区管委会代表市政府对开发区实行统一领导和管理。

6. 其他规范性文件

诸如，新疆维吾尔自治区党委编办《关于库尔勒经济技术开发区管理委员会机构编制有关问题的批复》（2013），批文确认该管委会为自治区政府下属的派出机构。

（三）开发区管理机构的模式选择尚未明晰

在国家层面法律规范缺失的情况下，各地结合自身情况积极探索，形成了政府主导的管委会体制、开发公司主导的公司体制以及混合体制等三类。几种模式各具利弊。实践中，绝大多数开发区实行管委会体制。

二　开发区法律地位的现存问题分析

基于以上概述，虽然开发区法制日益增长，严格说来，当前开发区的法律地位尚处于模糊未明状态，这不仅影响开发区的长远发展，也不利于其管理机构的规范运作。

（一）开发区总体制度设计缺乏明确的法律依据

按照民政部 2001 年公布的行政区划代码规则，现有的各级各类经开区或工业园区等均不属于法定的行政区划。[①] 鉴于宪法、政府组织法等基本法律有关开发区立法存在着空白，使其性质、功能和目标等不够明确，导致开发区在发展中形成了不同的制度走向。

---

① 民政部：《统计上使用的县以下行政区划代码编制规则》，2001。

1. 政区化走向

一段时期的发展后，由于原管理机构无法更好地协调经济发展与行政管理间的矛盾，现实中，已有不少开发区复归传统行政体制，有些则与所在行政区融合或是成为独立的新行政区。

2. 公司化走向

20 世纪末以来，在国内市场经济体制日益稳固的大势下，更多地方政府效仿企业治理型的"蛇口模式"，尝试完全放手而由特许企业独自运营整个开发区。

（二）开发区管理机构没有规范的法律保障

尽管人们习惯将开发区管理机构即管委会称为"政府"，实际上目前关于管委会没有统一的法律规范，而是散见在各部门规章和地方性法规中。这导致以下难题。

1. 开发区管委会的行政地位较为模糊

依据现行立法法，地方人大没有授权开发区一级政府的法律权限，尽管各地的开发区法规具有实际法律效力，但却存在违宪之嫌。正是由于管委会性质尚无确凿的立法认定，其行政主体地位多受质疑，行使权力的范围、程序也没有法律依据和保障。因此，在中央层面对开发区立法处于空白的情况下，各地对管委会的定性大体采用下述方式。（1）将管委会界定成地方政府的派出机关。如《贵州省开发区条例》第10条指出："开发区设立管理委员会。开发区管理委员会是设立开发区的人民政府的派出机构，根据授权代表本级政府在开发区行使管理职权。"现行立法多为此种类型。（2）认为管委会是法规授权组织。如《海口国家高新技术产业开发区条例》第7条规定：市政府授权高新区管委会统一管理高新区。此种立法类型也不少见。（3）回避开发区的法律性质而予以模糊的概括赋权。如南昌市经开区条例：受市政府委托，开发区管委会对开发区实行统一管理。

2. 开发区管委会的领导体制不够健全

在缺乏法律依据的情况下，大多数管委会同时内置了上级政府主要领导挂名的指导小组。这种管理结构设置的初衷是值得肯定的，既便于协调与其他部门、地区的利益冲突，也易于突出开发区自身特色。然而实际运行中，这一体制往往产生"领导缺位"或"多头领导"等缺陷，导致管委会的行政权限不够稳定。[①]

（三）开发区配套管理机构设置存在法律争议

为满足开发区内居民、企业的需要，一些规模较大的开发区需要设立其他管理机构。由于管委会的法律地位未曾清晰，其下属的配套部门设置较为混杂。

三 开发区管委会行政诉讼被告资格研究

当前，各级各类开发区包括经济技术开发区、高新技术开发区等，大体均设置管委会作为日常办公机构，很多管委会并且行使着一级政府的行政权能。

（一）个案聚焦：开发区管委会的尴尬处境

【案例】上诉人甘某诉贵州黔南州政府、黔南州公安局确认强制拆迁违法案。甘某不服黔南州中级法院行政裁定，向贵州省高级法院上诉。上诉称，2015 年 4 月 13 日都匀经开区管委会未经其同意即对其位于大坪镇幸福村房屋予以强制拆除，该行为违反《土地管理法》《行政强制法》，没有法律依据，同时黔南州公安局经开区分局人员违反公安部规定参与强拆的行为违法。由于经发区管委会、经开区公安分局是黔南州政府、黔南州公安局的派出机构，故应由二被告对管委会和经开区分局实施的违法强拆行为承担法律责任。原审认为，被告应是做出被诉行政行为的行政机关，而本案没有证

---

① 李森：《困境和出路——转型中国开发区发展研究》，中国财政经济出版社，2008，第 199 ~ 200 页。

据证明原告起诉的强制拆迁是二被告实施，因此裁定驳回原告起诉。贵州省高级法院 8 月 17 日裁定书认为，都匀经开区管委会、黔南州公安局经开区分局分别是黔南州政府、黔南州公安局的派出机构，二被告是本案适格主体，因此裁定撤销黔南州中级法院裁定，发回由其继续审理。①

（二）法理辨析：开发区管委会被告资格的疑难

按现行行诉法，行政主体等同于行政诉讼被告。行政主体包含两类：行政机关、法规授权组织。开发区管委会若以自己的名义行使职权，则其属于哪种行政主体，被告资格如何界定？

1. 开发区管委会不是地方政府的派出机关

依照《地方各级人民代表大会和地方各级人民政府组织法》，政府派出机关只包括三种形式：省级的地区、县级的区公所、市辖区的街道办事处。开发区管委会未曾获得现有政府组织法的规范，故不属于地方政府的派出机关。

2. 开发区管委会不是政府职能部门的派出机构

根据某些实际的工作需要，地方政府的职能部门可以设立一定的派出机构，如公安部门的派出所等，但其没有独立的法律地位。尽管特定情况下，法律、法规也会赋予其行政主体资格，比如《治安管理处罚法》授权公安派出所可以决定警告、500 元以下的治安罚款等。然则，根据前文各项地方性法规的设定，开发区是上级政府设立的派出机关，而非其职能部门设置的派出机构，派遣主体显然有别，所以，开发区管委会不应视作政府职能部门的派出机构。

3. 开发区管委会不是行政机关委托的组织

在行政委托关系中，被委托组织行使职权只能以委托机关的名义，由此产生的法律后果也是后者承担。但开发区管委会在政务管理中，却是以自身的名义并且独立承担后果。因此，它和被委托组织显非同一。

---

① 贵州省高级法院〔2015〕黔高行终字第 145 号裁定书。

4. 开发区管委会不是一级地方政府[①]

毋庸强调，地方各级政府必须依法组建，但据《地方各级人民代表大会和地方各级人民政府组织法》，地方政府层级仅只明列省（区、市）、县（市）、乡（镇）等，开发区及其管委会未见其中。此外，《民族区域自治法》《行政区域边界争议处理条例》《国务院关于行政区划管理的规定》《国家统计局行政区划代码》（如贵州黔南州为 522700、贵州都匀市为 522701）等也未载开发区管委会的任何条文，因此它不属于一级地方政府。但现实中，例如贵州都匀市经开区管委会却执行着一级政府的权能。

5. 开发区管委会不具备行政复议职能

综合以上分析，辅之前文各种地方性法规如《贵州省开发区条例》等，其第 13 条仅只规定"开发区规划范围内的乡、镇，由开发区管理委员会统一管理"，按现行行政复议法，开发区管委会没有对其管理范围内乡镇政府行政行为的复议权责。

6. 开发区管委会不具有行政合同主体资格

前文最高法院的司法解释是直接否决开发区管委会行政合同主体资格的重要司法解释，至今有效。

（三）性质界定：各类开发区管委会的不同法律地位

各级各类开发区的设立主体、管辖内容不尽相当，其管委会有否行政诉讼被告资格，应据其权力来源与管理范围分而辨之，逐一确认。

1. 国家级开发区管委会

按照 1999 年科技部《国家高新技术产业开发区管理暂行办法》，开发区管委会可以行使省（区、市）政府授予的省市级规划、土地、财政等管

---

① 国土部在一则案例评析中认为，开发区管委会不是一级地方政府。该案里，山东临沂经开区管委会擅自批用土地，但其是政府下设的管理机构，不具备此种资格。用地批准权的主体是县级以上人民政府。国土资源部执法监察局：《开发区管委会不具批地权限——以临沂市经济技术开发区管委会非法批地案为例》，《中国国土资源报》2010 年 5 月 27 日第 007 版。

理权限。据此，这一级的管委会为规章授权组织，在授权范围内具有行政主体资格。

2. 省级开发区管委会

首先，业已制定开发区条例等地方性法规，赋予管委会相关行政职权的乃是法规授权组织，具有行政诉讼被告主体资格。也有不同意见，认定其没有主体资格的，如前述贵州黔南案例。其次，未有相关法规授权的，则是受委托组织，没有主体资格。

3. 省级以下开发区管委会

它们均无主体资格，若有职权当视为委托。

4. 开发区管委会职能部门

目前，无论何种级别的开发区管委会，其自身资格尚难确定，即便视作规章授权的组织，作为其内设机构的职能部门也全无主体资格。

四　当前贵州黔南关于开发区法制的司法实践

为促进依法行政，黔南州中级法院 2014 年 11 月向州政府提交了《关于对都匀经开发区管委会诉讼主体资格认定的司法建议》，认为开发区成立以来，管委会在园区建设、招商引资等方面取得了明显实效。随着社会经济发展，管委会在辖区内的社会事务管理方面的职能也逐渐扩大，与县级政府已较接近，由此引发的诉讼案件日益增多。法院在审理中，发现管委会及其下设的综合执法局在执法主体上存在依据不足的问题，因此导致败诉以及行政复议之后有继续败诉的风险。

（一）开发区管委会败诉风险分析

1. 作为办理机关的败诉风险

从目前管委会受理的案件类型看，一类是管委会自己办理的权属争议案件，一类是综合执法局受理的处罚类案件。第一类案件主要是山林土地权属争议，涉及土地的历史沿革、土地承包、林权改革等，基本上都有县级政府颁发的文书、证照等依据。管委会作为县级派出机构，做出的权属认定势必与原颁发机关在确权主体上发生矛盾冲突。管委会有无否定所在市县政府颁发证书效力的职权？因此在这个问题上出现与所在市县管辖交叉、职权重复的问题。此类案件不论实体处理上正确与否，如果进入司法审查程序，基本上会因行政主体资格的合法性问题而被法院撤销或确认违法。对于第二类案件，综合执法局的部分工作人员虽然拥有执法证，但综合执法局本身因职权来源缺乏法律法规授权，其以自己名义做出的行政决定在实体上不论正确与否，进入司法程序仍会因主体资格问题而被法院撤销或确认违法。个人持有执法证不是其所在单位执法主体合法的依据。

2. 作为复议机关的败诉风险

按《行政复议法》，若对地方各级政府行政行为不服，向上一级政府申请复议，管委会作为复议机关受理案件不符合该规定。管委会如果以州政府派出机构的名义受理复议案件，又会引发复议管辖制度的混乱：如果是乡镇政府做出的行政行为，复议机关应该是州政府；如果是管委会做出的行政行为，复议机关应该是省政府。因此，管委会复议乡镇政府、管委会下设部门的行政案件，实体上不论正确与否，若进入司法程序，基本上会被法院撤销。

3. 州政府作为被告的涉诉风险加大

最高法院 2000 年第 8 号关于行诉法的司法解释指出，行政机关的派出机构在未得法律授权的情况下，以自己名义作出行政行为，当事人提起诉讼的，以该行政机关为被告。管委会是州政府的派出机构，受托履行一级基层政府的管理职责，自其产生的法律后果由州政府承担，如果形成诉讼进入司法程序，州政府将作为被告参加应诉，增加州政府的工作量。

（二）对开发区法制的具体司法建议

1. 加大开发区项目申报工作，向省政府反映开发区面临的法律问题

尽快报请省政府对都匀经济开发区的审批工作。虽然该开发区存在已久，但《贵州省开发区条例》是 2012 年 7 月施行的，法不溯及既往，开发

区只有经过省政府正式行文批准成为省级开发区，才能适用该条例，也即第10条"开发区管委会是政府派出机构，根据授权行使职能"。建议一并报请省政府明确开发区规划范围内的乡镇政府与开发区管委会的法律关系。

2. 利用民族立法权限完善体制

提请州人大按照《民族区域自治法》的规定，就州内自办开发区管委会的行政地位制订单行条例，解决当前的授权疑难；同时明确州级部门、都匀市政府设在开发区的派出机构与开发区管委会的法律关系。

3. 目前的暂行应对措施

（1）重新明确开发区与都匀市政府之间的行政职能划分；（2）有垂直管理关系的行政管理职能仍由原管理部门归口管理；（3）山林土地确权争议仍由乡镇政府、都匀市政府处理，管委会暂时不受理，按照属地管辖原则，以原有的行政区划来管辖相应案件；（4）管委会综合执法局暂时以都匀市相关行政部门的委托名义开展执法活动；（5）管委会暂时停止开展复议工作，移交市政府处理，如果有必须自己复议的案件，以州政府名义进行。

五 结语

当今，关于开发区及其管委会的法律地位与诉讼主体资格问题，最终的解决需要国家层面的开发区立法，例如日本的《高技术工业智密区开发促进法》等，明确开发区的性质和法律地位，理顺管委会的管理体制和管理权限。

B.15
改革开放以来贵州省社会
治安综合治理工作综述

谢 勇 *

摘 要： 社会治安综合治理，是在各级党委和政府的统一领导下，统筹运用法律、行政、经济、教育等多种方式，严厉打击、严密防范违法犯罪行为，促进社会大局和谐稳定的社会治理制度。改革开放以来，随着国家社会治理模式由"社会管制"向"社会管理"再到"社会治理"逐渐演变，在贵州省委、省政府的坚强领导下，全省各级各有关部门深入开展治安重点整治、基层平安创建活动和"平安贵州"建设，人民群众安全感不断攀升，创设了许多优秀的做法，积累了许多宝贵的经验，赢得了全国的关注，获得了百姓的"点赞"。

关键词： 改革开放 贵州 社会治安 综合治理

改革开放以来，贵州省上下深入学习贯彻邓小平理论、"三个代表"重要思想、科学发展观和习近平新时代中国特色社会主义思想，坚持解放思想、与时俱进、开拓创新，一手抓当前、一手谋长远，推进平安贵州、法治贵州建设不断迈上新台阶。群体性事件、刑事案件、命案、非正常上访数量持续

---

* 谢勇，贵州民族大学博士研究生。

下降，2017 年，全省人民群众安全感、满意度分别为 97.84% 和 98.14%，连续 10 年实现稳步提升。① 时任中央政治局委员、中央政法委书记孟建柱同志多次肯定表扬贵州省社会治安综合治理有关工作，亲率周强、曹建明等领导同志到贵州省视察调研。

一 坚持严打开路，强力整治社会治安乱点

1983 年 8 月至 1987 年 1 月，根据全国统一部署，贵州省开展"严打"斗争。全省各级各政法部门精心组织开展了"大清查、大搜捕、拉大网"三个战役，共开展四次全省集中统一行动，集中扫荡面上的犯罪分子，深挖隐藏较深的犯罪分子。

1995 年，根据全国农村社会治安综合治理工作会议（吴江会议）要求，贵州省积极组织开展集中整治农村治安工作。从全省党政部门和政法机关、乡镇街道抽调干部 19079 人，成立了 1164 个工作队，进驻重点区域开展工作。

1996 年，根据中央部署，在全省组织开展了以"破大案、追逃犯、打团伙、抓现行"为重点的严打整治行动，相继开展"追逃打流"、夏秋季严打、严打整治"冬季行动"三个战役和七次全省城乡集中统一行动，开展了打击盗抢机动车、毒品犯罪、盗抢儿童等专项斗争以及整顿枪支管理秩序、高校治安秩序及对治安复杂场所、区域、路段的专项治理。

2001 年，根据中央部署组织开展严打整治行动，重点开展了打黑除恶、治爆缉枪、整顿和规范市场经济秩序、百日剿毒会战、网上追逃等专项行动。2002~2004 年，持续开展松桃县枪患治理活动，松桃枪患得到有效控制，社会治安形势明显好转。2008 年，松桃荣获 2005~2008 年度全国平安建设先进县（市、区）称号。

---

① 刘国彬、曾安邦：《贵州政法"大数据"构建社会"大平安"》，《民主与法制时报》2018 年第 21 期。

2008年6月，中共贵州省委做出了在全省开展打黑除恶专项行动的重大决策。2009年，贵州省打黑除恶工作在全国排名第11位，相较于2006年的第27位，上升了16个位次。其中，打黑除恶核心考核指标之一打击恶势力团伙战果认定率位居全国第一位，战果显著。[1]

2009年，对发生"6·28"打砸抢烧事件的瓮安县给予一票否决、列为重点整治地区。"6·28"事件后，瓮安县创新探索"5531"社会治理模式，大力提升人民群众安全感，2014全县人民群众安全感达100%。

2010年，对因社会治安秩序混乱，群众安全感排位倒数的关岭县、威宁县进行黄牌警告。关岭、威宁通过持续深入整治，两县群众安全感分别从2009年全省倒数第1位、第3位上升到全省中上游。

党的十八大以来，贵州省先后开展严打犯罪"雷霆行动"、治安防控"织网行动"、治安乱点"清除行动"、整肃毒品"扫毒行动"、平安校园"护校行动"、医院环境"整治行动"、网络整治"净网行动"七大行动，探索运用大数据手段推进社会治安综合治理，促进社会秩序持续向好。

二 加大人防、物防、技防力度，全面提升治安防范能力

在提升社会治安防范能力上，贵州省坚持一手抓打击、一手抓防范，不断加大人力、设备、技术等投入力度，广泛发动社会力量参与社会治安防范工作，不断提高社会各界参与意识，努力打造社会防范工作共治格局。1992年7月，贵州省委、省政府出台《贵州省治安联防组织管理规定》，在全省不断加强社会治安群防群治组织建设，全面推进人防、物防、技防工作。2005年，贵州省委、省政府转发了省公安厅、省综治办《关于加强社会治安防控体系建设的意见》，要求在全省建立以公安等政法机关为主力军，以社会专职巡防队伍力量为重点，以群防群控机制为工作基础，不断完善机关企事业单位、城市社区、城郊接合部、农村院落、学校

---

① 刘锦涛：《"平安贵州"建设成效》，《贵州警官职业学院学报》2015年第1期。

等公共场所的社会治安防范网络，整合基层综治维稳力量。在广大农村推行"十户联防""周边联防""警民包片制"和"中心户长制"等管理模式，在城市推行网格化管理、治安卡点、小区楼长、巡警不间断巡逻等管理模式。贵州省政府制定了《公共安全视频信息系统管理办法》《地市视频监控报警系统建设方案》，在全省推进视频监控报警系统建设（"天网工程"）。2010年，贵州省委、省政府转发了《贵州省综治委关于进一步加强社会治安防控体系建设的意见》《省公安厅关于切实加强公安特巡警队伍建设的意见》。截至2010年，全省各市（州、地）均成立了公安特（巡）警队。由政府出资，共招聘专职治安巡防人员26766人，88个县（市、区）均组建了不少于50人的专职巡防队伍，各类群防群治组织近10万个。全省共安装报警监控探头7270个。①

党的十八大以来，贵州省在以习近平同志为核心的党中央坚强领导下，以维护广大人民群众合法利益为基点，不断深化社会治安综合治理工作，着力补齐短板、打牢基础，以立体化治安防控体系、预防和化解社会矛盾纠纷体系、社会公共安全防控体系、流动人口重点人员服务管理体系、大数据防控调度体系、基层综合服务管理体系以及综治基层基础工作体系"七大体系"为工作抓手，以城市治安防控网、社区治安防控网、农村院落治安防控网、机关企事业单位内部治安防控网、"矿库工林"周边治安防控网以及大数据治安防控网"六张网"为工作重心，不断健全完善社会治安综合治理防控体系，织密坚固的打防管控社会治安防控网络。全省各市（州）、县（市、区）加大社会志愿者、特巡警治安队伍等力量建设，反恐维稳、应急处突以及社会面治安管控能力大幅提高。在社会治安防范工作中，贵阳市两严一降"书记工程"、黔东南州"两代表一委员"民情联络助推平安建设等创新社会治安综合治理的经验和做法，起到了积极的示范带头引领作用。

---

① 杜双燕：《2010～2011年贵州省社会治安状况分析及预测》，《贵州社会发展报告（2011）》社会科学文献出版社，2011，第129、130页。

三 坚持打牢根基，夯实基层平安建设基础

贵州省委、省政府坚持"立足基层、重心下移、减少层次、贴近居民"的原则，始终把夯实基层基础作为提升社会治安综合治理工作能力，提高人民群众安全感的基本工作，统筹创新推进，涌现了一大批先进基层地区。

1991年起，贵州省委、省政府组织实施全省社会治安综合治理"一五"至"四五规划"，在全省开展"平安工程"建设，创建治安模范单位等活动。第一个五年规划（1991～1995年）明确全省各级各部门社会治安综合治理工作各项考核指标内容，要求做到综治工作制度化、综治工作制度上墙化、综治队伍建设规范化等。通过综治工作达标创建工作，全省各级各部门强化了综治工作意识，推动了综治工作措施落实，实现综治工作全面达标。从全省社会治安综合治理"一五"规划开始，在全国率先实行社会治安综合治理活动达标考核。第二个五年规划（1996～2000年），明确以"平安工程"创建为抓手，开展安全村寨、安全小区、安全单位、安全校园等各类社会治安安全创建评比活动，将工作触角伸向基层，打牢基层基础。第三个五年规划（2001～2005年），在第二个五年规划基础上，进一步推动"平安工程"创建活动深入开展，全省形成了争创治安先进的浓厚氛围，先后有花溪区、余庆县等地被授予全国社会治安综合治理先进单位；贵阳市、遵义市等地被授予全国社会治安综合治理优秀市地；一大批单位（部门）被授予"治安红旗""治安先进""安全城市"等荣誉称号。第四个五年规划（2006～2010年），以"平安贵州"建设为载体，全面推进社会治安综合治理各项措施的落实。2007年，根据中央办公厅、国务院办公厅转发《中央政法委员会、中央社会治安综合治理委员会关于深入开展平安建设的意见》的要求，贵州省委、省政府下发了《关于深入推进"平安贵州"建设的意见》，大力推进"平安贵州"建设，开展基层平安创建活动，人民群众安全感不断攀升。2009年，务川、息烽、镇远、龙里、岑巩、册亨、金沙、凤冈、石阡9个县被表彰命名为全省平安建设先进县，贵州省委对这9个县党

政一把手及政法综治部门主要领导进行了嘉奖，要求全省各地认真学习他们好的工作做法。2010年，贵州省综治办提请省委下发了《关于创建平安和谐矿区库区工区的意见》，在全省组织开展"平安和谐三区"建设活动，各地以县市区和矿区、库区、重点工程区为单位，推动"平安和谐三区"共建机制落地，落实公安警务、治安防范、纠纷调处、情报信息、人口管理、法律宣传、处置群体性事件"七进三区"的要求，保障推动矿区库区工区建设。截至2010年底，全省共有77个县（市、区、特区）被表彰命名为平安先进县；共有1447个乡镇被表彰命名为平安乡镇。①

2017年9月19日至20日，全国社会治安综合治理表彰大会在北京召开。贵州省遵义市、余庆县综治办被授予"长安杯"，铜仁市被授予全国社会治安综合治理优秀市（地、州、盟）称号，册亨县、雷山县、钟山区、息烽县被授予全国平安建设先进县（市、区、旗）称号，余庆县综治办、西秀区综治办、贵定县维稳办被授予全国社会治安综合治理先进集体荣誉，六枝特区公安局中寨派出所所长廖龙富、云岩区中天社区服务中心党委书记、社区综治中心主任蔡佳丽，石阡县公安局党委委员鲁飞被授予全国社会治安综合治理先进工作者荣誉。

四 以"六项工程"为抓手，加大对重点人员管理和服务力度

（一）在针对未成年人专门教育方面，开展"育新工程"

贵州省委、省政府要求对有不良行为以及已进入司法程序但检察机关决定不起诉、法院决定判处免予刑事处罚的未成年人进行特殊专门教育，由各市（州）及部分社会经济发展条件较好的县（市、区）出资，设立专门特殊教育学校，对进校的未成年人进行行为矫治和心理疏导，并负责与其家人

---

① 刘锦涛：《"平安贵州"建设成效》，《贵州警官职业学院学报》2015年第1期。

建立沟通联系，帮助其回归社会。目前，贵州省已建成特殊专门教育学校17所，累计投入资金2亿元，可容纳学生3500余人。[1]

（二）在重点青少年群体救助保护方面，开展"雨露工程"

贵州省委、省政府要求对留守儿童、流浪儿童、困境儿童以及服刑人员未成年子女、社会闲散未成年人等重点青少年群体建立"一对一"关爱服务网络，实施救助保护工程。各市（州）、县（市、区）要对重点儿童群体及重点青少年群体进行全面梳理排查，建设"横到边，纵到底"翔实信息数据库，切实摸清底数，掌握情况，做到数据鲜活、动态监测，精准施策、救助到位，切实维护重点青少年群体合法权益，有效预防未成年人犯罪。[2]

（三）在针对吸毒人员康复就业方面，开展"阳光工程"

贵州省委、省政府要求对吸毒康复人员建立涵盖"生理脱毒、身心康复、就业安置、融入社会"四方面内容的社区戒毒社区康复"阳光工程"。帮助吸毒康复人员回归社会的难点在于就业技能的缺失，重点在于就业技能的培育。"阳光工程"不仅提高吸毒康复人员的身体素质和心理适应力，而且着力开展吸毒康复人员就业技能培训，让其在戒毒康复期间，掌握至少一门就业本领，提高其适应社会、融入社会能力。贵州省政府规定，对于不同容纳体量的阳光企业给予不同的扶持补助经费，对安置吸毒康复人员规模在50人以上的和在100人以上的"阳光企业"分别给予15万元和30万元的补助经费，同时要求地方财政按照1:1的比例同等配备。目前，全省共建成100个"阳光企业"，全省各级对"阳光工程"补助经费超过1亿元。贵州省1.6万名社区戒毒社区康复人员全部纳入就业安置体系，已集中安置吸

---

① 杨胜卫、郭飞扬：《贵州："六项工程"破解特殊人群服务管理难题》，《贵州政协报》2016年9月15日。

② 张黔泉：《贵州省进一步加强未成年人教育保护工作》，《贵州日报》2014年5月10日。

毒人员 19161 人，分散安置 69890 人。[①] 2016 年 8 月，全国社区戒毒社区康复工作推进会在贵州省贵阳市召开，会上全面总结和推广了贵州省禁毒工作经验和做法。

（四）在刑释解戒人员安置帮教方面上，开展"回归工程"

贵州省委、省政府要求对刑释解戒人员开展无缝对接、"第三方接回"以及就业培训的"回归工程"。在开展无缝对接上，贵州省创新探索以政府购买社会服务的方式，聘请社会企业对刑释解戒人员进行接回，做到安全有序接回，确保不漏一人。同时，对接回的刑释解戒人员全面开展教育引导、安置帮扶、就业培训等各项工作，共建过渡性安置帮教基地 120 余个，实现了刑释人员安置率和帮教率"两个 100%"，重新违法犯罪率小于 0.1%，回归工作取得了明显成绩。[②]

（五）在精神障碍患者救治服务方面，开展"安宁工程"

省委、省政府要求对排查清理出的精神障碍患者，全面落实肇事肇祸精神障碍患者入院救治机制，通过新建、扩建专科医院，创造条件新建一批安康医院进行救治，对生活困难的予以帮扶、救助。对精神障碍患病程度不深、有一定生活自理能力的患者，采取居家治疗的方式，同时要求属地要安排相应的监护力量，由辖区派出所、驻村（居）警务助理和患者家属落实监管责任，确保不出问题。

（六）在艾滋病防控方面，开展"红丝带工程"

省委、省政府将贵州省艾滋病抗病毒治疗工作列入了社会管理创新和平安创建工程的"十大民生工程"，并提出了"三个 90%"的工作要求，即

---

① 张鹏：《贵州戒毒"阳光工程"建设　实现县县全覆盖目标》，《贵阳晚报》2016 年 9 月 13 日。

② 杨胜卫、郭飞扬：《贵州："六项工程"破解特殊人群服务管理难题》，《贵州政协报》2016 年 9 月 15 日。

诊断发现患者90%以上，患者接受抗病毒治疗90%以上，治疗成功率90%以上。同时，制定了宣传教育、综合干预、检测治疗等11个具体工作指标。通过不断扩大宣传教育、监测检测、综合干预、抗病毒治疗、母婴阻断等工作覆盖面，促进了艾滋病防治工作的深入开展。重点加强对疫情严重地区的组织协调、技术指导和督促检查，加大对易感染人群的干预力度，使贵州省艾滋病疫情得到有效遏制。①

五　全面推进司法体制改革，大力提升司法公信力

2014年7月，贵州成为全国第一批司法体制改革试点省份，花溪区法院、汇川区法院、榕江县法院、贵定县法院成为第一批试点单位。同年12月，省委、省政府召开全省司改试点工作会议，正式宣布启动司改试点工作，在全国率先吹响了司改试点工作号角，正式向更高效、更权威、更公正的司法制度迈进。2015年10月，经中央批准，司法体制改革试点地扩大到六盘水市、平坝县、织金县、碧江区和兴义市。2016年7月，省委、省政府召开司法体制改革现场观摩会，对全省全面铺开司法体制改革工作做出了系统安排部署，发出了总动员令，司法体制改革的旋风在全省迅速蔓延开。改革以来，贵州省委、省政府高度重视司法体制改革工作，将司改工作纳入省委、省政府工作大局中，切实加大统筹协调力度，着力推进员额制、责任制、保障制、统管制"四项机制"落实，探索形成了一系列突破性的好的工作做法和经验，司法公信力明显提升，改革成效凸显。

（一）在员额制上敢动"奶酪"自我加压，不简单论资排辈

严格按照中央政法委关于员额制法官和员额制检察官比例有关要求，开展全省法官、检察官员额遴选工作。目前，全省法官员额比例为28.09%，全省检察官员额比例为32.55%，分别比改革前法官比例、检察官比例下降

---

① 彭德全：《以更高标准整体推进"六项工程"》，《法制生活报》2016年9月21日。

了 27.5% 和 31.9%，低于中央政法委规定的 39%。在此基础上，改变过去行政化内部管理工作模式，打破过去办案力量分散配置、条块分割的惯例，建立以主审法官、主审检察官为核心，助理审判检察人员协同配合、整个司法队伍相对稳定的"1+N"模式，大力提升基层一线办案战斗力。通过改革，符合司法规律的司法人力资源配置不断完善，超过 85% 以上的司法力量投入到一线办案中，"案多人少"矛盾得到有效缓解。入额的院级领导干部、专职审委会检委会委员均编入办案团队直接办案，并要求办案要达到一定数量。如汇川区法院规定副院长每年办案数不低于 30 件，审委会委员不低于 60 件。

（二）在责任制上敢于担当明晰权责，不简单放权

省法院按照"让审理者裁判，由裁判者负责"的要求，制定法官审判责任、法官助理书记员以及其他辅助人员滥用职权等行为责任追究办法等实施细则，取消各级院、庭长审批权，规定主审法官独立行使审判权，真正做到"有权、有责、有效"，已实现全省法院所有裁判文书由主审法官独立签发。省检察院着力构建权责利相统一的办案模式，明确了主任检察官责任主体的地位，制定了检察权力清单以及实施配套措施，对检察权重新优化配置，确保决定者负责，办案者负责。全省检察院 90% 以上的案件已由主任（独任）检察官决定和审批。同时，通过大数据深度运用，织牢"数据铁笼"，实现监督全程留痕、可视监督，提高监督效率和可信度。

（三）在保障制上敢"啃骨头"知难而进，不空转也不简单提高待遇

在财力紧张有限的情况下，广泛凝聚改革共识，形成坚定改革定力，通过自筹资金等方式坚决落实办案补贴等各项保障措施，确保员额制法官、检察官各项待遇得以保障，创造性地建立了"以案定补、按劳分配"的保障机制，在全国率先落实实现了保障"实转"，有力地保障和推动了改革的顺利进行，为制定全国统一的职业保障政策贡献了"贵州经验"。

2016 年全国司法体制改革推进会和工资改革试点工作部署会召开后，谌贻琴同志亲自召集研究提出了"确保贵州省改革增资水平不低于全国平均水平"的总要求，省人社、财政等部门牵头精心制定工资制度改革配套文件，迅速报备审批印发组织执行。改革后，贵州省在全国率先实现员额法官、检察官基本工资、办案补贴等全部发放到位，极大地激励了一线办案人员。

（四）在统管制上循序渐进因地制宜，不简单切割

在人财物统一管理改革推进中，坚持从贵州省实际情况出发，因地制宜稳步推进，不强求步调绝对一致。随着省委支持法院检察院依法独立公正行使职权制度的建立，以及关于领导干部干预司法活动、插手具体案件处理和司法机关内部人员过问案件的记录和责任等文件的制定出台，法官检察官依法独立公正行使职权的环境得到进一步优化。为减小改革阻力和震动，贵州省遵循循序渐进的原则，实行领导干部、机构编制省级统管，财物暂由市级统管的分步走做法。采取这一做法既符合中央改革精神，也切合贵州省工作实际，确保了司法体制改革蹄疾步稳有序推进。

随着司法体制改革逐步推进，司法办案人员责任心、荣誉感、归属感极大增强，责权利相统一的司法运行模式不断健全完善，加强学习、用心办案、谨慎用权成为全省司法办案人员的思想自觉和行动自觉。与司法体制改革前相比，法官人均结案数同比上升 275%，试点法院办案效率提升 47.8%，试点检察院审查逮捕公安机关提出复议复核下降 98%，平均每起案件中的司法不规范等瑕疵问题比改革前下降了 79.98%，批捕、起诉案件分别缩短 20.16% 和 27.05%，民事行政案件和执行案件办案时限分别缩短 32% 和 18.17%，全省涉及检察院系统信访案件同比下降 24%，实现了办案质量和司法效率大幅提升的改革效果。[①]

[①] 涂林念：《着力破解改革难题　促进司法公正高效——贵州省全面推开司法体制四项改革试点综述》，《贵州日报》2016 年 7 月 12 日。

六 几点工作启示

回顾总结改革开放 40 年来贵州省社会治安综合治理工作,有以下几点工作启示。一是必须始终把牢对党忠诚这个政法综治之魂。政法综治机关作为党和人民手中的"刀把子",必须牢固树立"四个意识",坚持党的绝对领导,保持绝对忠诚的政治本色,用政治上的绝对忠诚推动政法综治工作取得实效。二是必须始终抓住人民对平安公平的需求这个政法综治之本。坚持一切为民的工作理念,急民之所急,想民之所想,集思广益,广开言路,征求人民群众的意见,严厉打击人民群众深恶痛绝的以及影响人民群众安全感、满意度的黑拐骗、黄赌毒等案件,赢得人民群众真心支持。三是必须始终扛起围绕中心、服务大局这个政法综治之责。把政法综治工作放进党委政府工作大局角度思考谋划,为守好"两条底线"、打好三大攻坚战,实现同步小康,奋力开创百姓富、生态美的多彩贵州新未来切实履行好保驾护航神圣使命。四是必须始终建好队伍这个政法综治之根。紧扣政治过硬、本领高强的目标,不断加强政法综治队伍思想政治、业务能力、作风建设,提高政法队伍运用大数据解决问题的能力和水平,增强做好群众工作的本领,提升履职能力。

调 研 报 告

Investigation Reports

B.16

贵州省政府信息公开调研报告（2017）*

—— 以政府网站为视角

贵州省社会科学院法治评估创新工程项目组**

摘　要： 根据《贵州省2017年政务公开工作要点》（以下简称2017年工作要点）要求，2017年，全省政务公开工作要全面推进决策、执行、管理、服务、结果公开，加强解读回应，扩大公众参与，增强公开实效，切实以政务公开助力稳增长、促改革、调结构、惠民生、防风险各项工作。贵州省社会科学院法治评估创新工程项目组以政府门户网站为切入点，围绕相关文件要求，对

---

* 本文系贵州省社会科学院2018年创新工程重大支持项目"贵州法治建设评估与创新发展研究"成果，贵州省法治研究与评估中心项目成果。

** 执笔人：贾梦嫣，贵州省社会科学院法律研究所副研究员，贵州省法治研究与评估中心研究员。本报告在评估指标上借鉴了中国社会科学院"中国政府信息公开第三方评估报告"的相关内容，在此，对中国社会科学院项目负责人田禾及项目组的相关专家致谢。

贵州省政府信息工作情况进行评估并形成相应的调研报告。

关键词： 贵州省　政府信息公开　调研

一　评估对象与指标体系

（一）评估对象

除贵州省下辖市（州）级政府及贵安新区管委会外，本次评估对象增加贵州省政府的政府信息公开情况。随着"互联网＋"和大数据战略行动的进一步推进，政府门户网站已成为公众获取政府信息的主要渠道。据统计，2016 年全年，全省各级政府通过门户网站发布政府信息 142.9 万条，同比增长 19.86%。其中，省政府及部门发布 22.3 万条，市县级政府及部门发布 120.6 万条。[①]

因此，本次仍以政府网站作为调研对象（见表 1）。

表 1　本次调研政府门户网站列表

网站名称	域名
贵州省人民政府	http://www.gzgov.gov.cn/
中国贵阳	http://www.gygov.gov.cn/
中国遵义	http://www.zunyi.gov.cn/
中国金州　黔西南	http://www.qxn.gov.cn/
黔东南苗族侗族自治州人民政府	http://www.qdn.gov.cn/
中国·黔南－黔南布依族苗族自治州	http://www.qiannan.gov.cn/
毕节市人民政府	http://www.bijie.gov.cn/
中国安顺	http://www.anshun.gov.cn/
六盘水市人民政府	http://www.gzlps.gov.cn/
铜仁市人民政府	http://www.trs.gov.cn/
贵安新区官方	http://www.gaxq.gov.cn/

---

①　数据来源：《贵州省 2017 年政府信息公开报告》，贵州省政府网站。

（二）调研内容

主要从政府信息公开专栏、决策公开、重点领域和事项公开、依申请公开四个方面对受访网站政府信息公开情况进行调研（指标体系见表2）。

表2　指标体系

调研内容	具体事项
政府信息公开专栏	政府信息公开目录
	政府信息公开指南
	政府信息公开年报
决策公开	栏目设置（集中发布）
	发布规范性
	草案公开
	政策执行和落实情况公开
	政策解读和回应关切
重点领域和事项	权责清单公开
	预决算等财政信息公开
	环境保护信息
依申请公开	申请渠道畅通性、便利性

二　调研情况

（一）政府信息公开专栏情况

1.总体情况

2017年工作要点要求，2017年，应当优化公开平台栏目设置，明确栏目定位，避免同类信息在不同栏目进行发布，影响公众获取政府信息的效率和体验。健全完善站内检索功能，力争让公众能够一键查询定位所需信息"[1]。调研对象均已经在显著位置设置"政府信息公开"或者"政务公开"专栏，

---

[1]　2017年工作要点的第六条第（四）项。

并按照规定配置相应栏目。但 2016 年调研中发现的部分问题仍然存在。

2. 公开目录方面

调研对象已经普遍采取了组配分类法、主体分类法、体裁分类法等相应的分类方法进行分类，因此，在上一年的基础上，本次调研主要考虑信息查询的便利性和链接的有效性。11 个调研对象中，有 9 个设置了部门信息公开或所属区（县、市）信息公开链接，获取信息较为便利。调研组累计随机抽取了 30 条 2017 年信息公开链接，链接有效性为 100%，较上年有所提高。

3. 公开指南方面

总体而言，调研对象的信息公开指南内容较为详尽，能够起到指南的作用。但个别评估对象"信息公开指南"栏目下仍然包含其他非指南信息，文件分类规范性仍有待提高。如黔南州"信息公开指南"栏目下还发布了"春节慰问送温暖　精准扶贫暖人心 – 黔南州商务和粮食局走访慰问困难党员和群众"等内容（见图 1）。

图 1　黔南州网站信息公开指南页面

4. 公开年度报告方面

调研对象均能按照《政府信息公开条例》第 31 条的要求，在时限内发布2016年年报，年报内容也基本能够符合相关文件要求。但上一年度调研报告中提出的将"本级政府部门和区（县、市）政府年度报告放置在同一个页面，且未进行分类，增加查找年度报告的难度"的问题仍然存在。

图2 贵安新区网站信息公开年报页面

黔东南州等地对不同层级、部门的政府信息年报进行分类或者提供搜索，以便于公众查找相应政府、部门的信息公开年报（见图3）。

图3 黔东南州网站信息公开年报页面

此外，上一年度部分调研对象年度报告名称不规范的问题，本次调研中未发现。

（二）决策公开情况

2017 年工作要点，要求全面落实"五公开"工作机制，严格落实重大决策预公开制度，加大建议提案办理结果公开力度。[①]

调研对象普遍设置专门的栏目公布相关政策文件，并对政策文件来源进行了标注。此外，所发布的政策文件索引号、文号、发布单位、效力等内容普遍齐备，政策发布规范性较上年有所提高（见图4）。

图4 铜仁市网站政策法规发布页面

发布内容方面，2017 年工作要点要求，"重要改革方案和重大政策措施出台前，要广泛征求公众意见，同时加强宣传引导，让更多公众参与到意见征集中来。对于征集到的意见，吸收采纳情况要向公众公开，不予采纳的要说明理由。重大决策正式出台后，要将决策文本与征集意见情况和政策解读情况相关联，方便公众查阅"。部分调研对象分别设置了"草案发布或征求意见""政策解读"

---

① 2017 年工作要点的第六条第（二）项。

"修改废止文件"等项目。此外，六盘水市政府、黔西南州政府在显著位置设置
"建议提案办理"栏目，对人大代表、政协委员建议、提案的办理情况进行集中回
应。贵州省政府将"解读回应"栏目置于显著位置。但总体来看，对本地区的政
策文件解读仍有不足，政策执行和落实情况公开仍然有待加强（见图5、图6）。

图5 六盘水市网站建议、提案发布页面

图6 贵州省政府网站解读回应发布页面

（三）重点领域和事项公开情况

根据国务院《关于全面推进政务公开工作的意见》和 2017 年工作要点的要求，结合贵州省实际，选择扶贫政策信息公开、预决算等财政信息公开、环境保护信息公开三个方面进行考察。

扶贫政策信息公开方面，2017 年工作要点要求，要"围绕实施精准扶贫、精准脱贫，加大扶贫政策、扶贫对象、帮扶措施、扶贫成效、贫困退出、扶贫资金项目安排等信息公开力度""加强脱贫攻坚相关政策解读公开，让基层群众及时知晓扶贫政策"。调研对象普遍设置了"扶贫工作"信息公开专栏，调研组对每个调研对象分别随机抽取 5～10 条信息，信息链接有效性达到 100%，总体情况较好。

预决算等财政信息公开方面，2017 年工作要点要求，要"完善政府债务领域信息公开相关规定，深入推进财政预决算公开，细化政府采购信息公开"。调研对象普遍根据文件要求设置了"财政资金""预决算信息公开"等栏目，并在栏目下设置了相应分类和索引，以便于查找。链接有效性和规范性均较上年有所提高。

环境保护信息公开方面，评估对象的公开情况普遍较好，发布内容涵盖环境保护相关规定、建设项目环评、辐射安全、环境执法检查、重点监控企业、环境质量月（日）报、污染物排放等方面，信息发布规范性较上年有所提高。此外，2017 年以来，该领域信息公开工作还出现了一些亮点，如贵阳市以"生态云"平台建设为突破口，全力推进生态环境数据公开工作；黔东南州运用"大数据"打造"民生资金云"平台，加大民生资金公开和监督力度等。

（四）依申请公开情况

依申请公开方面，评估对象普遍设置了书面申请和网上申请两类申请渠道，并提供了申请流程说明、依申请公开说明、网络申请平台、网络查询平台。从其设置来看，申请公开渠道建设情况普遍较好。但受本次调研人力及时间限制，调研组未能对各地政府依申请公开的实际情况进行调查。

三 对策建议

总体来看，贵州省省本级及市（州）政府网站信息公开水平较上年有所提高，相关制度和平台建设日趋完善。下一步，应当继续从提高政府实效上下功夫，具体包括以下方面。

（一）进一步拓展公开深度和广度

一是在政策的解读上，以转载代替解读，回应关切"接地气"不足，不能很好地体现本地特色，回应本地民众所关心的热点。下一步，应当进一步加强对政策解读的全面性、及时性。二是要继续围绕"大数据""大扶贫"两大战略行动，进一步打造公开新亮点。三是加大扶贫领域资金项目和扶贫政策的公开力度。四是进一步推动政务数据开发和共享工作，建立政务数据资产登记制度和政府数据资源目录体系。

（二）进一步提升公众参与度

通过建立重大决策预公开、会议公开、公文属性源头认定等三项制度，让公众参与成为决策必经环节，推动决策过程公开透明。坚持"谁起草、谁解读"，对涉及面广、社会关注度高、实施难度大、专业性强的政策文件开展解读。

（三）进一步健全信息公开评估机制

建立健全科学、合理、有效的量化评估指标体系，实现省市县三级政府透明度第三方评估全覆盖，推动政府信息公开工作的进一步发展。

B.17
贵州省司法透明度评估报告（2017）*
——以法院网站信息公开为视角

贵州省社会科学院法治评估创新工程项目组**

摘　要： 2017年，贵州省社会科学院法治评估创新工程项目组继续对贵州省高级人民法院和贵州全省9个市（州）中级人民法院的司法透明度进行评估。项目组通过量化评分的方式，以法院网站信息公开为视角，对各法院的司法透明度各个板块环节进行了评估。评估结果显示，贵州省司法公开有了长足的进步，特别是在审判公开方面，成绩提高较为显著。报告对评估对象与指标设置、评估结果与各板块评估情况进行了具体研究论述，并对下一步提升司法透明度提出了加强审务公开、继续加大执行公开力度、拓宽数据公开渠道、突出司法改革成效等方面的意见与建议。

关键词： 贵州　司法透明度　司法公开　法治评估　2017年

2017年，贵州全省各级人民法院在党委领导、人大监督、政府政协和社会各界的支持，以及最高人民法院的指导下，以习近平新时代中国特色社会主义思想为指导，继续贯彻落实司法公开，以公开促公正，在审务公

* 本文系贵州省社会科学院2018年创新工程重大支持项目"贵州法治建设评估与创新发展研究"成果，贵州省法治研究与评估中心项目成果。

** 项目组成员由贵州省社会科学院法律研究所科研人员组成。执笔人：张可，贵州省社会科学院法律研究所副研究员，贵州省法治研究与评估中心研究员，法学博士。

开、审判公开、执行公开以及信息化建设等方面取得了卓有成效的成绩。为进一步推进司法公开，建设"法治贵州"，贵州省社会科学院法治评估创新工程项目组（以下简称"项目组"）继续从法院网站信息公开视角，对2017年度贵州全省高级、中级两级人民法院的司法透明度进行评估。这是本项目组继2015年、2016年以来开展的第三次全省司法透明度年度评估。

一 评估对象与指标设置

（一）评估对象

2017年度贵州省司法透明度指数的评估对象，仍为全省10家高、中级人民法院，即：贵州省高级人民法院、贵阳市中级人民法院、六盘水市中级人民法院、遵义市中级人民法院、安顺市中级人民法院、毕节市中级人民法院、铜仁市中级人民法院、黔南布依族苗族自治州中级人民法院、黔东南苗族侗族自治州中级人民法院、黔西南苗族布依族自治州中级人民法院（以下分别简称"贵州高院""贵阳中院""六盘水中院""遵义中院""安顺中院""毕节中院""铜仁中院""黔南中院""黔东南中院""黔西南中院"）。

（二）指标设置

参照中国社会科学院法学研究所法治指数创新工程项目组在《中国司法透明度指数报告（2016）》中设置的指标体系，[1] 根据最高人民法院近年来全力打造的包括审判流程、庭审活动、裁判文书和执行信息在内的"司法公开四大平台"，以及大数据时代"智慧法院"建设的要求和特点，结合

---

[1] 李林、田禾主编《中国法治发展报告 No. 15（2017）》，社会科学文献出版社，2017，第227~228 页。

贵州省法院工作实际情况，本项目组在进行本次评估的指标体系设置时，将审务公开、审判公开、执行公开和数据公开作为四个一级指标予以设置，并分配相应权重。具体指标及权重设置见表1。

表1 贵州省司法透明度指数指标体系及权重设置

单位：%

一级指标及权重	二级指标及权重
审务公开(20)	网站建设(30)
	机构和人员(30)
	规范性文件(20)
	工作报告(20)
审判公开(40)	诉讼指南(10)
	案件查询(20)
	开庭公告(10)
	庭审直播录播(20)
	裁判文书公开完整性(20)
	裁判文书公开及时性(10)
	减刑、假释公开(10)
执行公开(30)	执行指南(20)
	执行拍卖公告(20)
	失信被执行人曝光(30)
	拒执制裁信息(20)
	终本案件信息(10)
数据公开(10)	财务数据(40)
	司法业务数据(60)

审务公开，是指与司法审判有关的法院组织人事、行政办公、新闻宣传、信息技术、网络建设等事务。主要包括：法院概况介绍、内设机构职能介绍、在编人员（主要是领导和审判人员）信息、新闻简讯、年度工作报告和专项工作报告、各项规章制度、规范性文件、网络平台维护等。

审判公开，是指在司法审判的各个环节中，法院所体现出来的工作过程与结果公开，这是司法公开的核心内容，也是"司法公开四大平台"的主体部分。主要包括：便于人民群众了解诉讼知识和诉讼风险的诉讼指南、可以及时了解案件进展的案件查询系统、庭审活动直播录播、作为案件办结静态结果的裁判文书公开等。需要说明的是，本指标（板块）是在2016年设置的"审判流程和庭审活动公开"与"裁判文书公开"的基础上，将该两个一级指标合并而成的，主要是考虑到裁判文书作为司法公开的重要内容，已经较为成熟，且裁判文书处理规范性问题属于案件质量评判问题，不宜作为司法透明度评估对象。

执行公开，是指在法院执行工作中，为有效解决"执行难"问题，便于当事人了解和社会各界监督，将执行信息公开。主要包括：执行指南、执行拍卖公告、失信被执行人曝光（民间俗称为上"黑名单"的"老赖"）、对拒不执行判决裁定的制裁措施及案例、终结本次执行程序的案件公开等。

数据公开，是指能够客观反映法院业务工作，可以提供给社会公众用于监督、研究使用的数据公开。主要包括："三公"经费等财务数据、可以公开的司法统计数据等。该指标是基于近年来贵州省大数据飞速发展以及数据公开的价值与意义而设置的司法透明度评估一级指标，具有一定的探索性。

二 评估结果与各板块评估情况

（一）总体评估结果

纳入本次评估的贵州省10家高级、中级人民法院，全部建有自己的网络平台。根据该10家法院官方网站的公开信息，本项目组得出的总体评估结果是：10家法院司法透明度评估的平均分数为48.45分，及格率为0；平均分数比2016年略高（2016年为45分），但及格率有所下降（2016年及格率为10%）。各家法院的总体分数，由高到低排名依次是：贵州高院、黔南中院、毕节中院、黔西南中院、黔东南中院、六盘水中院、遵义中院、贵阳中院、安顺中院、铜仁中院。与2016年评估相比，毕节中院、黔东南中院、遵义中院提升较为显著。具体测评结果见表2。

表2 贵州省法院司法透明度总体测评结果（满分：100分）

单位：分

法院	得分	法院	得分
贵州高院	58.2	毕节中院	55.8
贵阳中院	45	铜仁中院	34.4
六盘水中院	46.2	黔南中院	56.5
遵义中院	45.4	黔东南中院	50.5
安顺中院	39.5	黔西南中院	53

（二）各板块评估情况

1. 审务公开板块

审务公开板块测评的主要内容有：网站建设、机构和人员、规范性文件、工作报告等4个指标。具体测评结果见表3。

表3 贵州省法院审务公开板块得分情况（总分：100分）

单位：分

法院	得分	法院	得分
贵州高院	61	毕节中院	39
贵阳中院	18	铜仁中院	27
六盘水中院	27	黔南中院	42
遵义中院	48	黔东南中院	30
安顺中院	52	黔西南中院	39

关于网站建设，全部被测评法院网站均处于有效运行状态，只要接入互联网即可以顺利链接各法院网站。由于贵州高院建有全省统一的"贵州法院网"（网址：http：//www.guizhoucourt.cn），可以有效链接全省各中级、基层法院，因此大多数中院采用与贵州高院相一致的网站页面设计风格，黔东南中院也摒弃了以往较有民族特色的页面设计而改用规范样式，只有遵义中院、毕节中院和黔南中院的页面设计较有自身特色。需要说明的是，安顺

中院、毕节中院存在将审判业务与综合行政业务分开、各建立两套官方网站的情况。总体来说，全省法院的网站建设有规范化、统一化的趋势，且内容较 2016 年更加充实丰富。

关于机构和人员，绝大多数法院都有法院概况和内设机构职能介绍，特别是对于内设机构介绍得较为全面详细，更新较为及时。有些法院如遵义中院、安顺中院、黔南中院，还对领导班子成员的具体情况进行了介绍。虽然网站有人事信息的设置，但各法院对于审判团队及成员均没有进行公示介绍，该栏目均处于空白状态。

关于规范性文件和工作报告，各法院只是简单罗列最高人民法院相关业务规定，而没有自身出台的规范性文件，这与线下实际工作中的情况差别较大。至于工作报告，无论是年度人大工作报告还是专项工作报告均没有体现。法院工作报告是介绍法院工作情况和接受人民群众监督的重要载体，作为公开材料不应当在网站中没有任何体现。

2．审判公开板块

审判公开板块测评的主要内容有：诉讼指南、案件查询、开庭公告、庭审直播录播、裁判文书公开完整性、裁判文书公开及时性、减刑假释公开 7 个指标。具体测评结果见表 4。

表 4　贵州省法院审判流程和庭审活动公开板块得分情况（总分：100 分）

单位：分

法院	得分	法院	得分
贵州高院	70	毕节中院	65
贵阳中院	76	铜仁中院	50
六盘水中院	62	黔南中院	76
遵义中院	42	黔东南中院	70
安顺中院	48	黔西南中院	71

关于诉讼指南，各法院在网站设置上均有体现，其中贵州高院、黔南中院、黔东南中院较为完善全面，具体划分为诉讼须知、文本下载、制度规

定、阅档预约等栏目，每个栏目内容均较为丰富、实用；贵州高院还专门公布了本院的档案科电话和全省大多数中级、基层法院的档案部门联系电话，方便群众查询。

关于开庭公告，各法院均在自身网站上予以发布，这是落实司法公开的重要体现。在贵州高院网站可以查询全省所有法院的开庭公告，在各中级法院网站可以查询各自辖区内中级、基层法院的开庭公告，且这些开庭公告均是最新发布的。开庭公告本身就是针对当事人和不特定人员的，在网站上发布比较契合通过网络进行公开的特点，具有时效性和实用性，效果较好。

关于庭审直播录播，绝大多数法院没有在网站上有效建立起该栏目。黔南中院仍然保持了把部分案件录播放在网上的做法。值得一提的是，毕节中院下辖的织金县人民法院，在庭审直播方面作出了有益探索，共建成庭审直播系统 7 套，并要求院机关审判团队对应公开审理的案件全部进行庭审直播，截至 2017 年 11 月 13 日，该院通过系统直播案件 1012 件，占全省庭审直播案件总数的 50%，直播案件数量居全省之首，累计访问逾 50 万人次。①

关于裁判文书公开，在贵州高院的统一整合下，全省各法院作出的适宜公开的裁判文书，均在网站上予以公开展示。在贵州高院网站可以查询全省所有法院裁判文书，在各中级法院网站可以查询各自辖区内中级、基层法院的裁判文书。这些上网公开的裁判文书，内容完整，更新及时，对于推进司法公开具有较大的意义。

3. 执行公开板块

执行信息公开板块测评的主要内容有：执行指南、执行拍卖公告、失信被执行人曝光、拒执制裁信息、终本案件信息等 5 个指标。具体测评结果见表5。

---

① 陈兴：《织金法院庭审直播助推司法公开》，http：//gzbjzy.chinacourt.org/article/detail/2017/11/id/3083423.shtml，毕节法院网，2017 年 11 月 21 日。

表 5　贵州省法院执行信息公开板块得分情况（总分：100 分）

单位：分

法院	得分	法院	得分
贵州高院	60	毕节中院	60
贵阳中院	30	铜仁中院	30
六盘水中院	40	黔南中院	59
遵义中院	50	黔东南中院	55
安顺中院	33	黔西南中院	56

各测评法院在执行公开板块，平均得分为 47.3 分，尽管仍处于较低水平，但与 2015 年、2016 年相比而言，呈稳步上升态势。在此需要特别肯定的是，在"失信被执行人曝光"方面，所有法院均在网上对失信被执行人进行公开曝光。截至 2018 年 1 月底，全省法院在"贵州法院诉讼服务平台"上，已对 45124 名失信被执行人进行曝光，曝光内容有失信被执行人姓名（名称）、案号、证件号码（组织机构代码）等，这对于震慑失信被执行人、督促其尽快履行生效裁判文书义务具有积极意义，同时也对构建社会整体信用体系具有促进作用。此外，随着最高人民法院对终结本次执行程序案件进行规范化的要求，毕节中院对终本案件信息在网上全部予以公开，这是对执行工作规范性的有益尝试，有利于解决"执行难"问题。

4. 数据公开板块

数据公开板块测评的主要内容有：财务数据公开和司法业务数据公开 2 个指标。具体测评结果见表 6。

表 6　贵州省法院数据公开板块得分情况（总分：100 分）

单位：分

法院	得分	法院	得分
贵州高院	0	毕节中院	40
贵阳中院	20	铜仁中院	0
六盘水中院	40	黔南中院	0
遵义中院	40	黔东南中院	0
安顺中院	0	黔西南中院	0

数据公开板块是本次评估新增加的指标内容，目的在于考察法院运用互联网有效应用司法大数据。较为遗憾的是，该板块测评普遍得分较低，有些法院甚至为零分。财务数据公开的只有贵阳中院、六盘水中院、遵义中院、毕节中院，没有一家法院在网上进行司法数据公开。

三　对下一步提升司法透明度的意见与建议

（一）加强审务公开，使社会公众更加了解法院工作

人民法院作为国家审判机关，主要工作职能是从事审判活动，打击犯罪，定纷止争。近年来，通过自上而下建设"司法公开四大平台"，各法院的审判流程、庭审活动、裁判文书和执行信息公开有了较大进展，取得了突出成绩，社会公众和广大网民通过这些平台，可以迅速了解司法审判工作的各个环节，对法院工作有较为直观和全面的认识。然而通过评估我们发现，大多数法院尽管在审判公开方面有了长足的进步，但是对于审务公开却容易忽视和弱化。司法透明应当是全方位、多角度的。执法的关键在于人，与审判业务工作密切相关的审判人员信息，却在本次评估中难以看到，少数的几家法院也仅仅是公开了法院领导班子的信息，而对于审判团队、员额法官信息没有任何展示。人民法院是司法机关，司法人员信息的公开是非常必要的，这一方面可以方便诉讼当事人办事，另一方面可以使司法人员加强自身职业尊荣感和责任感，使其工作得到有效监督。此外，法院的规范性文件和工作报告，既是反映法院审判工作的文本，也是展示法院各方面工作的文本，在不涉密和适宜对外公开的情况下，应当尽可能多地予以展示，以便更广泛地接受人民群众和社会公众的批评与监督，从而提高法院的整体司法能力。

（二）继续加大执行公开力度，切实有效解决"执行难"问题

执行工作是法院审判工作的延伸，可保障最终实现当事人的合法权益，

"执行难"一直是近年来困扰人民法院工作的重大问题，有效解决"执行难"问题是近年来各级法院工作的重中之重。2016 年 3 月，最高人民法院周强院长在十二届全国人大四次会议上庄严承诺"用两到三年时间基本解决'执行难'"。贵州高院积极行动，专门委托贵州省社会科学院作为第三方机构对《人民法院"基本解决执行难"第三方评估指标体系》进行细化，并在执行工作中予以具体落实。通过本次评估可以看出，全省法院的执行工作稳步推进，执行公开力度逐年加大。特别是在执行曝光方面，全面公开失信被执行人信息有利于促进社会信用体系构建。下一步，各法院应当在执行拍卖和终本案件信息公开方面加大力度，切实维护当事人合法权益，使得债权人的利益得以最终实现。

（三）拓宽数据公开渠道，努力打造大数据时代"智慧法院"

随着互联网技术的发展，当今时代已经迈入大数据时代。各行各业无不产生大数据、运用大数据，大数据与人民法院司法工作融合的重要体现之一就是数据上网。为此，本次评估特别增设数据指标，并将其作为独立板块。贵州省是首个国家级大数据综合试验区，"大数据"已经成为贵州发展的亮丽名片。无论是财务数据还是司法统计数据，法院数据在广义上都属于政务数据，应当向社会公众开放。目前来看，全省各法院的数据公开还远远不够，与贵州省全力打造的"大数据之省"形象不相适应，在某种程度上对于法院信息化建设起到了阻碍作用。为此，在下一步的工作中，各法院应当拓宽数据公开渠道，在法律允许的范围内，能上网的尽量上网，努力打造和建设适应新时代的"智慧法院"，实现"让数据多跑路，让群众少跑腿"，使法院工作更加高效、便捷。

（四）突出司法改革成效，增强人民群众满意度和获得感

2017 年 7 月，全国司法体制改革推进会在贵州省贵阳市召开，习近平总书记对司法体制改革工作作出重要指示，全国法院司法改革工作风生水起，取得了显著的成效。贵州是全国司法改革首批试点省份之一，全省法院

围绕司法责任制、司法人员分类管理、法官员额制、法官薪酬体系等进行了积极探索和改革，形成了具有贵州特色的司法改革经验，为全国司法改革提供了"贵州样本"，交出了"贵州答卷"。法院官方网站作为法制宣传的重要阵地，应当对司法改革予以重点宣传，对好经验、好做法予以推广。2017年，安顺中院委托贵州省社会科学院作为独立第三方，对安顺市两级法院司法体制改革效果进行评估，目前已经取得阶段性进展。下一步，各法院应当在自己网站的各个板块栏目中，对正在积极推进和已经取得成效的司法改革工作加以介绍总结，让司法改革走入广大人民群众中，让人民群众充分享受司法改革的红利，为司法改革纵深发展打下良好的基础。

B.18

2017年贵州省检务透明度报告[*]

——以检察院信息平台公开为视角

贵州省社会科学院法治评估创新工程项目组^{**}

摘　要： 自2015年以来，项目组对贵州省检务透明度连续进行了三年的跟踪。2015年测评对象门户网站的建网率只有40%，2016年增加至50%，到2017年，贵州省检察院系统实现了三级检察院门户网站矩阵的突破，通过省检察院网站的链接，可以任意搜索到每一级检察院的网站及两微平台，检务透明工作再上一个台阶。

关键词： 检务透明度　评估　贵州省

2017年贵州省检务透明度评估是在2016年的基础上展开的一次评估。2017年测评的最大变化是贵州省检察院完成了三级检察院门户网站矩阵上线的工作，这也为我们以信息平台公开为视角提供了良好的测评环境。因为往年的测评对象几乎有一半没有建立门户网站，使得测评工作进行得较为困难。但是鉴于三级门户网站的开通上线是在2017年11月份，被测评对象还有很多需要完善的地方，且本次测评的指标体系无法及时做出调整，因此本次测评没有打分。

＊　本文系贵州省社会科学院2018年创新工程重大支持项目"贵州法治建设评估与创新发展研究"成果，贵州省法治研究与评估中心项目成果。

＊＊　项目组成员由贵州省社会科学院法律研究所科研人员组成。执笔人：孟庆艳，贵州省社会科学院法律研究所副研究员、贵州省法治研究与评估中心研究员。

一 评估对象及评估指标体系

（一）评估对象

贵州省检务透明度的测评对象为10个检察院。包括1个省级检察院和9个市（州）级人民检察院，即贵州省人民检察院、贵阳市人民检察院、六盘水市人民检察院、遵义市人民检察院、安顺市人民检察院、铜仁市人民检察院、黔西南布依族苗族自治州人民检察院、毕节市人民检察院、黔东南苗族侗族自治州人民检察院和黔南布依族苗族自治州人民检察院。由于微信在信息公开中扮演者越来越重要的角色，因此今年的评估不再单纯以网站为视角。

（二）指标体系

根据最高人民检察院2015年出台的《关于全面推进检务公开工作的意见》，参考中国社会科学院法学研究所法治指数创新工程项目组的"中国检务透明度指数报告"，并结合贵州省的实际情况，制定了"贵州省检务透明度测评指标体系"。该指标体系主要涵盖四方面一级指标：一是新媒体平台建设；二是检察政务信息；三是检察队伍信息；四是检察案件信息。在一级指标下面根据实际情况分设二级指标、三级指标。每一级指标都设置了各自的权重（见表1）。

表1　检务透明度测评指标体系

一级指标及权重	二级指标及权重	三级指标及权重
新媒体平台建设 20	网站建设 40	门户网站 100
	微平台客户端 40	微博 50
		微信 50
	专栏设置 20	网上咨询平台 30
		新闻发布会　通报会 10
		宣传日（周、月）10
		检务指南 50

续表

一级指标及权重	二级指标及权重	三级指标及权重
检察政务信息25	机构设置10	机构设置100
	工作流程25	11个须知*100
	工作报告20	栏目设置50
		2015、2016工作报告50
	与检察机关办案相关的法规及解释10	栏目设置20
		法律法规80
	职务犯罪预防15	栏目设置20
		职务犯罪涉案财物处理80
	举报设置10	举报须知50
		举报电话50
	财政信息10	年度部门预算决算60
		三公经费40
检察队伍信息20	人员信息50	领导班子成员信息50
		领导班子成员分工情况50
	队伍管理50	监察委员会委员、检察员任免情况20
		机构和人员编制情况20
		检察人员统一招录20
		重要表彰10
		相关队伍管理纪律规定10
		检察人员违法违纪处理情况20
检察案件信息35	信息公开网链接10	信息公开网链接100
	案件查询系统10	案件查询系统100
	辩护与代理预约申请平台10	辩护与代理预约申请平台100
	重要案件信息15	典型案例公开50
		重大案件查办情况公开50
	法律文书公开35	起诉书20
		量刑建议书10
		检察意见10
		检察建议10
		抗诉书20
		不起诉决定书20
		刑事申诉复查决定书10
	行贿案件档案查询20	行贿案件档案查询100

　　*11须知：自侦案件须知、刑事简易程序须知、刑事申诉须知、民事申诉须知、行政申诉须知、刑事不起诉须知、监所检察须知、国家刑事赔偿须知、刑事诉讼法律援助须知、诉讼权利义务须知、司法警察职权义务须知。

在 2016 年测评的基础上，今年的新媒体平台建设指标下新设了微博、微信平台。贵州全省检察院基本实现了两微的开通，特别是微信被广泛使用，因此，将其纳入测评指标体系也是必然。考虑到贵州省检察院系统在两微全覆盖方面取得的成效和媒体终端使用的便捷性，2017 年两微的权重有所提高。

检察政务信息主要设置了机构设置、工作流程、工作报告、相关法规及解释、职务犯罪预防、举报设置、财政信息等多项指标，围绕着检察院的主要政务信息进行设置。

在检察案件信息这一方面，根据 2014 年最高人民检察院通过的《人民检察院案件信息公开工作规定》，明确提出检察院应当公开案件查询信息、重要案件信息、法律文书和其他案件信息，2014 年 9 月，"人民检察院案件信息公开网"开通。所以这一方面的指标比较明确。

二　总体测评情况

通过对全省目标测评对象的评估后，10 家检察院的变化还是比较大的，从 2015 年的 4 家到 2016 年的 5 家直至 2017 年全覆盖，建网增幅较大。

表 2　2017 年各测评检察院建网情况

检察院	是否建网	检察院	是否建网
贵州省检察院	已建	铜仁市检察院	已建
贵阳市检察院	已建	黔西南州检察院	已建
六盘水市检察院	已建	毕节市检察院	已建
遵义市检察院	已建	黔东南州检察院	已建
安顺市检察院	已建	黔南州检察院	已建

从表2我们可以看到，贵州省2017年10家检察院，建网率为100%，较2016年提高了100%。登录贵州省检察院网站，在其左下角来访者可以看到指示图。来访者可点击进入想看的检察院网站。贵州省检察院系统在实现两微全覆盖的基础上，2017年又实现了全省三级检察院系统门户网站全部开通升级，这为贵州省检务公开提供了坚实的基础，是检察院信息化发展的体现。

（一）检务公开的意识不断增强

2016年，省和市（州）检察院只有5家建立了门户网站，2017年的矩阵网站充分体现了检察院系统对门户网站和两微建设的重视，对检务公开的意识也不断在增强。县级检察院因没有纳入2017年的测评对象故暂不给予评价，但从其建网质量来看，部分网站质量有很大提升，在网站下设的栏目中有的具备较为丰富的信息。

回顾检察院检务公开工作，2014年12月，贵州省检察院官方微博、官方微信正式开通运行；2015年7月，贵州省检察院在全国检察机关率先建成开通"贵州检察12309网上网下一体化服务平台"；2016年3月，贵州三级检察机关集体入驻"今日头条"新闻客户端，实现了省市县三级检察院"两微一端"全覆盖；至2017年全省三级检察院门户网站矩阵上线，意味着贵州省检察院系统对检务信息化的高度重视，并通过努力和坚持取得了巨大的成绩。

（二）"两微"平台在检务公开中占有重要地位

新媒体手段在检务公开工作中得到充分的应用，从2017年测评的10家检察院情况来看，检察院均有微博和微信公众号。通过这两种较为热门的新媒体平台特别是微信公众号，能及时发布和更新重要新闻。

2016年由正义网主办的"2016年度政法新媒体峰会"上，贵州省检察院获"全国检察新媒体年度贡献奖"，官方微信、今日头条号和新媒体作品入选"全国检察新媒体建设运营20强"名单。2016年9月，"贵州省人民检察院"今日头条号新闻客户端荣获"贵州最具影响力头条号"和"贵州最具影响力检察头条号"。①

继 2016 年取得成绩后,2017 年贵州省检察院再接再厉,专门成立了"新媒体工作室"。工作室主要负责该院官方网站、微博、微信、新闻客户端等新媒体的日常信息发布和运行维护,及时宣传报道重大工作部署、发布重要案件信息、展示更多检察工作亮点,做好全省涉检舆情的监测、研判和应对处置工作。同时,该院还建成全省检察机关微博矩阵,通过微管家管理指导全省三级院"两微一端"等新媒体运营。

(三)被测评的各板块间差距缩小

虽然 2017 年的门户网站和两微建设取得了很大的成绩,但是每个网站在项目设计、内容更新等方面还是存在差距。

检察政务信息公开应该是检务信息公开中较为重要的部分。它涉及与检察工作相关的一些专业知识,如工作流程(其中包含多个须知)、年度工作报告(至少应该公布三年以上的)、与检察机关办案相关的法规及解释(法律法规)、职务犯罪预防、举报设置(举报须知、举报电话等)、财政信息公开(年度预、决算,三公经费公示等)。

由于部分网站是 2017 年新建的,在诸多项目上有欠缺,比如工作报告、检察队伍信息等,有的网站可能只有 2017 年的,有的检察院可能在微信公众号中有所体现,有的网站没有涉及,因此门户网站的设计上还是统一性不高,个别存在内容、项目缺失的情况。

关于检察案件信息,这个板块的测评结果是所有检察院都可以得满分。因为此版块的测评比较宽松,不管是否建有门户网站,也不管门户网站有没有"信息公开网链接",都可以得分。因为依靠"人民检察院案件信息公开网"和"贵州检察网",全省各检察院的法律文书、重要案件信息、辩护与代理预约申请平台、案件查询系统等信息和行贿案件档案查询都可以实现公开。

---

① 《贵州省检察院 2016 年新媒体建设成绩斐然》,http://www.gz.jcy.gov.cn/jcyw/201612/t20161215_ 1912339. shtml。

三 存在的问题

（一）新建网站内容更新较慢

随着 2017 年全省建起了三级检查系统门户网站矩阵，往年存在的门户网站建设不足的缺陷已经不存在，但有的门户网站的信息发布依然停留在 2017 年 11 月。有的网站设置的栏目更新不及时，对测评体系中的一些指标没有涉及，因此显得信息量不足。相比之下，微信的活跃度普遍偏高，内容更新及时。有的微信公众号栏目丰富，信息量也大，涉及"本院要闻""动态""权威发布""公告""热点关注""普法知识""人员招聘"等。

（二）检务信息公开依附性强

部分信息依附于其他网站而存在。最典型的就是"检察案件信息"。在这个板块中，每个检察院的得分是相同的，一是依靠"人民检察院案件信息公开网"涵盖四个方面与案件相关的信息；二是依靠"贵州检察网"实现"行贿案件档案查询"。但是这样的查询是不科学的，需要阅读者花费大量的时间和精力，且不能保证找到需要的信息。也许是被测评方考虑到工作的重复问题而简化了，下一步我们在调整指标体系时也会参考被测评方的意见，优化指标体系。

（三）部分板块和部分信息公开程度较低

在检察政务信息板块中，关于"工作流程""工作报告"及"与检察机关办案相关的法规及解释"和"职务犯罪涉案处理"几乎没有涉及，整个板块的公开程度都不高。在检察队伍信息板块中，"相关队伍管理纪律规定""检察人员违法违纪处理情况"的信息没有涉及，几乎是空白。检察院网站建立的目的是更好地传递与检查业务相关的信息、知识。但对于关心这个网站，或是想从网站上了解更多专业知识的访问者来说，没有达到目的。

四 完善建议

（一）重视门户网站的建设和运行、维护

人民检察院是国家法律监督机关，主要任务是依法履行法律监督职能，积极查办和预防职务犯罪，依法打击刑事犯罪，加强诉讼监督工作，保证国家法律的统一和正确实施。目前通过门户网站的渠道进行信息发布、公开是非常便捷和经济的方式。检察院不仅要把网站建设成为检务公开的主要阵地，还要把网站打造成宣传法律、普及法律的重要窗口。

微信和微博固然有其便捷性、及时性，但其"内存"有限，信息量无法与门户网站相比。且微信的版面有限，使得查找历史信息或是搜索目标内容变得不易。而门户网站的好处在于可以分门别类地将需要公开的信息科学地进行划分和管理，储存大量内容，使检务信息更系统、更稳定、更便于查询，这是"两微"平台所不能及的。

（二）网站质量要进一步提升

比照最高人民检察院 2015 年出台的《关于全面推进检务公开工作的意见》，建议全省的检察院在网站建设的风格、栏目设置、公开内容规范方面尽量保持一致，使其公开的内容更接近检务公开规定的要求，而不流于形式。在检务信息的公开内容上，要更多地涉及实质性的检务信息，比如检务制度公开、国家刑事赔偿、权利义务、法律援助、起诉书公开、工作职权、重大案件查办情况、申诉复查结果等人民群众关心的问题。对于群众关心的、争议较大的、社会影响力大的案件，更要做好公开工作。网站建设内容设置科学与否，用户使用便捷与否会在很大程度上影响检务透明度，这也是下一步我们开展评估时，在评估指标的设计上需要调整的地方，以便使评估的结果更科学、更能体现公正。同时，在内容设置上，要克服依附心理，有些内容不能因为上级网站已经设立了，在本级网站就"省略"。网站的内容

要能够充分体现行业特色，以检务公开为重点，更好地为法治建设、司法改革、依法治省、普及法律知识服务。

（三）加大对网站建设的人、财、物投入

一个专业的门户网站，其建立、维护和发展除了需要大量的资金支持外，还需要一批专业的综合性的人才。比如他既要通晓网络技术又要具备一定的司法知识。而贵州省的大部分县市人才欠缺，经济欠发达，建立一个稳定且常规运行的门户网站实属不易。加大人力、物力、技术和经费等方面的投入，建立健全公开工作的组织和物质保障机制，从财政和人才两方面给予政策优惠，从而逐步实现贵州省市县三级检察院全面建立门户网站的目标。

（四）进一步完善新媒体公共平台建设

随着互联网的飞速发展，各种新媒体公共平台不断涌现，除了网站、微信、微博、新闻客户端等外，还有 APP 便民服务台等。如遵义市检察院推出的"指尖上的检察院"就是一种 APP 便民服务形式，它具有集约式服务、多元化保障等特点，主要提供七种便民服务：一是便民法律咨询，二是行贿档案查询预约，三是律师辩护与代理预约，四是法律宣讲预约，五是提供代表和委员建议服务，六是提供案件公开信息查询服务，七是提供检察地图服务。各级检察院要积极探索各种新媒体平台，密切关注，整合资源，让各种有助于检务公开的媒介取长补短、相得益彰。贵州省检察院设立的"新媒体工作室"是一个很好的样本，希望能不断完善，让新媒体在服务群众、检务公开方面发挥更大的作用。

B.19

"以案定补"评价体系及相关数学
模型构建研究

——基于贵州法院的调研

张德昌 卢飏 蔡勇 陈昌恒*

摘 要： 中央司法体制改革领导小组办公室明确贵州成为"6＋1"司
法改革试点单位，法官员额制改革被确定为此次司法改革试
点的主要任务之一。在涉及法官员额制改革的诸多制度架构
中，建立员额法官绩效考评体系，有效发挥考评体系科学引
导、公平评价、合理激励的制度功能，是深入推进法官员额
制改革的关键环节和难点，是关系到法官员额制改革科学、
健康、可持续深入开展的一项基础性制度建设。在法官员额
制背景下，将员额法官责权利一体化考察的"以案定补"课
题应运而生，受到理论界和实务界的普遍关注。各试点法院
虽然提出了责权利一体化诸多操作方案，但是并未给出实证
支撑亦未进行理论论证，可以说"以案定补"课题研究处于
空白状态。

为科学、健康、可持续推进法官员额制改革，贵州高院在司
法改革实践中，统筹考虑地域、经济、文化差别和不同法院
的特点，充分利用大数据资源，建构"案件质效评价体系"
和"以案定补"计算公式及相关数学模型，为深入推进司法

---

* 张德昌，贵州省高级人民法院审判委员会专职委员；卢飏，贵州省高级人民法院审判委员会
委员、研究室主任；蔡勇，贵州省高级人民法院研究室副主任；陈昌恒，贵州省高级人民法
院研究室正科级工作人员。

改革迈出关键而艰难的一步。

关键词： 以案定补 绩效评价 数学模型 绩效量化

法官员额制是本轮司法体制改革的核心内容之一，是司法体制改革的出发点和突破点。在员额制改革实质性推动审判权向优秀法官集中后，如何评价员额法官办案质效、引导办案效果体现司法政策的价值倾向、提升员额法官的办案主观能动性并建立相应的具有可操作的工作机制，成为法官员额制度价值能否真正得以实现的重要内容。为此，我们设计了"以案定补"的方案。

"以案定补"以提高办案效益为主，而非简单地增加工资，目的是发挥绩效考核对法院职能归位和法官司法定位积极的导向作用。按照"限高补低，公平激励"的要求，针对地方财政悬殊造成的同"绩"不同"补"和简单的平均主义思想造成的不同"绩"同"补"两种现象，通过建立与绩效考核挂钩的"以案定补"全省统一计算标准，确保相同的绩效考核分值对应相同的补贴金额，不同的绩效考核分值在对应的补贴金额上拉开差距，推动公平激励，扼制庸政懒政。"以案定补"的定性与量化（定量）是其相辅相成的两个维度，重点抓紧"定性"和"量化"两条主脉，初步建立起两套体系，较好地体现和反映了司法工作自身的特点和规律性：一是确保"定性"的科学合理性，探索建立以案定补"案件绩效评价体系"；二是确保"量化"的科学合理性，探索建立以案定补"绩效量化及测算方法体系"。将两套体系建立在指标数据分析和核算基础上，实现用数据说话、以数据定质、以数据定补，避免法官办案质效评价中的主观性和随意性，建立可复制、可推广的数据模型，通过不断丰富该数学模型并应用于司法决策大数据系统，使其成为实时管理、跟踪和呈现员额法官办案质效数据信息的重要数据工具。

一 构建以案定补案件绩效评价体系

案件评价体系旨在"定性",其指标体系的建立须慎之又慎,不仅仅与"定补"相挂钩,更须放眼于办案的价值导向和评价的公正合理,发挥其"指挥棒"作用。目前,在对办案绩效具有实质性影响的诉讼各环节进行抽取、细化和提炼的基础上,已初步建成由"案件工作量指标体系""案件质效指标体系"和"综合评价指标体系"共同构成的"案件绩效评价体系"。

(一)案件工作量指标

依据"法官绩效考评软件"案由系数对应确定绩效考核员额法官案件工作量系数,累计该员额法官结案对应案由系数确定该员额法官案件工作量总系数,即 $\sum_{i=1}^{n} Q_i$。

(二)案件质效指标

案件质效指标由基准指标和自选指标两部分构成。

——基准指标。基准指标是案件质效共性指标,由省法院参考"全国案件质量评估指标"统一确定,设定一定的总权重。

基层人民法院案件质效"基准指标"建议确定为5项。

(1)一审判决案件改判发回重审(错误)。

(2)法定(正常)审限内结案。

(3)案件审理(执行)平均时间。

(4)当庭裁判。

(5)裁判文书评分(含文书制作及文书上网)。

中级人民法院案件质效"基准指标"建议确定为6项。

(1)一审判决案件改判发回重审(错误)。

(2)二审改判发回重审(错误)。

（3）二审开庭审理。

（4）法定（正常）审限内结案。

（5）案件审理（执行）平均时间。

（6）裁判文书评分（含文书制作及文书上网）。

——自选指标。自选指标是案件质效个性指标，由各中级法院根据司法辖区特殊性及审判价值导向统一确定并报省法院备案。据上，基层人民法院案件质效"自选指标"自定并占剩余权重，中级人民法院案件质效"基准指标"自定并占剩余权重。

分别累计"基准指标"和"自选指标"分值与指标权重之积确定案件质效补贴总系数，即 $\sum_{i=1}^{n} d_i w_i^{\ 1}$。

（三）综合评价指标

综合评价补贴经费总数说明：由综合评价各项指标分值与指标权重之积再乘以综合评价补贴单价得到各项评价补贴经费，再将所有评价补贴经费相加得到总综合评价经费补贴数，即 $\sum_{i=1}^{n} j_i \lambda_i S^2$。

二　构建以案定补绩效量化及测算方法体系

绩效量化及测算方法体系旨在实现案件评价体系及各项指标数据化，并在数理基础上得出较为科学合理的量化评价结论。以"案件绩效评价体系"为基本框架，自主研发"法官绩效考评软件"，将案件纳入实时绩效考评，推动实现办案绩效补贴是其绩效考评分值的逻辑结果，初步构建"以案定补"预算和结算两套数学模型。

预算阶段。"法官绩效考评软件"将考核分为案件工作量、案件质效和综合评价三个考核板块，对此省院设定该三个板块在考核中的占比（或权重）分别为70%、15%、15%。从而 w/70% 得到考核总基数，对应地，预算时按 w/70% 乘以 15% 确定案件质效补贴经费总数，按 w/70% 乘以 15% 确定综合评价补贴经费总数。

结算阶段。经费总数由各类案件工作量补贴经费总数＋案件质效补贴经费总数＋综合评价补贴经费总数得到。（详见附件《关于"以案定补"数学模型的说明》）

"以案定补"数学模型一：补贴经费预算公式：

$$w = \sum_{i=1}^{n} Q_i S_i$$

$$S = w + w/70\% \times 15\% + w/70\% \times 15\%$$

"以案定补"数学模型二：补贴经费结算公式：

$$S = \sum_{i=1}^{n} Q_i S_i + \sum_{i=1}^{n} d_i w_i S^1 + \sum_{i=1}^{n} j_i \lambda_i S^2$$

$\sum_{i=1}^{n}$：基本含义是从 1 加到 n 之和。说明：在"以案定补"公式中，从第 1 个具体案件所对应的工作量补贴经费（或案件质效补贴经费或综合评价补贴经费），加到第 n 个具体案件所对应的工作量补贴经费（或案件质效补贴经费或综合评价补贴经费），据此相加所得之和。

$\sum_{i=1}^{n} Q_i S_i$（即 w）：各类案件工作量补贴经费总数。说明：各类案件工作量系数与相应案件补贴单价相乘后从第 1 类累加到第 n 类案件经费，据此相加所得之和。

$\sum_{i=1}^{n} d_i w_i S^1$：案件质效补贴经费说明：按考核指标所得分值与案件指标权重之积得出考核指标分值，然后用考核分值乘以案件质效指标单价得出各类指标经费补贴数，再将所有指标经费补贴数相加得到案件质效补贴经费总数。

$\sum_{i=1}^{n} j_i \lambda_i S^2$：综合评价补贴经费总数。说明：由综合评价各项指标分值与指标权重之积乘以综合评价补贴单价得到各项评价补贴经费，再将所有评价补贴经费相加得到总综合评价经费补贴数。

Q_i：各类案件工作量系数。说明：以《法官绩效考评软件》中各类案件所对应的案件系数为案件工作量系数。该系数主要参考各类型案件的工作耗时、难易程度来确定。

S_i：各类案件工作量系数补贴单价。说明：以统计得到的办理各类案件的平均耗时来确定"各类案件工作量系数补贴单价"。同时，在全省法院区别确定城区法院、城郊法院、农村县城法院和少数民族地区法院标准。在同一法院内部，分不同审判组织区确定不同的案件工作量系数单价。

n：各类案件总数。说明：测算对象法院在一定的测算期间内（通常是一年）办结的案件数。

S^1：案件质效补贴单价。

d_i：案件质效指标分值。

w_i：案件质效指标权重。

S^2：综合评价补贴单价。

j_i：综合评价指标分值。

λ_i：综合评价指标权重。

说明：上述 6 个计算因子，按照"官绩效考评软件"对应项得出。

三 以案定补数学模型的运用

（一）"以案定补"预算公式应用：以2016年花溪法院"以案定补"预算经费测算为例

由于第一次按此方法对经费补贴进行预算，因此，需要测算上一年经费补贴情况，再以上一年经费补贴情况预算下一年经费。

案件工作量补贴计算：$w = \sum_{i=1}^{n} Q_i S_i$

上一年案件补贴经费计算：$S = w + w/70\% \times 15\% + w/70\% \times 15\%$

上一年案件平均补贴经费计算：$\bar{S} = S /$ 上一年结案案件数（n）

下一年结案数量预测：$F = n \times \lambda$（案件增长基数）

下一年经费补贴预算：$W = F \times \bar{S}$

（1）从中提取花溪法院 2015 年各类案件数量和案件工作量〔说明："法官绩效考评系统"中，具体个案均有设定的案件系数（在测算中等值于个案工作量系数）相对应。如表 1 所示，民事案件团队结案 1519 件，系统中即对应 1519 个系数，1519 个系数相加即得到工作量总系数 2794.15〕。

表 1　花溪法院 2015 年各类案件情况

部门	案件数	工作量总系数
孟关党武人民法庭团队	296	510.83
民事案件团队	1519	2794.15
青岩人民法庭团队	201	303.34
少年审判庭	5	10.75
审判监督团队	36	64.3
石板人民法庭团队	346	523.08
立案团队	216	303.48
小河巡回法庭团队	1570	2300.32
刑事审判团队	799	1453.88
行政审判团队	23	25.83
执行团队	1236	252.66
合计	6247	8542.62

（2）结合办案实际给各类案件工作量总系数赋予成本单价（说明：各类案件"工作量系数单价"是以"办案时间成本"为基础得到的。该"办案时间成本"则是测算试点法院"以案定员"过程中，在提取及测算各类案件办理时间信息项基础上得到的（见表 2）。

表 2　花溪法院 2015 年各类案件工作量系数单价

部门	案件数	工作量总系数	工作量系数单价
孟关党武人民法庭团队	296	510.83	180
民事案件团队	1519	2794.15	150
青岩人民法庭团队	201	303.34	180
少年审判庭	5	10.75	200
审判监督团队	36	64.3	200

部门	案件数	工作量总系数	工作量系数单价
石板人民法庭团队	346	523.08	180
立案团队	216	303.48	150
小河巡回法庭团队	1570	2300.32	180
刑事审判团队	799	1453.88	150
行政审判团队	23	25.83	200
执行团队	1236	252.66	400
合计	6247	8542.62	

（3）根据"工作量总系数"与"工作量系数单价"之积求各类案件工作量补贴（见表3）。

表3　花溪法院2015年各类案件工作量补贴

部门	案件数	工作量总系数	工作量系数单价	案件工作量补贴
孟关党武人民法庭团队	296	510.83	180	91949.4
民事案件团队	1519	2794.15	150	419122.5
青岩人民法庭团队	201	303.34	180	54601.2
少年审判庭	5	10.75	200	2150
审判监督团队	36	64.3	200	12860
石板人民法庭团队	346	523.08	180	94154.4
立案团队	216	303.48	150	45522
小河巡回法庭团队	1570	2300.32	180	414057.6
刑事审判团队	799	1453.88	150	218082
行政审判团队	23	25.83	200	5166
执行团队	1236	252.66	400	101064

（4）根据法官绩效考评中"工作量系数"∶"案件质效"∶"综合评价"＝70∶15∶15的标准测算案件质效补贴和综合评价补贴，即"案件工作量补贴×15/70＝案件质效补贴＝综合评价补贴"（见表4）。

表4　花溪法院2015年各类案件综合评价补贴

部门	案件数	工作量总系数	工作量系数单价	案件工作量补贴	案件质效补贴	法官综合评价补贴
孟关党武人民法庭团队	296	510.83	180	91949.4	19703.4429	19703.44286
民事案件团队	1519	2794.15	150	419122.5	89811.9643	89811.96429
青岩人民法庭团队	201	303.34	180	54601.2	11700.2571	11700.25714
少年审判庭	5	10.75	200	2150	460.714286	460.7142857
审判监督团队	36	64.3	200	12860	2755.71429	2755.714286
石板人民法庭团队	346	523.08	180	94154.4	20175.9429	20175.94286
立案团队	216	303.48	150	45522	9754.71429	9754.714286
小河巡回法庭团队	1570	2300.32	180	414057.6	88726.6286	88726.62857
刑事审判团队	799	1453.88	150	218082	46731.8571	46731.85714
行政审判团队	23	25.83	200	5166	1107	1107
执行团队	1236	252.66	400	101064	21656.5714	21656.57143
合计	6247	8542.62		1458729.1	312584.807	312584.8071

（5）2015年总经费补贴数等于"案件工作量补贴""案件质效补贴"和"综合评价补贴"三要素之和：2083898.714元。

（6）根据近三年案件增长情况和2016年1～4月份案件增长基数预测2016年花溪法院结案数量。由于系统提取存在数据丢失情况，花溪法院2015年实际结案数为6375件，而近年来花溪法院负责贵安新区部分案件审理工作，故案件增长基数较高，从1～4月份情况来看，增长率达到26.43%，按全年增长率25%左右计算，案件将达到8000件左右，需匹配案件补贴经费预算：2015年总经费补贴数/2015年结案数×2016年案件预测数；即2083898.714/6247×8000＝2500678.45679元。

（二）"以案定补"结算公式应用：以云岩区法院两位法官2015年办案情况为例

结算公式中案件工作量补贴、法官质效补贴和综合评价补贴由计算机"法官绩效考评系统"自动计算生成。

运用结算公式，对云岩区法院民一庭吴冬梅和章放忠两名法官办案情况进行研究：

$$S = \sum_{i=1}^{n} Q_i S_i + \sum_{i=1}^{n} d_i w_i S^1 + \sum_{i=1}^{n} j_i \lambda_i S^2$$

吴冬梅法官作为主审法官 2015 年共办理案件 210 件，经过"法官绩效考评系统"软件换算成案件工作量总系数为 356.47，案件工作量补贴经费为：356.47 ×120 = 42776.4 元。如果 210 件案件考核质效指标均为 100 分，则该案件质效补贴为：9166.4 元（由"法官绩效考评系统"软件按照"以案定补"经费结算公式自动计算生成）。如果当事人、律师和法院内部所有人员对其评价均为 100 分，则其综合评价补贴为：9166.4 元（由"法官绩效考评系统"软件按照"以案定补"经费结算公式自动计算生成）。上述三项数据相加得到 210 件案件对应的补贴金额总和：61109.14 元。由于案件由整个审判团队完成，对主审法官、法官助理和书记员按 5∶3∶2 比例进行补贴，吴冬梅法官 2015 年办案补贴为：61109.14 ×50% = 30554.57 元。

章放忠法官作为主审法官 2015 年共办理案件 57 件，经过"法官绩效考评系统"软件换算成案件工作量总系数为 107.15，案件工作量补贴经费为：107.15 ×120 = 12858 元，如果 57 件案件考核质效指标均为 100 分，案件质效补贴则为：2755.28 元。如果当事人、律师和法院内部所有人员对其评价均为 100 分，综合评价补贴则为：2755.28 元。同上计算方法，得到 57 件案件对应的补贴金额总和：18368.56 元。章放忠法官 2015 年办案补贴为：18368.56 ×50% = 9184.28 元（注：上述办案质效和综合评价按理想状态即满分计算得出，现实中法官办案补贴将低于上述计算结果）。

由此可见，"以案定补"改革打破了无所作为的平均主义，考虑了办案绩效事实上是办案团队（即员额法官与法官助理、书记员构成的审判组织）的整体绩效，对员额法官（以及同样处于一线办案的法官助理、书记员）的工作评价引入与绩效考核挂钩的公平的激励机制，确保办案团队整体功能得以有效激发。

四　改革前后试点法院审判质效对比

2015 年是实施司法改革试点的第一年，贵州省高级人民法院《贵州司法改革试点法院 2015 年审判质效分析报告》数据显示，第一批 4 家试点法院经与本区域同级法院各项指标均值对照，员额法官人均结案数比本区域同级法院法官均值分别增加了 259.14 件（花溪区法院）、224.04 件（汇川区法院）、129.8 件（贵定县法院）和 61.29 件（榕江县法院）。进入员额法官序列的法院院长、庭长首次成为办案主力军，汇川区法院院长、庭长全年办案量占全院诉讼案件的 45.9%；榕江县法院院长、庭长办案量占全院一线法官案件总量的 93.48%；花溪区法院院长、庭长办案量占全院结案总数的 82.66%。试点法院案件审理平均需要时间分别为 45.85 天（花溪区）、31.24 天（汇川区）、34.61 天（贵定县）和 41.5 天（榕江县），同比分别减少了 23.05 天、1.26 天、7.37 天和 23.83 天。与本区域同级法院指标均值进行比较，平均审理时间比本区域同级法院均值分别减少 8.84 天（花溪区）、4.73 天（汇川区）、7.24 天（贵定县）和 9.41 天（榕江县）。此外，试点法院其他审判质效各项指标，如法定审限内结案率、当庭裁判率、改判发回重审率、一审服判息诉率、调解率、撤诉率、实际执行率、执行标的到位率全线明显向好。在 2015 年案件数量同比激增 34.07% 的背景下，试点法院从容应对、审判质效各项指标明显提升的改革成效，让我们不得不再次审视"以案定补"在当前条件下，在解放和发展办案生产力上所具有的不可替代的制度价值。

B.20
司法体制改革后贵州省检察机关财物统一管理情况调研报告

贵州省人民检察院课题组 *

摘　要： 以司法体制改革后贵州全省检察机关财物统一管理工作有关情况调研为基础，总结全省检察机关财物统一管理工作经验，分析存在的问题与不足，为深化检察机关财物统一管理综合配套改革提供如下建议：加强调查研究，做好改革各项措施实践效果观察评估；统一经费保障范围，逐步缩小各地区差距；明确资产权属，清理历史遗留问题；优化财物管理应用平台，依托信息化手段提高工作能力；整合计财队伍力量，提升财物管理水平。

关键词： 贵州　检察机关　财物统管

建立省以下地方检察院财（经费）、物（资产）由省级统一管理机制，为检察机关依法独立行使司法权提供可靠保障，是本轮司法体制改革的一项重要任务。这项改革包括三项主要内容：一是实行检察院经费省级统一管理。二是实行检察院资产省级统一管理。三是积极做好债务核实和化解工作。自贵州省开展司法体制改革试点工作以来，在各级党委、政府的高度重视与领导下，全省检察机关财物统一管理工作全面落实，取得了良好的效果。自 2017 年 6 月以来，全省各级检察机关均已建立起财物统一管理机制

---

* 课题组组长：何冀，贵州省人民检察院党组副书记，常务副检察长；课题组成员：刘胜贵、刘宇、付文利、方楠、朱刚。

并有效运行，有力地保障了其他各项改革工作的顺利进行。

对司法体制改革下一步工作，党的十九大报告明确提出"深化司法体制综合配套改革，全面落实司法责任制"的要求。为了切实贯彻落实十九大精神，总结全省检察机关财物统一管理工作经验，寻找存在的问题与不足，为深化财物统一管理综合配套改革提供有益的意见建议，我们对司法体制改革后全省检察机关财物统一管理工作有关情况进行了深入调研，并在此基础上形成本报告。

一 全省检察机关财物统一管理工作运行基本情况

由于省检察院财物原本就由省级财政统一管理，所以本轮改革的重点是市县两级院的改革。从调研情况来看，全省市县两级检察院财物统一管理工作顺利完成，总体上圆满达到了改革所预期的效果，并呈现以下一些特点。

（一）财务管理更加规范

在全省市县两级检察院财物统一管理改革工作完成后，各市（州）、县（市）两级院均为市级财政的一级预算单位，两级院人员经费、公用经费、专项经费拨付，预决算编报均须向市级财政部门申请，并由市级财政部门直接拨付，同时接受市级财政部门的监管。这种机制有利于两级检察院规范财务管理制度，提高经费管理的科学性与透明度。

一是预算编制更加规范。目前，各级检察院预算编制均严格执行"两上两下"预算管理制度。市、县检察院均为地市级财政部门一级预算单位，向市（州）主管财政部门上报预算计划，由财政部门进行审查并下达控制数，再由各预算单位根据控制数进行调整后再行上报，最后由财政部门汇总后按程序报人大会议审议通过后，再批复给预算单位予以执行。严格预算管理制度，一方面可确保各级检察院所需经费经过科学测算，另一方面也有效减少了预算外经费使用随意性大、不易监管的问题。

二是经费使用更加规范。对于各级检察院经费使用情况，财政部门通过国库集中支付系统予以规范管理。预算单位使用资金，须在国库集中支付系统中进行申请，提交同级财政部门审批后，到银行打印额度到账单方可使用额度。财政资金的日常结余都保留在国库单一账户中。在国库集中支付系统下，每一笔资金的拨付都会受到财政部门的实时监管，有效确保了财政资金的安全使用。

三是涉案款物管理更加规范。涉案款物作为市（州）、县级检察机关非税收入，按照改革要求应当全额上缴市（州）级国库，实行综合预算管理。目前全省绝大部分市县级检察院对此执行得比较到位，涉案款项均上缴市级财政指定的专项账户并接受非税收入管理系统监管。对于涉案款物的使用，在改革前大部分地区的普遍做法是当地财政通过一定比例返还给上缴检察机关，用于弥补公用经费不足。这种做法在改革前各地检察机关普遍公用经费不足的客观情况下有其合理性，但也一定程度存在着随意性大、监管难跟上，以及不符合《预算法》要求等问题。在改革后，各地财政将涉案款返还办案检察机关的情况大大减少，一方面是市级财政部门执行财政管理制度更为严格规范，另一方面也因为检察机关公用经费（含办案经费）已经得到足够保障，不再需要通过预算外资金予以补充。

（二）经费保障更加有力

除了专款专用的中央政法转移支付资金外，贵州省市县两级检察机关需要由地方财政保障的经费项目主要包括人员经费、公用经费（包括办案经费）、大要案备用金三块，这也是本次改革的重点难点。从调研情况看，按照"保高托低"的原则精神，各地检察机关相关经费保障基本得到了落实，三类序列人员薪资待遇大幅提高，办公办案经费得到充足保障，大要案备用金制度有效解决了特殊情况下检察机关办案经费出现缺口的后顾之忧。

一是人员经费保障更加有力。按照本次改革对司法人员薪酬标准提出的明确要求，各地检察干警人员工资按员额制检察官标准和检察官助理、司法行政人员标准，相比同期当地其他公务员分别增加了50%和20%。广大检察干警切身享受到改革的红利，职业荣耀感、使命感不断增强，成为改革的坚定拥护者和践行者。

二是公用经费保障更加有力。当前，各市（州）已确定统管各院的公用经费（含办案业务经费）标准，并列入年初预算予以保障。其中，贵阳市院在足额保障办案经费的基础上，公用经费标准为2.2万元（每人每年，下同），各区县院根据实际情况执行每人每年1.5万~5万元的公用经费标准。其他地区公用经费（含办案经费）标准为：遵义市院为5.9万元，区县院为4.1万元；六盘水市院2017年人均保障3.73万元，各区县院1.97万~3.11万元；安顺全市两级院均按4万元保障；毕节市院和七星关区院为6.5万元，其余区县院为5.5万元；铜仁市院为5万元，区县院为4万元；黔东南、黔南和黔西南三个地区各州两级院均按4万元保障。据测算，总体来看，各地检察院改革后人均公用经费保障水平较改革前有大幅度提高，全省人均公用经费预算达到3.75万元，比改革前人均公用经费预算增长了76%。综合考虑改革前各地检察院年中追加经费等因素，人均公用经费实际增加约20%，充分满足了检察机关履行法律监督职责的经费需求。

三是大要案备用金保障更加有力。根据最高人民检察院的明确要求，大要案备用金主要用于大要案办理、突发事件处置和司法人员伤残抚恤等特殊情况的经费保障。此次改革中，除六盘水市和黔东南州根据办案需要据实核拨，暂未设立大要案备用金制度之外，其他7个市（州）均设立了大要案办案备用金制度。保障力度最大的是贵阳市院，设立大要案备用金1000万元；其次是毕节市院设立大要案备用金500万元；其余5个市（州）根据办案实际需要及当地财力水平分地区分级次保障，保障标准从20万到300万元不等。从实际情况来看，大要案备用金作为预算内资金，在弥补检察机关公用经费不足方面具有重要作用，并且管理使用更为规范，值得进一步重视和完善。

四是聘用人员经费保障更加有力。近年来，为了缓解检察机关政法专项编制数量有限、人少案多矛盾突出的问题，各地检察机关按有关政策聘用了不少办案辅助人员，起到了很重要的作用。此次改革也进一步规范和提高了聘用人员的经费保障。如黔东南和黔西南均按照3000元/（人·月）纳入预算，按照人均 2 万元配套公用经费；遵义聘用制书记员的办公经费按照 2017 年人均 1 万元、2018 年人均 1.5 万元、2019 年人均 2 万元标准，由市、县两级财政保障。铜仁和黔南按照人均 3000 元/月纳入预算。毕节按照人均 2500 元/月纳入预算。总体来说，此次改革对检察机关聘用人员各项经费标准进行了合理提高，并且通过尽量纳入预算的形式来加强经费来源保障。这对提高聘用人员待遇、增强其职业稳定性起到了有益作用。

（三）特色经验做法更加凸显

省以下地方司法机关财物统一管理改革，直接关系到个人得失、资金保障、财政管理等众多问题，错综复杂，阻力极大，甚至牵一发而动全身，稍微处理不当就有可能引起更多问题。在以往多轮司法改革中，财物统一管理问题都是高度敏感的问题，而对此问题的回避，实质上又使得任何其他改革都难以真正落地。理论上，涉及财物问题的改革，经济发达地区由于财政实力强大，改革更容易推进和取得实效，相比之下经济欠发达地区则难度要大得多。然而在本轮司法体制改革中，贵州作为经济欠发达地区的典型代表，却在财物统一管理改革方面取得了良好的效果，改革进度、质效超过了许多经济发达省份。2017 年 7 月，中央政法委在贵阳召开了全国司法体制改革推进会，对包括财物统一管理工作在内的贵州各项司法体制改革工作给予了充分的肯定。总结下来，全省检察机关在财物统一管理改革工作中，有以下一些做法对推动改革的顺利进展起到了重要的作用。

一是党委、政府的高度重视是改革成功的基本保证。改革的本质就是利益的调整，而触动人的利益比触动灵魂还难。从全国层面来看，这次司法体制改革之所以取得成功，离不开中央顶层设计与强力推进改革的强大决心与执行力。从贵州省层面来看，包括财物统一管理工作在内的各项改革取得成功，同样离不开省委、省政府的坚强领导和坚强支持，离不开各市（州）、各区（县）党委、政府的领导与支持。特别是在财物统一管理方面，从与外省检察院交流的情况来看，这一块改革的阻力特别大，举步维艰，而其中一个重要的影响因素就是各级主要领导重视、推进的气魄与力度。2017 年 7

月中政委将全国司法体制改革推进会放在贵阳召开后,贵州在财物统一管理改革方面取得的成绩令不少兄弟省份检察院同人深受触动,会后纷纷前来学习取经,并对贵州各级党委、政府领导对司法体制改革工作的高度重视与强力推动印象深刻。

二是信息化大数据手段助力财物统一管理工作顺利进行。此次全省法院、检察院财物统一管理改革,涉及数万人工资、福利及相关经费的调整,涉及财政管理体制的变动修改,涉及数以十万计的具体财务指标数据的变化流转,时间短,任务重,绝不能出现大的差错。这给全省各级财政部门以及各级检察院计财部门增加了巨大的工作压力。但是,依托各级财政部门建立的信息化大数据工作平台,上述繁重的工作得以如期高质量地完成。

三是实事求是、因地制宜的工作作风确保财物统一管理工作蹄疾步稳。按照中央的改革设计,省以下地方法院、检察院财物统一管理到省级财政,同时允许各地根据实际情况在试点时予以调整。贵州省在具体改革工作中,正确评估了全省近200家法院、检察院财物直接由省级财政统管可能带来的冲击与不利影响,科学地选择了先由各市级财政统管,再逐步过渡到省级统管的"两步走"方式。从目前实际运行情况来看,这种方式确保了财物统一管理改革工作始终稳步推进,是非常适合贵州实际的改革路径。在具体工作中,部分市(州)结合本地区实际,综合考虑县级检察院财务人员素质能力、市级财政部门工作力量、市级检察院统筹协调需要等多方面因素,探索了"一级预算、二级管理"的工作模式,即委托市(州)检察院对同为一级预算单位的各县级院财物进行集中管理,再报市(州)财政部门进行核算。这种管理模式,相当于在各县级预算单位与市(州)级财政之间增加了市(州)检察院这样一个集中管理层级,不仅有效利用了市(州)检察院现有计财部门的工作力量,大大缓解了市(州)财政部门的工作压力,而且提高了财物管理工作效率,也有利于市(州)检察院全面了解各县级院财物管理工作情况,从而加强对下级院的检察一体化领导关系。

二　贵州省检察机关财物统一管理工作中存在的问题与不足

虽然贵州省检察机关财物统一管理改革工作顺利完成，取得了很好的成效，积累了一定的经验，但随着改革工作的持续，不少问题也逐渐暴露出来，需要高度重视并予以解决，切实按照十九大精神做好综合配套工作，不断巩固与深化已经取得的改革成果。

（一）检察机关财物管理模式离省级统管仍有差距

省级以下检察院财物由省级财政统一管理，除了提高检察机关经费保障水平、缩小地区差异外，更重要的目的在于减少地方干预，确保各级检察院能够依法独立行使检察权。因此，虽然中央允许各地在统一管理上划层级方面根据实际情况有所调整，不用一步到位，但从长远来看，只有尽快将省以下检察机关财物统一管理权划归到省级财政，才能真正贯彻落实中央提出的司法体制改革具体要求，也才能更有利于保障贵州省各级检察机关更好地履行检察权。从全国的情况来看，目前有吉林、安徽、湖北、青海等18个省份的检察机关实现了省级统管。相比之下，贵州省虽然在市（州）统管上积累了不少有益经验，但仍需及早谋划，在此基础上争取尽早实现省级统管。

（二）各市（州）经费管理模式不统一

目前，九个市（州）的经费管理实际存在三种模式：一是市（州）院和基层院均作为市财政一级预算单位，直接对市级财政负责，采取这种管理模式的地区有遵义市、六盘水市、安顺市、毕节市、铜仁市、黔西南市；二是实行"一级预算、二级管理、市（州）集中、独立核算"模式，将本地区基层院的经费资产交由市（州）院统一集中管理，采取这种管理模式的地区有黔东南州、黔南州；三是各基层院名义上和市级院同为市级财政的一级预算单位，实际管理由市级财政委托县级财政部门代为管理，由市级财政与县级财政进行年终结算，采取这种管理模式的地区有贵阳市。

在大要案备用金管理模式方面。安顺市、毕节市、黔东南州由市（州）财政向市（州）检察院安排大要案备用金，由市（州）检察院在全市（州）范围内统筹分配使用。其余地区市县两级检察院则分别设立大要案备用金，各自管理使用。

（三）人员经费保障存在一些具体问题

一是个别地方人员经费保障落实不够。人员经费一般应当包括基本工资、绩效奖金、车补、职工福利费、社会保障金、公积金等项目。从调研情况来看，大部分市（州）统管时都落实得比较好，但也有个别地方落实不到位。例如黔南州部分县没有将车改补贴、司法警察执勤岗位津贴、医疗补助等项目纳入上划统管范围。铜仁市县两级院干警绩效考核奖金被列入公用经费支出范围，不仅在预决算上不够规范，还挤占了原本有限的公用经费空间。

二是县级院目标绩效考核奖金落实难。根据市（州）改革文件精神，各市（州）县级院经费统一管理后，原则上各县级院干警年终绩效目标考核奖金，按照市（州）50%、各县50%的标准，由市（州）、县级财政分别保障。比如，某市（州）直单位目标绩效奖金标准为每人2万元，而某县为每人1万元。该县检察院财物市（州）统管后，其干警能拿到的奖金就应当为两个标准的各50%即1.5万元，低于市直、高于县直标准。但此一精神目前尚无便于执行的细化措施。由于存在市级目标绩效奖金与县级之间，以及各县之间目标绩效奖金差距较大的客观情况，加之各县财政状况差异较大，对于资金如何落实、如何操作等具体问题，在执行中可能容易产生县内各单位之间、县与县之间，以及县与市（州）之间的认识分歧，甚至推诿扯皮。调研中不少检察院反映了对此问题的关注与担忧。

三是聘用人员经费保障范围不统一。对聘用人员经费和公用经费保障，各地做法不一。如遵义市聘用人员工资收入由市级财政予以全额保障，同时将聘用人员公用经费纳入财政预算予以保障。毕节市、铜仁市聘用人员工资收入由市级财政予以全额保障，但聘用人员公用经费不纳入财政预算予以保障。贵阳市市县两级检察院聘用人员经费由当地财政分别予以保障。不能全额保障聘用人员经费的地区，往往通过挤占公用经费来进行补充，虽为无奈之举，但也存在经费使用不够规范的问题。

（四）资产上划管理面临一些困难

资产上划过程中，普遍存在报废、盘亏资产情况。报废资产通过盘点，并按财政部门要求办理相关手续后，能得到及时有效处理。但部分盘亏资产由于无实物、时间间隔过久和难以确定责任人等因素，处置难度大，加之部分检察院资产管理工作不够科学细致，长期以来积累了很多历史遗留问题难以解决，一定程度上影响了资产上划工作的进度。部分检察院因房屋和土地相关证件还有待完善，办公用房权属尚未确认，无法上划。

（五）检务保障信息化水平有待进一步提高

由于检察机关内网为涉密网，与财政部门内网不能互通，检察机关自行开发的检务保障系统与地方财政部门的管理软件系统不能数据共享，在实际工作中造成一套账务两次做账、一套资产两次入账的情况，不仅降低了工作效率，还增加了财务人员工作量。此外，检务保障系统即使与财政部门相关系统做到互通，还要处理数据接口兼容、财务标准统一等大量技术性问题。这些都是今后检务保障信息化工作中需要重点解决的问题。

（六）检察机关财物管理岗位人少事多矛盾突出

检察机关财物管理改革客观上促使各级检察院财物管理工作进一步规范，但各级院计财部门的工作量也大大增加，计财部门人少事多的问题比较突出。

一是计财部门专业人员数量不足。在此次司法体制改革中，各级检察院计财部门作为司法行政部门参与改革。按三类人员分类管理的要求，司法行政人员总体比例不得超过本单位中央政法编制数的 15%，除办公室、政工等其他行政人员后，留给各级院计财部门的编制人数已经非常有限。从各地情况来看，目前大多数基层院只保留有会计、出纳各一名，且大多是兼职。各市（州）院计财部门财务管理人员（政法编制人员）多为 4 人左右，且包括正副处长，一些市（州）院出纳等重要岗位还由聘用人员从事。同时，根据检察机关内设机构改革的要求，除市（州）院和市（州）府所在地基层检察院单独设立有财物管理部门外，大多数基层检察院财物管理部门被并入办公室统一管理。

二是计财部门工作人员专业素能还有待进一步提高。检察机关财物统一管理后，计财部门涉及的相关财务操作流程更加规范也更加专业，信息化水平也更高，相应对财务人员的专业素能也提出了更高的要求。但目前市县两级院计财部门现有工作人员水平还有一定差距，如某州两级检察院仅有一名具有中级会计师资格；有的检察院财务人员不具备会计从业资格；不少财务人员还不适应会计工作快速信息化的发展趋势。

三是计财部门工作压力增加。对基层检察院而言，统一管理前财务人员只需要与本县财政部门打交道，往来非常方便。但经费资产上划市（州）统一管理后，包括预算决算、资金收付、设备采购、工资福利等相关工作，即便有少部分工作可以通过信息化系统远程办理，但大量的工作仍需县级院财务人员定期或不定期地到市级财政部门面对面沟通解决。这种情况带来的最直接问题是基层检察院财务人员到市（州）财政部门办事的通勤成本大大增加，耗费了不少时间，降低了工作效率。比如说县级院办理集中支付，除事先网上申报外，还要携带相关支付凭证到市（州）级国库集中支付中心办理审批，偏远一点的县级院完成一笔支付至少需要两天时间。这个问题在对基层检察院实行"一级预算，一级管理"模式的地区尤为突出。对市（州）检察院而言，其计财部门除了本院有关财物管理工作外，还要承担对基层院财务管理工作的审核管理、检查指导等职责，工作量也增加不少。尤其是在实行对基层院"一级预算，二级管理"的地区，市（州）院计财部门对下管理的工作量更是大幅增加。

三 进一步深化贵州省检察机关财物统一管理改革的建议

总的来说，党的十八大以来，包括贵州省在内的全国司法体制改革已经取得了重大阶段性成果，在司法领域"解决了许多长期想解决而没有解决的难题，办成了许多过去想办而没有办成的大事"，司法体制改革主体框架已基本确立。就像一栋房子一样，"四梁八柱"已经搭成，基本上可以遮风挡雨了。这是非常了不起的成就，但房子光有"四梁八柱"还不够，还不能满足人民群众对司法的更高需求，所以还需要对房子进行"精装修"，不断解决消防安保、供水供电、漏风渗雨等细节性问题，才能让人民群众住得更加舒服满意。对这个问题，也就是下一步司法体制改革如何开展的问题，党的十九大报告已经明确提出"深化司法体制综合配套改革"的要求。一是要通过系统的、具体的各项制度措施，将已有的改革经验予以梳理，形成稳定的长效机制；二是还要继续深化改革，将各项改革制度有机联系起来，通过一系列更加具体、细微的改革措施，让司法体制运行得更加顺畅高效。

对照十九大"深化司法体制综合配套改革"的要求与精神实质，贵州省检察机关财物统一管理改革实践中出现的各类问题，就是需要通过"综合配套改革"来"精装修"予以解决的问题。因此，必须始终坚持贯彻十九大精神，将这些问题纳入"综合配套改革"的整体理念来统筹解决。

据此，针对调研中发现的问题，结合贵州省实际情况，对进一步加强和改进贵州省检察机关财物统一管理工作提出如下建议。

（一）加强调查研究，做好改革各项措施实践效果观察评估

在贵州省检察机关财物统一管理改革工作中，虽然大的格局框架是按照中央、省委的改革方案搭建的，但考虑到各地实际情况，在具体工作开展上往往各有不同做法。比如说，在市（州）财政如何开展对市县两级院财物

统一管理上，目前在实践中存在着三种模式。由于三种模式正式运行时间都不长，暂时还不具备准确评价各模式谁优谁劣的条件。但需要积极对此加强调研，随时掌握三种模式运行中的情况及问题，并最终将在实践中最有效的模式筛选出来予以推广，为实现下一步由省级统一管理目标打好基础。此外，制度设计时总是难以预料实际运行中会出现的所有情况，在实践中也容易出现各种各样的问题。比如说县级检察院干警的年终目标绩效奖金问题，以及检察干警三类人员工资动态增长问题，在实践中都可能因为制度设计百密一疏，或者执行力度欠缺等而运行不畅。因此，我们必须按照十九大"综合配套改革"的要求，实时保持对现有改革制度运行情况的监测评估，并在此基础上加强制度建设，夯实改革成果，提高改革整体效能，促进改革进一步深化，坚决防止改革走回头路。

（二）统一经费保障范围，逐步缩小各地区差距

由于贵州省各市（州）之间经济发展水平差异较大，且当前检察机关经费保障主要依靠地方财政支持，即便以后经费资产由省级统一管理，在较长一段时间内也不可能做到各基层检察院按照同一经费保障标准予以保障，只能逐步缩小差距。基于这一原则，可以先将各地区经费保障的范围做到基本一致，如公用经费应包括办公经费和办案业务经费，人员经费应包括工资、目标考核奖金、绩效考核奖金、各类津贴补贴、医疗保险和社会保险经费等，聘用人员经费应包括聘用人员工资、社会保险、医疗保险、聘用人员公用经费等。将检察机关的各项经费保障的范围逐一明确具体，不仅便于各地实际操作，也有利于在此基础上，逐步按照"保高托低"原则缩小各地区差距。

（三）明确资产权属，清理历史遗留问题

在资产上划前的清查中发现盘亏资产及老化毁损资产的，由基层检察院向当地财政部门申请处置。各基层院上划市（州）管理，作为一级预算单位后，仍然存在盘亏资产及老化毁损资产的，从有益于工作开展的角度出

发，类似资产报废的同类不涉及市级检察院审批权限的事项，建议由基层院向市级财政提出资产处置申请，由当地财政部门协助市级财政予以处置，简化流程，提高效能。

针对部分检察院因房屋和土地相关证件不完善、办公用房权属不明，导致无法上划管理的，建议由当地政府协助完善相关手续，明晰产权，明确最后完成时限并予以上划管理。

（四）优化财物管理应用平台，依托信息化手段提高工作能力

一是加强向最高人民检察院请示协调，争取按有关规定尽快将检务保障系统运行在非涉密内网，同时打通与财政部门相关财政管理系统的硬件连接，实现数据互联互通。二是建议由省检察院与省财政厅加强沟通协作，统一检务保障系统与财政管理系统相关数据接口标准，并对现有的检务保障系统和财政管理系统进行二次开发，确保两套系统能无缝对接，相关数据能融合共用，真正实现让数据多跑路、让财务人员少跑腿的计财装备大数据建设目标。此外，系统开发还要确保市（州）检察院能通过系统平台对各基层院的财务行为进行及时有效监管，并给予市（州）检察院对下查阅的权限，以方便督促和管理，提高财物管理工作效能和监管力度。

（五）整合计财队伍力量，提升财物管理水平

首先是充分整合各市（州）两级检察院计财队伍力量，充分发挥现有计财人员工作效能。不再要求基层检察院分设会计、出纳，各基层院只需设置1名报账员。同时，采取轮训的形式，市（州）检察院每年从基层院抽调财务人员在市（州）检察院集中办公，分片区分职能对下服务和指导。这样的好处是全市（州）的财务标准可以统一，调取数据快捷，采取报账制后，将会减少资金监管的风险，通过轮训的形式，又能提升各基层院财物管理人员的专业素质。

此外，考虑到计财部门事多人少的实际，对于不涉密的财物管理岗位，也可以探索采取购买社会服务的方式，聘请财会专业人员从事管理工作。

B.21
关于贵州检察大数据的调研报告

贵州省人民检察院信息中心

摘　要： 贵州省人民检察院信息中心通过对省内部分检察院大数据应用情况的调研，就检察大数据在立案监督、批准逮捕、公诉等相关环节应用中存在的问题进行了分析，并提出了相应的改进建议。

关键词： 贵州　检察　大数据

习近平总书记在党的十九大报告中指出："深化司法体制综合配套改革，全面落实司法责任制，努力让人民群众在每一个司法案件中感受到公平正义。"总书记同时强调，要"善于结合实际创造性推动工作，善于运用互联网技术和信息化手段开展工作"。为贯彻落实总书记的新发展理念，不断开创贵州检察信息化发展新局面，认真抓好落实省政法委《关于在全省政法机关深入开展政法重点工作专题调研的通知》，调研组赴遵义市院、汇川区院和红花岗区院实地调研，与一线办案干警面对面座谈，深入了解了贵州省检察大数据应用现状，总结建设过程中积累的经验和使用过程中发现的不足，并在此基础上厘清今后的发展思路，并在调研基础上形成本报告。

贵州省检察大数据主要包括大数据司法办案辅助系统、案件智能研判系统、统一政法共享平台、司改版统一业务应用系统等。各类平台系统的上线应用，推进了全省检察系统落实以审判为中心的诉讼制度改革进度，全面提高了办案质量，提升了司法公信力；有效缓解了案多人少矛盾，提高了司法效率，提升了科学决策水平，并且强化了办案活动监督管理。但是，作为新生事物的大数据应用，在实践中还存在很多不足，需要进一步改进。本次调研以业务条线分类，总结归纳如下。

一　立案监督环节存在的问题及改进建议

目前立案监督都是当事人到检察院信访或者案件审查时才能启动，信息来源渠道受限。针对公安立案方面的问题，一线办案人员建议依托公安机关电子政务网的相关数据，利用大数据技术进行实时监督，通过数据提取比对和系统规则，发现风险点，并自动推送给承办人员，供承办人员进行重点审查监督。

二　批准逮捕环节存在的问题及改进建议

因侦查活动监督平台上线不久，尚未同全国统一应用系统兼容，这导致数据不能实现共享，加之全国统一应用系统又是涉密网，致使审查同一个案件需要两次文书制作，并且两个系统录入的数据信息没有统计功能，案管受案后所登记的案卡信息也无法数据共享，由此造成大量重复工作。因此，批准逮捕环节主要从两个方面予以改进。

（一）实现智能分析、判断、精准决定，提升办案质量效率

结合审查逮捕案件办案实际，围绕逮捕的事实证据条件、刑罚条件、社会危险性条件，结合案件证据材料等情况，对逮捕三个条件的证据证明情况给承办检察官智能提示，为承办检察审查案件提供指引，精准做出捕或不捕决定，切实把好审查逮捕质量关，确保"凡逮捕均依法逮捕、凡不捕均依法不捕"。一是实现定罪判断精准。按照证据审查判断的相关规则，审查分析证据，将证据关联到案件要素，用证据证明案件要素。用"有证据证明有犯罪事实""有证据证明没有犯罪事实或有证据证明有犯罪事实但不需要

追究刑事责任""有证据证明有犯罪但证据缺失"三个方面对案件事实进行整体判断,系统智能分析判断后,通过闪烁绿、红、黄等不同颜色灯的形式提示事实证据条件判断结果。二是实现刑罚条件判断精准。用"可能判处 10 年以上有期徒刑""可能判处 3 年以上 10 年以下有期徒刑""可能判处 3 年以下有期徒刑且认罪态度较好""可能判处管制、拘役"四个方面对刑罚进行细化,系统根据案件实际情况进行分析判断后,通过闪烁绿、红、黄等不同颜色灯的形式提示刑罚条件判断结果。三是实现社会危险性判断精准。通过提炼要素对一般逮捕、取保候审或监视居住转逮捕社会危险性情形进行细化,设置"可能实施新的犯罪""有危害国家安全、公安安全或者社会秩序的现实危险"等社会危险性正向情形,设置"认罪态度好""犯罪嫌疑人为未成年人""犯罪嫌疑人为科技创新攻坚人才或企业经营管理人员""被害人有过错""刑事和解"等社会危险性反向情形,系统根据案件实际情况进行分析判断后,通过闪烁绿、红、黄等不同颜色灯的形式提示社会危险性条件判断结果,辅助承办检察官正确做出捕或不捕的决定。

(二)智能控制、预警、精确识别,提高司法公信力

一是智能控制节点。将对侦查机关提请审查逮捕认定的犯罪事实、理由、依据的审查设置于审查案件的第一步,侦查机关提请批准逮捕书中未对犯罪嫌疑人符合逮捕条件的理由、依据进行明确说明的,系统自动阻止对案件的进一步审查,倒逼侦查机关收集、固定犯罪嫌疑人符合逮捕条件的证据并对符合逮捕条件进行充分说理。同时,对逮捕的事实证据条件、刑罚条件、社会危险性条件进行递进式智能节点控制,未满足上一条件的,自动阻止进入案件审查的下一环节。二是智能审查。将最高人民法院、最高人民检察院、公安部、国家安全部、司法部《关于办理刑事案件严格排除非法证据若干问题的规定》嵌入逮捕条件审查判断模块,系统对证据合法性自动审查,对非法证据和瑕疵证据进行智能预警。三是智能识别。在侦查监督环节已全面实行电子卷宗,对所有的审查批准逮捕案件在受理的同时将侦查卷

宗扫描制作电子卷宗，并实现对电子卷宗数据信息的智能识别、自动提取，减轻承办人证据录入负担。四是智能生成文书。嵌入审查逮捕意见书等模板，系统智能生成审查逮捕意见书等文书，进一步提高文书质量。五是智能比对。自动推送相关案例、法律法规，并与同类情形的案例进行比对分析，有效促进类案类办，提升司法公信力。

三 公诉环节存在的问题及改进建议

公诉环节的大数据应用主要缺憾是数据无法实现共享，即侦查机关已有的大量结构化数据，检察机关也无法充分利用，导致重复录入工作占据了员额制检察官大量工作时间，加剧了"案多人少"的矛盾。本次调研按照公诉办案流程梳理出以下问题及建议。

（一）诉讼流程控制问题

建议公安机关统一网上移送案件，提前预设检查规则，通过机器自动检查，发现是否需要补充完善相关材料，经检察机关案管部门审查后反馈给侦查机关，并要求时限内补充完善相关材料。

（二）换押问题

目前犯罪嫌疑人的换押需要打印纸质换押证进行，并且需要办案机关派人到看守所换押。如此，浪费大量时间、精力往返于办案单位与看守所之间，完成的只是简单重复劳动，因此建议换押网上全程流转。

（三）送达以及讯问犯罪嫌疑人问题

依据我国刑事诉讼法规定，告知犯罪嫌疑人诉讼权利要在三日之内，对于异地关押或者在较远距离看守所关押犯罪嫌疑人的，送达文书以及提审工作占据了承办人的大量时间。因此，建议实现网上送达告知，网上流转和远程提讯。调研中发现，基层院80%以上案件是简单认罪案件，犯罪嫌疑人对自己的犯罪事实供认不讳，且在案证据又比较充分，针对承办人员需要简单核实的问题，通过远程提讯完全可以满足办案的需求，进而大幅提升办案效率。

（四）证据审查问题

建议增加证据标准指引，并通过证据指引实现智能辅助审查。

（五）录像资料审查问题

按照刑事诉讼法的规定，大多数案件都有音视频证据材料，特别是现场勘查、指认辨认、讯问同录等音视频资料，需要承办人花费大量的精力从头到尾去审查，通过看或听的方式来发现证据中是否存在非法或者瑕疵等情况，而且因为承办人无法预知是否存在非法或瑕疵，审查一个案件的音视频需要花大量时间。建议开发智能辅助审查系统，以预警、发现音视频中可能存在的违法情形。

（六）案件处理意见问题

案件定性以及情节认定是困扰承办人的常见问题之一。通常做法是，一方面请教经验丰富的老同志，凭借经验做出判断；另一方面在网络或者相关书籍中查找、翻阅已判案件是如何处理的。但资料的全面性、准确性和有效性难以保证。建议开发能够自动实现全要素匹配，特别是与全国司法典型案例以及全国司法判决案例库进行匹配的软件，确保精准指导案件办理。

（七）量刑建议问题

重点是避免估堆式的量刑方法，确保量刑建议的准确性和科学性。量刑系统开发的重点，一方面是对于同类型且具有相同要素的案件进行海量搜索匹配，得出一个量刑参考值；另一方面基于本案量刑要素，设计专家规则，通过计算机自动计算出一个参考值，承办人最后可以根据这两个值予以判断，由此提升量刑建议的参考价值。

（八）退回补充侦查问题

对于退回补充侦查的案件，在退侦之前案件所有证据全部审查完毕，根据在卷证据情况梳理需要补充完善的情况，当侦查机关重新报送后，承办人更着重审查补充完善的证据材料，审查是否已经达到退回补充侦查的目的，审查案件事实是否查清、证据是否确实充分等。传统办案形成阅卷笔录，简要记载审查证据过程，但是经过退回补充侦查，时间近 30 天，很多审查情况已记不清楚，需要翻阅原来制作的阅卷笔录，即便如此有些地方仍无法回忆清楚，建议开发软件记录当时审查案件的全过程，快速帮助承办人回忆当时审查情况。同时将全省每年度退回补充侦查的案件进行记录汇总分析，按照诉讼程序类、证据类、事实类整理，或者按照案发时间、地点、案件类型、犯罪嫌疑人文化程度等特点进行分析，从中发现规律性问题，这不但可以指导侦查机关有效侦查，还有利于进行防控，达到预防犯罪的效果。

（九）公诉出庭问题

现在很多院要求多媒体示证，多媒体制作过程中存在一些困难，比如说摘录制作时间比较长，制作画面单一等，建议开发相应软件支持多媒体示证，实现简单操作。

（十）二审问题

数据实现共享是二审诉讼程序的核心需求，因为如果实现数据共享，则二审承办人员对一审承办人整个审查过程就一目了然，能够更准确发现一审当中是否有审查不当情形，更容易快速做出维持、改判、发回重审的意见。

（十一）涉密网办案问题

由于现有应用系统是密级较高的涉密网，所以只能"坐堂"办案，不能充分有效利用时间审查案件，建议开发移动办案或办公平台，提升办案效率。

B.22

遵义经验：公安体系化打击工作
模式的调研报告

姬文清 *

摘　要： 遵义市公安局是公安部确定的改革联系点。针对刑事犯罪高发及其新特点，该局在案件侦办中发挥大数据功能优势，系统化整体关注每一个案件，以信息侦查方式为主导，以综合性侦查技术为支撑，以责任区刑警队"一长四必"为保障，上级统一指挥、多地整体联动、多警按需合成作战，形成打击跨区域犯罪的工作模式。理顺了同步上案、视频侦查、串并侦查、技术侦察、人力情报管理等机制与流程，形成资料整合、多警联动、分工协作的兵团式合成侦查工作格局，实现了对刑事犯罪的精准与深度打击。遵义经验的工作成效，提升了社会对公安工作的满意度，受到公安部肯定，并在全国进行推广。

关键词： 遵义经验　体系化打击　工作模式

遵义市公安局是公安部确定的改革联系点。按照中央关于全面深化改革的战略总决策和公安部、省公安厅关于积极推进公安警务体制机制改革的工作部署，面对"动态化、职业化、亲缘化、组织化、智能化、地域化"特

---

* 姬文清，贵州警察学院副教授、公安管理研究中心主任，博士后。

点的犯罪新常态，遵义市公安局确立"全省、全国一盘棋"思想，运用大数据发展成果，改变以"一摸二排三走访"为主的传统侦查模式，打破警种壁垒、层级壁垒、信息壁垒，整合各种资源，开展整体战、立体战、信息战、合成战，实现由个案到串案、由单人到团伙、由小案到大案的规模化、体系化打击，工作质量和效能大幅提升，社会效果和法律效果趋于最大化。遵义市公安局以"更快地破大案、更多地破小案、更准地办好案、更好地控发案"为总目标，引领全市刑侦工作实现跨越发展，形成了公安体系化打击工作模式的遵义经验。

一　遵义公安体系化打击模式的形成

改革开放以来，随着人、财、物的世界性大流动，刑事犯罪不断高发，流窜性、动态性犯罪骤增，手段也在升级，呈现职业化、智能化、专业化的犯罪特征。面对严峻的刑事犯罪形势，以往公安机关被"小案量大、无力侦办，跨区域案件长线经营乏力，情报信息研判滞后、支撑发力不到位"等现实困难制约。如何创新与破冰，是摆在遵义公安面前的一个重大课题。

遵义"10·20"香烟系列诈骗案发，所涉地域广、受害面大，群众反响强烈。该案侦办，是打击犯罪新机制探索的一个契机与起点。案件侦办从专注每起小案的警情二次加工、案件线索报备和多警种合成作战入手，借鉴大要案件专案攻坚模式，变"多警种齐头并进"为"情报主导、研判先行和多警种按需合成"，变"相当级别的领导任专案组组长"为"在市局设一个能协调全省（市）、联动全警的专案工作团队"，从一起个案金额数千元的普通诈骗案入手，顺线深挖细查，以专业情报研判、适时经营侦查、精准落地查证、下达收网指令、列表派单作业、统一整体移诉为主线，迅速将12名犯罪分子全部抓获，彻底捣毁在黔渝两省（市）、44个县（区）疯狂作案149起，涉案金额3000多万元的流窜作案团伙。

其间，贵州省刑侦总队在遵义召集全省各市（州）刑侦支队，召开了"10·20"系列案件侦办协调会。加强统一指挥，专案组建立专用FTP平台，用于指挥协调、信息流转及共享信息，主办地公安机关向涉案地公安机关发出书面侦办通知，各涉案地公安机关按"派单"要求，完善相关证据材料和法律文书，按时统一报送专案组。极短时间内，各地查证材料源源不断汇入卷宗，主办地公安机关未发一兵一卒，就完成了对数百名当事人的调查取证工作，案件迅速告破。实现了对团伙犯罪的规模化、体系化打击，实现了侦查破案快、收集证据快、打击效果好的既定目标，提升了社会各界和广大群众对公安执法办案的满意度。此案被贵州省公安厅评为贵州信息集成研判、警种合成作战的精品案例，被视为全省公安机关体系化打击犯罪的里程碑。

此时，全国公安全面深化改革在向纵深推进。中央政法委领导批示，全国公安刑侦部门要建立"科学指挥、合成作战、科技支撑、情报导侦"的打击犯罪新机制。时任国务委员、公安部部长郭声琨指出，改革创新是推动刑侦工作发展进步的强大动力，各级公安机关要全面实行"科学指挥、合成作战、现场必勘、专业研判、分类侦查、准确办案"的打击犯罪新机制。贵州省公安厅常务副厅长王瑛玮要求，深入实施"云剑工程"，实现"大数据＋"精准打击，全面推进大数据支撑下侦查办案专业化建设，依托信息化手段实现对违法犯罪的精确打击、深度打击、批量打击和体系打击。

乘着全面深化公安改革的东风，遵义市公安局遵循中央、公安部、省公安厅的理论指导，总结、提炼和固化"10·20"香烟系列诈骗案的侦办经验，加强与加速跨区域犯罪的体系化打击新机制探索。全市刑侦工作按照"专业化应对职业化、信息化应对反侦化、体系化应对流窜化"理念，对类似案件从多维度、全角度实行专业化、流水线式作业，通过精确情报、精细研判、精准行动，对每起案件实行点对点打击，有效解决了类似案件打击难、成效差的问题。按照"四个一"（一套机制、一个应用平台、一本操作手册、一系列考评奖惩办法）的方法，依托部、省、市、县四级整体联动和协同作战，达到"小案带大案、个案变串案"的侦破效果。打击犯罪新机制初显神威，体系化打击遵义模式逐步成熟。公安部副部长李伟到遵义实地调研，认为终于在遵义找到了关注小案的样本，并将其命名为"体系化打击的遵义公安工作经验"。随后，公安部在遵义召开了全国刑侦工作现场会，推广遵义公安工作经验。

二 遵义公安体系化打击模式的内涵

打击犯罪新机制最早是在 2007 年 12 月召开的全国公安机关深化刑侦改革座谈会上提出的，原构想是在研究掌握当前和今后一个时期刑事犯罪规律特点的基础上，建立健全符合现实打击犯罪工作需要的一个工作体系，包含工作模式、工作架构、平台打击运行模式等诸多内容。体系化打击犯罪工作机制则是打击犯罪新机制的一种具体体现形式，它的工作模式是指以打击对人民群众危害最大、反映最强烈的多发性侵财犯罪为重点，延伸拓展至所有侦查警种、所有系列案件，紧紧围绕系列案件开展现场勘查、警情加工、情报研判、侦查经营、落地查证、集中收网、专业审查、整体移诉等工作的制度体系，是"情报战、科技战、激励战、合成战"的一种具体展现形式。关注小案样本体系化打击遵义模式以贯彻落实公安部领导关于打击犯罪新机制要求的具体化和本土化实践为导向，是一种在实践过程中不断总结提炼形成的现实改革模式，是以专业情报研判、专案侦查经营、专门落地查证等信息侦查方式为主导，以技侦、网侦、刑技、图侦等侦查技术为支撑，以责任区刑警队为办案主体、派出所基层基础工作和现场勘查"一长四必"为保障，上级统一指挥、多地整体联动、多警种按需合成的打击跨区域犯罪工作体系。它的工作架构是以"基础体系支撑、情报研判引领、集中专业串并、警种按需合成、区域规模联动、整体移送起诉"为核心的规模化、集群化、体系化打击多发性侵财犯罪。

遵义经验的体系化打击工作模式有一套完备、灵活且实时的工作流程，由八大功能模块构建而成。

——预警提示。该模块由刑侦部门完成。主要工作是围绕每日情报会商情况，提出某一类案件或某一区域的案件高发情况，发出预警提示，发起对此类案件的体系化分析研判。

——多警种推送。该模块由市局刑侦情报、刑事技术、技侦、网安、图侦、监管、交警等部门分别完成，刑侦情报部门负责推送通过警情二次加工、案件初步研判所获取的各类信息数据；刑事技术部门负责推送对现场勘查中获取的指纹、足迹、DNA等痕迹物证的串并案分析意见；技侦部门负责推送主动进攻经营的、需刑侦部门落地查证的案件情况；网安部门负责推送围绕手机、电脑等发起的主动进攻经营的案件分析意见；图侦部门负责推送针对案发现场获取的天网、卡口、路网监控、社会视频的串并案分析意见；监管部门负责推送全市监管场所提供的线索、情报及狱侦工作情况；交警部门负责推送嫌疑车辆的查缉布控、信息核查、轨迹研判等工作情况。

——协作需求及回复。该模块由涉案地公安机关刑侦部门完成。主要是涉案地公安机关刑侦部门围绕案件办理，对需要市局、省厅、省外层面以及各警种进行协作的事项提出需求，平台工作人员分项上报局领导后在第一时间进行回复，且市局刑侦支队全程负责涉案地公安机关提出的技侦、网安侦控手续办理工作。

——体系化作战工作指令。该模块由平台工作人员完成。主要是对研判完成的体系化打击犯罪案件的落地查证、集中收网、派单作业等工作下达工作指令，涉案地公安机关必须按照指令要求，在规定时限内完成指令，并在协作需求及回复模块进行工作回复。

——通知通报。该模块由平台工作人员完成。主要是传达部、省、市关于体系化打击工作的通知要求，通报全国、全省、全市的经验做法以及相关工作会议安排。

——经典案例。该模块由平台工作人员完成。主要是总结、提炼、固化全市乃至全省、全国的体系化打击经典案例，提供给广大民警借鉴学习。

——多系统联查。该模块提供所有公安信息查询系统，逐步开放资源权限，打破警种、层级壁垒，以情报工作规范化建设为抓手，整合各类情报信息资源，供一线办案部门顺畅使用。

——社会信息资源整合。该模块提供社会各界包括水电气开户、电话线路登记、送水登记、机顶盒登记、房产证、二手车、二手房买卖、房屋租赁、宠物、招聘、求职、交友活动、学生家长通讯录、火车飞机购票信息、家政公司从业人员、旅店业信息、在校学生、低保户、计生户口、保安信息等在内的所有社会资源信息，并实时提高信息数据的数量和质量。

三　遵义公安体系化打击模式的做法

体系化打击遵义模式是解决跨区域案件侦办壁垒、侦查力量与犯罪行为不对称、资源与任务不配套、合成作战有形无神等问题和提升打击多发性侵财案件效能的有效途径，其具体做法主要有以下六个方面。

——立体出勘，多维定案。多发性侵财案件的现场勘查是体系化打击犯罪的根基。遵义市公安局在严格执行公安部提出的现场勘查"一长四必"基本要求的基础上，进一步规范和完善了立体勘查制度，从理论上确定了现场皆可勘的理念。每起案件发生后均严格按照"一长四必"的规程操作，刑事技术人员、网安人员、技侦人员和视频侦查员、主办侦查员、情报员同时赶赴现场，根据现场情况，各司其职。具体表现为：现场指挥员统一指挥，主办侦查员结合侦查工作实际提出需求，技术人员按照"物证必须鉴定、物证必须录入、信息必须比对和视频必须追踪"原则，对现场痕迹物证、微量元素、指纹脚印、虚拟信息、通信信息、电子数据、天地视频等进行固定、提取打包，力争做到从现场痕迹物证、作案手法、虚拟信息、通信信息、视频追踪等多个方面进行立体固定、立体关联、立体研判、多维定案。

——类案专班，情报研判。将刑侦情报、技侦、网侦、监管等部门情报资源整合，搭建一个综合性情报侦查平台，刑侦情报、技侦、网侦分别安排专人组建专班集中办公，统称为综合情报侦查中心。该中心由市局局长亲自牵头指挥，分管侦查的副局长具体负责。分为两大功能区，一个功能区负责核心情报日常研判，主侦大要案件和上级机关以及本局领导交办案件；另一个功能区则负责类案串并，主侦跨区域多发性侵财案件（即体系化打击），其下设打击"两抢"、打击盗窃、打击诈骗、控制销赃四个模块。各个模块做到职能清晰，各有侧重，互为犄角，协同作战。四个模块串并类案的具体方式分为四种：一是网上巡查，发现案源，实施串并；二是技侦、网侦推送，深度研判，实施串并；三是各区报备，全国关联，实施串并；四是搜集情报，一线互动，主动进攻，实施串并。串并案件达到一定程度，条件成熟，即向涉案地公安机关发出指令，明确启动体系化打击，实施控制性侦查。在控制性侦查过程中，各涉案地公安机关按照"全局一盘棋"思想，指令相关警种对涉案人员进行秘密落地查证、系统侦查，严禁任一地公安机关因一人一案、某人某案擅自行动，以免破坏整个案件的整体经营。案源一经发起，各地公安机关必须在体系化打击领导机关的统一指挥下，协同配合、步调一致开展控制性侦查。

——六侦同步，合成侦查。案源发起后，刑侦、刑事技术、技侦、网侦、图侦、情报六侦同步上案，实施合成侦查。主办侦查员根据案件大小、串并多少、跨区域规模、犯罪团伙大小和基本信息情况提出按需合成。县（区）内涉乡镇的，由县（区）公安机关组织相关部门实施打击；市（州）级涉县（区）的，由市（州）公安机关组织相关部门和相关县（区）实施打击；跨市（州）的，呈报省公安厅进一步深入研判和分析，组织落地查证，适时组织实施打击。合成侦查过程中，为减少电话请示和层级审批，实现案件信息第一时间高度共享，六侦部门将获取的信息线索和研判成果及时输入体系化打击工作平台进行流转，串并案件、追踪轨迹、核查信息等操作也一律在平台上实施，确保一切信息均在平台传输、碰撞、生成。而在平台之外，一线侦查员将落地信息输送给平台专班，平台专班将信息加工后直接发送给一线侦查员，依次反复流转，资源信息得以高度整合、高效利用；案件多少、手法特征、现场关联、信息碰撞和步态追踪、轨迹绘制等实现环环相扣、紧密衔接，密织成一张强大的信息网，紧锁犯罪人员。

——集中收网，派单取证。待案件串并基本清楚，犯罪团伙成员大部分落地查证后，便进入集中收网环节。采取的办法是小团伙小网收、大团伙大网收。即：涉及5人以上团伙情形的，由市局统一组织收网，指定一地主办，涉案团伙成员的县（区）统一集中抓捕；涉及跨市（州）5人以上团伙情形的，由省厅刑侦总队统一组织收网；涉市（州）团伙人数达 10 人以上情形的，由省厅领导统一组织集中收网，涉有团伙成员的市（州）按照省厅指令组织统一抓捕，抓捕之后交由主办地公安机关统一审讯，涉案地公安机关协助。抓捕审讯工作进入相宜时机，主办地公安机关根据抓捕审讯情况，拟出下一步抓捕和侦查工作提纲，并通过列表的方式规范提纲、提出需求，报送至组织体系化打击的牵头公安机关，牵头公安机关再分派给各涉案地公安机关，指令其在期限内办理完毕并打包传送到牵头公安机关，再归类传送给主办地公安机关。对于涉案地公安机关未完成工作提纲要求的，牵头公安机关责令其书面说明情况并经领导签字后报送备案。进入指认现场环节，主办地公安机关将时间表、线路图、任务书事先报送给牵头公安机关，牵头公安机关审校后分派至各涉案地公安机关，明确各涉案地公安机关安排好配合人员、车辆、后勤、暂押场所等，协助主办地公安机关完成现场指认工作。针对大要案的现场指认，牵头公安机关必须安排专人实地督导。指认中，主办地公安机关可以实时向牵头公安机关提出涉案地公安机关在某项工作上支持不力的情况，由牵头公安机关予以纠查纠正，并派出督察组对整个派单取证工作进行实时跟踪监督。

——情报导审，准确办案。体系化打击犯罪是专业化应对职业化、信息化应对反侦化、体系化应对流窜化的一种打击犯罪的新工作模式。该模式的宗旨在于对职业化、团伙化、亲缘化、地域化、反侦化、流窜化犯罪适时经营式侦查、毁灭式打击，目的在于将案件、将团伙打深、打透、打彻底。因此，不但在前期经营、抓捕、取证上要下足功夫，更要在审讯环节穷尽侦查手段，特别是在审讯过程中，相关情报手段要跟上，要在用好前期获取的情报信息和证据的同时，边审讯边开展情报进攻，结合新的情报及时开展审讯工作，并以审讯信息反辅情报，反复加工后指导审讯，不断为审讯工作提供"核弹头"和"烟幕弹"，力争全案不遗一案、不漏一人。另外，在情报导审下，能有效避免刑讯逼供违法行为和冤假错案的发生，确保了案件侦办的程序合法。

——建立机制，深度运用。为确保体系化打击犯罪工作新机制的正常运行和深入推进、深度应用，遵义市公安局建立了六大辅助机制，一是多发性侵财犯罪案件现场主体勘查机制，二是多发性侵财犯罪案源发起报备经营侦查机制，三是体系化打击犯罪平台信息流转机制，四是六侦同步上案合成侦查工作机制，五是集中收网派单取证、整体移诉工作机制，六是体系化打击考评奖惩机制。六大辅助机制的建立，有效助推了遵义市体系化打击犯罪新机制建设上升到一个更高的台阶，打击跨区域多发性侵财案件的能力和水平明显提升。

四 遵义公安体系化打击模式的特点

——领导重视是前提。领导重视是确保各项工作正常开展的关键，更是提高体系化打击实效的重要保障。遵义市公安局新一届领导班子更加重视体系化打击犯罪工作机制的提炼、总结、推广等工作。短短一年多时间里，市局党委主要领导、分管领导先后 10 余次召集会议，专题听取体系化打击工作情况汇报，统筹协调相关工作，研究解决重大事项，制定长远发展规划，还亲自参与体系化打击犯罪的总结提炼工作，真正做到把体系化打击工作放在心里、抓在手上。市局党委对体系化打击的牵头责任单位、配侦合成单位、具体承办单位等进行了明确，完善出台了《遵义市公安局体系化打击犯罪工作应用手册》《每日情报会商支撑体系化打击犯罪工作规定》《遵义市公安机关刑事案件现场勘查"一长四必"新机制》等体系化打击犯罪的相关机制。同时，专门筹集设立了专项资金，在人、财、物上给予倾力支持，成立了遵义市公安局情报研判中心，为成功开展体系化打击犯罪工作提供了强有力的保障。

——资源整合是关键。情报战发起的核心是信息研判，关键是信息资源的完整、鲜活。遵义市公安局在积极争取省厅资源权限开放的同时，致力于打破警种、层级壁垒，以情报工作规范化建设为抓手，整合各类情报信息资源，大力加强技侦、网安、情报手段建设，推动刑侦、刑技、技侦、网安、图侦、情报同步上案，有效整合侦查资源，综合研判与专业研判结合，构建整体联动的合成作战工作机制，做到情报引领、精确打击，实现从"由案到人"向"由人到案""由物到案""由线索到案"的转变。同时，加大社会资源整合力度，提高信息数据的数量和质量，深入推进基础信息系统建设，努力实现信息流与业务流的融合。加强办案地、协作地公安机关之间的联络和沟通，充分利用跨区域办案协作机制和规则，为平台研判专班源源不断输送鲜活数据。

——平台建设是载体。现代化的侦查手段离不开信息化平台。体系化打击犯罪机制需要科学、实用的平台作为载体。在省厅的技术支持下，遵义市公安局建设了体系化打击犯罪工作平台，更好地实现了流程转换，促进了单位之间信息资源交流，基本实现了刑事情报信息的多系统联查、自动化研判、跨区域串并、一键式查询，有效提升了体系化打击犯罪工作模式的实战功能，在打击系列案、团伙案、流窜案中取得了初步成效。

——立体勘查是基础。在新环境下，现场勘查范围已由原来的"十类案件"逐步转向大量"盗抢骗"等侵财类"小案"，由原来的"平面勘查"转为"全时空立体化勘查"，不仅扩大了勘查的范围，也提高了勘查的要求，传统单一的勘查模式已远远满足不了现在的侦查需求。为切实掌握案发现场第一手全面资料，遵义市公安局深入贯彻落实公安部现场勘查"一长四必"的要求，明确辖区派出所主办侦查员、责任区刑警队专（兼）职刑事技术人员负责多发性侵财案件现场勘查工作，网安、技侦工作站、图侦和情报部门人员按需上案，确保现场指纹、足迹、DNA、微量物证、电子数据、基站信息等案件信息无遗漏，为后期平台案件信息的深度研判打下坚实基础。

——专业队伍是依托。实践证明，信息化侦查工作离不开高素质的专业研判队伍，遵义市公安局体系化打击犯罪工作取得实实在在的成效在一定程度上得益于专业队伍的建设。通过近几年体系化打击犯罪的实战洗礼，全市公安机关培养了一批网上作战能手、现场勘查能手、侦查办案能手和"懂侦查、善研判、勤思考、能创新"的专业情报人才，他们具有较强的网上作战能力、现场勘验能力、侦查破案能力和情报研判能力，辐射带动了全市体系化打击工作的顺利开展，实现了信息化作战与传统化作战的有机融合。

——科学考评是保障。科学的考评制度是规范体系化打击犯罪工作模式、激发专班民警工作积极性的重要保障和依据。为此，遵义市公安局建立了《遵义公安体系化打击犯罪工作考评办法（修订）》，逐步健全了"分类组织整体联动、情报主导侦查经营、落地查证固定证据、集中收网整体移诉"的体系化打击流程，全面推动侦查方式的变革和创新，从整体上形成打击合力，有效提高了情报研判的效率、主动进攻的能力，解决了"被动打、不会打、打不掉、打不完"等问题，实现打击犯罪工作常态化、精细化、规范化运作。同时，出台了《遵义市公安机关警情加工、案件线索报备、多警种按需合成积分考评办法》，通过纵向考核区县、横向考核警种、中间考核联络员的最低积分考评方式，建立规范了警情二次加工、案件线索报备、情报信息流转工作模式，进一步促进多警种按需合成，形成标准化案件线索信息团，实现基础工作对体系化打击犯罪工作的保障和支撑。另外，还建立了《遵义市公安机关体系化打击犯罪工作奖惩机制》，及时兑现奖惩，进一步促进和提高了全警参与体系化打击犯罪工作的积极性、主动性和自觉性，营造了良性竞争、积极向上的工作氛围。

五 遵义公安体系化打击模式的成效

遵义市公安局探索实施体系化打击模式两年以来，通过不断总结、创新、突破，进一步建立和完善了相关辅助机制，情报研判更加专业深入、合成作战更加良性高效、体系化打击更加精准有力，取得了丰硕的战果。

——以打开路，大量小案、隐案、积案迎刃而解。两年多时间来，全市共串并破获跨省案件 36 串，跨市（州）案件 42 串，跨县区串案 79 串，县内串案 122 串，共计案件 279 串 2785 件，抓获犯罪嫌疑人 621 人，打击团伙 313 个。使得一大批小案、隐案、积案得以及时侦破。

——以打促防，社会治安秩序明显好转。2015 年，遵义全市共立多发性侵财案件 20023 起，与 2014 年 23003 起相比，下降 12.91%。2016 年 1～

8月，全市共立多发性侵财案件10867起，与2015年同期15372起相比，下降29.31%。目前，全市"两抢"类案件破案率平均达到80%，其中6个县达到100%。盗骗侵财类案件破案率平均已达30%，其中9个县超过30%；两年来，通过体系化打击共摧毁犯罪团伙193个，挽回经济损失2630余万元。发案数的大幅下降和破案率的大幅提升，以及大量犯罪团伙的覆灭，使得全市社会治安立体防控水平不断提升，社会治安秩序出现明显好转。

——以打促安，群众安全感、满意度迅速提升。通过体系化打击实现良好的社会治安秩序，让人民群众安居乐业、幸福指数不断攀升。2016年，遵义市人民群众的安全感高达97.48%，从2015年的94.03%、全省第五名上升至全省第二名，同比上升3.45个百分点；对公安机关的满意度达到95.99%，从2015年的89.71%、全省第八名上升至全省第一名，同比上升6.28个百分点，创历史最好水平。

目前，遵义经验的公安体系化打击工作模式呈现"破一案、带一串、抓一人、挖一伙"的规模效应，实现了社会治安"一降六升"的目标，刑事案件立案数同比下降、破案率上升，打掉犯罪团伙数上升，为国家、群众挽回经济损失上升，侵财犯罪重刑率上升；人民群众对社会治安的安全感上升，对公安工作的满意度上升，达到历史最高水平，多项公安工作业务指标排名居全国前列，取得了良好的社会效果。

B.23
贵州实施社区矫正制度法律效果分析*

宋强 杨琼**

摘 要： 2012年刑事诉讼法修正案确立社区矫正制度后，相关工作获得贵州省司法行政部门的高度重视，有关单位严格按照法律及相关规定执行，力求探索出与本省情况相符的社区矫正经验。近年来，社区矫正工作不断得以规范，对服刑人员的矫正效果更加明显，但还是存在一些问题，面临的严峻形势不容忽视。

关键词： 社区矫正 法律效果 制度

自2005年8月《贵州省社区矫正试点工作意见》出台以来，贵州省司法行政部门根据社区矫正工作的总体要求，以贵阳市云岩区和南明区作为试点，结合实际开展了相应工作。2010年9月，"贵州省社区矫正工作电视电话会议"召开，标志着贵州省司法行政部门全面着手该项工作，相关工作的正式启动。

一 贵州省社区矫正制度实施法律效果调查情况

2013年7~8月，课题组成员分别走访了贵阳市司法局、遵义市司法

---

* 本文为贵州省科技厅项目"贵州实施社区矫正制度法律效果定性与定量分析"部分成果(项目编号：黔科合J字LKM〔2012〕34号)。
** 宋强，贵州民族大学法学院教授、法学博士，贵州省法治研究与评估研究中心研究员；杨琼，遵义医学院珠海校区人文社科部讲师。

局、毕节市司法局及相关县（区）司法所等部门，就社区矫正管理工作现状和工作中存在的问题与相关司法管理人员和司法工作人员等进行了座谈和调研。

课题组设计调查问卷60份并进行了发放，收回有效问卷54份。其中，贵阳市收回有效问卷13份；遵义市收回有效问卷13份；毕节市收回有效问卷28份。同时还收到10个有效案例资料。①

二 贵州省社区矫正制度相关效果分析

结合贵州省实施社区矫正制度的具体情况，贵州省实施社区矫正制度法律效果定量分析调查表（社区矫正管理及司法人员适用）共分为6个类别：一是遵章守纪效果，二是认罪悔罪效果，三是教育学习效果，四是行为规范效果，五是心理健康效果，六是社区服务效果。结合6个类别分别设置30道问卷调查道题目，并综合整理如下。

（一）贵州省实施社区矫正制度的总体效果较好

如图1显示，就贵州省实施社区矫正制度的法律效果而言，5名司法及管理人员回答"不明显"，占9%；20名司法及管理人员回答"有一定的效果"，占38%；28名司法及管理人回答"效果明显"，占53%。

（二）社区服刑人员的再犯罪率较低

如图2显示，与监禁刑相比，认为"再违法、再犯罪率相差不大"的司法

---

① 这些"有效案例"来自铜仁市印江土家族苗族自治县、遵义市湄潭县、毕节市金沙县、黔西南布依族苗族自治州贞丰县、贵阳市息烽县与六盘水市盘县等地。就社区矫正的实施效果而言，课题组还特别走访调研了贵州省贵阳市司法局、遵义市司法局、毕节市司法局、贵阳市白云区镇山红司法所、贵阳市观山湖区金岭社区司法所、遵义市汇川区高桥镇司法所、汇川区上海路街道司法所等执行单位。

贵州省实施社区矫正制度以来，你认为其效果是否明显？

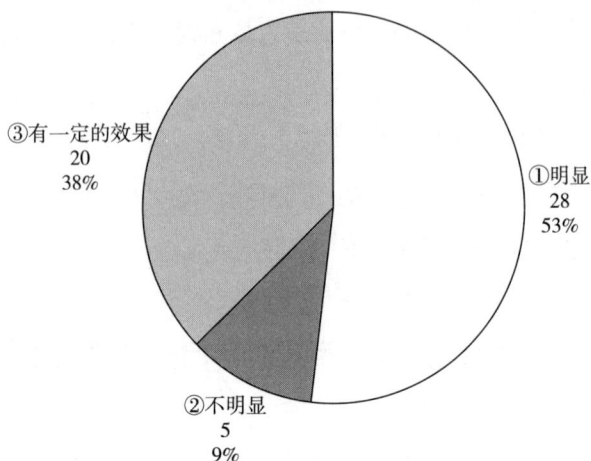

③有一定的效果
20
38%

①明显
28
53%

②不明显
5
9%

图1 社区矫正总体效果

与监禁刑相比，社区矫正服刑人员再违法率、再犯罪率如何？

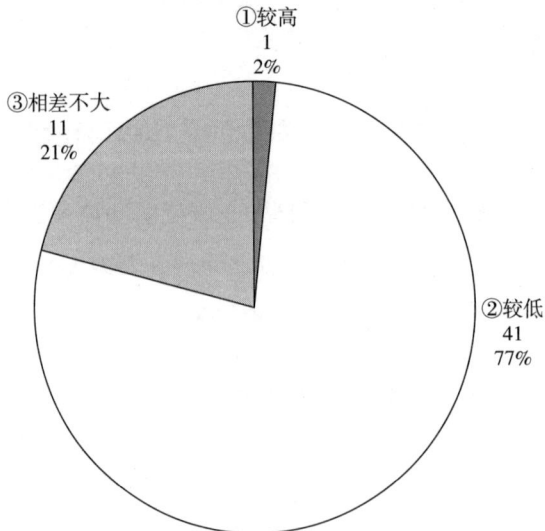

①较高
1
2%

③相差不大
11
21%

②较低
41
77%

图2 社区服刑人员再犯罪率

及管理人员占21%，2%的司法及管理人员认为"社区矫正服刑人员再违法、再犯罪率"比监禁刑高，77%的司法及管理人员认为"再违法、再犯罪率较低"。

（三）社区服刑人员的认罪悔罪效果较好

——社区服刑人员对法院判决的认可度一般。如图3显示，53%的司法及管理人员回答"社区服刑人员服从法院的判决但并不真心"；47%的司法及管理人员回答"社区服刑人员真心服从法院的判决"；认为"社区服刑人员不服从法院的判决"的司法及管理人员为零。

——社区服刑人员大多能认识到自身行为的危害性。如图4所示，4%的司法及管理人员认为社区服刑人员"不能清楚地认识到他的犯罪给家庭和社会带来了危害"；47%的司法及管理人员认为社区服刑人员"能清楚地认识到他的犯罪给家庭和社会带来了危害"；49%司法及管理人员认为服刑人员对其危害"有一定认识"。

社区服刑人员是否真心服从法院的判决?

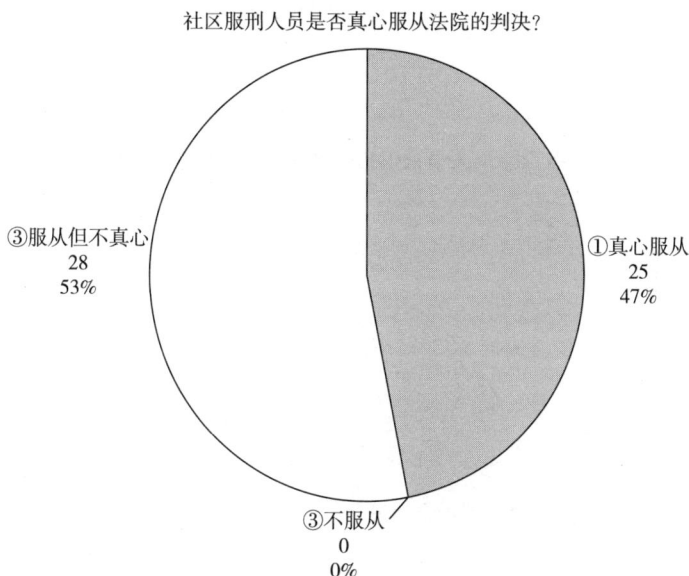

③服从但不真心
28
53%

①真心服从
25
47%

③不服从
0
0%

图3　社区服刑人员对法院判决的认可度

——社区服刑人员普遍有后悔和自责感。如图5所示，74%的司法及管理人员认为服刑人员多数"对自己的犯罪行为有自责和后悔感"；2%的司法及管理人员认为服刑人员多数"对自己的犯罪行为没有自责和后悔感"。

社区服刑人员是否能够清楚地认识到他的犯罪给家庭和社会带来了危害?

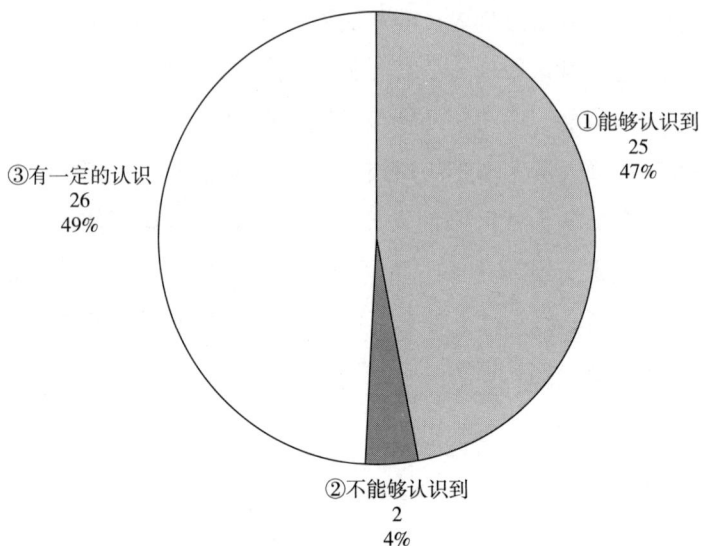

①能够认识到
25
47%

②不能够认识到
2
4%

③有一定的认识
26
49%

图4　社区服刑人员认识犯罪给家庭和社会带来的危害

社区服刑人员对自己的犯罪行为是否有自责和后悔感?

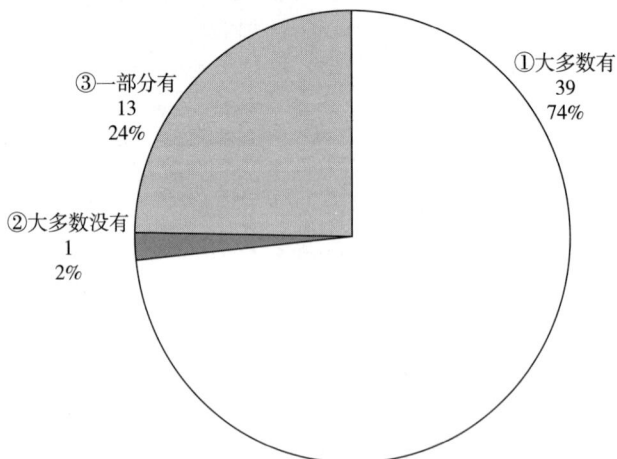

①大多数有
39
74%

②大多数没有
1
2%

③一部分有
13
24%

图5　社区服刑人员大多有悔罪感

（四）社区服刑人员的行为规范效果较好

——行为规范意识培养效果较好。如图 6 所示，79% 的司法及管理人员认为服刑人员"已培养起行为规范意识"，21% 的司法及管理人员认为服刑人员"未培养起行为规范意识"。

社区服刑人员是否已培养起行为规范的意识？

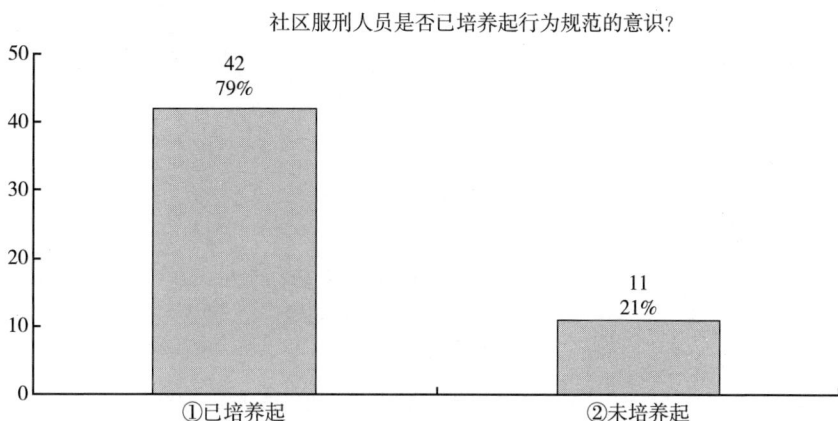

图 6　社区服刑人员行为规范意识培养效果

——社区服刑人员遵守行为规范和道德准则的效果较好。如图 7 所示，75% 的司法及管理人员认为服刑人员"能够遵守社会基本行为规范和道德准则"，25% 的司法及管理人员认为服刑人员"不能够遵守社会基本行为规范和道德准则"。

——社区服刑人员消除犯罪恶习的效果较差。如图 8 所示，认为社区服刑人员已消除犯罪恶习的司法及管理人员占 28%，72% 的司法及管理人员则认为社区服刑人员"未完全消除犯罪恶习"。

（五）社区服刑人员遵章守纪效果较差

——社区服刑人员遵守监管规定效果较差。如图 9 所示，38% 的司法及管理人员认为服刑人员"当前能够遵守社区矫正的相关监管规定"，62% 的

社区服刑人员是否能遵守社会基本行为规范和首先准则？

②还不能够
13
25%

①能够
40
75%

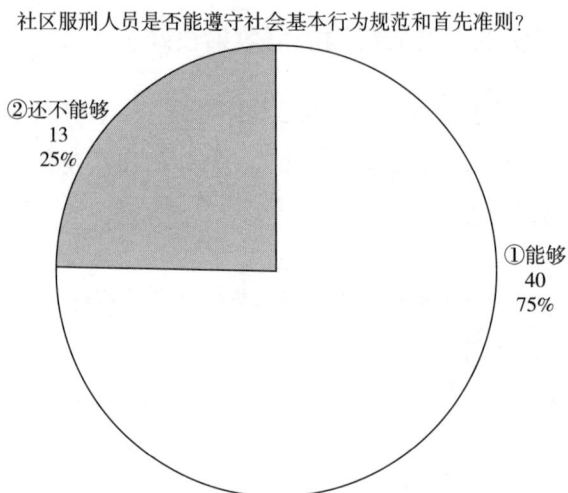

**图7　社区服刑人员遵守社会基本行为
规范和道德准则效果**

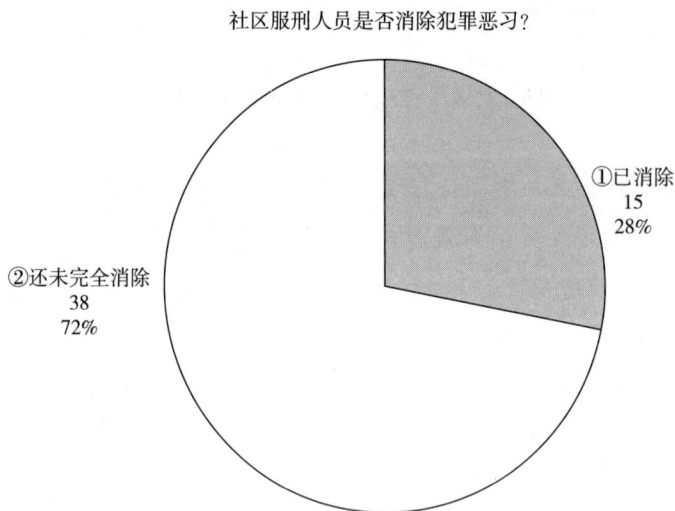

社区服刑人员是否消除犯罪恶习？

①已消除
15
28%

②还未完全消除
38
72%

图8　社区服刑人员消除犯罪恶习效果

司法及管理人员认为服刑人员"不能完全遵守"。

　　——社区服刑人员服从管理效果较差。如图10所示，45%的司法及管

社区服刑人员能否遵守社区矫正的相关监管规定?

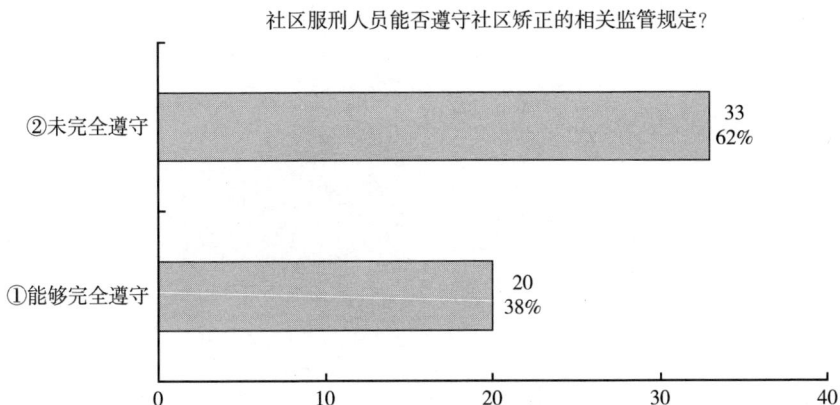

图9　社区服刑人员遵章守纪效果

理人员认为服刑人员"能完全接受社区矫正机构管理",55%的司法及管理人员认为服刑人员"不能完全接受社区矫正机构管理"。

社区服刑人员是否能够自觉接受社区矫正机构的管理?

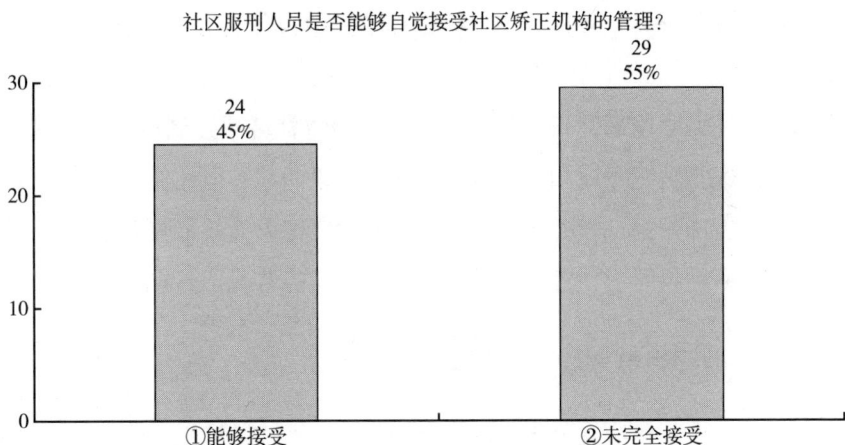

图10　社区服刑人员服从管理效果

——社区服刑人员消除犯罪思想的效果较差。如图11所示,认为服刑人员完全消除犯罪思想的司法及管理人员占30%,认为其未完全消除犯罪思想的司法及管理人员占70%。

社区服刑人员是否已消除犯罪的思想?

①已完全消除
16
30%

②未完全消除
37
70%

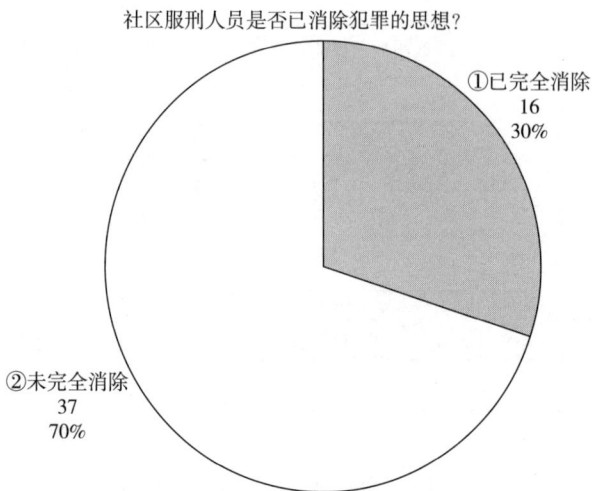

图11 社区服刑人员消除犯罪思想效果

三 贵州省社区矫正制度实施进程中存在的问题分析

结合上述调查结果,我们发现,当前贵州省社区矫正制度实施进程中,在降低服刑人员再犯罪率和规范行为方面的效果明显,但在促进社区服刑人员认罪悔罪方面效果一般,而在服刑人员遵章守纪方面效果较差。

以上调研结果显示,贵州省社区矫正制度运行状况依然有待改善。

(一)刑罚执行程序欠缺司法公信力

——社区矫正执法规范化、制度化建设缺失。社区矫正是非监禁刑罚的重要执行方式。从程序①操作规范来看,目前,贵州省只颁布了两部规范性文件,即《贵州省社区矫正衔接工作管理办法(试行)》《贵州省社区服刑人员考核奖惩办法(试行)》,这两部地方性规范文件在行刑监管、教育矫

---

① 这里的程序主要包括入矫程序、行刑监管程序、教育矫正程序、考核奖惩程序、帮困扶助程序、解除矫正程序等。

正等程序方面还没有做出相关规定。此外，贵州省部分市（州）虽然对社区矫正实施程序的相关规则进行了细化［如《贵阳市社区矫正对象分类管理办法（试行）》《贵阳市社区矫正试点工作实施细则（试行）》等］，但在贵州省内依然欠缺规范社区矫正刑罚执行的规范性法律文件。完备的社区矫正执行程序是实现社区矫正效果的重要保证，只有制定规范化、制度化的操作程序，司法行政管理人员才能依据程序公正地对社区服刑人员进行奖惩，进而增强司法行政机关的司法公信力。

——服刑人员参与度有待提升。在社区矫正过程中，司法行政人员应结合服刑人员的主观恶性、人身危险性等因素，综合考虑各方面因素，对服刑人员进行准确评估，比照评估结果决定对服刑人员采取什么措施，如监督管理、教育矫正及帮扶等。然而，在调研中发现，社区矫正司法行政管理人员对服刑人员的评估往往流于形式，服刑人员对社区矫正的认识浮于表面，仅知道本人需要按时汇报、参加社区服务等内容，而对确定监督管理级别、奖惩考核程序等内容不清楚或一知半解。社区矫正服刑人员作为社区矫正执行程序中的主要参与者，不能仅仅被动、机械地接受社区矫正执行机关的系列决定，而应该积极主动地参与到与其切身利益相关的决定中，如确定监管措施、教育矫正方案、奖惩处罚等内容，进而加深社区矫正服刑人员对社区矫正的尊重和信服，让他们感受到社区矫正程序执行的公正性与合理性。

（二）对司法执行权的规定缺乏惩罚性法律条款

对于司法执行权的规定缺乏法律责任条款，严重制约了相关工作的开展。

——时限内不送达法律文书的法律后果。在调研中发现，在社区矫正制度运行过程中，相关部门未按规定时间将社区矫正服刑人员的法律文书送达到基层司法所的情况屡见不鲜。除了人口流动等客观原因外，社区矫正衔接工作缺乏惩罚性法律后果规定亦是造成这种现象的一个重要原因。《贵州省社区矫正衔接工作管理办法（试行）》虽规定"看守所自罪犯出所之日起七日内，监狱、未成年犯管教所自假释之日起七日内或接到省监狱管理局批准暂予监外执行的批复之日起七日内将法律文书送达罪犯居住地的县级司法局社区矫正科",但并未对超时效送达的法律责任和后果作出规定。

——脱管漏管服刑人员的法律后果。调研资料显示,在社区矫正制度实施过程中,经常出现因社区矫正服刑人员未报到而导致服刑人员脱管的情况。除却因服刑人员外出务工而导致的"人户分离"外,最重要的原因是社区矫正衔接工作缺乏惩罚性法律措施。如《贵州省社区矫正衔接工作管理办法(试行)》只是规定了"公安派出所负责查找在社区矫正中脱管漏管的服刑人员",但对在服刑人员脱管漏管情况下,派出所查找不力时应当承担何种法律责任的问题,规定不明,导致工作单位的工作难以落实到位。

(三)社区服刑人员安全监管不完善

"在目前的贵州省社区矫正管理制度下,这些服刑人员不动就罢,一动起来整个贵州省就要出大事",毕节市一位基层司法所的工作人员在谈及落实社区矫正服刑人员监管工作时如是说,由此反映出该项工作在落实过程中确实有安全管理盲区的存在。

——社区服刑人员危险评估制度不健全。针对服刑人员个体情况,对其人身危险性与再犯可能性综合加以测评的工作机制即危险评估机制。在该机制的构建上,国内比较成熟的有北京市关于社区服刑人员的分类管理规定,在接收社区服刑人员的两个月内,相关执法工作人员应当了解社区服刑人员家庭情况、工作情况、受教育程度以及违法犯罪史等个人基本情况;对服刑人员的"人身危险性"和"再犯可能性"评估应当在接收满两个月后做出,并据此对服刑人员适用不同强度的监管等级。此外,制定教育矫正方案等后续工作的也以评估结果为主要依据来确定。

贵州省社区矫正危险评估工作尚处于起步探索阶段,在工作机制、内容、方法、路径等方面都还不成熟,多地在危险评估工作上甚至还是空白。调研资料显示,个别危险评估实践大部分还停留在"以执法人员的感性工作经验,再结合服刑人员的家庭、犯罪类别等进行的主观测评"的层面,根本还没有规范的工作制度。因此,存在诸如没有稳固的评估指标、评估方法不规范、不统一,评估方法不够科学,评估结果及其运用差异较大等不足和问题。在法制建设层面，关于社区矫正风险评估的法律文件在省内尚未有统一之规定，在社区矫正工作行刑监管过程中，存在严重的主观性和盲目性，严重影响法律效果。

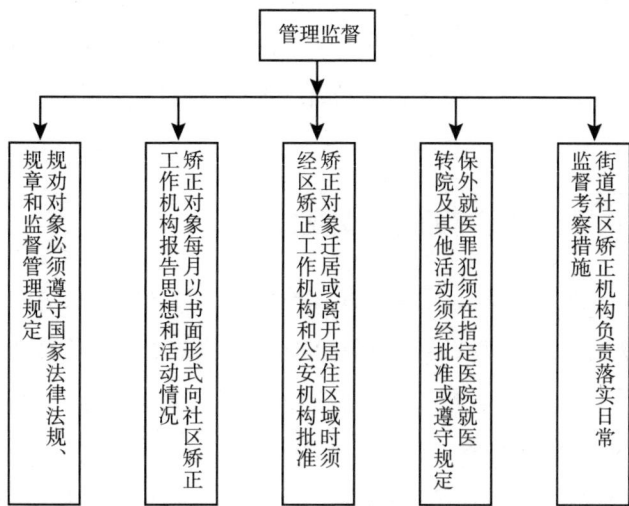

```
                        ┌──────────┐
                        │ 管理监督 │
                        └──────────┘
```

规劝对象必须遵守国家法律法规、规章和监督管理规定

矫正对象每月以书面形式向社区矫正工作机构报告思想和活动情况

矫正对象迁居或离开居住区域时须经区矫正工作机构和公安机构批准

保外就医罪犯须在指定医院就医转院及其他活动须经批准或遵守规定

街道社区矫正机构负责落实日常监督考察措施

图12　遵义市汇川区高桥镇司法所、遵义市上海路司法所社区矫正工作流程

——分类管理不足。英国法学家边沁和意大利法学家菲利均认为在进行行为矫正时要依据对象实际情况区别对待，要实施分类管理。分类管理则体现着刑罚个别化的基本精神，实践中，司法机构把人身危险性作为社区服刑人员分类管理的根据。如在社区矫正分级矫正阶段，上海市结合危险评估结果，根据监管强度不同的矫正措施，把社区服刑人员纳入一、二、三级矫正级别中。调研资料显示，贵阳市在社区矫正中实施了分类管理制度，对应宽管、准宽管、普管、严管分别设有 A、B、C、D 等不同的级别。但社区矫正工作分类管理在省内大多数市（州）未能实施。

——监管措施复杂且不灵活。目前贵州省社区矫正工作监督管理的主要形式（见图12）体现在思想汇报和电话汇报两个方面。如贵阳市即便非常注重社区矫正服刑人员分类管理，对 A、B、C、D 等不同级别的矫正对象的监管措施还是比较单一。仅仅通过思想汇报与电话汇报去掌握服刑人员的信息，具有滞后性、虚假性，也造成了监管执行的形式化，是无法实现监管效果的。国外在这方面有许多有益的借鉴，如美国针对服刑人员人身危险性的不同，目前主要采用有强度层次效果的监管方法。① 就目前而言，贵州省在社区矫正行刑的监管措施上仍然比较单一。2012 年，贵州省司法厅将北京路片区司法所、黔灵镇司法所等 3 个单位作为社区矫正信息化监管的试点平台，发放一定数量的定位手机，开始不断探索对社区服刑人员的监管措施。②

（四）缺乏科学完善的考核奖惩制度

为了对矫正状况的动态把握和跟踪性衡量，社区服刑人员的考核奖惩制度③的构建尤为重要。2011 年贵州省公安厅、司法厅、高级人民法院和省人民检察院联合出台了《贵州省社区服刑人员考核奖惩办法（试行）》，该办法（试行）从标准、程序、结果三方面对社区矫正服刑人员的考核奖惩制度做了具体的规定。但在调研中发现，贵州省部分地方的社区矫正服刑人员考核奖惩制度存在笼统宏观、不具有可操作性等不足（见图 13）。

第一，该办法（试行）第 15 条对社区矫正服刑人员考核奖惩进行了分别规定，奖励方面分为表扬、记功、减刑三种，同时又规定了表扬、可以记功与应当记功的情形。如社区矫正服刑人员只要存在重大立功表现或其他特殊情形的，才可以向人民法院提请减刑。但现实操作中，因为奖励措施有限，奖惩工作难以取得实效。

---

① 在美国有强度层次效果的监管方法主要表现在"罚金与赔偿、社区服务、日间报告、电子监控、适用矫正训练营"等多方面。

② 目前，贵州省对社区服刑人员的监管措施的不断探索主要利用手机定位技术。在实际运行中，监控实效经常会因为信号不好、欠费、关机、故障等情况而降低。此外，一定的反应时间是系统确定矫正人员的位置所必需的，矫正人员在此特定的时间段内脱逃的可能性亦是存在的，所以通过手机定位监管服刑人员的方式尚存在风险。

③ 调研显示，当前我国各省份根据《社区矫正实施办法》《司法行政机关社区矫正工作暂行办法》进一步制定了实施细则，如浙江省的《社区矫正对象奖惩考核暂行办法》、江苏省的《社区矫正对象考核奖惩办法（试行）》等对考核奖惩的标准、具体程序、结果等做出具体规定。

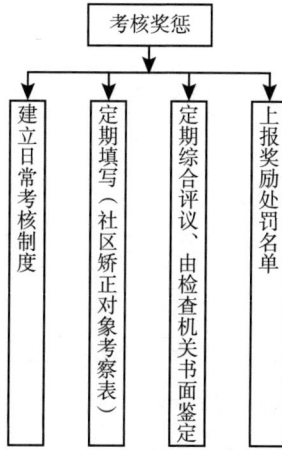

**图 13　遵义市汇川区高桥镇司法所、遵义市上海路
街道办事处社区矫正工作流程**

第二，社区矫正处罚措施不健全，目前仅包括记过、警告、治安处罚、社区矫正的撤销等。同时惩处的力度和精细程度也不能很好地威慑社区服刑人员，因此尚不足以满足个别化管理社区服刑人员的要求。

B.24
贵州省民族地区家事审判改革的调研报告

——以三都县为样本

田　军*

摘　要： 面对家事审判工作的强大压力，三都县法院作为最高法指定
试点家事审判改革的少数民族地区代表，在审判方式与审判
机制上做了一些实践探索。家事审判改革要得到实质性的突
破，需要在审判程序找到落脚点，改造现行单一式审理程序。
树立新审判理念、规则，借助社会力量辅助审判和强化执行
措施保障等方式，构建新型家事审判程序，提升家事纠纷化
解能力。

关键词： 家事审判改革　调查报告　少数民族地区

我国家事审判改革从基层自主实验到高层宏观指导试点推进，虽然改革
实践取得了一定的进展，但出于各种原因，改革经验成果未能促进此项工作
发生质的提升。检索家事审判改革经验材料，发现截至目前改革实践探索仍
局限于创设实体法以及审判方式和工作机制中，对于系统化的程序探索很少
涉及。本文以黔南州法院家事审判工作现状以及最高法2016年选取的家事
审判改革试点单位三都县法院为基础研究样本，梳理现阶段家事审判改革情
况，剖析改革遇到的梗阻，对进一步推动家事审判改革提出建议。

---

* 本文得到三都县人民法院的大力支持。田军，黔南州中级人民法院常务副院长，三级高级法
官。

一 黔南州家事案件基本样态

2013~2017 年，五年来黔南州两级法院受理的家事案件处于持续上升趋势，尤其是离婚纠纷案件数量增长较大以及出现新类型家事案件。加之，审理家事案件的适用法律多而杂，给法院办理家事案件增加了难度。

（一）家事案件数量大

由于社会交往的高频化、利益关系的复杂化、价值理念冲突等冲击原本简单稳定的家庭关系，"家务事"也不断涌进法院寻求解决。近五年来黔南州法院受理各类民事案件数量呈上升态势，家事纠纷的案件数量也一直保持在高位状态，在部分基层法院占了很大比例（见图1）。

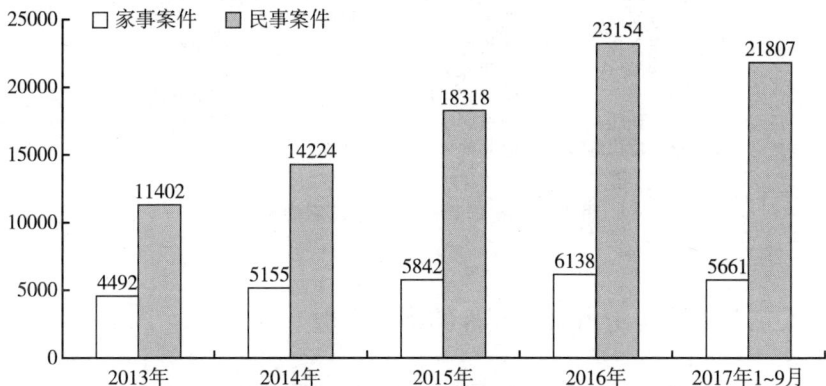

图1　家事案件与民事案件数量对比

（二）家事案件类型分类广

传统家事审判多以婚姻家庭纠纷，尤其是离婚纠纷为主。然而随着身份关系日益复杂化以及家庭财产来源的多元化，审判实务中，涉及家事案件的类型也在发生变化。近年来，黔南州法院审理的家事案件还出现了夫妻财产约定纠纷、监护权纠纷、探望权纠纷、被继承人债务清偿纠纷、遗赠抚养协议纠纷等非传统型的案件（见图2）。

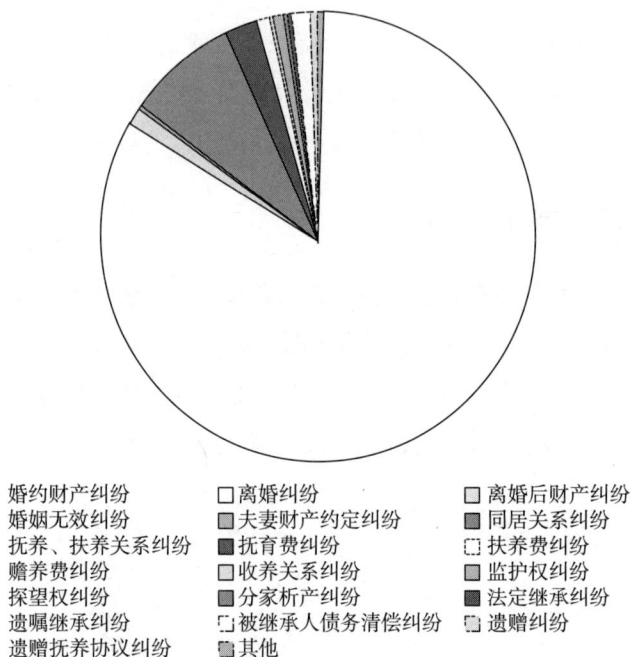

婚约财产纠纷	□ 离婚纠纷	□ 离婚后财产纠纷
婚姻无效纠纷	▨ 夫妻财产约定纠纷	■ 同居关系纠纷
抚养、扶养关系纠纷	■ 抚育费纠纷	□ 扶养费纠纷
赡养费纠纷	□ 收养关系纠纷	■ 监护权纠纷
探望权纠纷	▨ 分家析产纠纷	■ 法定继承纠纷
遗嘱继承纠纷	□ 被继承人债务清偿纠纷	▨ 遗赠纠纷
遗赠抚养协议纠纷	▨ 其他	

图2　2016年受理家事案件案由分布

（三）离婚纠纷占家事案件的绝对多数

从2013～2017年（1～9月）全州法院受理的一审家事案件来看，离婚案件占据家事案件的绝对多数，并且呈逐年上升的趋势。2013年，全州受理一审离婚纠纷有3718件，约占家事案件数量的82.8%。2017年前三季度全州受理一审家事案件5661件，其中离婚纠纷就已高达4701件（见图3）。

随着群众财产形式表现的多样化，法官在办理离婚案件时已从传统的认定感情是否破裂转变为当事人"盘点"家产。离婚纠纷涉案的财产数量大，且类型也较为复杂。审判实务中财产分割不仅涉及金钱、商品房、股票、债务等常

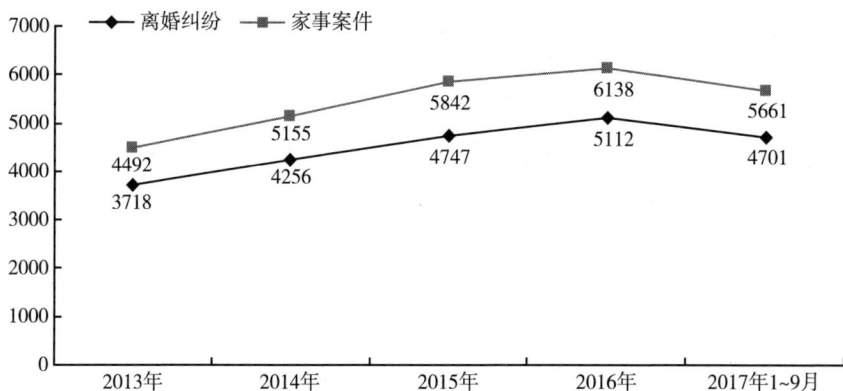

图3　离婚纠纷在家事案件中的占比情况

见类型，还出现了宅基地及房屋、公司股权、虚拟商铺、网络游戏、淘宝店面等财产分割。对这些财产的调查分割给处理离婚纠纷带来了巨大挑战。

（四）家事案件多采用简易程序审理

近年来，法院案件数量出现"井喷式"增长。由于家事案件在民事案件中占比高，司法实务中为了加快办理案件速度、减少案件存量，对大多数家事案件采用简易程序来审理（见图4）。

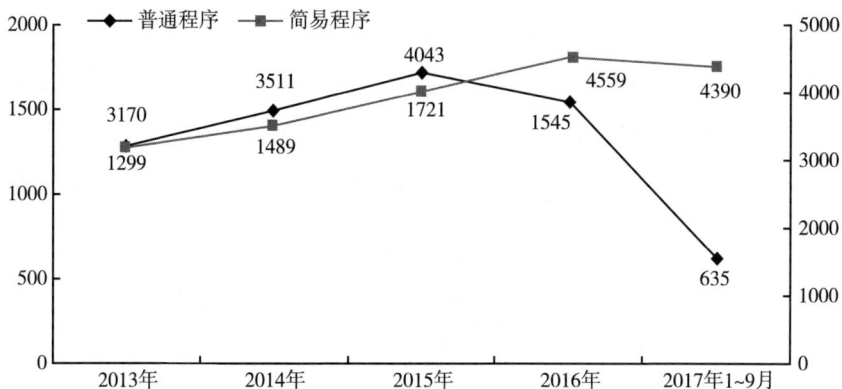

图4　审理家事案件适用程序对比

（五）家事案件以调解方式结案多

由于家事案件本身带有人身性与财产性的双重属性，涉及家庭伦理，简单地以"谁主张，谁举证"的对抗诉讼模式并不能有效化解纠纷。俗话说"清官难断家务事"，审判实践中多采用调解的方式处理家事案件（见图5）。

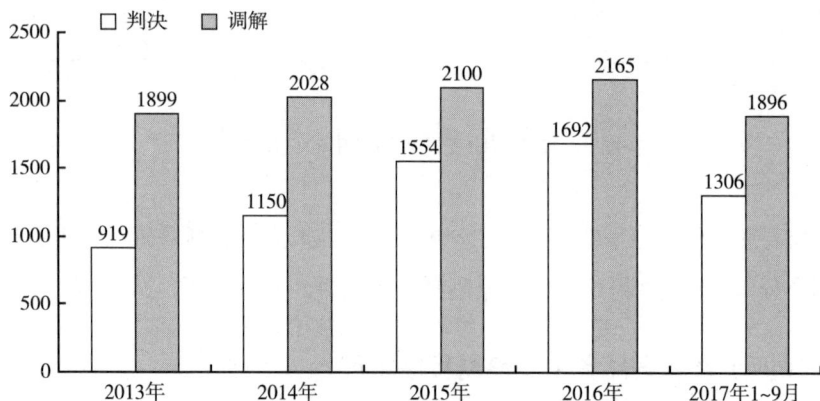

图5 审理家事案件主要结案方式对比

（六）家事纠纷激化为刑事案件时有发生

因家事小纠纷激起大矛盾，甚至引发刑事案件的新闻常被媒体大肆报道。近年来，社会经济快速发展，因征地拆迁、婚姻危机、赡养老人等引起的纷争未得到有效解决，部分纠纷激化转变为故意杀人、故意伤害等刑事案件。这类案件给当事人造成的感情创伤无法修复。近五年来，全州家事纠纷激发的刑事案件见表1。

表1 因家事纠纷激化为刑事案件情况

2013 年	2014 年	2015 年	2016 年	2017 年 1~9 月
79	72	76	82	67

二 试点改革家事审判概览

家事案件数量增长快，案件类型多样化，审理难度增大，不断冲击现行家事案件审理模式。为有效化解家事纠纷，稳固小家，促进社会文明和谐，黔南法院把握改革机遇，三都县法院积极争取成为全国家事审判改革试点单位。从 2016 年 5 月开始，三都县法院在最高法的部署下，大胆创新家事审判方式和工作机制，初步形成家事审判改革的"水乡经验"。

（一）设置"一庭五室"完善审判基础设施

将民事审判一庭更改为专业"家事少年审判庭"，注重推动家事审判与少年审判的融合，形成家事案件与未成年人权益保护案件统合受理于同一平台的格局。在审判庭布置上，用家居生活装饰，突出"家和万事兴"主旋律，建成以家庭客厅文化为主题、以温馨柔和为理念的客厅式审判场所。同时，在审判庭外，还增设家事调解室、亲情互动室、反家暴庇护室、当事人休息室以及心理咨询室。从审判场所的布置上弱化家事纠纷当事人的对抗情绪（见图 6）。

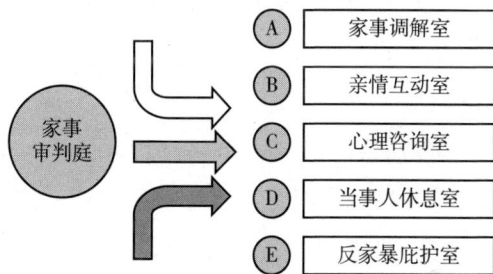

图 6　基础设施示意

（二）以"一法三员"强化审判工作队伍

以法官员额制改革为契机，特别明确家事审判法官选任条件，遴选具有社会阅历、熟悉婚姻家庭审判业务、掌握心理学知识和热爱家事审判工作的法官。为法官配齐审判辅助人员，组建审判团队。与此同时，还从社会上聘请家事调解员、家事调查员以及心理疏导员辅助法官办理家事案件。

1. 选任家事法官

根据少数民族地区审判工作需要，选任 3 名懂得少数民族语言的"双语"法官和 3 名书记员组成"3＋3"模式的家事少年审判团队，便于形成固定合议庭或独任庭审理案件（见表 2）。

表 2　家事法官基本情况

人数	女性	男性	民族		年龄			婚姻状况		学历	
			汉族	少数民族	35 岁以下	35～50 岁	50 岁以上	未婚	已婚	大学	研究生
3	1	2	0	3	0	2	1	0	3	3	0

2. 外聘家事调解员

基于少数民族地区"调解手段"解纷的文化渊源，三都县法院跳出"三部曲"式的审判方式，[①] 聘请 18 名（其中 3 名为全职调解员）热心于群众工作的家事调解员帮助法官对家事纠纷进行调解。家事调解员依据公序良俗、乡规民约、社区公约等对家事案件进行调解，将调解功能充分运用至诉前、诉中和诉后，防止矛盾纠纷的"二次"发生（见表 3）。

3. 聘请家事调查员

家事纠纷的产生多由家庭内部成员间情感纠葛引起，法院在审理家事纠纷时，不能仅依靠证据规则处理纠纷，而需要深入了解产生纠纷的深层次原因，才能有效化解纠纷。三都县法院委托 24 名擅长人际沟通，熟悉社区、乡镇工作的基层工作人员作为家事调查员，走访调查当事人的成长经历、婚姻家庭、人际关系等状况，形成调查报告，辅助法官审理家事案件。

---

① "三部曲"审理模式是指在离婚纠纷中，法官先问当事人是否同意离婚，如果同意就问财产如何分割，最后问子女由谁抚养的程式化的审理。

表3 家事调解员基本情况

性别	男	10 人
	女	8 人
来源	退休干部	10 人
	妇女工作人员	2 人
	社区工作人员	4 人
	热心群众	2 人

4. 邀请心理疏导员

家事纠纷的情感因素浓厚，由此带来的感情创伤难免过深，容易对家庭成员造成心理创伤，尤其是离婚案件中的未成年子女。三都县法院因地制宜，通过与学校合作的形式，邀请 3 名学校心理疏导员辅助法官办案。心理疏导员为受到心理创伤的当事人提供心理咨询，辅以心理矫正和治疗，以期抚平纠纷带来的创伤。

（三）建立"两平台六制度"审判工作机制

1. 建立庭外协作平台

家事纠纷的化解，往往牵扯更多社会责任、道德，由于审判资源的有限性和局限性，三都县法院构建多元化的反家暴联合协作平台和家事纠纷联合调解平台。

（1）反家暴联合协作平台。由县委、县政府牵头在妇联设立"家庭暴力投诉站"，法院以"人身保护令"为家庭暴力受害者提供人身安全保护救济。此平台形成反家庭暴力常态化协作机制，确保人身安全保护令得以执行。法院与民政部门、妇联、司法局、公安局联合设立"反家暴临时庇护所"，可以满足家暴受害者的短期生活需要。庇护场所起到缓冲双方矛盾、避免引起更大伤害发生的作用。

（2）搭建家事纠纷联合调解平台。与司法局联合构建家事纠纷调解机制，首先，构建家事审判与公证合作机制，建立家事调查、家事调解、文书送达、家事回访、家事案件执行等多项协作机制，充分发挥审判与公证两者的优势以便有效解决家事纠纷;其次,共同在本县外出务工人员集中的地方挂牌成立家事矛盾纠纷调解工作室,聘请婚姻家庭纠纷调解员,开展涉及该县家事纠纷案件的调查、调解、送达等工作,为外出务工当事人化解家庭矛盾;再次,在法院诉讼服务中心及各人民法庭设立法律服务工作室,开展家事纠纷诉前调解及法律咨询工作,同时,成立三都县法律援助中心驻人民法院工作站,延伸法律援助服务。最后,与民政部门、妇联等建立离婚信息通报、离婚调解、委托调解等协作机制,加强婚姻纠纷调处和指导工作。

2. 规范工作程序

三都县法院倡导"柔和化"办案理念,尽力为家事纠纷当事人消除隔阂。先后制定家事案件办理制度,以规范工作程序。

(1)建立调解前置制度。在诉讼服务中心设立诉前调解室,聘请3名家事调解员专司家事案件诉前调解。除一方当事人下落不明或无法联系外,所有家事案件均需经过调解,方可移送少年家事法庭进行审理。

(2)建立当事人隐私保护制度。俗话说家丑不可外扬,由于家事案件尤其是离婚案件有可能涉及当事人的隐私,因此,庭审以不公开审理为原则,以公开审理为例外。离婚案件中,双方当事人要求公开审理的,可以公开审理。一方当事人为未成年人的家事案件,一律不公开审理。

(3)建立当事人亲自到庭制度。由于家事纠纷涉及当事人的身份关系,需要当事人本人亲自到庭,才能使法官找到纠纷焦点和症结,有针对性地进行调解或裁判。

(4)实行财产申报制度。制定《离婚案件财产申报制度》,规范财产申报的范围、申报时间、申报内容及责任后果等,引导当事人支持和正确申报财产,防范一方隐瞒或转移财产。

(5)创设离婚证明制度。针对裁判文书内容有可能将当事人隐私泄露的情况,创新制定《关于为离婚案件当事人出具离婚证明书的若干意见(试行)》,设计离婚证明书。离婚证明书上只有持证人的姓名、性别、身份证号等信息,证明持证双方已解除婚姻关系,且判决书已经生效,避免判决书隐私外泄给当事人带来二次伤害。

（6）实行家事调查、回访制度。家事调查员，其职责是通过走访当事人工作单位、亲属及居住社区，了解与案件处理密切相关的信息（当事人家庭情况、是否有未成年子女、未成年子女的抚养情况等），并向法院及承办法官出具书面的调查报告。建立案件回访制度，对已经生效案件开展案后跟踪回访及帮扶。

（四）三都法院试点改革的实效

1. 家事审判队伍得到加强

家事诉讼案件的特殊性在于身份关系与财产关系以及法律关系与伦理关系的相互纠葛。审理家事案件的法官不仅需要掌握法律知识，还要掌握心理学、社会学知识，有丰富的社会阅历才有可能将"情理法"相互融合。三都县法院组建专业的家事审判团队，这支专业审判团队由法院审判队伍和社会辅助团队组成，审判力量从理论上来看较为强大。一是在法官的选任上下足功夫，充分考虑家事纠纷里离婚诉讼高发的因素，选任的 3 名家事法官均是已婚，年龄在 35 岁以上，审判经验、社会阅历丰富。二是配强审判辅助力量，不仅为家事法官配齐书记员，还建立家事调解委员会，聘请调解员，尤其是聘请的 3 名全职调解员全天在诉讼服务中心坐班，对涉及家事纠纷的当事人进行诉前调解，防止诉讼带来的对抗性加深当事人的情感隔阂。三是家事审判团队内还配上家事调查员和心理疏导员，辅助法官调查走访、回访，安抚疏导当事人。

2. 家事审判制度有所创新

三都县法院在试点中创新工作机制，提升家事审判能力和水平。一是探索了一套适用于人身保护令的具体规则。申请人身保护令有规范指引，如对申请人范围、申请期限、申请内容、应提交申请材料等有细致、简便的规定。二是引入婚姻财产申报制度，有效帮助法官分割财产，在一定程度上避免由当事人不诚信导致的虚假陈述。三是创设离婚生效证明制度，保护离婚案件当事人隐私。对生效的离婚调解书和准予离婚判决书，采取签发离婚证明书的方式，用以证明当事人已离婚的法律状态，避免判决书曝光隐私给当事人带来的第二次伤害。

3.家事纠纷解决路径有所拓展

家事纠纷关涉较广，法院需要借助一定外部力量参与调停，避免小纠纷引发大矛盾。三都县法院加强家事纠纷化解的社会联动机制建设，积极与妇联、公安机关、民政、司法、基层组织等加强联系沟通，争取党委支持法院工作，形成由党委领导、政府支持、法院为主、各职能部门联动配合、社会力量参与的多元联动机制。

三　家事审判改革问题分析

当下进行的家事审判方式和工作机制的改革尽管给家事审判实践带来一些新举措和新活力，然而从这次改革试点法院的情况来看，仍未抓住家事纠纷中"身份关系"的核心要素。试点法院改革存在着"头痛医头，脚痛医脚"的局限性，缺乏宏观部署以及对纠纷解决程序的整合统一。

（一）审判场景修饰作用被夸大

审判场景对纠纷化解所起的作用是仁者见仁智者见智，在改革实践探索中，不能夸大审判场景修饰的作用。检索现阶段家事审判改革文献资料，以及各地试点法院的改革举措，各试点法院都不约而同在审判场景的布置上下足功夫。无论是家庭客厅布局还是圆桌布局，目的都是减少当事人之间的对抗性，但都只能为家事纠纷的化解营造一种沟通的氛围。

试点法院在审判庭、调解室、亲情互动室等基础设施以及改革宣传上投入过多的资源。由于资源有限，使家事审判改革研究和实践经费不足。

（二）家事纠纷辅助制度运行差

试点法院创新设置的家事调解员、心理疏导员以及家事纠纷联合化解机制等家事审判辅助制度和工作机制，从司法实践来看流于形式，未能达到预期效果。

1.社会参与群体积极性不高

三都县法院聘请的家事调解员，除在诉讼服务中心工作的"专职"调解员外，其他调解员很少配合法官化解纠纷，也不会主动提前介入其居住地的家事纠纷。家事调查员都是由基层工作者担任，由于社区、村寨事务的繁杂，兼职调查员没有精力提供有帮助性的调查报告。社会参与群体为兼职人员，其本职工作事务已繁杂，且缺乏有效激励机制鼓励其参与法院化解家事纠纷。

2. 联合化解纠纷运行机制不顺畅

由法院牵头或主导建立家事纠纷联合化解平台，属于沟通协商机制，没有约束力。纠纷联合化解平台由于缺乏运行经费保障和"话语权"高的机构统筹，单靠法院一家的力量，难以协调各部门之间互相配合和形成解决家事纠纷的长效机制。

（三）纠纷解决程序创设力不足

家事案件审理不是追求"非黑即白"的实质真相，而是通过一系列程序设计让当事人进行理性对话，助当事人消除对立、和解、恢复情感，维系良好有序的关系。试点法院虽然进行了一些程序探索，但远不够满足审判需求。

1. 所针对的案件较为单一

梳理三都县法院的改革情况，不难发现，大多数制度是为离婚案件而进行的制度探索，对其他家事案件关注度低。

2. 程序创设较为散乱

试点法院对家事案件的审判程序探索缺乏对家事审判规律的深刻把握，导致在探索过程中，仅就单个制度进行改革，未能形成有逻辑性的程序设计。

3. 制度创设存在着"重财产，轻身份"

家事纠纷与普通家事案件的区分在于其因血缘、姻亲产生独有的"身份关系"，情感因素复杂。改革创新的制度存在着"重财产，轻身份"的倾向，如离婚案件上，可以解决当事人法律层面离婚，却不能化解当事人的情感拉扯，以致部分当事人无法走出离婚困境而做出过激行为。

4. 家事案件涉及的公益性权利未得到保护

家事纠纷虽是家务事，但是家庭是社会的基本单元，家庭的安定和睦会促进社会稳定。家事案件牵扯的不只是私权处分，还涉及社会公益性。改革试点法院缺乏对公益性的保护制度。

5. 未涉及执行程序

执行难问题不仅在财产关系类的案件中存在，家事案件的执行困难也比较突出。改革试点法院很少涉及这方面的实践探索。

四　家事审判改革推进对策

审判实务中，现行单一的民事诉讼程序无法满足家事案件需求。当下进行的家事审判改革虽然在一定程度上缓解了冲突，但是从长远制度构建来看，与其对民事诉讼程序进行"修修补补"，还不如对民事程序进行类型化改革，构建专门满足家事审判工作需求的家事案件审理程序。

（一）"谁审理"：审判组织专业化

家事案件由"谁"审？这是审理家事案件首先要解决的问题。家事纠纷审判态势日益严峻，纵观改革试点法院经验，设立专业化家事审判组织（机构）已是大势所趋。

1. 建立单独家事审判团队

近年来由于家事纠纷的高发性，学界对我国建立家事法院的呼吁不断。然而从司法资源的有限性来考虑，在现行法院内部对现行民事审判庭进行改造，建立单独的家事案件审判团队更有利于推进家事审判改革。这样的做法既能节约司法资源，又能"就地取材"选拔家事法官。

2. 明确家事法官遴选条件

家事纠纷是受身份关系影响的情感纠纷，对家事法官的选任要与审理一般民事案件的法官选任有所区分。审判事务中，不能清晰鉴别家事案件产生的"症结"，因此在设定家事法官的选拔条件时，需要考虑法律知识的储备、审判技巧的掌握和社会阅历经验，以及对社会学、心理学和教育学等知识的熟悉程度。选任的家事法官应是博学、博爱和具有多元价值观的裁判者。

3. 设立检察官参与制度

"诉讼的出现根源于统治者的一个主观判断。任何冲突所危及的不仅仅是权益享受者个人，而且同时危及统治秩序"[①]。"家务事"也非小事，社会的和谐稳定秩序源于家庭稳定，家庭矛盾对社会的冲击力不可忽视。检察机关保护公益这一职责决定了我们可以探索建立检察官参与家事审判制度，这不仅可以维护社会公共利益，也可以在个案中起到保护未成年人等在家庭中弱势群体的利益。

一是明确检察官主要参与公益性较强的案件，如婚姻无效、涉及父母虐待、遗弃未成年子女、确认亲子关系等案件。

二是明确检察官参与案件的方式。检察官可以根据案件性质，"选择作为当事人起诉、应诉参加，或作为一般参与人由法院通知参加或申请参加"[②]。

（二）"审什么"：案件范围类型化

家事案件"审什么"？对家事案件进行类型化划分，解决家事案件适用何种程序审理的问题。从诉讼案件与非诉讼案件来划分，目的是使诉讼案件适用家事诉讼程序，非讼事件适用家事非讼程序。

家事诉讼案件包括婚姻纠纷案件、亲子关系案件、收养关系和继承纠纷案件。

"非讼程序就是在无民事权益争议的情形下，利害关系人依法请求法院确认某种事实或权利是否存在的特殊程序"[③]。依此，家事非讼案件可包括宣告死亡和撤销宣告死亡案件、失踪人财产管理案件、监护宣告和撤销案件、指定遗嘱执行人案件。

（三）"怎么审"：审理程序改造化

1. 建立调解前置制度

改造现行调审合一的审理方式，建立调解前置制度，实行适度调审分离

---

① 柴发邦：《体制改革与完善诉讼制度》，中国人民公安大学出版社，1991，第25页。
② 郑振桦：《台湾地区家事审判制度及其启示》，北京理工大学硕士学位论文，来源于中国知网硕博论文。
③ 江伟主编《民事诉讼法学原理》，中国人民大学出版社，2000，第713页。

模式化解家事纠纷。家事调解前置程序是指家事纠纷在进行审判程序之前，原则上都应先经调解，只有在调解失败后，才能进入审判程序，未经调解直接向法院起诉的，视为向法院提出调解请求，由家事法官主持调解。由于司法实践中长期存在着和稀泥的"强调"，给调解制度造成很大负面影响，在此需要特别说明的是，调解不等于"调和"。如在调解离婚案件时，对"死亡婚姻"应及时调离。

一是组建家事调解委员会，对家事案件进行调解。改革试点法院在实践探索中，建立调解委员会和家事调查员的做法未起到实质作用，由此可以考虑，整合二者功能，将家事调解员与调查员合二为一。调解委员会成员从心理咨询师、律师、退休法官、大学教授等群体中选任，并定期为调解人员提供专业知识和调解经验培训。调解委员会一并承担家事案件的调查与调解任务。

二是完善衔接机制，强化调解约束力。将调解委员会调解成功的案件移送法院，由家事法官根据调解笔录制作调解书，当事人据此申请强制执行。对调解不成的案件，及时全案移送法院，法官将对案件进行审理。

2. 建立特别审理原则

当事人对诉至法院的纠纷要负担经济成本（诉讼费）、时间成本、败诉风险以及精神耗损。由于对当事人精神耗损没有确切的度量办法，在审判实务中很容易被忽略。由于家事纠纷带有浓厚的情感因素，在审理家事案件时对当事人的精神耗损给予充分的关注显得尤为重要。因此审理家事案件适用的原则有别于一般民事案件。

（1）设置适当的感情冷静期。审理家事案件时，基于情感修复、情绪抚平需要，在案件审理期限内，设置5～7天的感情冷静期。法官、调解员和心理咨询师通过"柔性"关怀辅助，帮助当事人消除心理隔阂，挽救处于"泥潭"的家庭。

（2）确立隐私保护原则。俗话说，家丑不可外扬。由于我国民事诉讼程序设定为以公开审理为原则，不公开审理为例外，随着裁判文书在互联网上公开，属于隐私范围的家事案件被他人知悉，这对保护当事人的隐私甚至未成年人的利益是较不利的。因此，我国家事审判应贯彻隐私保护原则。一是家事案件应当不公开审理，社会大众、新闻媒体不得旁听案件审理，法院不得对家事案件进行庭审直播。二是家事案件的裁判文书应用令状式、填充式格式进行简要制作，防止裁判文书保存不当，导致当事人隐私外泄，对当事人产生伤害。

（3）当事人直接参与原则。家事纠纷的最大特征在于身份的不可替代性，产生纠纷的原因包括情感冲动、沟通障碍、生活误解。家事审判的目的不是"明辨是非"，而是搭建亲情沟通桥梁，为当事人提供对话渠道。因此，只有当事人直接参与，才有对话的机会。一是限制诉讼代理人权限，家事案件应当限制律师等诉讼代理人权限，尤其是对涉及身份关系的部分禁止诉讼代理人参与。二是强制当事人出庭，家事案件无论是否有诉讼代理人，当事人都必须亲自到庭，对不到庭的当事人可以实行拘传措施。

（四）"借力审"：设置审判辅助制度

迅速恢复撕裂的家庭关系，对家庭稳定有着重要作用。由于司法资源有限，家事纠纷的化解需要依靠社会力量来辅助。一是建立家事调查制度，明确家事调查的对象或范围、调查方式、形成调查报告的要求。二是建立心理评估疏导制度，以购买社会服务的方式，聘请心理咨询师帮助当事人解除由案件纠纷带来的情感创伤和心理障碍。三是建立家事纠纷联合化解机制，由党委主导，建立家事纠纷化解的平台。

（五）"保障审"：改进执行措施

近年来法院执行难以成为社会关注的热点问题，家事案件的执行难集中在离婚案件的财产分割、"三费"① 案件的支付、对未成年人的探视权等方面。司法实务中，家事案件采用强制执行措施时，不仅要妥善处理财产分割，还要顾及当事人间的情感纠葛。

针对金钱支付执行难，实行调查劝告制度。即在强制执行前，债权人向

---

① "三费案件"是指涉及赡养费、抚养费、抚育费的案件。

法院申请对债务人的财产情况进行调查，执行法官对债务人进行劝告，督促其自觉履行。

针对"三费"案件执行难，实行先行支付制度。由政府建立一笔保障执行公共经费，对履行确实困难的当事人，可以先从公共经费中支付，然后向被执行人追偿。对恶意逃避执行的被执行人采取强制措施，并采取惩罚性罚款。

针对身份关系执行难，实行精神损害赔偿制度。如在未成年人子女探视权执行上，对恶意阻碍一方当事人探视子女给其造成精神损害的，被阻碍方可主张精神损害赔偿。

家事无小事。家庭作为组成社会的细胞，是每个人生活的起点和归宿。家庭的和谐稳定不仅关乎个人福祉，还事关国家可持续性健康发展。对人与人之间相处中无法回避的纠纷，法院在审理家事纠纷可时需以更谨慎的态度对待之。

B.25
贵州省民事再审检察建议的调查报告

兰美海　蒙丽华*

摘　要： 民事再审检察建议作为民事诉讼监督的补充形式，与抗诉制度构成一个完整的检察监督体系，有利于维护司法公正和权威。但在司法实践中，这个制度几乎处于"休眠"状态，应从立法、检察院以及法院三方来完善其不足之处，检察机关应加大适用力度，发挥其柔性监督的独特功能。

关键词： 民事诉讼监督　检察建议　再审程序

我国的检察建议发端于土地革命时期，作为本土的司法经验，经历了相当漫长的实践探索，形成了一种非诉的法律监督方式。[①] 检察建议是人民检察院为促进法律正确实施、促进社会和谐稳定，在履行法律监督职能过程中，结合执法办案，建议有关单位完善制度，加强内部制约、监督，正确实施法律法规，完善社会管理、服务，预防和减少违法犯罪的一种重要方式。[②] 正因为如此，在2012年新修订民事诉讼法时，将其正式写入法律。检察建议是检察院对符合再审情形的案件向法院发出书面建议，待法院审核

---

* 兰美海，法学博士，贵州财经大学副教授；蒙丽华，法学硕士，贵州省黔南州中级人民法院研究室主任。

[①] 1932年，中华苏维埃共和国《工农检察部组织条例》的第三章第六条、第七条、第八条、第九条提出了检察建议。

[②] 引自最高人民检察院《人民检察院检察建议工作规定（试行）》第一条之规定。

后启动再审程序的一种方式，司法实践习惯称其为再审检察建议。① 再审检察建议与入法前的检察建议相较，因被赋予诉的特征，在审判实践中会展现出不一样的"生命之光"。为了检验民事再审检察建议在贵州的运行情况，笔者在中国裁判文书网中对民事案件进行了检索，结果仅有 25 份裁判文书涉及贵州的"民事再审检察建议"制度，通过深入分析，展现贵州省人民法院在司法实践中应对新法律监督方式时的景象，从审判机关的视角审视再审检察建议施行四年多来进入"休眠"状态的尴尬境遇，对"唤醒"此项制度提出对策和建议，以期能发挥其设立之初的功能与作用。

一　民事再审检察建议的运行现状

2012 年新修订的《民事诉讼法》以及 2015 年最新的相关司法解释给予了再审检察建议新的意义和重要的地位。从立法上确定了再审检察建议与抗诉构成了检察机关监督法院民事诉讼活动的"二元"模式。

（一）民事再审检察建议在全国的运行情况

1. 民事再审检察建议在各年份的分布情况

笔者于 2018 年 1 月 5 日在中国裁判文书网上，从 26083864 份民事裁判文书中，全文检索"再审检察建议"得到 2561 个结果（其中近 5 年的情况见图 1），全文检索"抗诉书"得到 22079 个结果（其中近 5 年的情况详见图 2）。查阅 2561 份涉及"再审检察建议"的裁判文书内容后，发现只有部分与本文所研究的再审检察建议相关。再审检察建议的案件与抗诉案件相比，数量较少。

2. 民事再审检察建议在全国各级法院的分布情况

在 2561 份涉及"再审检察建议"裁判文书中，最高法院 7 份，占总数

---

① 检察建议分为一般检察建议和再审检察建议两种，一般检察建议是指检察院针对其在执法办案过程中就社会综合治理向有关单位提出的建议。本文只研究再审检察建议。

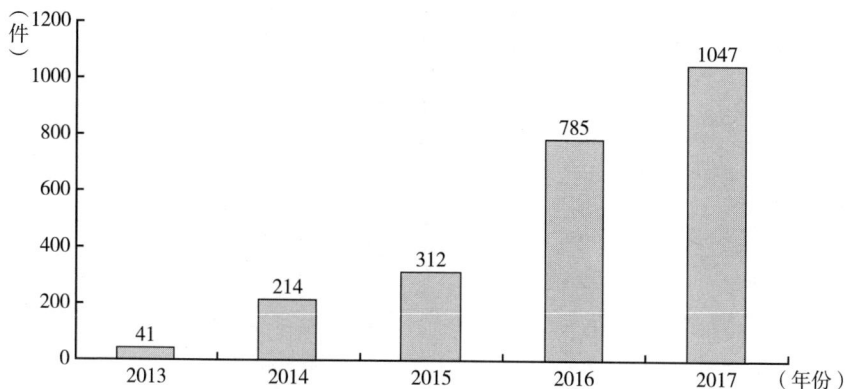

图1　"再审检察建议"检索结果

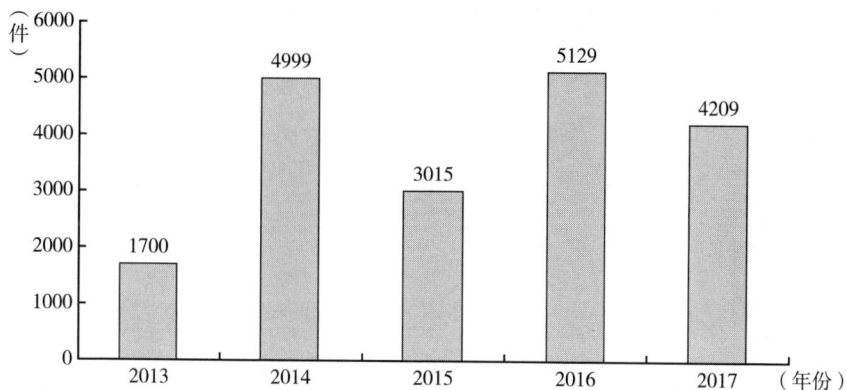

图2　"抗诉书"检索结果

的 0.27%；高级法院 83 份，占总数的 3.24%；中级法院 808 份，占总数的 31.55%；基层法院最多，有 1663 份，占总数的 64.94%（见图 3）。

3. 民事再审检察建议在全国各省的分布情况

在 2561 份裁判文书中，各省再审检察建议的情况分布不均，其中最高的为江苏 489 件，最少的为西藏 2 件。贵州 25 件处于中下等水平（部分省份情况见图 4）。

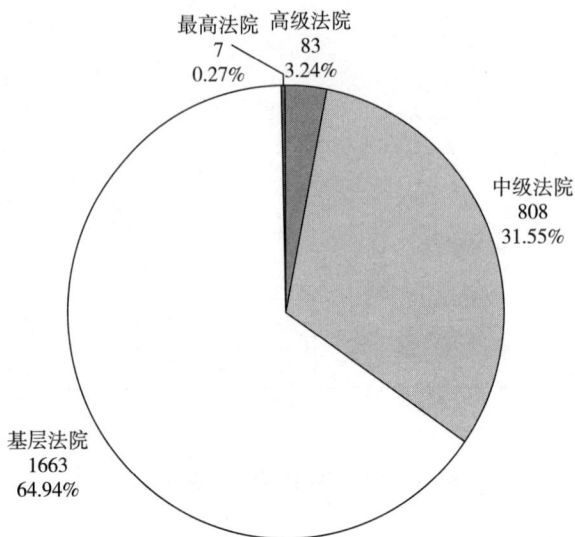

图3 各级法院民事再审检察建议

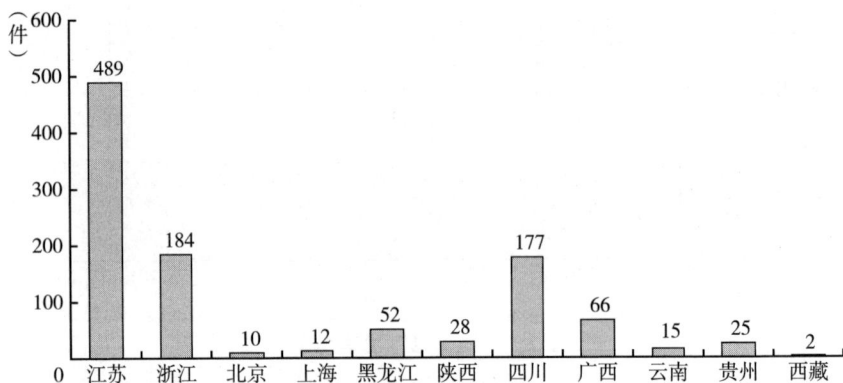

图4 各省民事再审检察建议

（二）民事再审检察建议在贵州省的运行情况

通过检索，贵州省法院发布在中国裁判文书网中的仅有25份，具体情况如下。

1. 民事再审检察建议在贵州省各年份的分布情况

从三年的数据看，逐年呈现上升趋势，2015年才2件，2016年上升到9件，2017年上升到14件，与2015年相比，增幅达6倍（见图5）。

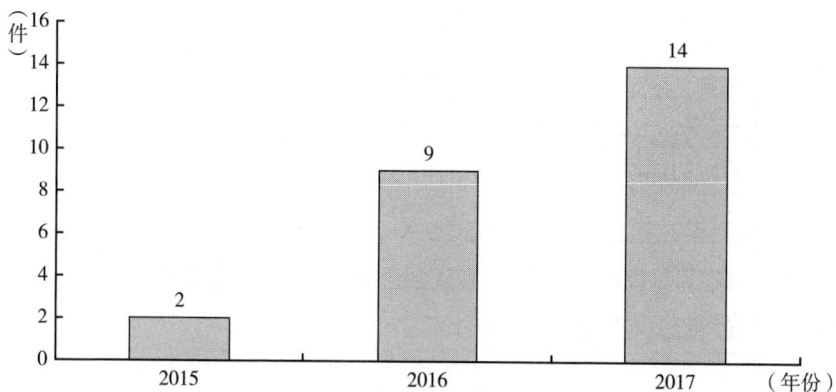

图5　2015～2017年贵州省民事再审检察建议

2. 民事再审检察建议在贵州省各级法院的分布情况

高级法院3份，占总数的12.00%；中级法院6份，占总数的24.00%；基层法院最多，有16份，占总数的64.00%（见图6）。

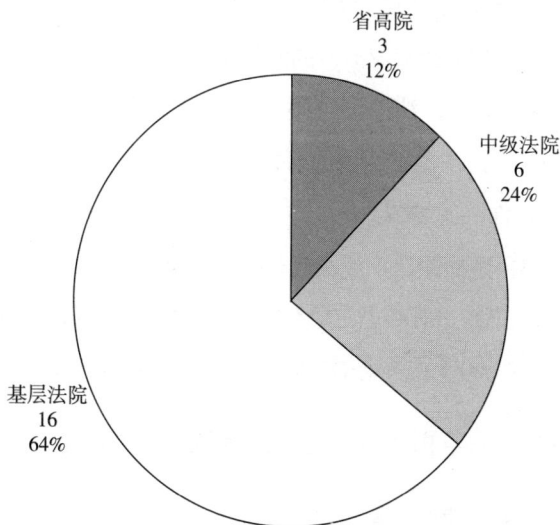

图6　贵州省各级法院民事再审检察建议

3. 民事再审检察建议在贵州省各地区法院的分布情况

贵阳地区最多,有 7 份;较少的有六盘水和毕节,各只有 2 份;黔南州与安顺地区目前在网上还没有查到相关司法实践案例(见图 7)。

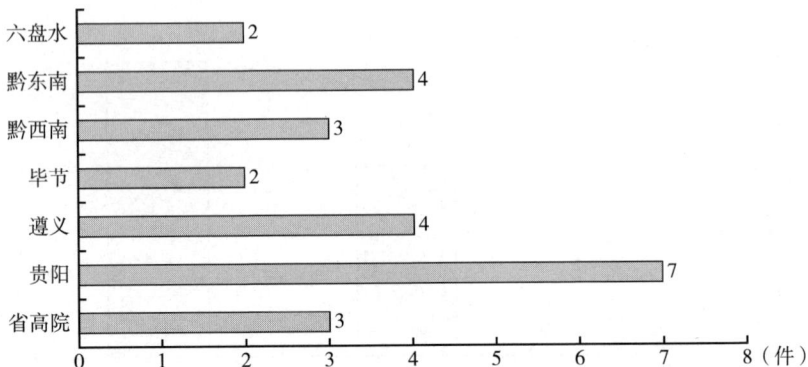

图 7 贵州省各地区民事再审检察建议

4. 贵州省民事再审检察建议涉及的案由类型

在 25 份裁判文书中,涉及下列案件类型:合同案件最多,有 16 份,占总数的 64.00%;其次是侵权案件有 6 件,24.00%;案外人执行异议之诉有 2 件,所有权确认 1 件(见图 8)。

5. 贵州省民事再审检察建议涉及的案号类型

在 25 份裁判文书中,涉及下列案号类型:监字号案件最多,有 14 份,占总数的 56.00%;其次是再字号案件有 5 件,20.00%;申字号案件有 4 件;初字号案件 2 件(见图 9)。

6. 贵州省民事再审检察建议涉及的裁判文书类型

在 25 份裁判文书中,其类型主要有裁定书 19 份,占总数的 76.00%;判决书 5 份,占总数的 20.00%;决定书 1 份,占总数的 4.00%(见图 10)。

(三)贵州省民事再审检察建议监督的对象情况

1. 受民事再审检察建议监督的法院级别

在 25 份裁判文书中,监督省高院 1 件,占总数的 4.00%;监督中级法

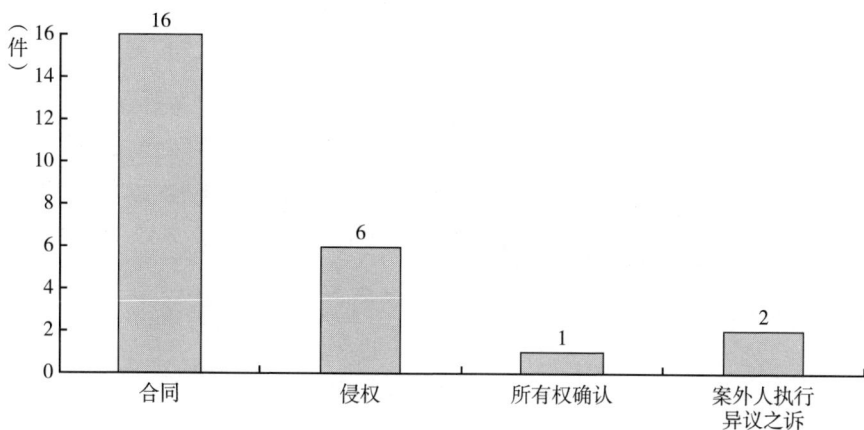

图8　民事再审检查建议案由类型

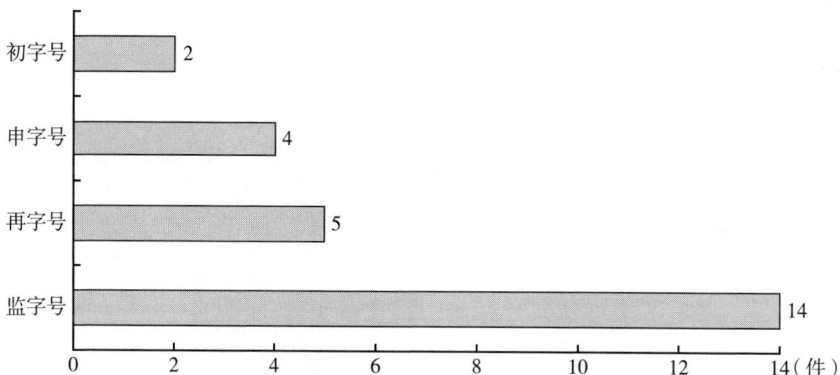

图9　民事再审检查建议案号类型

院 8 份，占总数的 32.00％；监督基层法院 16 份，占总数的 64.00％（见图 11）。

2. 受民事再审检察建议监督的审判程序

从样本来看，检察机关认为法院一审程序中出现错误，提出再审检察建议的有 16 件，占总数的 64.00％；认为二审程序有错误提出再审检察建议

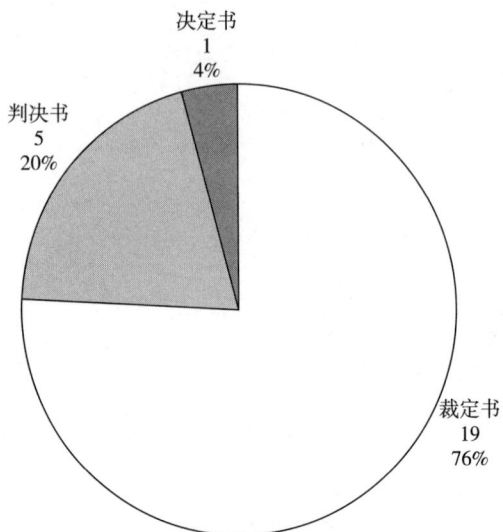

图 10　民事再审检察建议文书类型

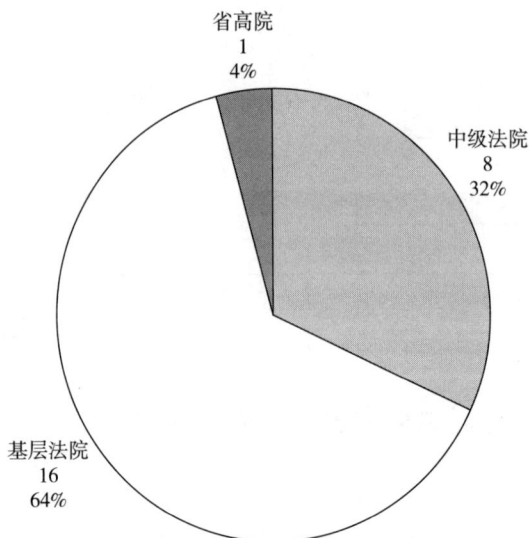

图 11　民事再审检察建议法院级别

的有 6 件，占总数的 24.00％；认为再审程序有错误提出再审检察建议的有
3 份，占总数的 12.00％（见图 12）。

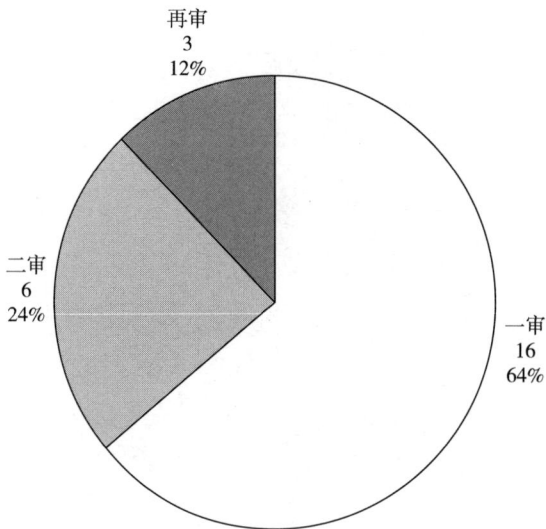

图 12　民事再审检察建议的审判程序

3. 受民事再审检察建议监督的案件当事人数量

受民事再审检察建议监督的案件的当事人一般较多，双方当事人各为 1 人的仅有 7 件，占总数的 28.00%；双方当事人总数在 3 人以上的有 18 件，占总数的 72.00%（见图 13）。

4. 受民事再审检察建议监督的裁判文书类型

我国民事诉讼法规定人民检察院可以对人民法院已经生效的判决、裁定、调解书提出再审检察建议。① 从样本分析来看，检察院监督案件结案类型均有涵盖，其中对判决书提出再审检察建议主要集中在"事实认定错误"和"法律适用错误"；对调解书提出再审检察建议主要集中在"事实认定错误"和"程序违法"两方面。检察机关认为判决书有错误的有 24 件，占总数的 96.00%；调解书有 1 件，占总数的 4.00%（见图 14）。

5. 检察机关派员出庭支持诉讼的情况

2015 年 2 月新出台的民事诉讼法司法解释第 421 条规定了检察院抗诉

---

① 民事诉讼法司法解释 413 条规定。

6人及以上
2
8%

2人
7
28%

5人
4
16%

3人
6
24%

4人
6
24%

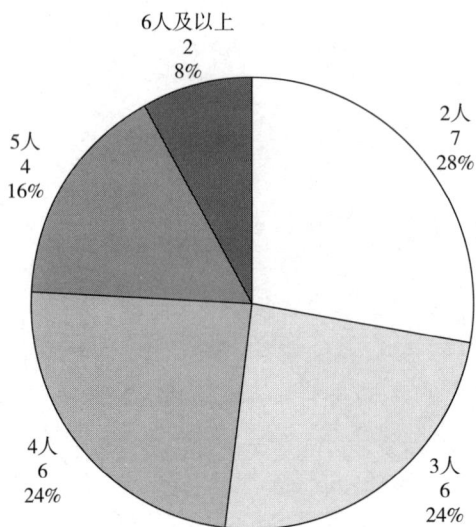

图13　民事再审检察建议案件当事人

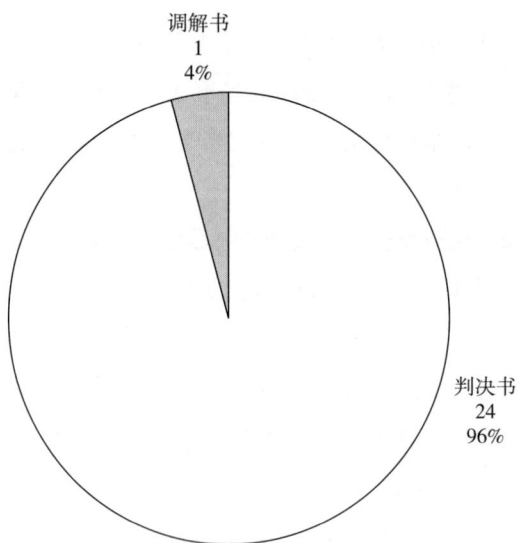

调解书
1
4%

判决书
24
96%

图14　提出民事再审检察建议的文书

的案件，检察院应当派员出庭支持诉讼。但对再审检察建议这种法律监督方
式是否派员出庭参加诉讼，却没有明确的规定。在实质启动监督程序的5件

案件中（其中 20 件仅从程序上裁定再审，还没有查到实质审判的裁判文书），检察院派员出庭的仅有 3 件①，占 5 件的 60%。

（四）法院对民事再审检察建议的回应情况

1. 民事再审检察建议被法院采纳的情况

民事再审检察建议入法后，不仅强化了检察机关对同级审判机关的个案监督，同时，也为法院启动再审程序、纠正审判工作的错误设置了一项新程序。仅就网上查询的样本而言，法院裁定采纳民事再审检察建议的有 24 件，占总数的 96%；决定不予采纳的民事再审检察建议仅有 1 件，占总数的 4%。

2. 再审启动后纠正原审判决的情况

法院基于再审检察建议启动再审程序，重新组成合议庭审理案件后，在实质启动监督程序的 5 件案件中，撤销、改判原审判决的有 3 件；撤销、驳回当事人诉讼请求的有 1 件；维持原审判决的 1 件（见图 15）。

基于研究样本的情况来看，法院面对再审检察建议这种新的监督方式，采取了积极回应的态度。检察院虽然提出再审检察建议的案件数量少，但是检察建议的质量都比较高，这从法院裁定启动再审程序这一数据能有所体现。

二 民事再审检察建议制度的几个转变

"用权必受监督"，国家从立法上对人民法院行使审判权增设了再审检察建议的监督方式，丰富了审判监督程序的内容。

（一）监督方式由"单一"变为"多元"

在民事诉讼法修改之前，检察机关对法院的监督方式只有抗诉这样一种法律意义上的形式，虽然也有检察建议这样的做法，但都是法检两家自行

---

① 关于检察机关是否派员出庭支持诉讼的数据说明：在分析样本中，明确体现出检察院派员出庭的仅有 3 份裁判文书，其余的裁定书没有显示相关数据。

维持原判
1
20%

撤销、改判
3
60%

撤销、驳回
1
20%

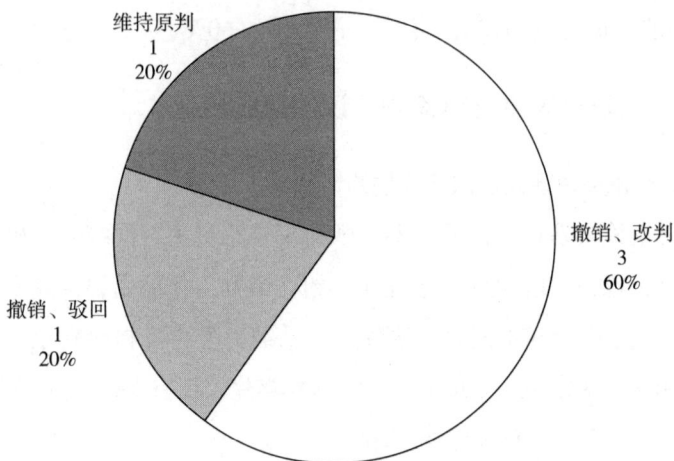

图15　再审原则纠正情况

推动的司法实践。再审检察建议入法后，检察院的监督方式，由一种扩充至三种（见图16）。第一种，对人民法院做出的生效判决、裁定具有抗诉情形，或者发现调解书损害国家利益、社会公共利益的，依照法定程序和方式提出抗诉。第二种，对人民法院做出的生效判决、裁定具有抗诉情形，或者发现调解书损害国家利益、社会公共利益的，依照法定程序和方式提出再审检察建议。第三种，对审判人员在诉讼程序中的违法行为提出检察建议。[①]

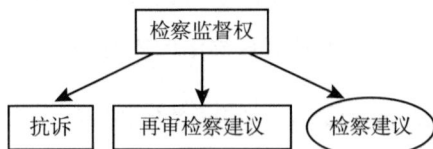

检察监督权

抗诉　　再审检察建议　　检察建议

图16　三种监督方式架构

---

① 根据《民事诉讼法》第200条、第208条、第211条之规定归纳。

（二）监督流程由烦琐变为简单

以往检察机关常使用的抗诉制度，除最高人民检察院外，实行的是"上级抗下级，抗诉同级送"的做法。其监督一件案件流程大致为"同级检察院自己审查——提请上级检察院抗诉——上级检察院向其同级法院提起抗诉——法院一般会裁定发回下级法院再审"。这种"两级四院"的做法，使得启动再审程序很烦琐，拉长了办案周期，给司法机关和当事人都增加诉累，无形中耗费了更多的司法资源和成本。而再审检察建议的监督流程就显得简单得多。检察院只要发现符合提出再审检察建议的情形，向同级人民法院提起再审检察建议，只向上级检察备案即可。"一级两院"的同级监督流程可谓简单清晰，更易于司法实践操作。

（三）监督模式由"刚性"变为"柔性"

与抗诉制度最大的不同在于再审检察建议并不必然会让法院启动再审程序。再审检察建议的提出，不会立即引发对生效判决、裁定、调解书的再审。再审检察建议体现出的是人民检察院与人民法院之间的合作与配合，是一种监督建议，与抗诉的强制性相比，更多体现一种"柔性"监督方式。

三　民事再审检察建议制度存在的问题

再审检察建议自 2013 年正式施行四年多来，其粗放性规定导致司法中出现缺陷。从司法上看，与立法上的热度相比，再审检察建议制度仅得到零星适用，制度虚置的情况令人担忧。

（一）再审检察建议与抗诉适用对象重复

根据《民事诉讼法》第 208 条之规定，人民检察院提出再审检察建议或抗诉客体均是人民法院已经生效的判决、裁定、调解书。再审检察建议与抗诉适用对象一致，选择何种方式让法院启动再审程序纠错的主动权在检察机关。由于抗诉制度的成熟运用，加之其具有立法上"凡抗必再审"的先天优势①，司法实践中，检察院为保障启动再审程序的成功率，与再审检察建议相比还是比较青睐于选择抗诉制度。再加上检察院内部业务考核机制的影响，长期下去，再审检察建议制度优势难以发挥，有被虚置的可能性。

（二）再审检察建议采纳标准有分歧

虽然民事诉讼法第 208 条规定的再审事由应该是检察院提出再审检察建议的依据，但是司法实践中，法院与检察院对启动再审程序的标准有"确有错误"和"明显错误"这两种分歧。法院依职权启动再审程序的标准为"确有错误"，而根据民事诉讼法第 209 条之规定，启动再审程序要达到"明显错误"这样一个标准。对是否采纳再审检察建议形成了两种标准，容易让法院与检察院就同一案件是否再审产生冲突，同时也让当事人对司法机关的公信力产生怀疑。

（三）再审检察建议救济途径不清

根据《民事诉讼法》第 209 条之规定，人民检察院对当事人的申请作出提出或不予提出检察建议或抗诉的决定。当事人不得再次向人民检察院申请检察建议或抗诉。从该规定中，不难看出当事人向检察院申请检察建议或抗诉的机会只有一次。检察院只能选择再审检察建议或抗诉中的一种监督方式启动再审程序，由于再审检察建议是"柔性"监督，法院不必然开启监督程序。如果不对再审检察建议这种协商制的监督方式给予一定的救济设置，那么当事人的权益救济途径将被堵死，必然会增加法院涉诉信访工作的压力。

---

① 根据《民事诉讼法》第 211 条之规定，人民检察院提出抗诉的案件，接受抗诉的人民法院不审查抗诉理由是否成立。

（四）两审终审制遭到挑战

法律并未规定，当事人只有在穷尽法院内部权利救济措施后，才能申请检察院启用再审检察建议监督民事诉讼活动。这为"别有用心"之人钻法律漏洞、拖延诉讼提供了滥诉的温床。在实际审判工作中，就曾有当事人直言不讳地告诉法官："不上诉而是申请再审可以节约诉讼费。"尽管这种情况还未形成大规模的趋势，仅是个别当事人或律师的诉讼选择，但是既然法律已经规定可以通过上诉来救济权利，在未穷尽诉讼程序救济时，就借助检察机关的监督权启动再审程序，无疑会使民事私权处分遭到公权力的过分干涉，也有违民事活动的原则。

（五）法院审判独立受到干扰

修改后的《民事诉讼法》确立了当事人先向法院申请再审无效后，才能向检察院申请抗诉或提出再审检察建议的原则。① 这样的原则虽然梳理清楚了当事人申请再审检察建议的流程，但在运用民事再审检察建议制度时，却出现了上级法院对案件做出否定性评价在先，下级法院再根据上级的评价审理案件。虽然司法改革的四梁八柱已经形成，但由于长期以来法院内部形成的科层化管理还未彻底祛除，上级法院无论在审判业务或是行政管理上对下级法院都具有影响力，下级法院审判独立地位受到干扰的嫌疑目前难以排除。

（六）法检之间的关系影响制度适用

经访问一线办案法官和检察官对再审检察建议的看法，大部分办案人员认为再审检察建议虽然有其优势，但是其在一定程度上扩大了公权力对民事行为的干预，强化了检察机关的权力。再审检察建议在一定程度上妨碍了民

---

① 根据《民事诉讼法》第209条的规定：有下列情形之一的，当事人可以向人民检察院申请再审检察建议或者抗诉：（1）人民法院驳回再审申请的；（2）人民法院逾期未对再审申请作出裁定的；（3）再审判决、裁定有明显错误的。

事法官对法律的理解适用及自由心证，容易造成法检两家关系冲突。在司法实践中，为应付检察机关的内部考核指标，检察机关会主动与法院交好，法检两家往往会以协商的方式，人为制造再审检察建议书，这实际上是在违背司法精神。从实际考察来看，法检两家关系融洽的，提出的再审检察建议书就较多。

四　完善民事再审检察建议的对策建议

再审检察建议作为检察机关履行法律监督职能的创新方式，经历了从零星试点到经验推广直至正式入法的漫长之路。基于研究样本来看，再审检察建议的适用情况是喜忧参半。制度运行不畅来自多方面的原因，但其现实的价值功能不会因冷却而失去色彩，为此有必要对其进行制度改良以适应司法实践之需求，为当事人的权利救济再寻一种方式。

（一）完善再审检察建议制度之必要

1. 缓和法检两家对抗式的紧张关系

抗诉作为法定启动再审程序的监督方式，由于其带有强制力，容易在法院和检察院之间制造鸿沟。在新一轮的司法改革背景下，司法责任制的强化，增强了法院对检察院抗诉案件的抵触感。加之法官薪酬制度的改革，初步实行"优结优酬"方式，更容易引起法官对抗诉案件的抗拒心理。而与抗诉制度相比，再审检察建议只是启动再审程序的一种意见，带有沟通、协商的性质。柔性化的监督，对于私权处分的民事诉讼活动来说，更利于法检两家缓和对抗性的紧张关系，从而建立良好的沟通机制。

2. 纠正个案不公，提升公信力

效率与公正是司法追求的价值，然而有限的审判资源面对庞大数量的民事案件，对效率价值的追求显得较为突出。再审检察建议有利于通过纠正个案的不公，弥补审判工作的瑕疵或错误，亦能让民事诉讼当事人对司法公正重振信心，提升司法公信力。

3. 降低民事案件涉诉信访压力

信访问题一直是困扰社会综合治理和推进法治建设的难题。在推进诉访分离改革中，再审检察建议为申诉人又提供了一条权益救济之路，无疑是从法治上引导当事人依法维权。通过再审检察建议让法院自行启动再审程序纠错，能在一定程度上制止非法上访的发生，降低民事案件涉诉信访的办案压力。

（二）完善再审检察建议制度之对策

1. 从立法方面完善

（1）明确再审程序中检察院的地位。我国民事诉讼是一个等腰三角形的诉讼构造模式，再审检察建议的立法规定，打破了等腰三角形的诉讼平衡。无论是立法还是司法解释都未明确检察院在提出再审检察建议、法院启动再审程序后的诉讼地位。从25份裁判文书来看，虽然仅有少数的案件有检察机关派员出庭支持诉讼，但对于个人私权来说，针对另一方当事人，检察机关派员出庭支持诉讼无疑导致自己以私权对公权，双方诉讼地位明显不对等。

为此，有必要明确检察院的诉讼地位，平衡各方诉讼地位，不能以公权力干涉私权处分。采取"公益代表型"的诉讼模式，对民事诉讼中的诉讼权益做出区分，明确检察院可以派员出庭支持诉讼的案件类型，不能如现在一样混同在一起。一是将检察官参与的诉讼案件限定在国家利益、公共利益和特殊当事人的权益保护的范围内，可以有效地限制检察院滥用权力。[①] 二是对涉及私权纠纷的案件，明确规定检察院不得派员出庭支持诉讼，避免干涉当事人的私权处分以及干扰法院独立审判。

（2）重构再审检察建议与抗诉的关系。目前立法上对再审检察建议和抗诉采取的是二元化模式，检察院有选择适用的权力。但是基于民事纠纷带有私权性质，当事人之间是平等关系，有必要重新梳理再审检察建议与抗诉制度之间的关系，以更能适应民事司法规律。

在立法上，可将再审检察建议作为抗诉的前置程序，以再审检察建议代

[①] 吴杰主编《民事再审原理及程序构造》，法律出版社，2009，第266页。

替抗诉对民事诉讼活动的监督，形成直线型的监督模式，避免制度选择任意性。当申诉人通过检察院申请再审检察建议，权利得不到救济时，才能申请提出抗诉。这样的立法模式下，再审检察建议"同级提同级审"的高效、便民、协商等优势得到充分的发挥，柔性监督的性质得到体现。同时也能发挥抗诉制度的优势，让抗诉成为有力的权利救济后盾，更有利于推进民事诉讼上的以审判权为中心的改革。

2. 从检察机关完善

检察机关作为提出再审检察建议的主体，应对送达和回访程序等做出规范化的规定。一是送达程序的规范能够有效保障再审检察建议的顺利推行，也能对申诉人有规范的回复。具体如下：检察机关在审查当事人申诉后，认为有必要做出检察建议的，必须制作《民事再审检察建议书》，并要在一定期限内把建议书及相关诉讼材料送至同级人民法院。检察院要求人民法院在送达回执上确认签字，同时将法院签字的回执复印一份送给申诉人。二是规范的回访程序能有效地反映民事再审检察建议的具体落实情况，并及时处理和解决协商中的问题。这样能保证民事再审检察建议的质量，还能节约司法成本。

3. 从法院内部完善

为不造成诉讼资源的浪费，稳定社会关系，法院应谨慎对待再审检察建议的再审程序启动。一是在立案上进行严格审查，可采取一站式服务。由审判监督庭审查、单独立案，以便后续程序的启动。二是落实回复制度。法院要从根本上解决对再审检察建议回复率低和回复不规范的问题。法院审查后，对不予启动再审程序的案件应严格遵循回复程序，列明不予立案的理由并及时回复。

民事再审检察建议作为我国司法实践在民事审判监督上摸索出的行之有效的监督方式，在2012年修订的《民事诉讼法》中得以确立。尽管在司法实践中运用得不够多，但再审检察建议的独特优势符合民事审判诉讼活动的规律，终将让其取代抗诉制度成为民事监督的主要方式。

B.26
完善案件繁简分流机制研究

——以贵州省 G 县法院为研究样本

蒙胜清　熊　艳*

摘　要： 近年来，随着立案登记制的改革，我国人民法院受理案件数
量持续大幅增长，司法实践中"案多人少"的矛盾愈发凸
显，严重阻碍了司法质效的充分发挥。2016 年 9 月，最高人
民法院发布了《关于进一步推进案件繁简分流优化司法资源
配置的若干意见》（以下简称《意见》），《意见》立足于原
则性与灵活性二者相结合的原则，对全国法院深化案件繁简
分流改革做出顶层设计，同时鼓励地方法院积极探索、创新
工作机制。G 县法院作为全国第一批司法体制改革试点法院，
在 2015 年已开始对案件繁简分流机制的建立进行探索。本文
以 G 县案件繁简分流改革为研究样本，观察案件繁简分流机
制的现状及存在的困境，借鉴域外繁简分流改革的经验，对
西部基层法院的案件繁简分流机制建立提出对策和建议。

关键词： 繁简分流　案件　司法资源

引　言

自改革开放以来，中国社会发生了重大变革，伴随着社会经济的快

---

* 蒙胜清，贵定县人民法院党组书记、院长；熊艳，贵定县人民法院研究室审判员。

速发展，各类纠纷也大量涌现，法院每年受理的案件数量持续增长。与此同时，我国法官人数仅仅是改革开放前法官人数的 3 倍，与案件数量增长的幅度明显不成比例。同时，随着立案登记制的实施和司法体制改革的全面铺开，法官员额制改革使法官数量减少，法官队伍向专业化、精英化发展，"案多人少"的矛盾更加凸显。当前，优化资源配置，整合审判力量，建立完善的案件繁简分流机制，成为缓解"案多人少"矛盾的重要途径。

一　G 县法院基本情况

（一）人员构成基本情况

G 县位于云贵高原东部的黔中山原中部，属黔南布依族苗族自治州，总面积 1631 平方公里，辖 8 个镇（街）、113 个村（社区），人口 30.44 万人，少数民族人数占 53.57%。

2015 年改革前，G 县人民法院实有干警 72 人，其中，中央政法专编 68 人，事业人员 1 人，机关工勤 3 人（见图 1）。在 68 名政法专编中，法官 53 人（其中年龄最大 56 岁，最小 27 岁；最高学历法律硕士，最低学历大专；汉族 26 人，少数民族 27 人），书记员 6 人，法警 8 人，技术人员 1 人。

2015 年 9 月，G 县人民法院招录公务员 7 名；2016 年 9 月招录公务员 2 名；截至 2017 年 9 月 30 日，G 县人民法院政法专项编制干警中，因病死亡 2 人，退休 5 人，调离 5 人，辞职 2 人，现实有干警 67 人（中央政法专编 63 人、事业人员 1 人、机关工勤 3 人，见图 1）。63 名中央政法专编干警中，法官 46 人（员额法官 20 人，非额法官 26 人），审判辅助人员 14 人（法警 7 人，书记员 5 人，技术人员 2 人），行政人员 3 人。

空编
3

工勤人员 3

事业人员
1

政法专编
68

2015年改革前人数

空编
5

机关工勤
3

事业人员
1

政法专编
63

2017年9月人数

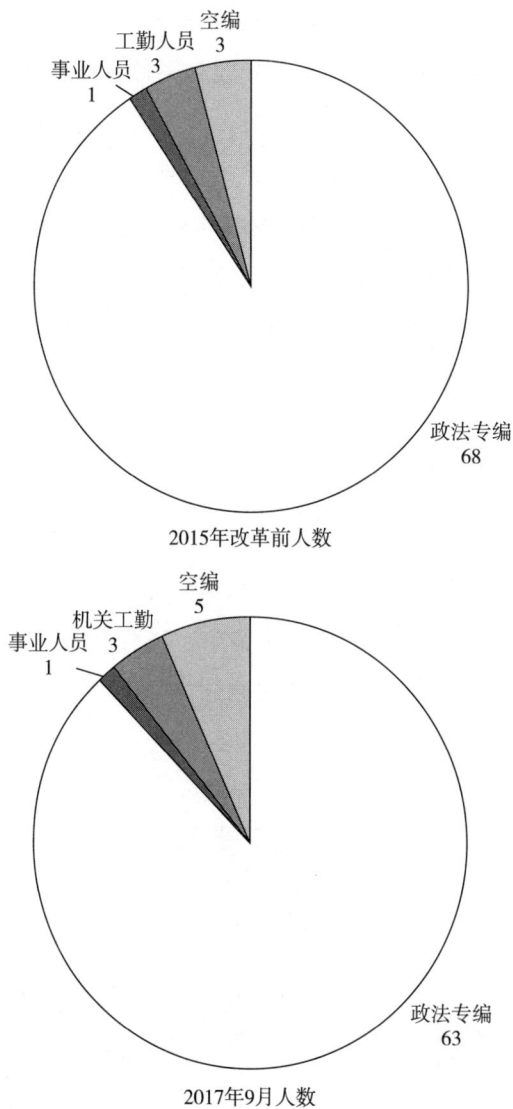

图1　2015 年与 2017 年人数对比

（二）立案登记制实施情况

自 2015 年 5 月 1 日实施立案登记制后，G 县法院积极整合诉讼服务中心力量，创新服务理念，积极推动立案登记制的实施，变以往的立案审查制为立案登记制。对人民法院依法应当受理的案件，做到有案必立，有诉必理，充分保障当事人的诉讼权利。同时，G县法院还不断创新便民利民举措，以诉讼服务中心提质升级为契机，推行预约立案、上门立案、网上立案、周末立案等立案便民服务，使立案服务水平得到提升，立案效率大大提高。据统计，实施立案登记制后，G县法院案件立案平均时间从以往的1个工作日缩短到20分钟，2015年、2016年的案件数量总数相比2013年、2014年总数增加了972件，增长幅度为25.85%。

（三）员额制改革情况

2015年1月，G县法院启动司法体制改革试点工作。按照试点方案的规定，G县法院实行人员分类管理，将人员分为法官、审判辅助人员、司法行政人员三类。改革后，全院67名干警中，法官20人，审判辅助人员38人，司法行政人员9人，三类人员占政法专项编制比例分别为28.85%、56.72%、13.43%（见图2）。

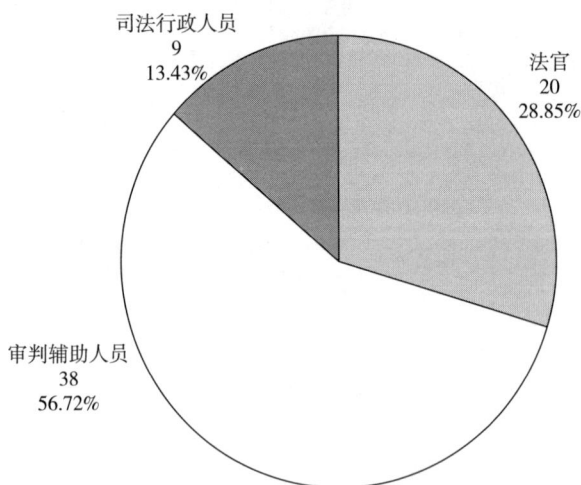

图2　改革后人员结构情况

司法体制改革前，G 县法院具有审判职称的法官共有 53 名。启动司法体制改革试点工作后，按照中央政法委及省政法委规定的比例，综合考虑案件总数、类型及法官饱和工作量，测算出 G 县法院法官员额为 27 名。通过遴选，最终 G 县法院共遴选出法官 20 名，预留 7 名，预留比例占法官员额的 25.92%（见图 3）。

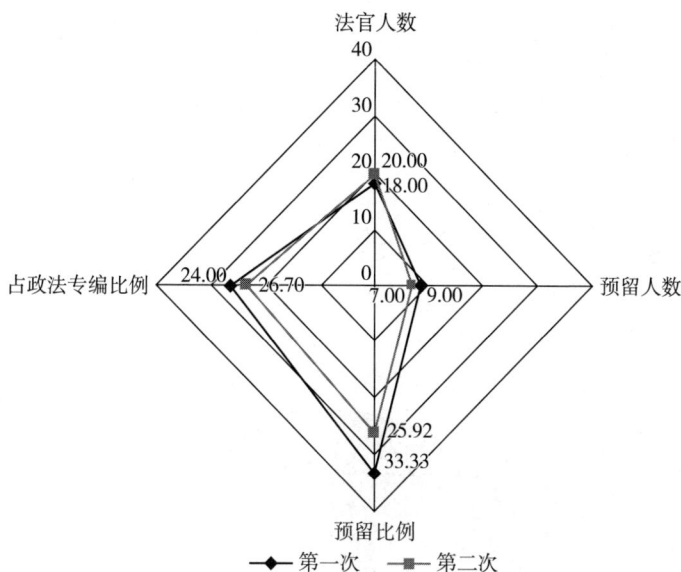

图 3　员额法官遴选及预留比例情况

员额法官遴选出来后，G 县法院组建了 4 个审判团队，并按照一线审判团队重点设置、审判管理和审判辅助团队限制设置、综合管理团队不再设置的原则，根据各团队案件数量及团队职能精细测算各团队的员额比例，为一线审判团队设置法官岗位 12 个，第四审判团队设置法官岗位 4 个，立案团队、审管团队各 1 个，执行警务团队 2 个，共计 20 个法官岗位（见图 4）。为避免出现"一次入额终身合格现象"，G 县法院对员额法官进行办案绩效考核，办案质量、效率达不到考核标准的，进行二次评价，实现员额法官动态管理。至此，G 县法院的法官员额制改革已基本完成。

改革前
20

改革后
53

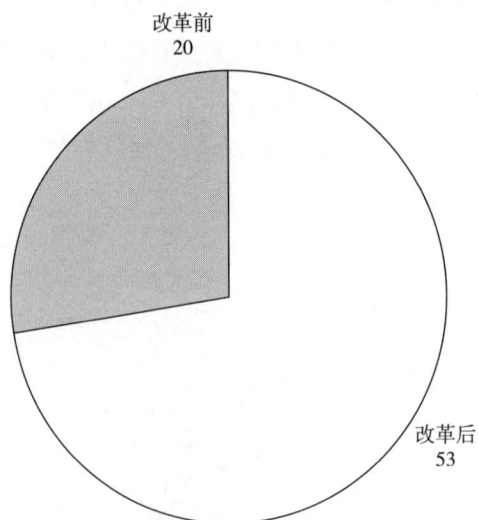

改革前后法官人数变化

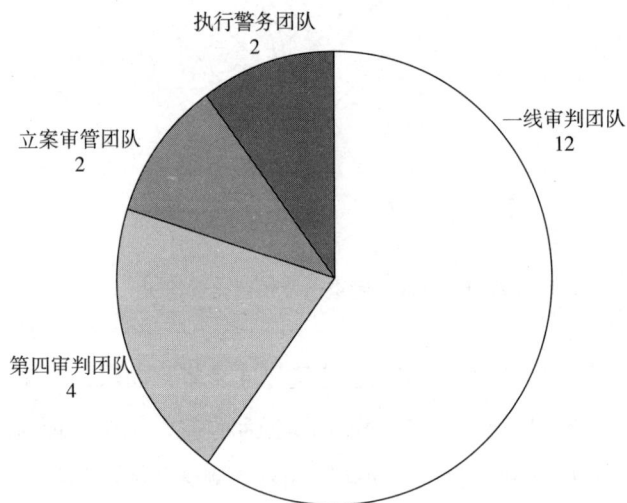

执行警务团队
2

立案审管团队
2

一线审判团队
12

第四审判团队
4

法官岗位设置情况

图4　法官分布

二 G县法院案件繁简分流机制的现状

（一）案件繁简分流机制的建立

在2016年9月最高人民法院《关于进一步推进案件繁简分流优化司法资源配置的若干意见》出台之前，关于案件繁简分流机制的建立，全国各地法院都处于摸索阶段。2015年1月，G县法院在启动司法体制改革试点工作时，就开始了案件繁简分流的探索，在组建的4个审判团队中，将第二审判团队分为普通程序组和简易程序组，便于探索案件繁简分流的改革。与此同时，经G县法院审判委员会讨论后，下发了《G县人民法院关于民商事案件繁简分流暂行规定》（以下简称《规定》）。《规定》中明确了实行繁简分流的案件为民商事案件，且为探索培养复合型人才，案件分流实行多元化，同时对3个审判团队审理的案件进行了明确（具体审理案件类型如表1所示）。

表1 一线审判团队审理案件类型

第一审判团队	第二审判团队普通程序组	第二审判团队简易程序组	第三审判团队
审理刑事、行政案件和交通事故纠纷案件（不实行繁简分流）	审理本院管辖的适用普通程序审理的一审民商事案件	审理本院机关及原新场法庭管辖的适用简易程序及简易程序转普通程序审理的一审民商事案件	审理本院原昌明、沿山、云雾法庭管辖的适用简易程序及简易程序转为普通程序的一审民商事案件

（二）繁简案件分流的标准

《规定》中对适用简易程序、普通程序审理的案件分别进行了明确（具体如表2所示）。

表 2　繁简案件分流的标准

适用简易程序案件	适用普通程序案件
G 县法院管辖的事实清楚、权利义务关系明确、争议不大、标的额较小的民商事案件。 事实清楚,指当事人双方争议的事实陈述基本一致,并已提供相关证据,无须人民法院调查收集证据即可判明事实、分清是非; 权利义务关系明确,即指谁是责任承担者、谁是权利的享有者,关系明确; 争议不大,指当事人对案件的是非、责任以及诉讼标的法人争议无原则分歧。	1. 起诉时被告下落不明的; 2. 发回重审的; 3. 当事人一方或双方人数众多(10 人以上,含本数)的; 4. 适用审判监督程序的; 5. 涉及国家利益、社会公众利益的; 6. 第三人起诉请求改变或者撤销生效判决、裁定、调解书的; 7. 共同诉讼中涉及两个以上法律关系的; 8. 重大、疑难、复杂或者新类型的; 9. 侵害姓名权、名誉权、荣誉权、肖像权的; 10. 法律规定应当适用普通程序的其他案件。

《规定》对案件繁简分流标准采用的是概念式和列举式的表述,对简案适用的标准是《民事诉讼法》中规定的"事实清楚、权利义务关系明确、争议不大"标准,对于简单案件的范围,并没有相对具体、明确的界定。对于繁案的适用采用了列举式的概括方式,并列举了 10 类需要适用普通程序的案件类型。

(三)对简转普案件的适用规定

在审判实践中,当出现一些特定情况时,适用程序需要由简易转为普通,对此,G 县法院也进行了明确(见表3)。

表 3　简易程序转为普通程序的情形

1. 案情复杂,需要人民法院依职权调查取证的;

2. 涉及国家利益、社会公众利益的;

3. 在当地具有重大影响、涉及的问题具有典型性的;

4. 类型案件,在使用法律上具有一定困难的;

5. 需要人民法院对举证责任进行分配的;

6. 原告增加诉讼请求,导致案件不符合适用简易程序审理的;

7. 因诉讼当事人申请追加而导致一方人数众多的；

8. 原告提供了被告准确的送达地址，但审判人员无法向被告直接送达或者留置送达相关诉讼文书的；

9. 本院依职权追加当事人，导致案件涉及两种以上法律关系的；

10. 被告提出反诉，导致案件复杂、不宜使用简易程序审理的。

《规定》中列举式地明确了案件审理过程中出现 10 种特定情形时主审法官可以将案件由简易程序转为普通程序继续审理。《规定》中还明确了审判人员在适用简易程序审理案件的过程中，因当事人一方或者双方对适用简易程序提出异议，经审查认为异议成立的，可以将案件由简易程序转为普通程序审理，并将裁定书送达双方当事人。将简易程序案件转为普通程序案件审理时，应当提出书面报告，经团队主管审核后，报分管院领导审核。

（四）对案件进行繁简分流的机构

G 县法院对案件进行繁简分流的机构主要是立案团队，立案团队负责登记、审查并确定第二审判团队管辖适用简易或普通程序的民商事案件。对于法庭管辖的案件的繁简分流，根据法庭的工作职能，主要由法庭（即第三审判团队）负责；第三团队在立案登记时，认为需要适用普通程序审理的，由团队主管审查并提交书面报告，报立案工作分管院领导审批。《规定》中还进一步明确了全年适用普通程序审理的案件一般不超过全年收案的 25%，各审判团队适用简易程序转为普通程序审理的，一般不超过全年收案的 5%。

三 G 县法院案件繁简分流的困境

从案件繁简分流机制运行以来，G 县法院通过简单案件简化审、快速审，普通案件简易审，复杂案件精准审，从立案程序便将案件分流，有效提高了审判效率，化解了大量简单的民商事纠纷，维护了社会稳定。但是，案件繁简分流机制在运行过程中依然存在诸多问题。

（一）繁简案件的分流标准难以掌握

案件繁简分流主要在立案登记第一关，G县法院对简易案件的划分，也只是根据《民事诉讼法》中规定的"事实清楚、权利义务关系明确、争议不大"标准来进行识别，对于简单案件的范围，并没有相对具体、明确的界定，这让立案法官在实际操作中很难把握。因此，很可能出现识别不准确导致部分简单案件未能纳入简易程序快速审理，反之导致部分复杂案件进入简易程序，造成司法资源的浪费，同时也无法保障案件质量。由于各个案件千差万别，立案法官在立案登记审查时，只是从当事人提供的相关材料和其他证据进行表面上的审查，比如在民间借贷纠纷中，当事人只提供了借条、借款数额也不大，立案法官在立案登记审查时觉得简单，划入适用简易程序的案件范围，但移交到审判团队，在实际审理过程中，办案法官发现被告下落不明，必须公告，就必须转为普通程序审理了，简案不简，从而影响了简易案件的审判效率。

（二）"送达难"影响审判效率

送达难是一个全国法院都面临的棘手问题，特别是在农村基层法院，老百姓文化程度不够高，法制观念不够强，法官打电话不接，上门找躲避，家中亲属拒绝提供当事人下落的现象时有发生，很多法官表示，现在办案花时间最多的就是找人。虽然从最高人民法院到地方各级法院都想尽各种方法解决送达难，比如推行电子送达、微信送达等便捷方式，但在农村基层法院，纠纷的当事人大多还是农村普通百姓，很多人不懂电脑技术、不会使用智能手机，电子送达的方式显然很难实现，但案件一旦进入诉讼程序，不管是适用简易程序还是普通程序，都有一个时限规定，如果找不到当事人完成送达，就无法进入下一个程序，办案法官最后只能申请将案件转为普通程序继续审理，这大大影响了审判效率。

（三）督促程序没有发挥应有作用

根据我国民事诉讼法的规定，对债权人与债务人没有其他债务纠纷的且支付令能够送达债务人的，债权人可以向有管辖权的基层人民法院申请支付令。经人民法院审查，债权人提供的事实、证据，对债权债务关系明确、合法的，人民法院应当在受理之日起 15 日内向债务人发出支付令。债务人应当自收到支付令之日起 15 日内清偿债务，或者向法院提出书面异议。债务人在 15 日内不提出异议又不履行，债权人可以向法院申请强制执行。由此可见，督促程序具备可操作性，可以高效、便捷地保护债权人的合法权益，并且作为特别程序不存在再审的可能；同时，债权人还可省去 2/3 的费用。但是，目前在基层法院适用督促程序的案件比例并不高，笔者所在的法院近 5 年来都没有一起适用督促程序的案件。原因包含了当事人不熟悉法律相关规定，同时也有片面追求法院调撤率和收取案件诉讼费的原因。

（四）法官人数减少影响案件繁简分流工作更好地开展

员额制改革后，法官人数减少，员额法官大多配置到一线审判团队，同时基层法院大多也没有设立速裁庭，案件一旦来到法院，就直接进入立案登记的程序。在 G 县法院，负责立案登记的诉讼服务中心只配备了一名员额法官，而诉讼服务中心不仅承担立案登记任务，还要承担诉前调解、信访接待、接受咨询、再审审查等工作职责，诉讼服务中心工作人员工作繁杂、工作量大；另外有审判经验的辅助人员都配备到一线辅助员额法官工作，配备到诉讼服务中心的人员大多是刚走上工作岗位的年轻人或即将退休的老干警，如此一来，在立案登记过程中，对案件进行繁简分流难免会出现不当、识别不准的情况，容易造成司法资源的浪费和影响审判效率，影响案件繁简分流工作更好地开展。

四 域外考察：两大法系案件繁简分流的启示

案件繁简分流机制改革在国外已经有一段时间，特别是经济发达国家，为化解纠纷、解决诉讼，各国对案件都有一套分流机制，因此考察域外发达国家案件繁简分流模式，对我国建立和完善案件繁简分流机制有一定的借鉴作用，笔者选取了代表英美法系的美国和代表大陆法系的德国进行考察，以期寻找到解决案件繁简分流困境的新路径。

（一）英美法系——以美国为例

美国作为经济迅速发展的世界大国之一，已经出现了"诉讼爆炸"现象。为解决这一困境，美国采取了管理型的司法模式来分流案件，主要做法体现在以下几个方面。

1. 案件进入审理程序前尽可能的化解终结

美国在法院附带设置了 ADR 作为替代或者选择争议解决方式的程序。ADR 程序包括仲裁程序、早期中立评估程序、调解程序等多种形式。比如，调解程序又分为自愿调解和强制性调解，一些简单的家事纠纷、邻里纠纷及需要借助其他 ADR 程序解决的纠纷，一般需要进行强制性调解，其他纠纷为自愿调解。该调解程序一般在证据交换结束时进行，由调解员组织调解，调解的全过程法官不参与。组织调解的调解员是从民间非营利性的调解机构中选取，他们一般都接受过专业训练，法院会将他们造册，形成调解员名册，需要调解时，从调解员名册中随机选取三名共同组成调解委员会。在调解的过程中，如果双方当事人达成调解协议，调解员可以根据双方达成的调解协议做出决定，该决定与判决书一样具有法律效力。如果调解过程中，双方当事人未达成协议，案件就会进入审理程序，由法官做出判决。值得一提的是，如果法院的判决结果没有比调解更为有利，那拒绝调解的当事人就要承担拒绝调解后双方的诉讼费用，以此来保障调解程序的优先适用和当事人利益最大化。

2. 各种分流方式保障案件审理的效率

首先，美国设有小额法院，或者在初审法院设立小额法庭，专门解决或审理法律规定的一定数额以下的以金钱为诉讼标的的案件。该类案件被直接分流到小额法庭进行快速办理。其次，美国法院在分配案件时，会根据案件的难易、复杂程度，将案件进行再次分流，分给不同的法官进行审理。经验丰富的首席法官负责审理复杂、疑难的案件；简单、法律关系清楚、争议不大的案件一般分配给缺乏经验、资历尚浅的法官审理。同时为解决案多人少矛盾、保证案件办理效率，对办理简单案件的法官有办案数量的要求，严格规定每月结案多少，每年结案多少。最后，在美国还有一种聘用制的"限权法官"，他们均是律师出身，由法院聘用，只要征得双方当事人同意，限权法官便可审理案件。如果当事人对限权法官的处理决定不满，可以申请法官纠正。聘任时间到期后，由法官进行考核和评价，并决定是否继续聘任。这一做法也将案件进行了一定的分流，减轻了法官的办案压力。

3. 案件节点跟踪保障案件快速审结

在美国，没有案件审限规定，为了保障办案效率，美国也制定了一些措施。首先，美国法官大会制定出台了《关于减少诉讼迟延的标准》，里面规定了家事案件、普通民事案件以及小额速裁案件在一定时间内的结案比例，用来保障案件能够尽快审结。其次，美国对案件审理的节点进行时限跟踪和监控，对各个案件审理过程中的主要节点所需要的时间都有严格规定，同时对超过节点的案件制定了相应的制裁措施。比如，原告起诉后，被告在规定的时间内不答辩的，原告就可以要求法院进行不应诉登记，法院就可根据该项规定做出被告败诉的不应诉判决。

（二）大陆法系——以德国为例

为了合理地配置司法资源、减少诉讼成本，德国也建立起了民事一审程序繁简分流模式，并且有了较长的历史，也形成了比较完备的分流制度。德国的分流模式可以概括为以下几个方面。

1. 稳固的三级分流模式

早在 1877 年，在《德国民事诉讼法》和《法院组织法》中，就已经确定了根据诉讼标的额划分州级法院与初级法院对民事一审案件的管辖权。"一战"后，经济危机使得强制仲裁程序产生，该程序因符合现实需要，且能够快速解决纠纷，最终演变为小额诉讼程序保留下来。自此，德国形成了州级法院程序、初级法院程序、小额诉讼程序的稳固的三级分流模式。根据目前德国法律的相关规定，州级法院一般管辖标的额为 5000 欧元以上的民事一审案件，初级法院一般管辖标的额为600~5000 欧元的民事一审案件，进入小额诉讼程序的案件标的额为 600 欧元以下。

2. 三种民事一审程序简化程度各有不同

稳固的三级分流模式，在程序简化程度上各有不同。州级法院在民事一审程序上无简化。相对于州级法院而言，初级法院案件数量多、法官审判任务重，案件复杂程度较低，因此在程序上相对简化，主要体现在：初级法院民事一审中不存在诉讼双方必须聘请律师的强制规定；同时当事人起诉和应诉程序也相对简化，当事人的起诉、答辩除了可以提出书面材料外，还可以直接向法院书记员口头陈述，由书记员记录下来；另外传唤也可简化，传唤期可以缩短。小额诉讼程序相对于前两种程序而言，则更加简化，法官拥有自由裁量权，如果当事人任何一方没有提出口头审理的请求，法官则可以选择书面审理；同时，在没有任何一方当事人提出申请的情况下，法官可以缩短应诉期间、传唤期间等；法官在调查取证方面也更加自由；小额诉讼程序原则上实行一审终审，如果当事人认为自己的法定听审权受到侵害，可以提起听审责问。

（三）域外考察得到的启示

虽然美国和德国在案件繁简分流机制的建立上有差异，但我们依然可以从它们的制度上得到启发。

1. 实行案件繁简分流是缓解"案多人少"矛盾的必要途径

美国和德国都采取案件繁简分流的机制来缓解"诉讼爆炸"，美国主要是将案件终结在审前程序，尽可能让更少的案件进入审理程序，同时将案件按照难易程度在法院内部进行分流，主要是实现法官经验多少和案件难易程度的对应；德国则根据案件标的额和难易程度将案件分流到不同的法院，适用不同的民事一审程序解决纠纷、各分流模式的程序简化程度各有不同。两国的分流举措都是化解纠纷，提高审判效率、节约司法资源的不二选择，也是缓解"案多人手"矛盾的必要途径。

2. 实行案件繁简分流是推进司法改革的重要举措

任何机制的建立和完善都要符合当时社会发展的要求，纵观美国、德国民事一审案件繁简分流模式的建立，都历经了百余年的发展和演变，因此建立和完善案件繁简分流机制，我国也要顺应国情，顺应时代发展要求，符合司法规律。当前，我国正在进行司法体制改革，这是国情之需要，司法之需要，在改革中缓解"案多人少"矛盾的主要做法就是实行案件繁简分流，因此，建立和完善案件繁简分流机制是推进司法改革的重要举措。

五 全方位构建和完善案件繁简分流机制的构想

案件繁简分流不是全新的东西，近几年，全国各级法院都在探索和实践，而且最高法院也出台了《关于进一步推进案件繁简分流优化司法资源配置的若干意见》，该意见作为建立和完善案件繁简分流机制的纲领性文件，具有积极的指导作用。根据农村基层法院的实际情况，笔者认为可以从以下几个方面全方位构建和完善案件繁简分流机制。

（一）大力推行多元化纠纷解决机制，尽可能将纠纷化解在诉前

在农村基层法院，大量的纠纷来自农村，来自社区，且案件大多属于婚姻家庭纠纷、民间借贷纠纷、机动车交通事故责任纠纷等常见类型。因此，基层法院要抓住这一实际，大力构建多元化纠纷解决机制，搭建多元化纠纷解决平台，培训人民调解员、司法联络员，构建大调解格局，与基层人民调解委员会、消费者保护协会、交警大队、劳动仲裁院等基层组织、行业建立联动机制，并发挥司法确认制度应有的作用，完美实现非诉调解与司法确认的有效衔接，尽可能将纠纷化解在诉前。

（二）科学构建案件繁简分流的标准，正确进行分流

案件的繁与简具有相对性，没有绝对的标准。虽然《民事诉讼法》中

将"事实清楚、权利义务关系明确、争议不大"的案件划为简单案件，但各个案件千差万别，司法实践中也没有一致的标准，故应当在充分尊重和保障当事人程序权利的基础上对案件进行繁简划分。笔者认为，在《民事诉讼法》规定的基础上，应当结合司法实践，从下面几个方面认定繁简案件的标准：双方当事人对案件事实的分歧大不大，需要法院调查取证的工作量大不大，双方当事人的对立情绪大不大，双方争议的标的额大不大，对谁承担案件责任的争议大不大，被告下落是否清楚，法律关系是否明确。这样进行识别，既兼顾了实际情况，又不拘泥于《民事诉讼法》规定的三要素，在实践中更具有可操作性。

（三）设立速裁法庭，提高案件审判效率

在法院内部设立独立于立案庭和民商事审判庭的专门的速裁法庭，速裁法庭尽可能配备调解经验丰富、社会阅历广的法官，速裁法庭审理适用小额诉讼程序案件及其他事实清楚、争议不大的简单案件。案件立案受理后，由立案庭根据案件标的额大小、法律关系是否明确等要素，将案件移送到速裁法庭，速裁庭收到案件后，可征求双方当事人的意见，缩短答辩期，同时送达方式可以灵活多样化。法官处理案件时，尽可能通过调解方式解决纠纷，调解成功的，当即制作调解书送达双方当事人；调解不成的，尽快安排开庭，并实行当庭宣判，当庭送达裁判文书，提高案件审判效率。

（四）法官队伍内部进行分流，确保司法资源合理配置

我们可以借鉴美国的经验，将法官队伍进行内部分流。立案庭将案件进行繁简分流后，根据案件难易程度，将疑难、复杂的案件分配给审判经验丰富、资历深的法官进行审理；简单、法律关系清楚、争议不大的案件分配给缺乏经验、资历尚浅的法官审理，同时合理规定每年审结的案件数量。这样既可以保证案件审判效率，合理配置司法资源，同时对年轻法官的成长，法官队伍的精英化、专业化、职业化建设起到很好的推动作用。

（五）尽可能简化案件审理过程

在保障当事人程序权利的情况下，我们可以借鉴德国法院的做法，根据案件实际情况，赋予法官更多的自由裁量权，尽可能简化案件审理过程，比如在征得当事人同意的情况下，法官可以选择进行书面审理，当事人可以进行书面言辞辩论，送达方式可以灵活多样化，等等。同时对裁判文书样式进行改革，可以制作表格式文书、令状式文书、要素式文书等。通过一系列的简化措施，可以极大提高审判效率，缓解"案多人少"矛盾。

（六）充分发挥督促程序的作用

法官在立案时，对于债权、债务关系清楚的纠纷，要积极引导当事人选择适用督促程序，向当事人宣传督促程序快捷、简便的作用，减轻当事人诉累，尽快实现债权人利益。同时，对于对方当事人提出的异议申请，法官在审查时要慎重，对于当事人故意拖延还款时间又没有提出合理异议的，法院应当做出驳回异议申请的裁定，不能因为对方当事人提出异议就裁定终结督促程序，这样才有利于保证督促程序的稳定性。

结　语

案件繁简分流机制的构建和完善是一项系统工程，包括案件繁简的识别、案件审判过程的简化、司法资源的配置、送达方式的变革等。本文仅通过研究特定法院案件繁简分流的现状和困境，试图借鉴域外经验，寻找全方位构建和完善案件繁简分流机制的方法。

B.27
关于人民法院信息化建设与
运用的调研报告

——以织金法院信息化建设为视角

李斌 李玉军 徐朝志 陈恩恒*

摘 要: 人民法院信息化建设是一次自我变革,是人民法院审判方式的一次重大变革。信息化阳光司法,为司法责任制提供了依据,进一步推进了人民法院司法为民、公正司法。人民法院要充分认识"互联网+""大数据"时代加强信息化建设的重要意义,始终坚持问题导向与需求导向,以更加积极的态度、更加有力的措施,加快信息化建设,全面推动人民法院信息化建设转型升级,积极打造"阳光法院""智慧法院",为促进审判体系和审判能力现代化、提升司法能力和水平提供坚强的科技支撑。本报告从人民法院信息化建设的时代背景、新时代法院发展面临的困境,以织金法院信息化建设促进审判执行工作、促进司法管理、促进便民利民进行分析论证,最终达到将现代信息化手段融入司法工作,提高审判效率、促进司法公开、提升司法公信,实现公平正义的目的。

关键词: 信息化 司法 公平正义

---

* 李斌,织金县人民法院党组书记、院长;李玉军,织金县人民法院党组副书记、副院长;徐朝志,织金县人民法院研究室主任;陈恩恒,织金县人民法院研究室工作人员。

一　人民法院信息化建设的时代背景

（一）信息化引领变革

全球信息化正在引发当今世界的深刻变革，重塑世界政治、经济、社会、文化和军事发展的新格局。加快信息化发展，已经成为世界各国的共同选择。发达国家信息化发展目标更加清晰，正在向信息社会转型；越来越多的发展中国家也主动迎接信息化发展带来的新机遇，力争跟上时代潮流。与发达国家相比，我国信息化水平还比较低，抓住世界信息技术革命的机遇，大力推进国民经济和社会信息化，是我国加快工业化、城镇化和农业现代化发展的必然选择，是加快转变经济发展方式、促进生产力跨越式发展、增强综合国力和国际竞争力、维护国家安全的关键环节。

（二）党中央高度重视信息化建设

党中央高度重视信息化在经济建设中的地位，重视发挥信息化在经济社会发展中的独特作用，明确将信息化建设作为举全党全国之力推动中国经济继续向前发展的主要抓手之一，信息化本身已不再只是一种手段，而成为发展目标和行动路径，信息化由此成为我国经济发展的新方向和新动力。十八大报告将"工业化基本实现，信息化水平大幅提升"作为经济持续健康发展的目标之一，首次明确把信息化纳入全面建成小康社会的目标中。坚持走"中国特色新型工业化、信息化、城镇化、农业现代化道路，推动信息化和农业现代化相互协调，促进工业化、信息化、城镇化、农业现代化同步发展"，报告中强调了信息化的重要性，信息化是必由之路，大势所趋，不可逆转。"新四化"中，信息化是其他"三化"的助推器，为新型工业化、城镇化、农业现代化注入生机活力，信息化已经不再仅仅作为经济发展的工具和手段而存在，更代表着一种新型生产力，是新型发展道路的基础，是发展其他"三化"的原动力。因此,实现"新四化"同步发展,要不断增加信息化建设投入,政府部门间要形成工作合力,最大化整合社会资源,夯实信息基础设施建设,发展现代技术产业,推进信息网络技术广泛运用,注重信息安全保障体系,以提高我国信息化水平、推动我国经济持续健康发展。

2017 年 7 月 10 日,全国司法体制改革推进会在贵阳召开。时任中共中央政治局委员、中央政法委书记孟建柱在会上强调,要更加积极主动拥抱大数据、人工智能新时代,把理念思路提升、体制机制创新、现代科技应用和法律制度完善结合起来,全面落实司法责任制及相关配套改革,深入推进以审判为中心的刑事诉讼制度改革,推动中国特色社会主义司法制度不断发展完善,努力创造更高水平的社会主义司法文明。要坚持从我国国情出发,遵循司法规律,把制度优势和技术优势结合起来,积极运用现代科技推进以审判为中心的刑事诉讼制度改革。

(三)最高人民法院打造信息化建设3.0版

2015 年 7 月 2 日,最高人民法院副院长贺荣在全国高级法院院长座谈会上介绍,法院系统到 2017 年底建成具有中国特色的法院信息化 3.0 版,包括形成全国法院固定和移动网络相结合、全面支持广大干警和社会公众随时随地接入的"网络法院";形成司法公开和诉讼服务全面覆盖全国法院和人民群众,开放、动态、透明、便民的"阳光法院";实现最高人民法院和高级人民法院主要业务信息化覆盖率100%,国家司法审判信息资源库案件数据、电子档案、司法解释等覆盖率100%,具有信息共享、业务协同和按需服务能力的"智慧法院"。进一步夯实并拓展网络和基础设施建设,在更大程度上提升业务应用支撑能力,着力提高信息化综合应用一体化水平,深化数据集中管理,建立质效型运维保障体系,探索监督管理新机制,确保网络信息安全。

二 新时期人民法院发展面临的困境

党的十九大报告指出，经过长期努力，中国特色社会主义进入了新时代，这是党的十九大对我国发展新的历史方位的科学判断。中央的这一基本判断为人民法院未来发展明确了方向。法院的基本功能是解决社会矛盾纠纷，维护社会和谐稳定。中国特色社会主义进入新时代，我国社会主要矛盾已经转化为人民日益增长的美好生活需要和不平衡不充分的发展之间的矛盾，这是经济社会发展的规律。广大人民群众对公平正义、司法公信力、社会和谐有更高要求和期待，一定程度从宏观上影响法院受理的案件纠纷形态和案件类型，从微观上影响法院解决具体案件和纠纷的方式、方法、措施和手段等，这对人民法院工作提出了许多新的更高要求。

（一）人民群众对司法服务的需求多元化

在新时代各种体制改革推进的背景下，人民群众要求人民法院充分发挥审判职能，有力地维护社会和谐稳定、服务经济健康发展。一是对司法功能提出了新需求。如每年随着法院受理案件数量的大幅度上升，无论是刑事审判，还是民事和行政审判，案件类型多元化、复杂化，更要求不断进一步拓展司法保障的广度和深度，维护当事人的合法权益。二是对司法公正提出了新需求。群众法治意识、维权意识增强，对司法程序公正更加关注，人民法院在审判和执行案件时，必须严格规范司法行为，保证司法程序的公正性。同时，人民法院做出的审判结果，也要接受社会各界的监督。三是对司法效果提出了新需求。人民群众不但要求判决结果公正，并且还要解决实际问题，实现案结事了。近年来，人民法院执行案件大幅度上升，并且执行难度大，需要进一步建立健全执行机制制度。织金法院 2007 年受理执行案件 302 件，2017 年受理执行案件 1469 件，是 2007 年的 4.86 倍，执结 1421件。四是对司法过程提出了新需求。司法过程公正性对人民群众对案件结果的评判至关重要，要做好一切庭前准备工作，更多地让群众参与司法活动、感受司法过程，接受群众监督；同时抓好诉讼服务中心建设，为群众提供方便快捷的诉讼服务，满足人民群众的司法需求。五是对司法公信力提出了新需求。司法公信力是衡量司法体制改革成效的一个重要标准，更是群众满意度评价的标尺。织金法院采取审判流程公开、裁判文书公开、执行信息公开、网络庭审直播"四大公开平台"建设等多种方式推行司法公开、助推司法公信，同时采取强化宏观督导、强化个案指导、强化案件评查、强化教育培训、强化奖惩制度、强化集体智慧"六个强化"统一裁判标准，实现类案类判，提升司法公信力。

（二）"案多人少"矛盾突出

2015 年 5 月 1 日实施立案登记制以来，大量矛盾纠纷涌入法院，案件呈逐年上升趋势，2017 年织金法院共受理各类案件 6446 件，同比上升23.13%；审（执）结 6307 件，同比上升 24.55%，比 2014 年增加了 2 倍多。案件类型多、案情复杂等特点，给办案人员带来了案件办理压力和难度。另外，法院的编制数维持以前核定的总额不变，并未随着案件的增加而增加。织金法院的编制是 2014 年以前核定的，其中公务员编制 138 名，事业编制 10 名，工勤事业编 2 名。因此利用好信息化手段提高办案效率，在破解"案多人少"矛盾方面发挥重要作用。

（三）审判权下放后的监督难题

随着司法责任制不断推进，审判权彻底还于法官，真正实现"审理者裁判，裁判者负责"，法官的责任意识增强，但存在着审判权下放后法官滥用职权的风险。在基层法院的案件中，简易程序审理、法官独任审判员的比例占 80% 以上，甚至合议庭审理的案件也是"合而不议"，人民陪审员或其他合议庭成员只因程序需要而参与坐堂，未能发挥合议庭成员的作用，全由承办法官主导。综上，本轮司法体制改革后，随着司法责任制的落实，员额法官的审判权受到的制约减少，增加了司法腐败和滥用职权的风险。因此，构建权责明晰、措施得当、切实可行的审判监督机制成为必然。而信息化建设为审判权的监督提供了切实可行的路径。利用信息化手段，从立案、审判、执行等环节设置流程节点，做到全程监督，将审判权的运行公开、透明化，不仅便于法院内部的管理和监督，而且有利于将审判权运行置于"阳光"下，主动接受社会监督，防止司法腐败。在改革过程中，法院非常注重信息化和人工智能给司法改革带来的机遇和潜力。织金法院推行裁判文书公开、审判流程公开、网络庭审直播、执行信息公开等"四大公开平台"建设，着眼于司法公开，敢于"晒"司法行为，主动接受社会公众监督，促进提升司法公信力。

（四）西部基层法院司法资源短缺

司法资源是社会资源的一部分，是司法机关进行司法活动时所必须耗损的资源，它包括司法机构、司法人员、司法信息和司法活动相关财政保障资源。受现在体制的制约，法院人、财、物尚由政府统筹，在案件大量涌入法院，而法院编制未能根据案件量增加而增加的情况下，"案多人少"的矛盾越来越突出，在压力之下，部分优质审判人员会离开法院，出现法官断代、人才流失，导致法院独自为人民群众提供完善的司法服务力不从心。此外，司法的功能在于服务大局，当前，基层法院除了需要完成审判执行等本职工作外，还需要驻村精准扶贫、承担大量的法治宣传任务，广大法官不能专职于审判执行工作，面对闲杂事务不堪重负，降低了办案效率。随着社会的进步，人民群众对司法的需求已发生根本性转变，人民群众不再满足于简单的、慢节奏、刻板化的服务，迫切需要的是内容类型完整、人性化、快捷方便化的司法服务，这显然不是一个法院所能够满足的。例如，人民群众对司法信息公开的需求，就需要实行司法信息的电子化、网络化，实现司法资源的互联互通，司法机关要分析、综合司法信息，以新的、序列化的单元形式提供信息给人民群众。如果每个法院单独进行这些工作，是远远不能满足人民群众需求的。所以，只有实行司法资源共建共享才能满足人民群众日益增长的司法需求。2015 年，织金县委出台系列政策，站在大局高度，在改善法院硬件、干部培养和提高法官政治待遇上用心，对织金法院的各项工作给予倾力支持，大力帮助该院解决实际问题，有效地推动了织金法院各项工作的新发展。同时，织金法院通过与新浪网签约开发"E调解"平台，邀请西南政法大学、贵州大学、北京科技大学等16位知名法学家、学者通过远程视频调解平台对部门矛盾纠纷进行异地调解，不仅克服了纠纷双方身居异地、来往不便的状况，切实减轻当事人诉累，还能最大限度调动当事人参与调解的积极性，防止矛盾激化。此外，与贵州大学法学院签订院校合作协议，建立"卓越法律人才教育培养基地"，相互提供人才和智力的支持，推动法学教育和审判工作的长期良性互动发展，促进司法资源共建共享由封闭向开放、由被动向主动、由浅层向深层的转变。

总之，我国社会的主要矛盾已经转变为人民日益增长的美好生活需要与社会发展不平衡、不充分之间的矛盾，人民法院应当充分发挥审判的职能作用，不断提高司法服务质量，更好地维护社会公平正义、维护社会稳定。因此，要解决以上诸多问题，必须利用好信息化发展的优势，积极打造"智慧法院"，如自动生成判决书、将庭审发言转为文字、以大数据形成犯罪专项报告、观摩庭审直播等，所有法院干警实现在一张"网"上执法办案。近年来，织金法院将信息化建设作为一场深刻的自我变革，将信息化成果应用于司法为民、司法审判和法院管理的各个领域，构建网络化、阳光化、智能化的法院信息化体系，初步实现了"全域立案"，真正实现了数据跑路、法官减负、群众得实惠。

三 织金法院信息建设情况概述

（一）信息化网络建设

2006年，织金法院在贵州省高级人民法院的统一部署下开始组建法院专网，经过不断升级改造，2013年专网建设延伸至8个人民法庭，2015年12月，建成双电信百兆专网和联通百兆专网，两条专网能够互相切换，保障正常办公使用。

2011 年开始组建外网线路，2016 年提速为 50 兆光纤线路，并单独搭建执行指挥中心 100 兆电信光纤，确保执行指挥中心音视频的传输。

（二）信息化设备建设

织金法院建有独立的中心机房，机房配置 UPS 系统，配置精密空调一台，现有服务器 24 台、防火墙 4 台、路由器 3 台、外网交换机 6 台、内网交换机 5 台，并安装防静电地板、防火防盗设备。2009 年建成科技法庭，现在大案、要案开庭均在科技法庭进行。2010 年 7 月建成单独的视频会议室，自建成以来运行稳定，管理情况正常，视频会议及远程提讯工作能有序进行。根据省法院《关于建设全省法院高清视频会议系统的通知》的要求，已对视频会议设备进行全面升级改造。2015 年至今，织金法院信息化投入 900 余万元。

（三）信息化人员保障情况

织金法院有信息管理人员 4 人，负责全院的网络维护、硬件维护以及软件系统应用培训工作，指导全院的网上公文办理、办案系统的维护和培训，帮助办案人员进行网上立案，同步实现案件电子化、管理可视化。

四　信息化运用情况

织金法院充分利用信息化在"服务审判工作、服务人民群众、服务司法管理"方面的特殊优势，形成信息化建设系统 33 类，着力提升司法效率与队伍管理水平，促进司法公开，全面推进审判体系和审判能力现代化，积极向"智慧法院"转型（见图 1）。

（一）服务人民群众，提升司法服务水平

结合法院工作实际，逐步完善各类服务便民措施，拓展司法服务空间，形成信息化服务群众系统 15 类（见图 2）。

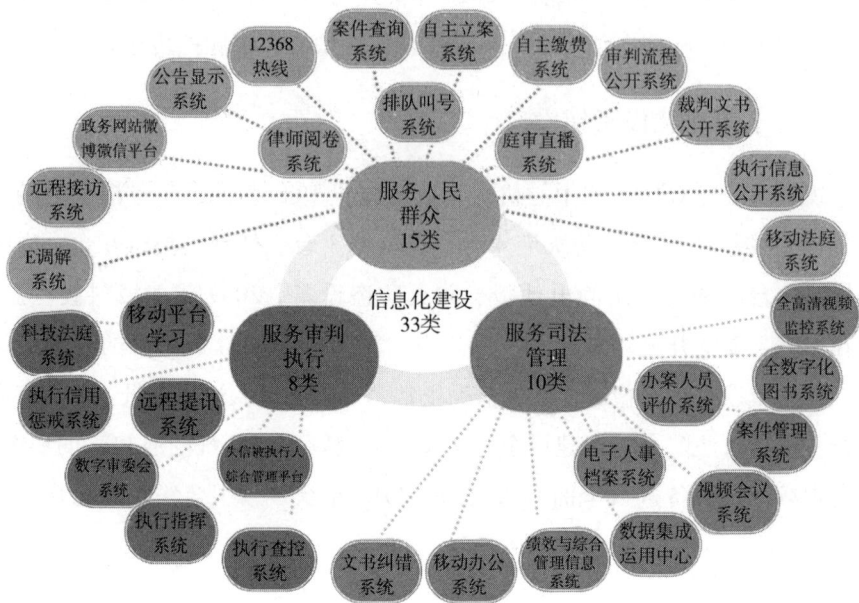

图 1　信息化建设系统 33 类

1. 12368诉讼服务热线

开通 12368 电话语音服务热线，提供诉讼服务、申诉信访、投诉举报、意见建议等人工语音服务。

2. 公告显示系统

在 LED 显示屏上，持续滚动播出每周全院的庭审时间安排表，每周一定期对公告显示系统进行更新，并严格要求开庭时间一经公布，不得随意更改，增强审判工作的严肃性。同时，通过电子显示屏，当事人可以方便地查询信息，如：诉讼指南、立案条件、立案流程、诉讼费用标准、缓减免交诉讼费的程序和条件，以及当事人的权利义务等信息，实现审判工作公开、透明。近三年来，公告开庭等信息 8000 余条。

3. 网上立案服务

为适应司法环境变化和审判业务发展的现实需要，织金法院开通了网上立案平台，这是适应"互联网＋司法便民"的新模式、满足群众司法需求

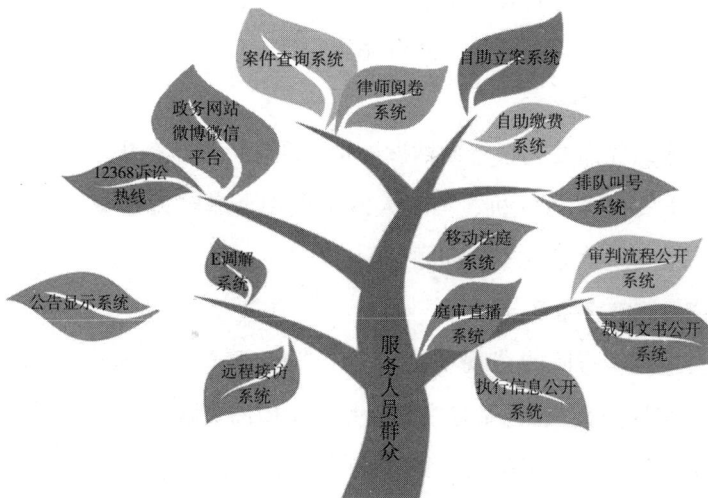

图2 信息化服务人民群众系统 15 类

的新举措。当事人或律师通过互联网，将诉讼材料扫描后发送至织金法院网上立案平台，即可实现网上自助立案，节约当事人的诉讼成本和司法资源。2016 年 10 月网络立案开通以来，共立案 165 件。

4. 案件查询系统

查询系统与案件录入系统是相联系的，在每一个案件立案的时候，工作人员就对当事人的基本身份信息进行录入。所以，当事人只需输入身份证号或直接扫描身份证，就可以查询已录入的相关案件的承办法官、办理进度、开庭排期等信息，如果已经结案，还可以直接查阅裁判文书。

5. 律师阅卷系统

打造贵州省范围内首家律师阅卷休息室，将案件资料通过案件管理系统同步扫描成电子卷宗后接入律师阅卷系统，律师经申请得到法官授权之后，可通过指纹或脸部识别系统进入阅卷室，对被许可的电子卷宗进行查阅。这极大缩短了以往调取纸质卷宗的时间，既方便了律师，也节约了司法成本。

6. 排队叫号系统

诉讼服务中心每天接待大量的当事人，为了避免出现混乱拥挤的场面，织金法院实行企业化管理模式,启用了智能排队管理系统,当事人按需自助取号,排队等候叫号办理,并然有序。

7. 自助缴费系统

当事人以往需要去银行缴纳诉讼费,现在诉讼服务中心设立了诉讼费收退窗口,并安装了 POS 机,当事人既可以现金缴纳诉讼费,也可选择刷卡缴费,解决交费困难的实际问题。

8. 网络庭审直播平台

从传统庭审旁听的"现场正义"、报纸广播的"转述正义",到电视和网络的"可视正义",网络庭审直播是一次质的飞跃。2016 年 9 月,织金法院与新浪网签约,在院机关搭建 7 套网络庭审直播系统,率先敲响全省法院网络庭审直播第一槌,除依法不公开审理和不宜直播外,院机关所有案件全部直播,并纳入年度目标考核,现在 8 个人民法庭已全部开通庭审直播。开展直播以来,已直播案件 1221 件,排名全国基层法院第三十六名,全省法院第一名。

9. 审判流程公开

实行随机分案,当事人及其代理人可在互联网平台实时查询合议庭及承办法官情况,送达、开庭、审限变更等重要流程节点等 11 类审判流程信息。

10. 裁判文书公开

将应公开的裁判文书在中国裁判文书网全面公开,既充分满足了人民群众的知情权,方便社会各界监督,又便于办案人员调取同类型的案件进行学习和参考,为办案提供智力支持。

11. 执行信息公开

全面建成执行案件信息网上查询系统,将执行案件信息接入最高人民法院执行公开网,方便当事人上网查询执行案件基本信息及进展情况。通过互联网、电视、报纸、微信平台等各类媒体向社会公开案件被执行人信息、失信被执行人名单等,将被执行人信息纳入社会征信系统,敦促被执行人主动履行裁判文书确定的义务。

12. 微信微博

向政府部门、金融监管机构、金融机构通报 4 批 326 个失信被执行人名单,对失信被执行人在政府采购、招标投标、行政审批、政府扶持、融资信贷、市场准入、资质认定等方面予以信用惩戒。共对 80 名失信被执行人采取限制消费措施,对 13 人采取限制出境措施。在执行过程中,除通过传统的广播、电视、报纸公告栏等方式曝光失信被执行人名单外,积极打造网站、微博及微信等新媒介平台,发布相关信息 40 余条。目前微信公众号点击率超过 18 万人次,粉丝数量近 6000 人,极大压缩了被执行人的逃债空间,推动执行工作取得新进展,逐步形成良好的法制环境。

13. 移动法庭

集立案、开庭、调解、送达等功能于一体的巡回审判车,设有审判员席、书记员席、原告席、被告席及旁听席,配备了车载电脑、速录机等设备,便于发挥巡回审判、以案说法和法律服务功能。

14. E 调解平台

与新浪网签约开发调解平台,特邀贵州大学、西南政法大学、北京科技大学等高校的 16 位知名法学专家、学者对部分矛盾纠纷进行远程视频调解,以更加人性化、专业化、便捷化的方式化解纷争,充分体现司法为民理念。

15. 远程接访

申诉信访人员可通过申诉信访平台提出申请,向市中院、省高院及最高人民法院依法表达诉求。相较传统"面对面"接访的形式,远程视频接访系统的开通,不仅拓宽了信访渠道和载体,更能有效减轻群众信访负担,减轻上级法院的信访压力。

(二)服务审判执行,提升司法工作能力

坚持大数据发展理念,按照"全面覆盖、移动互联、深度应用、透明便民、安全可控"原则,整合 8 类系统信息化服务审判执行,依托信息技术手段,深化执行机制改革,打造内外联动、规范高效、反应快捷的执行指挥体系(见图 3)。

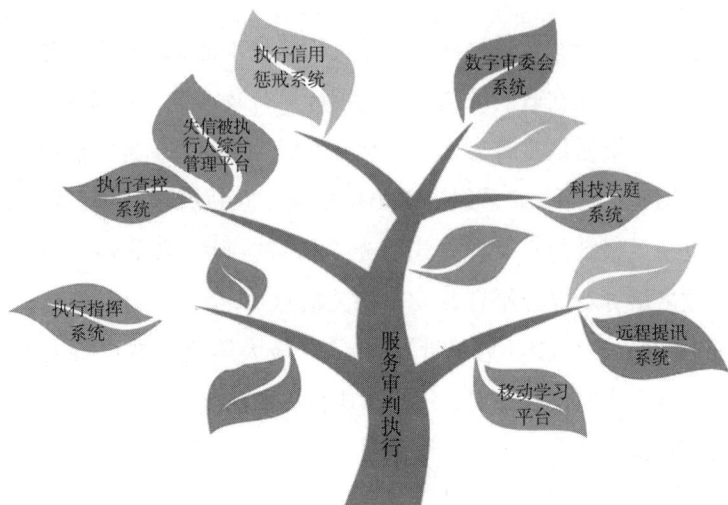

图 3　信息化服务审判执行系统 8 类

1. 同步录音录像系统

率先建成庭审同步录音录像系统（覆盖 8 个人民法庭和院机关 8 个审判庭），充分发挥该系统对审判工作的多重积极作用——助推庭审活动规范化，客观真实地记录庭审过程，使法官更加注重司法形象，提高当事人诉讼文明程度；便于庭审安全监控，发生突发事件时，安保力量可随时介入，防止矛盾进一步激化；确保法庭出示证据、质证、辩论等庭审重要内容被如实记录；便于上级法院和院领导从内部网络同步远程了解庭审，对庭审过程进行有效监督；便于庭后查阅和评议，当事人如对庭审有疑虑或者投诉不公正的，可根据录音录像资料进行核实。

2. 刑事"大数据"系统试点

织金法院作为全省刑事诉讼大数据智能管理 4 个基层试点法院之一，2016 年 10 月 20 日启动大数据分析平台应用试点工作。运行以来，大数据系统在规范证据审查运用、减轻法官工作量、规范法官自由裁量权、裁判文书自动生成、裁判结果偏离度提示、为裁判提供智能辅助分析以及对裁判结果进行智能评判预警等方面的作用逐步凸显。2017 年，通过大数据系统受理故意伤害案及盗窃案共 185 件，审结 185 件，结案率为 100%；平均庭审时间 15 分钟，比此前节省约 7 ~ 8 分钟；当庭裁判 170 件，当日送达 156 件，当庭裁判并当日送达率为 84.43%，比此前提升 20 个百分点；平均审理天数 15 天，减少约 7 ~ 8 天。

3. 远程提讯平台

与看守所一起建立远程提讯系统，集视频系统、数据系统、语音系统于一体，具备远程视频提讯、远程视频庭审和远程视频接访等功能，法官可远程提讯犯罪嫌疑人，有效提高了审判质效。

4. 裁判文书公开平台

除按照法律规定不能公开的以外，其余裁判文书均在生效后 1 个月内被传送至中国裁判文书网予以公布，符合上网条件的上网率 100%，2015 年以来公开生效法律文书 5679 份。将应公开的裁判文书在中国裁判文书网全面公开，既充分满足了人民群众的知情权，方便社会各界监督，又便于办案人员调取同类型的案件进行学习和参考，为办案提供智力支持。

5. 研发失信管理平台

研发了与全县近 200 个部门（单位）联合使用的集执行信息实时共享、智能预警、数据批量导入查询、业务办理智能报警等功能于一体的"失信被执行人综合管理平台"，争取县委、县政府出台《关于加强多部门联动推进"基本解决执行难"的实施意见》，形成"党委领导，人大监督，政府、政法委协调，法院主办，多部门配合，社会各界积极参与"的长效机制，打造"立体治赖"模式。

6. 建成执行指挥中心

建成执行指挥中心，中心由执行指挥调度平台、单兵执行系统、车载指挥系统、执行押解系统、执行监控系统和显示控制系统组成，整合了查询管理、远程指挥、信用惩戒、执行信息公开等功能，能够实现音频、视频的实时传输、对话、录音、录像以及执行人员的位置确定，便于执行指挥人员远程实时指挥。

7. 建成执行查控系统

建成执行网络司法查控系统，与 30 多家银行信息系统联网，执行干警足不出户便能及时查询承办案件被执行人的银行账户信息，与国土、工商等部门建立联网系统，有效提高执行效率，节约司法成本，有效解决执行难问题。通过执行专网查控系统，查询被执行人银行账户等财产信息约 13560 余次。

8. 数字审委会系统

设置配备高科技的数字审委会系统，具备语音控制、多媒体显示、录音录像等功能，参会人员可自行查阅电子档案，运用多媒体展示案件材料等。

（三）服务司法管理，提升司法保障质量

运用大数据强化管理顶层设计，加大信息技术在人事、财务管理、科学评价、行政办公、后勤保障等领域的应用，融合 10 类信息化系统，为管理层提供准确、快捷的管理渠道。

1. 搭建集成管理中心

整合法院审判、政务、队伍管理等 30 余类信息化系统，对有关数据进行深度挖掘、智能提取、集约管理、综合利用，搭建数据集成管理中心，承担执行指挥、审判数据展示、庭审直播点播、安防监控、视频会议等多种服务功能，具有一体化、集成化、智能化特点，为法院工作提供实时监控、智能分析、科学研判。实现办案智能化、管理可视化、公开常态化、诉讼便捷化，做到"全面覆盖、移动互联、跨界融合"。

2. 办案人员评价系统

办案服务评价器标明岗位工作人员的姓名、所属部门等信息，设置"非常满意、满意、一般、不满意"四个选项，实行"一事一人一评"，前来窗口办理业务的群众可以当场对工作人员的服务质量、服务效率和服务态度等做出综合评价，评价结果直接进入内部管理系统，及时反馈到后台，方便管理者进行统计分析，科学管理。

3. 视频会议系统

充分利用法院专网平台，建成集视频系统、数据系统、语音系统为一体的视频会议系统。通过传输线路及多媒体设备，将声音、影像及文件资料互传，实现与上级法院之间的远程视频会议、远程培训，方便内部沟通，实现资源共享。

4. 案件综合管理系统

将案件信息准确及时录入司法统计系统，所需数据可通过系统自动采集计算，实现统计工作高效、快捷、科学、准确。便于院领导客观了解审判工作的现状与趋势，掌握各类案件成讼规律和特点，总结审判工作的成功经验及失误教训。

5. 绩效考核系统

综合绩效管理系统设定了通用岗位职责和个性岗位职责，综合运用目标指数、日常考核、民主测评、领导推评等方式，全面实现了机关干部工作效能的管理与考核，使法院审判管理与队伍管理、政务管理融为一体。根据系统考核结果，对各部门、各类人员的各项工作完成情况进行综合评价，将评价结果作为提拔任用、调整岗位或降职降级的依据。

6. 全数字化图书系统

为方便干警学习业务知识，丰富业余文化生活，打造了全院干警电子图书借阅室，除外借纸质图书外，电子书籍只需微信扫描二维码即可收藏随时阅读。

7. 文书纠错系统

对法规名称书写不规范、裁判文书要素缺失等，可进行自动查错提醒纠正。同时，还可使用自动排版、自动附加法庭等功能。当需要对裁判文书进行纠错时，点击该案件办理界面诉讼文书，打开已生成文书，界面正上方点击文书纠错，自动跳转到人民法院司法文书纠错系统，点击"文书纠错"选项进行自动查错，可减少和避免法律文书在格式及内容上的硬伤性错误。

8. 移动办公系统

在干警执法终端机上设置办公、办案、考勤、公文审批流转、日程、通知通告、法院动态、当事人库等系统，方便干警实时了解全院工作动态，学习相关业务知识，极大提高了工作效率。

9. 视屏监控系统

在院机关、人民法庭重要庭、室等服务窗口、机关大院等重要地带设置摄像头，通过一台电脑主机控制，形成全面的视屏监控系统，保障办公的正常运行和保护法院公共设施财产安全。

10. 电子人事档案系统

建立电子人事档案，将干警信息录入干部档案管理信息系统，并将干警平时工作考核情况录入干部电子信息档案，既方便管理干部档案，又方便干警查阅档案信息，实现了人事档案电子化管理，大幅度提升档案管理水平。

五　存在的问题和困难

（一）需要进一步提高对信息化建设与运用的认识

在实际工作中，部分干警对信息化建设的认识还不到位，没有充分认识到信息化工作及建设"智慧法院"的重要性；有的干警思想观念跟不上信息化建设的需要，把信息化建设简单地理解为无纸化办公；有的干警跟不上时代的步伐，缺乏对信息化的深入了解，舍不得摈弃落后的传统手工操作。

（二）需要进一步加大信息化建设与运用的人才培养力度

织金法院有4名网络技术员都是计算机专业人员，目前仍然对软件公司依赖度很高，法院的技术人员仅仅能提供硬件支持，处理简单的软件应用问题，缺乏对信息化的深度运用能力，不能将信息化建设和专业法律知识进行融会贯通，缺乏法院综合管理方面的知识能力。所以法院需要重视培养复合型人才，提高信息化水平，以服务审判执行和司法管理工作。

（三）需要进一步加强信息化建设与运用

推进法院信息化建设要与实际工作相结合，不能盲目追求"高""大""上"。一定要从服务审判执行、服务司法管理、服务人民群众的角度出发，不能让网络设备成为摆设、成为应付上级部门考核检查的工具，要最大限度发挥网络设备的作用。

（四）需要进一步强化干警网络安全意识

在法院具体的工作中，因为技术不精、对信息化建设的认识不足、维护和管理缺位，各种信息化管理措施不严密甚至不规范、不统一，部分干警抱有侥幸心理，将移动 U 盘在内网及外网间交换使用；部分干警不及时备份重要数据，对数据管理不严。综上所述，当法院网络受到黑客攻击，或者因其他因素导致数据丢失，就很难找回数据，影响法院整体工作的开展。

（五）需要进一步加强信息化培训

现在的工作离不开信息化技术的应用，法官的工作离不开网络和信息化，法院的管理离不开快捷高效的软件管理系统，为人民服务离开技术化就不再高效和便民，因此，人民法院应当注重与时俱进，加大信息化运用力度，加强对法院干警的信息化培训，提高法院干警的综合素质，整体推进法院工作。

（六）需要进一步加大部门之间的协作力度

在推动执行工作中，加大部门之间协调配合的力度，注重法院信息网络与银行、公安、房管等部门信息网络的联结，建立健全网络查控系统，从而加强对失信被执行人员的监督，提高法院执行工作效率，维护当事人的合法权益。

六 织金法院信息化建设与运用的体会

（一）加强组织领导是信息化建设的前提

2014 年以来，织金法院始终高度重视信息化建设，并由院长亲自抓，成立了信息化建设工作领导小组，院长担任组长，副院长等其他党组成员担任副组长，各员额法官、各部门负责人为成员。院党组成员思想统一，形成合力，全院干警充分认识到信息化建设的重要性，大家齐心协力推动法院的信息化建设，抓住司法体制改革的契机，积极转变审判方式，利用信息化大幅提升审判质量和效率，积极推动司法便民，最大限度实现公平正义。院党组通过开会对全院干警反复强调信息化建设的重要性，认真做好全院干警的思想工作，使全院干警充分认识信息化建设的重要性，并大力支持和配合开展信息化建设，为法院的信息化建设奠定坚实的群众基础。

（二）当地党委、政府的重视和支持是信息化建设的关键

要搞好法院的信息化建设，离不开资金的投入。现行体制下，政府管理着法院的人权、财权、物权，资金由政府划拨，法院收入同样上缴财政，实行"收支两条线"。织金虽然是国家级贫困县，但织金法院为了抓好信息化建设，多次向织金县委汇报，争取了织金县委、县政府的支持，投入大量资金开展法院的信息化建设，2015 年，争取信息化建设资金 200 万元，织金法院信息化建设实现了质的飞跃，可以说，离开织金县委、政府的支持，织金法院的信息化建设将举步维艰。

（三）实现公平正义是信息化建设的价值追求

通过对信息化手段的运用，大力开展司法公开，将法院的审判执行工作主动公开。阳光是最好的"防腐剂"，通过司法公开，自觉接受社会的监

督，让人民群众充分了解和支持法院的审判执行工作。案件的受理就是电脑随机分案，减少人为操作的随意性和不严肃性。要积极利用网络、显示屏等公开开庭信息、审判员信息，将信息发送给当事人和律师，从而避免关系案、人情案的发生。庭审中，开展同步录音录像和网络庭审直播，庭审抗辩在法庭、举证质证在法庭，提高当庭裁判率，避免暗箱操作、权力寻租；将执行信息和执行过程全部在执行信息公开网上公开，采取网络拍卖等群众看得见的方式开展执行工作，通过程序的公正促进实体公正，从而实现公平正义。

（四）形成工作合力是信息化建设的助推器

只有上下联动、全体配合，信息化建设才能最大限度发挥作用。而在法院行政管理的过程中，信息化技术作为一种新型管理手段，方便管理者充分掌握每一个需要管理的细节，方便管理者掌控任何环节，便于采取管理举措。信息化在管理上的运用离不开广大干警的支持和配合，在信息化促进管理的过程中，争取全院干警的参与，使信息化建设充分发挥作用。让干警参与法院管理信息化的各个环节，激发干警活力，是信息化建设的关键。在信息化建设的初期，因为需要强调信息化建设的规范化管理，就会导致监督和管理环节的增加，增加大家的工作量，干警心里必然会产生怨气，如果不及时疏导，必然会产生抵触情绪，这不仅影响信息化建设的正常开展，更会影响整个法院的工作。

（五）服务审判执行是信息化建设的重要内容

法院信息化运用程度在一定程度上反映法院科技应用水平，也是法院建设的综合展现。现在，信息化建设和司法体制改革是法院发展的车之两轮、鸟之两翼。信息化建设成功，可以降低诉讼成本，方便人民群众，提升办事效率。法院的本职工作是审判执行，信息化建设的一个重要方面就是让审判执行工作提速增效、公开公正，最终实现案结事了，实现法律效果与社会效果的统一。在信息化技术飞速发展的今天，法院需要建立科学合理的审判权运行机制，在这个过程中借力于信息化手段，把法院的立案、审判、执行等流程管理镶嵌到信息化建设的平台中，实现法律知识与信息化的完美融合，加强对各个环节的监督，更能提高管理水平，敦促审判人员规范自身言行，提升自身水平。

（六）改革创新是信息化建设发展的源动力

信息化建设是动态的，信息化建设不能一成不变，需要根据社会发展和审判工作中出现的新情况而不断升级更新，更需要结合法院建设的实际情况，做到与时俱进、与实际相符。社会在发展，法院的审判工作也会出现相应的情况，在信息化建设过程中，要随时关注法院审判执行工作中面临的新问题，研究开发与之相适应的信息化软件，让信息化真正成为法院工作的辅助手段，促进法院工作的全新发展。因此信息化工作要不断改革创新，坚持以问题为导向，以推动工作为目的，找到适合法院的办公软件系统。

（七）服务群众是信息化建设的出发点

近年来，织金法院抓住司法体制改革契机，以推进信息化建设为抓手，坚持"互联网＋"思维，积极打造立案、信访、审判、执行、律师等信息化服务平台，让诉讼参与人更加便捷地享受"一站式"诉讼服务，把司法为民作为信息化建设的出发点和落脚点。如网上立案、移动法庭、便携式巡回审判包等便民利民措施，极大地方便人民群众诉讼。"让数据多跑路，不让群众多跑腿"。法院在信息化建设中，应当把便民利民作为出发点和落脚点，多关注信息化促进便民利民，将移动审判庭开到群众家门口，信息化手段让人民群众足不出户就能实现网上立案、参与诉讼，动动鼠标就能在网上观看庭审。同时，充分保障群众的司法知情权、参与权和监督权，建立律师阅卷系统，尽力为律师提供诉讼方便。只有群众满意、律师方便、代表参与监督、方便检察机关公诉，法院的信息化才会显得更有意义。

七 对织金法院今后一段时间信息化建设及运用的建议

织金法院在司法体制改革过程中，将信息化建设与司法改革视为法院建设的"车之两轮、鸟之两翼"，两者同安排、同部署，信息化建设成效显著。在 2017 年省高院组织的信息化考核中织金法院位列全省 98 个中基层法院第二名，中央电视台专题报道织金法院运用大数据服务刑事审判工作，织金法院网上立案和"E 调解"平台的运用获得时任中共中央政治局委员、政法委书记孟建柱"点赞"。成绩代表过去，在信息技术飞速发展的今天，如何紧跟时代步伐、拥抱新一轮科技革命、做好科学技术与法律知识的深度融合、推动法院工作开创新局面？对今后的信息化建设提出以下建议。

（一）提高对信息化的正确认识

织金法院信息化建设虽然取得一定成效，但与发达地区法院相比差距仍然很大。除了受经济发展水平限制外，最主要的原因还是干警对信息化的认识有偏差，有的认为没有信息技术一样能抓好案件的审判执行，甚至有的认为法院信息化建设很虚，与实际工作脱节。信息技术需要有高深的计算机知识，所以不解决观念认识问题，推进信息化建就是一句空话。一是要转变理念，坚持领导带头，帮助干警转变思想观念，打消顾虑，站在政治高度和战略高度认识推进信息化建设的重要性，形成主要领导带头抓、分管领导具体抓、部门负责人配合抓落实的工作格局，真正实现法院审判、司法行政管理及后勤保障管理的信息化、规范化、科学化、智能化的管理。二是要克服畏难情绪，部分领导认为搞信息化建设资金投入大、缺乏网络技术人才等，有畏难情绪。打造"智慧法院"需要有克服困难的勇气，敢于担当的底气，发扬钉子精神，争取各级各部门的支持，逐一解决工作中遇到的困难和问题。三是要正确看待信息建设的期望值，期望法院信息化建设具有立竿见影的效果是不切实际的，信息化建设是一个从理论到实践的转化过程，需要不断反复检验和革新，才能提升信息设备的利用率，实现理论与实践接轨。

（二）注重信息化人才培养

法院要真正实现信息化、科技化管理，就必须要有综合素质高的专门技术管理人才，实现对法院网络的正常维护，并开发适合人民法院工作的管理软件，追求信息化服务司法的功能最大化。一是积极引进人才。要站在法院全局发展的高度看待信息化建设问题，主动向各级党委政府争取人事编制，采取招录公务员或事业编制引进方式吸纳人才，形成阵容强大的法院信息化保障队伍。二是注重教育培训。要不定期对信息化工作人员进行相关法律知识、审判专业、法院管理等方面的培训，提升其综合素质能力，培养政治素养高、保密意识强、工作能力强的法院信息化干警。三是提高工作待遇。要尊重人才，尊重知识，尊重创造，树立"感情留人、待遇留人"的工作理念，不断从政治上和经济上提升待遇，激发技术人员干事创业的热情。

（三）增强信息化建设与运用的实用性

信息化建设技术含量高，经济投入成本高，一定要与法院实际相结合，不能一味追求"高、大、上"，注重信息化建设的实用性，从而避免不必要的资源浪费。结合司改试点法院的实际认真分析论证购买何种信息设备，达到既经济又实惠的目的。比如织金法院的网上立案，变"群众跑"为"网上走"，方便人民群众立案，节约诉讼成本；建立"E调解平台"，解决了落后地区法律人才紧缺的问题，这都是信息化推动执法办案、推动司法为民的典范。

（四）高度重视网络安全问题

法院信息建设必须高度重视网络安全问题，审判工作内容涉及私人隐私，甚至涉及国家利益和国家安全，所以法院信息化建设必须把安全放在重要位置。一是计算机病毒防治。要适时对干警进行网络安全培训，提高计算机病毒防治意识。二是增强保密意识。要注重内网和外网的分开，特别是使用移动 U 盘一定要慎之又慎，不能在内外网间交互使用，避免信息外泄。三是严格建设单位网络管理办公室，严格按照有关要求建设，保证系统硬件设备防盗、防火、防潮、防雷、防电措施到位。

（五）正确处理好信息化建设与法院干警素质提高的关系

信息化建设要取得实效，一是要注重法院干警素质培训，提高法院干警的政治敏锐性，强化其大局意识、服务意识等；二是要注重业务素质培训，坚持"请进来"和"走出去"相结合，不定期开展计算机、法律业务等专业知识培训，提高干警网络技术能力和司法服务能力；三是注重督查考核，把信息化建设纳入动态跟踪考核内容，督促法院干警主动学习，发扬克服困难的精神、干事创业的积极性和主动性，推动法院工作全面发展。

（六）实现部门间共享信息化资源

在实现与上级法院联网的基础上，积极实现部门信息资源共享，形成信息化网络体系，如建成执行网络司法查控系统，与银行信息系统联网，使执行干警足不出户便能及时查询承办案件被执行人的银行账户信息；研发"失信被执行人综合管理平台"，与国土、工商等部门联网，有效提高执行效率、节约司法成本，有效解决执行难。

八　结束语

织金法院信息化建设与运用的实践效果表明，加强人民法院信息化工作，是社会经济发展和法治建设对人民法院提出的客观要求，是人民法院实现"公正与效率"工作主题的重要保障，也是人民法院自身发展的内在需求和长远发展的必然选择，信息化建设符合时代发展的要求。人民法院信息化建设与运用，有利于促进司法行为规范，提升办案质量和效率，有利于人民法院接受社会监督，提高司法透明度，落实司法为民，促进法官职业化建设，提高法官的司法能力。

参考文献

国务院信息化工作办公室政策规划组编《国家信息化发展战略学习读本》，电子工业出版社出版，2007。

汪礼俊：《深入领会十八大精神，大力推进信息化建设》，民建中央网，2013 年 1 月 10 日。

孟建柱："全国司法体制改革推进会"，2017 年 7 月。

贺荣："全国高级法院院长座谈会"，2015 年 7 月 2 日。

附　　录

Appendices

B.28
2017年贵州省法学学术会议

2017年贵州省法学学术会议

贵州省法学会召开"建设法治贵州，迎接党的十九大，贵州省法学专家座谈会"

2月18日，贵州省法学会召开"建设法治贵州，迎接党的十九大，贵州省法学专家座谈会"。省社会科学院院长、省法学会副会长兼学术委员会主任吴大华，省委政法委政治部主任彭方艾，省政府法制办副主任舒葳韧，省法学会专职副会长兼秘书长徐文山出席。全省法学界、法律界专家学者共80余人参加会议。座谈会由省法学会、省青年法学会主办，贵州钝初律师事务所承办。吴大华、彭方艾、徐文山分别致辞，省法学界、法律界的部分专家学者分别就国有企业法治发展、政府依法行政意识增强、政法机关依法执法司法、运用大数据做好金融风险防范、全体社会成员学法尊法用法守法环境的有效形成等方面展开了充分的交流。

贵州省法学会行政法学研究会第五次会员代表大会

4月21日，贵州省法学会行政法学研究会第五次会员代表大会召开。省政府法制办主任、省法学会副会长唐林，省法学会专职副会长兼秘书长徐文山出席。会议由省政府行政复议办专职副主任冯小山主持。会议选举省政府法制办党组成员、副主任、省法学会副会长李兵同志担任会长，冯小山和省审计厅副厅长李凌，贵州民族大学法学院院长、省法学会副会长宋强担任副会长，省政府法制办综合处（人事处）处长、省政府法制研究中心主任王剑波担任秘书长，60位同志担任常务理事，107位同志担任理事。原贵州民族学院法律系主任邹渊教授被聘为名誉会长。

贵州政法机关大数据建设应用工作现场观摩会

5月9日，贵州全省政法机关大数据建设应用工作现场观摩会在贵阳召开。会议学习贯彻省第十二次党代会精神，深入实施大数据战略行动，交流工作经验，强力推进政法机关大数据深度建设、共享和应用，提高政法工作科学化、智能化、现代化水平。省委常委、省委秘书长李再勇出席会议并讲话。省检察院检察长袁本朴，省政府党组成员、省公安厅厅长郭瑞民出席。与会人员实地观摩了贵州省公安厅交通管理局大数据指挥中心、贵阳市花溪区政法办案协同系统、贵阳市公安局块数据中心大数据建设应用情况，观看了9个市（州）大数据建设应用经验交流专题片。

贵州大数据战略法治建设专题研讨会

5月23日，贵州大数据战略法治建设专题研讨会在北京召开。该会由贵州省社会科学院和中国社会科学院社会科学文献出版社主办，"贵州省2017年哲学社会科学创新工程"——贵州省社会科学院大数据政策法律创新研究中心、贵州省社会科学院"大数据治理学"重点学科承办。来自中国社会科学院、社会科学文献出版社、北京师范大学、中国政法大学、中国人民公安大学、贵州省社会科学院等高校、科研机构的专家学者以及《人民日报》、新华网、中新社、中青网、《人民法院报》等媒体记者参加了本次研讨会。

贵州省社会科学院法律研究所所长、贵州省社会科学院大数据政策法律创新研究中心研究员王飞、副研究员张可分别对贵州省大数据法治建设、贵州省国家大数据试验区建设进行了介绍。北京师范大学刑事法律科学研究院副院长、中国刑法学研究会秘书长刘志伟教授，中国社会科学院法学研究所法治发展战略研究中心执行主任陈欣新研究员，中国社会科学院法学研究所刑法室主任刘仁文研究员等与会专家围绕贵州大数据战略法治建设等问题进行了研讨。

生态文明法治理论与实务研讨会

5月25日，由贵州民族大学人文科技学院主办的"生态文明法治理论与实务研讨会"在贵阳举行，会议同时宣布了"贵州民族大学人文科技学院生态文明法治研究院"成立。来自省内外高校、科研院所、企业和司法实务部门80余名代表出席了研讨会。贵州民族大学副校长、人文科技学院院长肖远平和人文科技学院副院长、生态文明法治研究院院长、省政府法制办原巡视员高煜明分别发表讲话致辞。生态文明法治研究院分别与贵阳市人民政府法制局、中国天楹环保有限公司、贵州龙宸实业有限公司签署课题协议。贵州省社会科学院院长、贵州省法学会副会长暨学术委员会主任、贵州省法学会应用法学研究会常务副会长吴大华，贵州省人民政府法制办副主任、贵州省法学会行政法学研究会会长李兵，贵州省法学会专职副会长兼秘书长徐文山，甘肃省循环经济与可持续发展研究中心执行主任等十余位专家、领导在学术交流中发言，表达了对研究院成立的祝贺、期望和建议。

贵州省法学界学习习总书记视察中国政法大学重要讲话精神座谈会

6月9日上午，由省社科院与省法学会主办、省社科院法律研究所与省法学会学术委员会承办的"贵州省法学界学习习近平总书记视察中国政法大学重要讲话精神座谈会"在省社科院召开。

省社科院院长、省法学会副会长兼学术委员会主任吴大华研究员首先传达了习近平总书记视察中国政法大学重要讲话精神。贵州警官职业学院院长、贵州省法学会副会长刘鹏，贵州省人民检察院副检察长杨承志，省政府法制办党组成员、副主任舒葳韧，贵州民族大学法学院院长、省法学会副会长宋强，贵州省司法厅法规处处长许映群，贵州财经大学文法学院常务副院长陈玉梅等分别发表讲话。贵州省法学会学术委员会委员、贵阳学院法学院院长王蜀黔，贵州省法学会学术委员会委员、贵州师范大学法学院教授王军武，贵州省社科院法律研究所所长王飞研究员和其他与会代表也围绕习总书记视察中国政法大学重要讲话精神进行了交流发言。

省高级法院与省社科院联合召开"基本解决执行难"指标细化新闻发布会

6月9日，贵州省高级人民法院与贵州省社会科学院在省社科院联合召开"贵州省三级法院'基本解决执行难'第三方评估指标体系细化考核"新闻发布会。由省高级人民法院委托第三方细化该评估指标，在全国属于首家。

新闻发布会由省社科院院长、贵州省法治研究与评估中心主任吴大华研究员主持。省高级法院党组成员、副院长赵传灵发表讲话。省社科院法律研究所所长、贵州省法治研究与评估中心副主任王飞在会上发布了"贵州省三级法院'基本解决执行难'第三方评估指标体系细化考核"，并围绕该指标的设定进行了阐释。来自人民网、新华社、《中国日报》、中国网、《法制日报》、《人民法院报》、贵州电视台、《贵州都市报》、《法制生活报》等20余家中央、省、市新闻媒体记者参加了新闻发布会并进行提问，省高级法院和省社科院的法官学者分别予以详细的解答。

贵阳国浩生态环境保护人民调解委员会揭牌仪式

6月10日，贵阳国浩生态环境保护人民调解委员会揭牌仪式在贵阳举行。贵州省高级人民法院院长孙潮大法官，贵州省司法厅厅长吴跃，贵州省社科院院长、贵州省法学会副会长吴大华，以及贵州省法院系统，贵州省检察院系统，贵州省司法行政系统，省直有关部门，环保社会组织，有关高校、科研单位和国浩集团200余人出席。

国浩律师事务所执行合伙人于宁杰主持了揭牌仪式，并介绍了贵阳国浩生态环境保护人民调解委员会成立的背景。孙潮院长、吴跃厅长为"贵阳国浩生态环境保护人民调解委员会"揭牌，国浩律师事务所合伙人分别为高煜明、黄成德等专家、委员颁发聘书。中华全国律师协会副会长、国浩律师事务所首席执行合伙人吕红兵律师，吴大华、吴跃、孙潮分别致辞表达了对委员会成立的祝贺与期许。贵阳国浩生态环境保护人民调解委员会为全国首家生态环境保护人民调解委员会。

海峡两岸商法论坛

7月3日，由中国法学会商法学研究会、公益信托台湾财政金融法学研究基金、贵州大学法学院共同主办的2017年海峡两岸商法论坛在贵州大学举行。来自海峡两岸的40余名专家学者、贵州大学师生代表共100余人参加了本次论坛。贵州大学法学院院长冷传莉致欢迎辞。清华大学法学院教授、中国法学会商法学研究会常务副会长朱慈蕴，台湾政治大学法学院教授、台湾期交所董事长刘连煜分别致辞。本次论坛以证券市场的法律规制为研讨主题，分别以证券市场操纵之定义与类型、证券市场操纵与欺诈意图、散布不实信息及其他操纵形态、证券市场操纵的刑法规制等进行了研讨。

"运用大数据助推以审判为中心的刑事诉讼制度改革暨贵阳政法大数据办案系统"学术研讨会

7月4日，由中共贵阳市委政法委、中国政法大学联合主办，大数据战略重点实验室中国政法大学研究基地承办的"运用大数据助推以审判为中心的刑事诉讼制度改革暨贵阳政法大数据办案系统"学术研讨会在北京召开。来自中央政法委政法研究所、中国政法大学、清华大学、北京大学、中国人民大学、中国人民公安大学的专家学者，围绕贵阳政法大数据办案系统对以审判为中心的刑事诉讼制度改革的探索与实践进行了深入探讨。

全国司法体制改革推进会

7月10日，全国司法体制改革推进会在贵州省贵阳市召开。中共中央政治局委员、中央政法委书记孟建柱在会上强调，要以习近平总书记系列重要讲话精神为指南，更加积极主动拥抱大数据、人工智能新时代，把理念思路提升、体制机制创新、现代科技应用和法律制度完善结合起来，全面落实司法责任制及相关配套改革，深入推进以审判为中心的刑事诉讼制度改革，推动中国特色社会主义司法制度不断完善发展，努力创造更高水平的社会主义司法文明。

第九届中国农村法治论坛暨"三权"促"三变"改革法治保障研讨会

7月23~24日，由西南政法大学经济法学院、西南政法大学中国农村经济法制创新研究中心、贵州省社会科学院、中共安顺市委宣传部、安顺学院联合主办，安顺学院政法学院、贵州省法治研究与评估中心、安顺市社会科学院、西南政法大学·贵州省社会科学院博士后科研工作站承办的"第九届中国农村法治论坛暨'三权'促'三变'改革法治保障研讨会"在安顺市召开。

开幕式由安顺学院副校长王芳恒教授主持，安顺市人民政府副市长熊元、安顺学院党委书记罗荣彬和贵州省法学会专职副会长兼秘书长徐文山分别致辞，贵州省社会科学院院长吴大华研究员讲话。

来自西南政法大学、中国社会科学院包括中国社会科学院城乡一体化智库、西北政法大学、安顺市人民政府、安顺市中级人民法院等三十多位领导、专家发表讲话，进行了研讨交流。本次会议采取"理论研讨与实践考察相结合"的形式，尤其着重研讨安顺市"三权"促"三变"改革实践中的法律问题。

依法治国20年理论与实践研讨会

7月28~30日，由贵州省社会科学院贵州省法治研究与评估中心和贵州民族大学人文科技学院联合主办的"依法治国20年理论与实践研讨会"在贵阳召开。来自西南政法大学法学院、厦门大学法学院、重庆邮电大学法学院、广东省社会科学院法学所、广东省高级人民法院、北京昌久律师事务所、广西民族大学法学院、贵州省社科院、贵州财经大学、贵州师范大学等单位的20余名专家学者出席了研讨会。与会专家会前深入黔南州等民族地区对贵州省法治建设的现状进行了实地考察。对贵州省依法治省的成就给予高度肯定，并在会上提出了中肯的意见和建议。

《贵州法治发展报告（2016）》获第八届"优秀皮书奖"三等奖

8月4日，在中国社会科学院主办，社会科学文献出版社、青海省社会科学院承办的"第十八次全国皮书年会（2017）"上，中国社会科学院副院长、学部委员李培林研究员宣布了2017年入选中国社会科学院创新工程皮书名单和第八届"优秀皮书奖"获奖名单，《贵州法治发展报告（2016）》入选，并获得三等奖。这是《贵州法治发展报告》连续四年入选中国社会科学院创新工程皮书系列，四次获"优秀皮书奖"或"优秀皮书报告奖"。贵州省社会科学院院长、《贵州法治发展报告》主编吴大华研究员代表团队上台领奖。

《贵州法治发展报告（2016）》认为，2015年以来，贵州省地方法治建设紧密围绕贵州省经济社会发展的大局，取得了多方面的成就，地方立法不断完善，法治政府建设稳步推进，审判、检察工作扎实推进，司法行政取得较大进展，绿色发展法治化与生态司法改革同步推进，为服务全省经济跨越发展、维护社会公平正义、促进社会和谐稳定营造了良好的法治环境。

贵州省社科院院长吴大华荣获中国社会科学院首届"十大杰出法学博士后"称号

8月26日，以"回顾与展望：开创法治中国建设新局面"为主题的第六届中国法学博士后论坛由中国社会科学院、全国博士后管委会、中国博士后科学基金会共同主办,中国社会科学院博士后管委会、中国社会科学院法学研究所、国际法研究所和最高人民法院中国应用法学研究所联合承办,腾讯研究院协办。中国社会科学院副院长、学部委员、中国社会科学院博士后管委会副主任李培林研究员,最高人民法院副院长姜伟大法官,中国法学会副会长、学术委员会主任张文显教授,国家人力资源与社会保障部专业技术人员管理司司长、全国博士后管理委员会办公室主任俞家栋分别做了讲话,中国社会科学院科研局局长马援,中国社科院人事教育局副局长王文成等出席。贵州省社会科学院院长吴大华研究员荣获"十大杰出法学博士后"称号并做了主题发言。

第九届西部律师发展论坛

8月26日,第九届西部律师发展论坛在贵阳召开。论坛以"法治精神 律师使命 助推西部跨越发展"为主题,由重庆、陕西、广西、贵州等西部14个省区市及新疆生产建设兵团律师协会共同主办,贵州省律师协会承办。来自我国西部的15家省级司法行政机关代表、律师协会代表及律师代表齐聚一堂,共同探讨西部律师行业的发展。论坛采取主论坛和分论坛的形式进行,其中,六个分论坛分别为民商事法律业务分论坛、刑事法律业务分论坛、律师事务所管理和律师社会责任分论坛、生态文明法律服务分论坛等。

基层社会治理机制创新暨多元化纠纷解决机制改革座谈会

8月23~24日,由中国法学会研究部、贵州省社会科学院、贵州省法学会共同举办的"基层社会治理机制创新暨多元化纠纷解决机制改革座谈会"在福泉市召开。中央政法委、最高人民法院、最高人民检察院、公安部、司法部相关部门领导,中国法学会、北京大学、中国人民大学、中国法学会行政法学研究会、天津大学、南京师范大学等知名法学专家,省、州、市有关领导,及政法委、公、检、法、司等单位负责人50余人出席了座谈会。由福泉市委副书记萧家明主持，黔南州州委常委、州政府常务副州长、福泉市委书记黄伟致辞，中国法学会副会长、党组成员、原司法部副部长、党组副书记张苏军发表讲话。与会专家学者就福泉市多元化调处中心等地进行现场观摩后，在座谈会上围绕"基层社会治理体制机制创新思考""社会矛盾纠纷多元化解机制创新思考""福泉多元化矛盾纠纷调处112＋探索实践"等议题进行了研讨。

"法治国情贵州调研基地织金分基地"授牌仪式在织金法院举行

9月6日，中国社科院法学所、省社科院"法治国情贵州调研基地织金分基地"授牌仪式在织金法院举行，省社科院院长吴大华研究员，贵州师范大学副校长徐晓光教授，致公党贵州省省委专职副主委彭剑鸣，贵州民族大学法学院院长宋强，贵达律师事务所主任朱山，毕节市中院院长任明星，织金县委副书记、县长潘发勇等专家领导出席。织金法院党组书记、院长李斌介绍了提交给专家组的司法改革试点工作12个板块的重点工作归纳梳理情况。织金县委副书记徐开焱和毕节市中级人民法院党组书记、院长任明星分别发表致辞指出，基地的建立，是提升司法能力和审判水平的重要契机，两级法院要认真落实孟建柱书记到织金法院调研时所做的重要指示和谌贻琴同志对织金法院司法改革工作所作出的重要批示，把基地建设成有特色、有水平的调研阵地。

织金县法院司改工作座谈会

9月6日，省社科院、贵州省法治研究与评估中心在织金法院召开司法改革工作座谈会。省社科院院长吴大华，贵州师范大学副校长徐晓光，致公党贵州省省委专职副主委彭剑鸣，贵州民族大学法学院院长宋强，贵达律师事务所主任朱山等领导专家参加座谈会。织金县人民法院党组书记、院长李斌选取了织金县法院司法改革的十二个亮点进行了详细介绍。与会领导专家讨论认为，在织金法院司法改革工作取得重要的阶段性成果之际，有必要进行阶段性评价，进一步回答"人民群众从改革中获得了什么?""改革出了什么织金特色?""改革取得了哪些经验?"等一系列问题。

贵州省法学会行政法学研究会召开2017年年会暨行政执法"三项制度"试点工作交流会

9月19日,贵州省法学会行政法学研究会暨行政执法"三项制度"试点工作交流会在贵州工程应用技术学院召开,各市、自治州人民政府法制办公室(局),贵安新区管委会法制办公室,省有关单位,省法学会有关研究会,省法学会行政法学研究会第五届常务理事,行政执法"三项制度"改革理论与实践征文活动获奖者共计90余人参加会议。国务院法制办政府法制协调司调研员兼副处长袁雪石、石胜勇,省法学会专职副会长兼秘书长徐文山,省政府法制办党组成员、副主任、省法学会行政法学研究会会长李兵,省政府法制办党组成员、省政府行政复议办公室专职副主任、省法学会行政法学研究会副会长冯小山,省审计厅副厅长、省法学会行政法学研究会副会长李凌,毕节市委常委、市政府常务副市长丁雄军,贵州工程应用技术学院党委副书记汤宇华出席并分别讲话。会议由冯小山副会长主持。本届年会由省法学会行政法学研究会主办,毕节市人民政府协办,大会收到144篇论文,来自省高级人民法院、省检察院、省工商局、贵州师范大学、省人民政府法制办、贵州省法学会矿产资源法学研究会等多家单位的专家学者参加了会议。

织金法院司法体制改革试点工作专家座谈会

9月24日,由省社科院和省法学会主办,毕节市中级人民法院、中共织金县委、织金县人民政府、织金县人民法院、贵州省社会科学院贵州省法治研究与评估中心承办的织金法院司法体制改革试点工作专家座谈会在织金县召开,毕节市中级人民法院党组书记、院长任明星,毕节市委副书记、市委政法委书记尹志华,毕节市委政法委副书记何志勇,中共织金县委书记杨桦致辞。座谈会由省法学会专职副会长兼秘书长徐文山和贵州师范大学副校长徐晓光分别主持，四川大学首席教授龙宗智、天津大学法学院教授黄太云、中国社科院法学所法治发展战略研究中心执行主任陈欣新、西南政法大学博士生导师李昌林教授、贵州省高级人民法院司改办副主任蒋炜、贵州民族大学法学院宋强教授、贵达律师事务所主任朱山等专家、领导分别发言。

智慧法院建设专家交流会

9月28日，由贵州省高院主办的贵州智慧法院建设专家交流会在国家法官学院贵州分院召开。贵州高院党组书记、院长孙潮同志出席会议并做重要部署。会议由贵州省高级人民法院常务副院长朱玉主持，最高人民法院司改办规划处处长何帆、北京市高级人民法院信息技术处处长佘贵清、重庆市高级人民法院信息技术管理处处长陈浩莅临指导；贵州省公、检、法、司、大数据局、监狱管理局等省直机关的信息化部门负责人及高校教授等10余位专家到会发言，法院代表和技术开发公司代表在会上汇报相关工作及软件开发情况，省法院副厅以上在家领导，各审判团队、综合行政部门主要负责人以及全省各中基层法院分管院领导、信息技术部门负责人参加会议。

贵州生态文明实验区法治建设座谈会

10月11日，贵州省法学会、贵州日报社共同举办座谈会，围绕贵州省法学法律界贯彻落实近日中共中央办公厅、国务院办公厅印发的《国家生态文明试验区（贵州）实施方案》进行座谈。省社科院院长、省法学会副会长兼学术委员会主任吴大华，贵州日报《法治贵州》周刊总监、高级编辑罗华山以及省法院、省检察院、贵州大学、贵州民族大学、贵州财经大学、贵阳学院、清镇市环保法庭的10余位法学法律界的知名专家学者参加了座谈。座谈会上，贵州省社科院院长吴大华、贵州民族大学法学院教授陈小平、贵州师范大学法学院副教授包运成等作了主题发言。

《贵州法治发展报告·织金法院司法改革（2017）》新闻发布会

10月16日下午，贵州省社科院、织金县人民法院、社会科学文献出版社在贵州省社科院共同召开《贵州法治发展报告·织金法院司法改革（2017）》新闻发布会。

贵州省社科院院长、省法学会副会长兼学术委员会主任吴大华研究员，贵州省法学会副会长兼专职秘书长徐文山，贵州省委改革（法治）办秘书处处长梁小江，贵州省高院司改办副主任蒋炜，织金县人民法院院长李斌，社会科学文献出版社皮书分社社长邓泳红，以及贵州省社科院、贵州师范大学、贵州民族大学等单位作者代表参加了会议。贵州日报社、多彩贵州网、法制生活报社、人民日报社贵州分社、法制日报社贵州站、人民法院报社贵州站等媒体记者参会。会议有三项议程：一是由社会科学文献出版社皮书分社社长邓泳红代表出版社致辞。二是由省社科院院长吴大华发布主要内容。三是织金县人民法院院长李斌以及其他课题组成员答记者问。

甲秀智库论坛——2017年第十一次学术报告会

10月27日，贵州省社科院、中国社会科学院学部委员贵州工作站、中国社会科学院法治国情调研中心贵州基地与贵州民族大学联合举办"甲秀智库论坛——2017年第十一次学术报告会"，由中国社会科学院学部委员、法学研究所所长、中国法学会副会长李林研究员主讲"开启新时代中国特色社会主义法治新征程——学习十九大报告心得体会"。本次讲座由贵州民族大学法学院院长宋强教授主持。省社科院法学研究所的专业技术人员、贵州民族大学法学院的师生、省社科院与中国社会科学院法学研究所联合培养的部分在站博士后研究人员参加。李林研究员围绕"十九大的重大意义和理论创新、十九大对全面依法治国提出的新命题新论断新任务、开启新时代中国特色社会主义法治新征程、深化依法治国实践需要研究解决的若干重大问题"作了深入的阐述。

甲秀智库论坛——2017年第十二次学术报告会

10月27日，贵州省社科院、省社科人才培养基地与贵州民族大学联合举办"甲秀智库论坛——2017年第十二次学术报告会"，由西南政法大学校长、中国法理学研究会副会长、中国法学教育研究会副会长、西南政法大学博士后流动站管委会主任、博士生导师付子堂教授主讲"三大时代：法律、法制、法治之路"。本次讲座由贵州民族大学法学院院长宋强教授主持。省社科院法律研究所的专业技术人员、贵州民族大学法学院的师生、省社科院与西南政法大学联合培养的部分在站博士后研究人员参加。本次讲座，付子堂校长从1950年新中国的法律之路的艰难探索开始，为大家阐述了有中国特色的法律体系到法治体系的发展、法治体系的基本框架及主要内涵。最后，付教授主要针对党的十九大对法治之路的新设计进行了深入的分析并提出了十九大报告中的10个法治要点。

全国依法治国与实证法学2017年理论研讨年会

10月28日，"依法治国与实证法学理论研讨年会（2017）"在贵州省贵定县召开。会议由中国社会科学院法学研究所、贵州省社会科学院、黔南布依族苗族自治州人民政府主办，中国社会科学院国家法治指数研究中心、贵州省法学会应用法学研究会、黔南州中级人民法院、贵定县委县政府承办。中国社会科学院学部委员、法学研究所所长、中国法学会副会长李林，贵州省社会科学院院长、贵州省法学会副会长、贵州省法学会应用法学研究会常务副会长吴大华，贵州省高级人民法院院长、党组书记孙潮，贵州省法学会副会长兼秘书长徐文山，贵州省高级人民法院副院长（正厅长级）李豫贵，贵州省法学会副会长兼秘书长徐文山，黔南州人民政府副州长、州公安局局长王治军，黔南州人民检察院检察长马涛等领导出席。中国社会科学院、北京市社会科学院、上海社会科学院、浙江省社会科学院、四川省社会科学院、河南省社会科学院等社科院系统代表，清华大学、中国人民大学、中国政法大学、中央民族大学、西南政法大学等高校系统代表，最高人民法院、贵州省高级人民法院、福建省司法厅、黔南州中级人民法院、黔南州人民检察院、浙江省衢州市中级人民法院等党政机关代表，以及《人民日报》《贵州日报》《当代贵州》《法制日报》《法制生活报》等媒体记者约200多人参加。与会省内外专家学者围绕"法治国家、法治政府与地方政治建设”“法治政府、透明政府与法治评估”“地方法治建设的探索与创新”“司法改革、司法公开与司法公信力建设”“司法公开、司法公信的量化评估”“司法改革、司法公信的实现路径”等主题展开了深入的研讨。

贵州省法学界学习宣传贯彻党的十九大精神座谈会

11月3日，“贵州省法学界学习宣传贯彻党的十九大精神”座谈会在省委组织部培训中心召开。座谈会由贵州省法学会主办，省委政法委副书记温杰，省政府法制办副主任李兵，以及省法学会下属的17个研究会的会长、副会长、秘书长等领导和专家学者40余人出席了会议。会上，省法学会副巡视员王晓萍传达了党的十九大报告主要精神和习近平总书记在贵州省代表团讨论时重要讲话精神。省法学会副会长兼学术委员会主任、省社科院院长吴大华研究员在会上作了《法治新思想：开辟法治贵州建设的新境界》的发言。接着，各研究会的代表就学习宣传贯彻党的十九大和习近平总书记重要讲话精神进行了热烈的讨论。最后，省委政法委副书记温杰作了总结讲话。

“民族事务治理体系现代化与民族法治建设”专题会议暨第七届法律人类学高级论坛

2017年11月11日，“民族事务治理体系现代化与民族法治建设”专题会议暨第七届法律人类学高级论坛在中南民族大学召开。本论坛由中国人类学民族学研究会法律人类学专业委员会、中南民族大学民族法制研究中心、贵州省社会科学院民族法学重点学科主办。来自中国社会科学院、中央民族大学、西南民族大学、西北民族大学、中南民族大学、云南大学、云南师范大学、广西民族大学、浙江财经大学、贵州省社会科学院、贵州师范大学、贵州民族大学等22个高校及科研院所的60多位专家学者和研究生参加了会议。

本论坛由中国人类学民族学研究会副会长、法律人类学专业委员会主任、贵州省社会科学院院长、民族法学重点学科带头人吴大华研究员主持并发表主题演讲。我国民族法学、法律人类学知名学者张冠梓、徐晓光、雷振扬等20多位专家学者围绕会议议题"民族事务治理体系现代化与民族法治建设"进行了主题演讲。

贵州省法学会宪法法理学研究会2017年学术年会

11月18日，贵州省法学会宪法法理学研究会2017年年会在贵州警察学院召开。会议由贵州省法学会宪法法理学研究会主办，贵州警察学院协办。来自贵州大学、贵州师范大学、贵州民族大学、贵州财经大学、贵州医科大学、贵阳学院、贵州警察学院、贵州省社科院、贵州省高级人民法院、贵州慧原律师事务所等高校、科研机构及法律实务部门的60名专家学者参加了此次年会。省法学会专职副会长兼秘书长徐文山，学会顾问温卓文、邹渊、李清渠三位年过八旬的学界前辈，贵州警察学院党委委员、副院长、学会会长陈宝湘，贵州警察学院党委委员、副院长郝一民等领导出席会议并发表讲话。年会由贵州警察学院法律系主任安国江教授主持。本次年会就十九大与修宪、全面依法治国、合宪性审查、人类命运共同体、中国特色人权发展道路、监察体制改革、法律文化等议题进行了研讨。

贵州省法学会公司法学研究会2017年学术年会

11月25日，贵州省法学会公司法学研究会2017年学术年会在贵阳召开。本次年会由贵州省法学会公司法学研究会主办、贵州圣伦达律师事务所承办。贵州省法学会专职副会长兼秘书长徐文山，清华大学法学院教授、贵州省法学会公司法学研究会名誉会长汤欣，贵州省法学会公司法学研究会会长徐永忠，贵州省法学会公司法学会公司法学研究会副会长冯正江、安国江、肖宇出席会议，省内知名学者、高校师生参加会议。本次学术年会紧密围绕"《中华人民共和国公司法》解释（四）的理解与适用"，展开讨论研究会成员积极撰写文章，形成了年会的论文集。

贵州省法学会矿产资源法学研究会会员代表大会

12月2日，贵州省法学会矿产资源法学研究会第二次会员代表大会暨第二届理事会第一次会议在贵阳国际生态会议中心召开。大会由矿研会副会长兼秘书长毕健主持，贵州省法学会矿产资源法学研究会会员及会员代表217人参加了本次大会。大会由矿研会常务副会长唐林代表理事会作五年工作报告，省法学会专职副会长兼秘书长徐文山作总结。本次代表大会审议通过了《会议议程（草案）》《贵州省法学会矿产资源法学研究会理事会工作报告（草案）》《贵州省法学会矿产资源法学研究会组织规则（修正案）》，并表决选举产生了第二届会长1人、常务副会长1人、副会长19人、秘书长1人、常务理事84人、理事167人。

国际矿业大数据应用制度研讨会

12月2日下午，"国际矿业大数据应用制度研讨会"在贵阳国际生态会议中心二楼会议室举办。全国政协委员、省政协原副主席、省企业联合会/省企业家协会会长、矿研会会长武鸿麟，贵州省政府法制研究中心主任、矿研会常务理事王剑波，袋鼠矿业俱乐部主席解军，矿研会副会长、贵州贵达律师事务所主任朱山分别致辞。来自国内外法律界和矿业界的专家学者等150余人参加了研讨会。研讨会上，来自美国、英国、澳大利亚等国及省内外法学专家学者，主要就"跨国业务中东西方商业文化的差异；大数据和智能化在矿业领域的开发运用；西方矿业公司的运作和管理；资源和储量，矿业项目评审和开发及矿权管理；大宗商品的分析（煤、磷矿、铝土矿等）"等主题做了交流研讨。

第三届夏同龢法政思想研究讲坛

12月2日，由贵州省社会科学院、贵州省文史研究馆主办，麻江县承办的"第三届夏同龢法政思想研究讲坛"在麻江县夏同龢状元文化产业园同龢书院举行。会议以"文化自信与传统文化"为主题，北京大学、华东政法大学、湖南大学、西南政法大学、贵州省社会科学院、贵州省文史研究馆、贵州大学、贵州师范大学、贵州财经大学、贵州民族大学、黔南州人大常委会、黔东南州夏同龢状元文化研究会、麻江县委四大班子领导等省内外专家学者领导共计一百余人参加讲坛。讲坛由贵州省社会科学院院长吴大华主持，华东政法大学原校长何勤华教授、北京大学臧运祜教授、湖南大学邓洪波教授、贵州省文史研究馆馆长顾久教授、吴大华、历史研究所所长麻勇斌研究员及青年代表西南政法大学教师刘熠博士等主讲。

贵州省法学会犯罪学研究会2017年学术年会

12月8日，由贵州民族大学主办的贵州省法学会犯罪学研究会2017年年会在贵州民族大学花溪校区召开。贵州警官职业学院原院长、贵州省法学会副会长、贵州省刑法学研究会会长刘鹏，贵州省法学会专职副会长兼秘书长徐文山，贵州省政府行政复议办公室原专职副主任、贵州民族大学人文科技学院副院长高煜明，贵州民族大学校长陶文亮出席。会议由贵州民族大学法学院院长宋强主持。贵州省法学会、高校、科研院所、法律实务部门代表及师生代表150余人参加会议。陶文亮校长、徐文山发表致辞。会上，贵州省法学会犯罪学研究会增补了常务理事、副秘书长及部分理事，宋强会长代表研究会作了犯罪学研究会2017年度工作报告。

贵州省法学会法学教育研究会2017年学术年会

12月8日，贵州省法学会法学教育研究会2017年年会在贵州民族大学召开。贵州省法学会专职副会长兼秘书长徐文山、贵州师范大学副校长徐晓光、贵州民族大学党委副书记张鹏程、法学院院长宋强和来自省内高校的专家、学者及学生代表120多人参加了会议。张鹏程和徐文山分别致辞。会上，贵州省法学会法学教育研究会增补了常务理事和理事，并做了犯罪学研究会2017年度工作报告。会议交流环节中，围绕"'互联网＋'背景下贵州法学教育改革的机遇与挑战"这一年会主题，政法实务部门、高校师生代表分别作了专题发言。

贵州省法学会诉讼法学研究会2017年学术年会

12月28日，贵州省法学会诉讼法学研究会2017年年会在贵州民族大学召开。此次年会主题为"新时代诉讼制度的新发展"，年会同时邀请了中国人民大学法学院教授、中国人民大学诉讼制度与司法改革研究中心主任陈卫东教授、中国人民大学法学院汤维建教授、湖南大学法学院谢佑平教授、贵州省高级人民法院杨方程主任等法学理论界人士。

司法改革综合配套改革研讨会暨贵州民族大学法制与民族地区发展研究中心成立十周年庆典

12月28日，由贵州民族大学主办，贵州民族大学法制与民族地区发展研究中心承办，北京大成（贵阳）律师事务所、贵州慧原律师事务所、贵州中兴控股企业管理有限公司协办的"司法改革综合配套改革研讨会暨贵州民族大学法制与民族地区发展研究中心成立十周年庆典"在贵州民族大学召开。中国人民大学法学院、北京大学法学院、北京师范大学刑事法律科学研究院、中国政法大学证据科学研究院、湖南大学法学院、贵州省委政法委、贵州省高级人民法院、贵州省人民检察院、贵州省法学会、贵州省社会科学院、贵州大学、贵州师范大学、贵州民族大学等省内外专家领导120余人出席了会议。

贵州民族大学副校长韦唯致欢迎辞，教育部长江学者特聘教授、中国刑事诉讼法学研究会常务副会长、中国人民大学诉讼制度与司法改革研究中心主任陈卫东和贵州省社会科学院院长、贵州省法学会副会长兼学术委员会主任吴大华发表讲话。贵州省高级人民法院副院长李豫贵，贵州省人民检察院副检察长肖振猛，中国民事诉讼法学研究会副会长、中国人民大学法学院博士生导师汤维建，北京大学法学院陈永生，中央财经大学法学院郭华，北京师范大学刑事法律科学研究院王超等领导、专家分别围绕主题进行了发言。

B.29
2017年贵州省法治发展大事记

一月

1月4日　贵州省社会治安综合治理创新工作现场观摩会在黔西南州兴义市举行。会议深入贯彻习近平总书记关于加强和创新社会治理的重要指示精神，深入贯彻中央和省委、省政府有关决策部署，观摩交流典型经验，部署推动下一步工作。省委副书记、省委政法委书记谌贻琴出席会议并讲话。副省长陈鸣明主持，省政府党组成员、省公安厅厅长郭瑞民出席。省、各市（州）和贵安新区政法综治部门负责人，各县（市、区）政法委书记参加会议。

1月5日　贵州省政法队伍建设工作会议在黔西南州兴义市召开。会议深入贯彻习近平总书记关于政法队伍建设的系列重要指示和全国政法队伍建设工作会议精神，研究部署新形势下全省政法队伍建设工作。省委副书记、省委政法委书记谌贻琴出席会议并讲话。省政府党组成员、省公安厅厅长郭瑞民出席。会上，6个单位作了经验交流发言。省、各市（州）和贵安新区政法各部门主要负责同志，各县（市、区）政法委书记参加会议。

1月5日　贵州省第十二届人民代表大会常务委员会第二十六次会议通过《贵州省食品安全条例》。

1月6日　贵州省人民政府第95次常务会议通过《贵州省人民政府起草地方性法规草案和制定省政府规章程序规定》。

1月18日　贵州省十二届人大五次会议举行第二次全体会议，听取和审议省人大常委会工作报告、省高级人民法院工作报告、省人民检察院工作报告。受省人大常委会委托，省人大常委会副主任张群山向大会作省人大常委会工作报告，省高级人民法院院长孙潮作省高级人民法院工作报告，省人民检察院检察长袁本朴作省人民检察院工作报告。

1月20日 贵州省第十二届人民代表大会第五次会议圆满完成各项议程,在贵阳闭幕。会议表决通过了《贵州省第十二届人民代表大会第五次会议关于贵州省高级人民法院工作报告的决议》《贵州省第十二届人民代表大会第五次会议关于贵州省人民检察院工作报告的决议》等决议。

1月23日 贵州省政法工作会议召开。会议总结工作,分析形势,部署今年政法工作。省委副书记、省委政法委书记谌贻琴出席会议并讲话。省法院院长孙潮主持会议,省检察院检察长袁本朴,省政府党组成员、省公安厅厅长郭瑞民出席。会议以电视电话会议形式开到县。

1月23日 《贵州省石油天然气管道建设和保护办法》经贵州省人民政府第96次常务会议通过。

1月25日 贵州省委副书记、省委政法委书记谌贻琴率队到贵阳市检查春节安全保卫、安全生产及维护稳定工作,看望慰问奋战在春运一线的公安干警和工作人员。副省长卢雍政参加部分检查活动。省政府党组成员、省公安厅厅长郭瑞民,省直有关部门和贵阳市有关负责同志参加检查。

1月25日 贵州省副省长、省未保委主任陈鸣明在贵阳出席"亲情召唤梦想 关怀托起明天"——"雨露工程"关爱服刑人员子女活动。

二月

2月13日 贵州省委政法委2017年第一次全体委员(扩大)会议暨省司法改革工作领导小组第十四次会议召开,研究部署推动贵州省司法体制改革等工作。省委副书记、省委政法委书记、省司法改革工作领导小组组长谌贻琴主持会议并讲话。省法院院长孙潮,省检察院检察长袁本朴,省政府党组成员、省公安厅厅长郭瑞民出席会议。省司改领导小组成员、省直有关部门负责同志参加会议。

2月21日 贵州省省委副书记、省委政法委书记谌贻琴赴毕节市黔西县调研督导法治毕节创建工作,出席法治毕节创建工作调度推进会并讲话。

省政协副主席、毕节市委书记、市人大常委会主任周建琨出席，省政府党组成员、省公安厅厅长郭瑞民主持会议。

2月21日 贵州省全省政府法制工作会议在贵阳召开，副省长陈鸣明出席并讲话。

2月24日 贵州省政协副主席、省大数据产业发展领导小组副组长谢晓尧，省政府党组成员、省公安厅厅长郭瑞民出席省公安厅与贵州师范大学大数据及网络安全合作协议签约仪式。

三月

3月23日 国家禁毒委员会召开全国禁毒工作电视电话会议，副省长、省禁毒委主任陈鸣明在贵州分会场出席。

3月30日 贵州省第十二届人民代表大会常务委员会第二十七次会议通过《贵州省统计管理条例》《贵州省预算审查监督条例》。

四月

4月5日 《省人民政府关于公布省直机关实施的行政许可项目的决定》《省人民政府关于取消、下放、新增一批行政许可项目的决定》，经贵州省人民政府常务会议通过。

4月7日 贵州省委常委、常务副省长秦如培在福泉市调研综合行政执法体制改革工作情况，出席全省综合行政执法体制改革工作现场推进会并讲话。

五月

5月2日 长江保护法立法工作调研座谈会在贵阳召开，水利部参咨委主任委员、原党组副书记、副部长矫勇和贵州省副省长刘远坤出席。

5月15日 贵州省委常委、常务副省长秦如培出席贵州省2017年防范非法集资宣传教育活动暨省防范和处置非法集资志愿者总队成立仪式，并为志愿者授旗。

5月15日 贵州省人大常委会召开《贵州省赤水河流域保护条例》立法后评估动员大会,省人大常委会副主任傅传耀作动员讲话,副省长何力代表省政府作关于贯彻落实条例的情况报告。

六月

6月7日 贵州省委书记、省人大常委会主任陈敏尔到黔南州就司法体制改革和社会稳定工作开展专题调研。他强调,要深入贯彻习近平总书记系列重要讲话精神和治国理政新理念新思想新战略,认真落实省第十二次党代会的部署要求,提高政治站位,强化责任担当,突出问题导向,注重统筹协调,深入推进司法体制改革,全力做好维护社会稳定工作,以实干实绩迎接党的十九大胜利召开。省委常委、省委秘书长李再勇,副省长、省公安厅厅长郭瑞民,省法院院长孙潮,省检察院检察长袁本朴参加调研。

6月8日 贵州警察学院成立大会在贵阳举行,副省长陈鸣明出席并讲话,副省长、省公安厅厅长郭瑞民出席并宣读教育部成立贵州警察学院的批复和省政府建立贵州警察学院的通知。

6月8日 贵州省副省长、省公安厅厅长郭瑞民到黔东南州调研公安大数据警务、执法办案中心建设和110服务平台整合升级等工作。

6月12日 贵州省委召开常委会议,专题听取全省安全稳定工作情况汇报,研究部署做好当前和今后一个时期维护社会稳定工作。省委书记、省人大常委会主任陈敏尔主持会议并讲话。省长孙志刚,省政协主席王富玉,省委常委,省人大常委会、省政府、省法院、省检察院及省有关部门负责同志参加会议。

6月12日 贵州省副省长、省公安厅厅长郭瑞民到贵阳市经济开发区公安分局调研全面深化城区警务改革工作。

6月15日 《贵州省人民政府关于修改和废止部分省政府规章的决定》经贵州省人民政府第104次常务会议通过,自2017年7月28日起施行。

七月

7月7日　贵州省人大常委会召开《贵州省大扶贫条例》《贵州省大数据发展应用促进条例》执法检查动员会，省人大常委会副主任傅传耀、李岷分别作执法检查工作动员讲话，副省长刘远坤、卢雍政分别作省政府关于贯彻实施条例情况的报告。

7月10日　全国司法体制改革推进会在贵阳召开。中共中央政治局委员、中央政法委书记孟建柱在会上强调，要以习近平总书记系列重要讲话精神为指南，更加积极主动拥抱大数据、人工智能新时代，把理念思路提升、体制机制创新、现代科技应用和法律制度完善结合起来，全面落实司法责任制及相关配套改革，深入推进以审判为中心的刑事诉讼制度改革，推动中国特色社会主义司法制度不断完善发展，努力创造更高水平的社会主义司法文明。国务委员、中央政法委副书记、公安部部长郭声琨，最高人民法院院长周强，最高人民检察院检察长曹建明，中央政法委委员汪永清、陈文清、张军、王宁、宋丹、黄明出席会议。省委书记、省人大常委会主任陈敏尔出席并致辞，省长孙志刚出席，省委副书记、省委政法委书记谌贻琴，省法院院长孙潮分别介绍了我省司法体制改革有关情况，省领导李再勇、郭瑞民、袁本朴参加。中央司法体制改革领导小组成员单位负责同志，各省区市和新疆生产建设兵团党委政法委书记、法院院长、检察院检察长、公安厅局长出席会议。部分法学专家学者、律师代表应邀出席会议。

7月11日至12日　中共中央政治局委员、中央政法委书记孟建柱在贵州省调研时强调，要认真贯彻落实习近平总书记重要指示精神，按照全国司法体制改革推进会的部署，进一步增强改革动力，激发创造活力，扎扎实实推动政法各项工作任务落地见效，为党的十九大胜利召开创造良好的社会环境。中央政法委秘书长汪永清、副秘书长白少康等中央政法委和参加全国司法体制改革推进会的部分省区市有关领导同志参加调研，省委书记、省人大常委会主任陈敏尔，省长孙志刚，省委副书记、省委政法委书记谌贻琴，省委常委、省委秘书长李再勇，副省长、省公安厅厅长郭瑞民，省政协副主席、毕节市委书记周建琨等分别陪同调研。

7月11日 全国公安厅局长座谈会在贵阳召开。国务委员、公安部部长郭声琨在会上强调，要深入学习贯彻习近平总书记系列重要讲话特别是在会见全国公安系统英雄模范立功集体表彰大会代表时的重要讲话精神，认真学习贯彻习近平总书记关于司法体制改革的重要指示精神，按照全国司法体制改革推进会的部署要求，牢固树立"四个意识"，牢牢把握对党忠诚、服务人民、执法公正、纪律严明总要求，以只争朝夕的精神坚定不移推进公安改革，以担当务实的作风切实做好维护国家安全和社会稳定各项工作，努力以党和人民满意的优异成绩迎接党的十九大胜利召开。省长孙志刚致辞，公安部党委副书记、常务副部长傅政华主持会议并作会议总结。公安部党委副书记、副部长黄明，党委委员王小洪、侍俊、李伟、夏崇源、邓卫平、孟庆丰、刘跃进、王俭出席会议。江苏省委常委、省委政法委书记、省公安厅厅长王立科，陕西省委常委、省委政法委书记、副省长、省公安厅厅长杜航伟，副省长、省公安厅厅长郭瑞民，北京市公安局党委副书记、政治部主任衡晓帆发言。各省区市和新疆生产建设兵团公安厅厅局长，各省会市、副省级市公安局长，公安部部属局级单位主要负责同志参加会议。

7月14日 贵州省副省长郭瑞民到省司法厅调研，听取全省司法行政工作情况汇报并就相关工作进行安排。

7月15日 贵州省副省长、省公安厅厅长郭瑞民主持召开厅党委扩大会议，传达学习全省领导干部会和省委政法委全体委员会议精神，研究贯彻落实具体举措。

7月21日 贵州省省委书记、省长孙志刚到省公安厅调研。他强调，全省各级公安机关要深入贯彻习近平总书记系列重要讲话，特别是在会见全国公安系统英雄模范立功集体表彰大会代表时的重要讲话精神，全面落实习近平总书记关于司法体制改革的重要指示精神，按照全国司法体制改革推进会和全国公安厅局长座谈会的部署要求，牢固树立"四个意识"，牢牢把握对党忠诚、服务人民、执法公正、纪律严明总要求，坚定不移推进公安改革,大力推进大数据时代的社会治理创新,勇于担当挑重任,忠诚履职保平安,为党的十九大胜利召开创造安全稳定的社会环境。省委副书记、省委政法委书记谌贻琴,省委常委、省委秘书长李再勇,副省长、省公安厅厅长郭瑞民,省政府秘书长任湘生参加调研。

7月24日 贵州省委召开常委会议,传达学习习近平总书记关于司法体制改革的重要指示和全国司法体制改革推进会的精神,传达学习习近平总书记关于信访工作的重要指示和第八次全国信访工作会议精神,传达学习全国城市基层党建工作经验交流座谈会的精神,研究贵州省的贯彻落实意见。省委书记、省长孙志刚主持会议并讲话,省政协主席王富玉,省委副书记、省委政法委书记谌贻琴,省委常委、省人大常委会、省政府有关负责同志,省法院院长、省检察院检察长,省有关部门负责同志参加会议。

7月31日 贵州省全省维护稳定工作电视电话会议在贵阳召开,省委书记、省长孙志刚出席会议并讲话。他强调,全省各级各部门要深入学习贯彻习近平总书记系列重要讲话精神和治国理政新理念新思想新战略,聚焦"迎接十九大、合力保稳定"主题,把维护稳定作为当前压倒一切的政治任务,提高政治站位,坚持问题导向,把握目标要求,抓实重点环节,加强组织领导,为党的十九大胜利召开营造良好环境。省委副书记、省委政法委书记谌贻琴主持会议。省委常委刘晓凯、唐承沛、慕德贵、夏红民、李邑飞、李再勇,省人大常委会党组书记、副主任孙永春,省人大常委会、省政府、省政协和省法院、省检察院、省军区、省武警总队有关领导出席。副省长郭瑞民通报全省维稳信访治安安全工作情况。会议以电视电话会议形式召开,省设主会场,各市(州)、贵安新区、县(市、区)设分会场。

八月

8月2日 贵州省十二届人大常委会第二十九次会议举行联组会议,就省政府关于《贵州省生态文明建设促进条例》实施情况开展专题询问,省人大常委会党组书记、副主任孙永春,副主任李岷、李飞跃、王世杰出席,副主任袁周主持，副省长钟勉等到会应询。

8月3日　贵州省第十二届人民代表大会常务委员会第二十九次会议通过《贵州省传统村落保护和发展条例》《贵州省未成年人家庭教育促进条例》《贵州省文明行为促进条例》《贵州省古茶树保护条例》。

8月17日　《贵州省文明行为促进条例》新闻发布会在贵阳举行，省人大常委会副主任王世杰、副省长何力出席并讲话。

8月18日　贵州省全省政法综治工作现场观摩会在黔东南州凯里市举行。会议深入学习贯彻习近平总书记系列重要讲话特别是在省部级主要领导干部专题研讨班上的重要讲话精神，认真落实全国司法体制改革推进会和全省维护稳定工作电视电话会议精神，扎实推进练精兵强素质、促规范强基础，全面提升维护国家安全和社会稳定能力。省委副书记、省委政法委书记谌贻琴出席会议并讲话。副省长、省公安厅厅长郭瑞民主持。

8月23日　贵州省副省长、省公安厅厅长郭瑞民深入毕节市纳雍县调研"法治毕节"创建工作，就做好下一步工作提出要求。

8月24日　贵州省全省基本解决执行难工作推进会在贵阳召开。会议认真落实中央和省委、省政府有关决策部署，确保实现用两到三年时间基本解决执行难问题的目标。省委副书记、省委政法委书记谌贻琴出席会议并讲话。副省长陈鸣明主持，省政协副主席左定超出席，省法院院长孙潮作工作部署。

8月24日　贵州省副省长、省公安厅厅长郭瑞民出席全省公安交警管理体制机制改革工作座谈推进会并讲话。

九月

9月12日　贵州省人民政府第107次常务会议通过《贵州省新建住宅区供配电设施建设维护管理办法》。

9月16日　贵州省2017年国家网络安全宣传周系列活动开幕式在贵阳举行，副省长陈鸣明出席并启动宣传周系列活动。

9月17日 以"网络安全为人民，网络安全靠人民"为主题的2017年国家网络宣传周贵阳市启动仪式在筑城广场举行，贵州省副省长、省公安厅厅长郭瑞民出席。

9月26日 贵州省政协在贵阳召开"推进农村环境综合整治"常委专题协商会，省政协主席王富玉主持会议并讲话。他强调，要深学笃用习近平总书记系列重要讲话精神，加快推进农村环境综合整治，不断提高农村人居环境建设水平，让农村成为令人向往之地。副省长刘远坤代表省政府通报全省农村环境综合整治情况并讲话。省政协副主席左定超、谢晓尧、李汉宇、蔡志君、黄家培，秘书长李月成出席会议。

9月29日 贵州省委副书记、代省长谌贻琴主持召开省政府常务会议，部署迎接党的十九大信访维稳、安全生产工作，研究中央环保督察反馈问题整改和全省投资促进等工作。省委常委、常务副省长秦如培，省委常委、副省长王晓光，副省长钟勉、陈鸣明、何力、卢雍政、郭瑞民，省政府秘书长任湘生出席会议。

9月29日 贵州省人民政府第108次常务会议通过《贵州省高速铁路安全管理规定》。

9月30日 贵州省公安厅举行厅机关党的十九大安保誓师大会，副省长、公安厅厅长郭瑞民作动员讲话，并向为公安事业做出杰出贡献的民警（代表）颁发了"金盾"荣誉勋章。

9月30日 贵州省第十二届人民代表大会常务委员会第三十一次会议通过《贵州省环境噪声污染防治条例》《贵州省外来投资服务和保障条例》《贵州省人工影响天气条例》《贵州省人民代表大会常务委员会关于大气污染物和水污染物环境保护税适用税额的决定》。

十月

10月11日 贵州省副省长卢雍政到清镇市调研走访基层矛盾纠纷化解工作。

十一月

11 月 7 日　全省深入推进打黑除恶专项斗争电视电话会议在贵阳召开，认真传达贯彻习近平总书记重要批示和全国打黑除恶专项斗争电视电话会议精神，省委常委、省委秘书长、省委政法委书记唐承沛出席会议并讲话，副省长、省公安厅厅长郭瑞民主持会议，省检察院检察长袁本朴出席会议。

11 月 8 日　贵州省副省长郭瑞民到松桃自治县蓼皋街道派出所、司法所为基层公安司法干警宣讲党的十九大精神，调研执法规范化建设工作。

11 月 15 日　贵州省副省长、省公安厅厅长郭瑞民出席全省公安机关党的十九大精神宣讲培训会，向全省公安机关民警宣讲党的十九大精神和习近平总书记在贵州省代表团的重要讲话精神。

11 月 28 日　贵州省人民政府第 110 次常务会议通过《贵州省行政执法监督办法》《贵州省消防设施管理规定》。

11 月 29 日　贵州省公安厅召开"学习贯彻党的十九大精神和习近平总书记在贵州省代表团重要讲话精神，开启新时代贵州公安事业发展新征程"专题研讨会，副省长、省公安厅厅长郭瑞民出席会议并讲话。

11 月 30 日　贵州省第十二届人民代表大会常务委员会第三十二次会议通过《贵州省安全生产条例》《贵州省促进科技成果转化条例》《贵州省水污染防治条例》《贵州省动物防疫条例》。

十二月

12 月 1 日　贵州省全省深化国家监察体制改革试点工作动员部署电视电话会议召开，省委书记、省试点工作小组组长孙志刚出席会议并讲话，省委常委、省纪委书记、省试点工作小组副组长兼办公室主任夏红民宣读《贵州省深化国家监察体制改革试点工作实施方案》，省人民检察院党组书记、检察长、省试点工作小组副组长袁本朴讲话。

12 月 4 日　贵州省省委办公厅印发《贵州省深化国家监察体制改革试点实施方案》（黔党办发〔2017〕35 号）。省委常委、省纪委书记、省试点工作小组副组长兼办公室主任夏红民主持召开省试点工作小组办公室第 5 次主任办公会议，审议关于设立转隶过渡期间临时机构、改革试点期间纪委监委和检察机关线索移交处置工作及案件办理衔接、省纪委监委集中办公场所建议 3 个工作方案，听取各市（州）改革情况和近期 15 个方案进展情况汇报，对下一步工作进行安排部署。

12 月 6 日至 7 日　贵州省省委常委、省纪委书记、省试点工作小组副组长兼办公室主任夏红民等 3 名委厅领导率队分赴贵阳市、安顺市、黔西南州调研督导深化国家监察体制改革试点工作。

12 月 13 日　贵州省全省维稳办主任会议暨党的十九大维稳安保工作总结会在贵阳召开，省委书记孙志刚作批示。省委常委、省委秘书长、省委政法委书记唐承沛出席会议并讲话，副省长、省公安厅厅长郭瑞民主持。

12 月 17 日　贵州省深化国家监察体制改革试点工作推进座谈会在铜仁市召开。省试点工作小组办公室成员及相关单位负责同志，9 个市（州）纪委书记、检察长，铜仁市试点工作小组办公室成员及其各县区纪委书记、检察长等参加会议。会议听取 9 个市（州）改革试点工作进展情况汇报，对工作推进中存在的突出问题进行系统解答，安排调度下一步工作。

B.30

2017年贵州省新地方性法规、地方政府规章

一 地方性法规

《贵州省食品安全条例》

2017 年 1 月 5 日经贵州省第十二届人民代表大会常务委员会第二十六次会议通过，自 2017 年 5 月 1 日起施行。

《贵州省统计管理条例》

2017 年 3 月 30 日经贵州省第十二届人民代表大会常务委员会第二十七次会议通过，自 2017 年 5 月 1 日起施行。

《贵州省预算审查监督条例》

2017 年 3 月 30 日经贵州省第十二届人民代表大会常务委员会第二十七次会议通过，自 2017 年 7 月 1 日起施行。

《贵州省民族乡保护和发展条例》

2017 年 6 月 2 日经贵州省第十二届人民代表大会常务委员会第二十八次会议通过，自 2017 年 8 月 1 日施行。

《贵州省传统村落保护和发展条例》

2017 年 8 月 3 日经贵州省第十二届人民代表大会常务委员会第二十九次会议通过，自 2017 年 10 月 1 日起施行。

《贵州省未成年人家庭教育促进条例》

2017 年 8 月 3 日经贵州省第十二届人民代表大会常务委员会第二十九次会议通过，自 2017 年 10 月 1 日起施行。

《贵州省文明行为促进条例》

2017年8月3日经贵州省第十二届人民代表大会常务委员会第二十九次会议通过，自2017年10月1日起施行。

《贵州省古茶树保护条例》

2017年8月3日经贵州省第十二届人民代表大会常务委员会第二十九次会议通过，自2017年9月1日起施行。

《贵州省环境噪声污染防治条例》

2017年9月30日经贵州省第十二届人民代表大会常务委员会第三十一次会议通过，自2018年1月1日起施行。

《贵州省外来投资服务和保障条例》

2017年9月30日经贵州省第十二届人民代表大会常务委员会第三十一次会议通过，自2018年1月1日起施行。

《贵州省人工影响天气条例》

2017年9月30日经贵州省第十二届人民代表大会常务委员会第三十一次会议通过，自2018年1月1日起施行。

《贵州省人民代表大会常务委员会关于大气污染物和水污染物环境保护税适用税额的决定》

2017年9月30日经贵州省第十二届人民代表大会常务委员会第三十一次会议通过，自2018年1月1日起施行。

《贵州省安全生产条例》

2017年11月30日经贵州省第十二届人民代表大会常务委员会第三十二次会议通过，自2018年1月1日起施行。

《贵州省促进科技成果转化条例》

2017年11月30日经贵州省第十二届人民代表大会常务委员会第三十二次会议通过，自2018年1月1日起施行。

《贵州省水污染防治条例》

2017年11月30日经贵州省第十二届人民代表大会常务委员会第三十二次会议通过，自2018年2月1日起施行。

《贵州省动物防疫条例》

2017 年 11 月 30 日经贵州省第十二届人民代表大会常务委员会第三十二次会议通过，自 2018 年 1 月 1 日起施行。

二　地方政府规章

《贵州省人民政府起草地方性法规草案和制定省政府规章程序规定》

2017 年 1 月 6 日经贵州省人民政府第 95 次常务会议通过，自 2017 年 1 月 20 日起施行。

《贵州省石油天然气管道建设和保护办法》

2017 年 1 月 23 日经贵州省人民政府第 96 次常务会议通过，自 2017 年 5 月 1 日起施行。

《省人民政府关于公布省直机关实施的行政许可项目的决定》

2017 年 4 月 5 日经贵州省人民政府常务会议通过后公布，自公布之日起施行。

《省人民政府关于取消、下放、新增一批行政许可项目的决定》

2017 年 4 月 5 日经贵州省人民政府常务会议通过后公布，自公布之日起施行。

《贵州省人民政府关于修改和废止部分省政府规章的决定》

2017 年 6 月 15 日经贵州省人民政府第 104 次常务会议通过，自 2017 年 7 月 28 日起施行。

《贵州省新建住宅区供配电设施建设维护管理办法》

2017 年 9 月 12 日经贵州省人民政府第 107 次常务会议通过，自 2017 年 10 月 10 日起施行。

《贵州省高速铁路安全管理规定》

2017 年 9 月 29 日经贵州省人民政府第 108 次常务会议通过，自 2017 年 12 月 1 日起施行。

《贵州省行政执法监督办法》

2017 年 11 月 28 日经贵州省人民政府第 110 次常务会议通过，自 2018 年 2 月 1 日起施行。

《贵州省消防设施管理规定》

2017 年 11 月 28 日经省人民政府第 110 次常务会议通过，自 2018 年 2 月 1 日起施行。

《贵州省政府立法第三方起草和评估办法》

2017 年 12 月 15 日经省人民政府第 111 次常务会议通过，自 2018 年 3 月 1 日起施行。

权威报告・一手数据・特色资源

皮书数据库
ANNUAL REPORT(YEARBOOK)
DATABASE

当代中国经济与社会发展高端智库平台

所获荣誉

● 2016年，入选"'十三五'国家重点电子出版物出版规划骨干工程"

● 2015年，荣获"搜索中国正能量 点赞2015""创新中国科技创新奖"

● 2013年，荣获"中国出版政府奖・网络出版物奖"提名奖

● 连续多年荣获中国数字出版博览会"数字出版・优秀品牌"奖

成为会员

通过网址www.pishu.com.cn访问皮书数据库网站或下载皮书数据库APP，进行手机号码验证或邮箱验证即可成为皮书数据库会员。

会员福利

● 使用手机号码首次注册的会员，账号自动充值100元体验金，可直接购买和查看数据库内容（仅限PC端）。

● 已注册用户购书后可免费获赠100元皮书数据库充值卡。刮开充值卡涂层获取充值密码，登录并进入"会员中心"—"在线充值"—"充值卡充值"，充值成功后即可购买和查看数据库内容（仅限PC端）。

● 会员福利最终解释权归社会科学文献出版社所有。

卡号：988168351633
密码：

数据库服务热线：400-008-6695
数据库服务QQ：2475522410
数据库服务邮箱：database@ssap.cn
图书销售热线：010-59367070/7028
图书服务QQ：1265056568
图书服务邮箱：duzhe@ssap.cn

S 基本子库
SUB DATABASE

中国社会发展数据库（下设 12 个子库）

全面整合国内外中国社会发展研究成果，汇聚独家统计数据、深度分析报告，涉及社会、人口、政治、教育、法律等 12 个领域，为了解中国社会发展动态、跟踪社会核心热点、分析社会发展趋势提供一站式资源搜索和数据分析与挖掘服务。

中国经济发展数据库（下设 12 个子库）

基于"皮书系列"中涉及中国经济发展的研究资料构建，内容涵盖宏观经济、农业经济、工业经济、产业经济等 12 个重点经济领域，为实时掌控经济运行态势、把握经济发展规律、洞察经济形势、进行经济决策提供参考和依据。

中国行业发展数据库（下设 17 个子库）

以中国国民经济行业分类为依据，覆盖金融业、旅游、医疗卫生、交通运输、能源矿产等 100 多个行业，跟踪分析国民经济相关行业市场运行状况和政策导向，汇集行业发展前沿资讯，为投资、从业及各种经济决策提供理论基础和实践指导。

中国区域发展数据库（下设 6 个子库）

对中国特定区域内的经济、社会、文化等领域现状与发展情况进行深度分析和预测，研究层级至县及县以下行政区，涉及地区、区域经济体、城市、农村等不同维度。为地方经济社会宏观态势研究、发展经验研究、案例分析提供数据服务。

中国文化传媒数据库（下设 18 个子库）

汇聚文化传媒领域专家观点、热点资讯，梳理国内外中国文化发展相关学术研究成果、一手统计数据，涵盖文化产业、新闻传播、电影娱乐、文学艺术、群众文化等 18 个重点研究领域。为文化传媒研究提供相关数据、研究报告和综合分析服务。

世界经济与国际关系数据库（下设 6 个子库）

立足"皮书系列"世界经济、国际关系相关学术资源，整合世界经济、国际政治、世界文化与科技、全球性问题、国际组织与国际法、区域研究 6 大领域研究成果，为世界经济与国际关系研究提供全方位数据分析，为决策和形势研判提供参考。

法律声明

　　"皮书系列"（含蓝皮书、绿皮书、黄皮书）之品牌由社会科学文献出版社最早使用并持续至今，现已被中国图书市场所熟知。"皮书系列"的相关商标已在中华人民共和国国家工商行政管理总局商标局注册，如 LOGO（ ）、皮书、Pishu、经济蓝皮书、社会蓝皮书等。"皮书系列"图书的注册商标专用权及封面设计、版式设计的著作权均为社会科学文献出版社所有。未经社会科学文献出版社书面授权许可，任何使用与"皮书系列"图书注册商标、封面设计、版式设计相同或者近似的文字、图形或其组合的行为均系侵权行为。

　　经作者授权，本书的专有出版权及信息网络传播权等为社会科学文献出版社享有。未经社会科学文献出版社书面授权许可，任何就本书内容的复制、发行或以数字形式进行网络传播的行为均系侵权行为。

　　社会科学文献出版社将通过法律途径追究上述侵权行为的法律责任，维护自身合法权益。

　　欢迎社会各界人士对侵犯社会科学文献出版社上述权利的侵权行为进行举报。电话：010-59367121，电子邮箱：fawubu@ssap.cn。

社会科学文献出版社

贵州蓝皮书
BLUE BOOK OF GUIZHOU

- 本书是贵州省社会科学院着力打造的社会科学学术品牌之一，由贵州省社会科学院牵头，联合贵州省人大常委会、贵州省高级人民法院、贵州省人民检察院、贵州省人民政府法制办、贵州省司法厅、贵州省法学会及省内各高等院校法学院系的相关同志共同完成，具有专业性和权威性。

- 本书立足于贵州省人大常委会法工委、省高级人民法院、省人民检察院、省政府法制办、省司法厅、省公安厅等有关部门的资料，关注贵州省法治建设和依法治省的重大举措，全面反映2017年贵州省法治发展进程，深入解读其中的重点、难点和热点问题，对贵州省2018年的法治发展形势予以预测分析，并在此基础上提出对策建议。

智库成果出版与传播平台

邮发代号: 66-95

PSN B-2012-254-2/12

ISBN 978-7-5201-2346-4

9 787520 123464 >

"皮书说"微信　　出版社官方微信　　中国皮书网

内赠数据库充值卡

定价: 98.00元

社长致辞

蓦然回首，皮书的专业化历程已经走过了二十年。20年来从一个出版社的学术产品名称到媒体热词再到智库成果研创及传播平台，皮书以专业化为主线，进行了系列化、市场化、品牌化、数字化、国际化、平台化的运作，实现了跨越式的发展。特别是在党的十八大以后，以习近平总书记为核心的党中央高度重视新型智库建设，皮书也迎来了长足的发展，总品种达到600余种，经过专业评审机制、淘汰机制遴选，目前，每年稳定出版近400个品种。"皮书"已经成为中国新型智库建设的抓手，成为国际国内社会各界快速、便捷地了解真实中国的最佳窗口。

20年孜孜以求，"皮书"始终将自己的研究视野与经济社会发展中的前沿热点问题紧密相连。600个研究领域，3万多位分布于800余个研究机构的专家学者参与了研创写作。皮书数据库中共收录了15万篇专业报告，50余万张数据图表，合计30亿字，每年报告下载量近80万次。皮书为中国学术与社会发展实践的结合提供了一个激荡智力、传播思想的入口，皮书作者们用学术的话语、客观翔实的数据谱写出了中国故事壮丽的篇章。

20年跬步千里，"皮书"始终将自己的发展与时代赋予的使命与责任紧紧相连。每年百余场新闻发布会，10万余次中外媒体报道，中、英、俄、日、韩等12个语种共同出版。皮书所具有的凝聚力正在形成一种无形的力量，吸引着社会各界关注中国的发展，参与中国的发展，它是我们向世界传递中国声音、总结中国经验、争取中国国际话语权最主要的平台。

皮书这一系列成就的取得，得益于中国改革开放的伟大时代，离不开来自中国社会科学院、新闻出版广电总局、全国哲学社会科学规划办公室等主管部门的大力支持和帮助，也离不开皮书研创者和出版者的共同努力。他们与皮书的故事创造了皮书的历史，他们对皮书的拳拳之心将继续谱写皮书的未来！

现在，"皮书"品牌已经进入了快速成长的青壮年时期。全方位进行规范化管理，树立中国的学术出版标准；不断提升皮书的内容质量和影响力，搭建起中国智库产品和智库建设的交流服务平台和国际传播平台；发布各类皮书指数，并使之成为中国指数，让中国智库的声音响彻世界舞台，为人类的发展做出中国的贡献——这是皮书未来发展的图景。作为"皮书"这个概念的提出者，"皮书"从一般图书到系列图书和品牌图书，最终成为智库研究和社会科学应用对策研究的知识服务和成果推广平台这整个过程的操盘者，我相信，这也是每一位皮书人执着追求的目标。

"当代中国正经历着我国历史上最为广泛而深刻的社会变革，也正在进行着人类历史上最为宏大而独特的实践创新。这种前无古人的伟大实践，必将给理论创造、学术繁荣提供强大动力和广阔空间。"

在这个需要思想而且一定能够产生思想的时代，皮书的研创出版一定能创造出新的更大的辉煌！

社会科学文献出版社社长
中国社会学会秘书长

2017年11月

社会科学文献出版社简介

社会科学文献出版社（以下简称"社科文献出版社"）成立于1985年，是直属于中国社会科学院的人文社会科学学术出版机构。成立至今，社科文献出版社始终依托中国社会科学院和国内外人文社会科学界丰厚的学术出版和专家学者资源，坚持"创社科经典，出传世文献"的出版理念、"权威、前沿、原创"的产品定位以及学术成果和智库成果出版的专业化、数字化、国际化、市场化的经营道路。

社科文献出版社是中国新闻出版业转型与文化体制改革的先行者。积极探索文化体制改革的先进方向和现代企业经营决策机制，社科文献出版社先后荣获"全国文化体制改革工作先进单位"、中国出版政府奖·先进出版单位奖，中国社会科学院先进集体、全国科普工作先进集体等荣誉称号。多人次荣获"第十届韬奋出版奖""全国新闻出版行业领军人才""数字出版先进人物""北京市新闻出版广电行业领军人才"等称号。

社科文献出版社是中国人文社会科学学术出版的大社名社，也是以皮书为代表的智库成果出版的专业强社。年出版图书2000余种，其中皮书400余种，出版新书字数5.5亿字，承印与发行中国社科院院属期刊72种，先后创立了皮书系列、列国志、中国史话、社科文献学术译库、社科文献学术文库、甲骨文书系等一大批既有学术影响又有市场价值的品牌，确立了在社会学、近代史、苏东问题研究等专业学科及领域出版的领先地位。图书多次荣获中国出版政府奖、"三个一百"原创图书出版工程、"五个'一'工程奖"、"大众喜爱的50种图书"等奖项，在中央国家机关"强素质·做表率"读书活动中，入选图书品种数位居各大出版社之首。

社科文献出版社是中国学术出版规范与标准的倡议者与制定者，代表全国50多家出版社发起实施学术著作出版规范的倡议，承担学术著作规范国家标准的起草工作，率先编撰完成《皮书手册》对皮书品牌进行规范化管理，并在此基础上推出中国版芝加哥手册——《社科文献出版社学术出版手册》。

社科文献出版社是中国数字出版的引领者，拥有皮书数据库、列国志数据库、"一带一路"数据库、减贫数据库、集刊数据库等4大产品线11个数据库产品，机构用户达1300余家，海外用户百余家，荣获"数字出版转型示范单位""新闻出版标准化先进单位""专业数字内容资源知识服务模式试点企业标准化示范单位"等称号。

社科文献出版社是中国学术出版走出去的践行者。社科文献出版社海外图书出版与学术合作业务遍及全球40余个国家和地区，并于2016年成立俄罗斯分社，累计输出图书500余种，涉及近20个语种，累计获得国家社科基金中华学术外译项目资助76种、"丝路书香工程"项目资助60种、中国图书对外推广计划项目资助71种以及经典中国国际出版工程资助28种，被五部委联合认定为"2015-2016年度国家文化出口重点企业"。

如今，社科文献出版社完全靠自身积累拥有固定资产3.6亿元，年收入3亿元，设置了七大出版分社、六大专业部门，成立了皮书研究院和博士后科研工作站，培养了一支近400人的高素质与高效率的编辑、出版、营销和国际推广队伍，为未来成为学术出版的大社、名社、强社，成为文化体制改革与文化企业转型发展的排头兵奠定了坚实的基础。

宏观经济类

经济蓝皮书

2018年中国经济形势分析与预测

李平／主编 2017年12月出版 定价：89.00元

◆ 本书为总理基金项目，由著名经济学家李扬领衔，联合中国社会科学院等数十家科研机构、国家部委和高等院校的专家共同撰写，系统分析了2017年的中国经济形势并预测2018年中国经济运行情况。

城市蓝皮书

中国城市发展报告 No.11

潘家华 单菁菁／主编 2018年9月出版 估价：99.00元

◆ 本书是由中国社会科学院城市发展与环境研究中心编著的，多角度、全方位地立体展示了中国城市的发展状况，并对中国城市的未来发展提出了许多建议。该书有强烈的时代感，对中国城市发展实践有重要的参考价值。

人口与劳动绿皮书

中国人口与劳动问题报告 No.19

张车伟／主编 2018年10月出版 估价：99.00元

◆ 本书为中国社会科学院人口与劳动经济研究所主编的年度报告，对当前中国人口与劳动形势做了比较全面和系统的深入讨论，为研究中国人口与劳动问题提供了一个专业性的视角。

中国省域竞争力蓝皮书

中国省域经济综合竞争力发展报告（2017～2018）

李建平　李闽榕　高燕京/主编　2018年5月出版　估价：198.00元

◆　本书融多学科的理论为一体，深入追踪研究了省域经济发展与中国国家竞争力的内在关系，为提升中国省域经济综合竞争力提供有价值的决策依据。

金融蓝皮书

中国金融发展报告（2018）

王国刚/主编　2018年2月出版　估价：99.00元

◆　本书由中国社会科学院金融研究所组织编写，概括和分析了2017年中国金融发展和运行中的各方面情况，研讨和评论了2017年发生的主要金融事件，有利于读者了解掌握2017年中国的金融状况，把握2018年中国金融的走势。

区 域 经 济 类

京津冀蓝皮书

京津冀发展报告（2018）

祝合良　叶堂林　张贵祥/等著　2018年6月出版　估价：99.00元

◆　本书遵循问题导向与目标导向相结合、统计数据分析与大数据分析相结合、纵向分析和长期监测与结构分析和综合监测相结合等原则，对京津冀协同发展新形势与新进展进行测度与评价。

社 会 政 法 类

社会蓝皮书

2018 年中国社会形势分析与预测

李培林　陈光金　张翼/主编　2017 年 12 月出版　定价：89.00 元

◆　本书由中国社会科学院社会学研究所组织研究机构专家、高校学者和政府研究人员撰写，聚焦当下社会热点，对 2017 年中国社会发展的各个方面内容进行了权威解读，同时对 2018 年社会形势发展趋势进行了预测。

法治蓝皮书

中国法治发展报告 No.16（2018）

李林　田禾/主编　2018 年 3 月出版　估价：118.00 元

◆　本年度法治蓝皮书回顾总结了 2017 年度中国法治发展取得的成就和存在的不足，对中国政府、司法、检务透明度进行了跟踪调研，并对 2018 年中国法治发展形势进行了预测和展望。

教育蓝皮书

中国教育发展报告（2018）

杨东平/主编　2018 年 4 月出版　估价：99.00 元

◆　本书重点关注了 2017 年教育领域的热点，资料翔实，分析有据，既有专题研究，又有实践案例，从多角度对 2017 年教育改革和实践进行了分析和研究。

社会体制蓝皮书
中国社会体制改革报告 No.6（2018）

龚维斌 / 主编　2018 年 3 月出版　估价：99.00 元

◆　本书由国家行政学院社会治理研究中心和北京师范大学中国社会管理研究院共同组织编写，主要对 2017 年社会体制改革情况进行回顾和总结，对 2018 年的改革走向进行分析，提出相关政策建议。

社会心态蓝皮书
中国社会心态研究报告（2018）

王俊秀　杨宜音 / 主编　2018 年 12 月出版　估价：99.00 元

◆　本书是中国社会科学院社会学研究所社会心理研究中心"社会心态蓝皮书课题组"的年度研究成果，运用社会心理学、社会学、经济学、传播学等多种学科的方法进行了调查和研究，对于目前中国社会心态状况有较广泛和深入的揭示。

华侨华人蓝皮书
华侨华人研究报告（2018）

贾益民 / 主编　2018 年 1 月出版　估价：139.00 元

◆　本书关注华侨华人生产与生活的方方面面。华侨华人是中国建设 21 世纪海上丝绸之路的重要中介者、推动者和参与者。本书旨在全面调研华侨华人，提供最新涉侨动态、理论研究成果和政策建议。

民族发展蓝皮书
中国民族发展报告（2018）

王延中 / 主编　2018 年 10 月出版　估价：188.00 元

◆　本书从民族学人类学视角，研究近年来少数民族和民族地区的发展情况，展示民族地区经济、政治、文化、社会和生态文明"五位一体"建设取得的辉煌成就和面临的困难挑战，为深刻理解中央民族工作会议精神、加快民族地区全面建成小康社会进程提供了实证材料。

产 业 经 济 类

房地产蓝皮书

中国房地产发展报告 No.15（2018）

李春华　王业强 / 主编　2018 年 5 月出版　估价：99.00 元

◆ 2018 年《房地产蓝皮书》持续追踪中国房地产市场最新动态，深度剖析市场热点，展望 2018 年发展趋势，积极谋划应对策略。对 2017 年房地产市场的发展态势进行全面、综合的分析。

新能源汽车蓝皮书

中国新能源汽车产业发展报告（2018）

中国汽车技术研究中心　日产（中国）投资有限公司

东风汽车有限公司 / 编著　2018 年 8 月出版　估价：99.00 元

◆ 本书对中国 2017 年新能源汽车产业发展进行了全面系统的分析，并介绍了国外的发展经验。有助于相关机构、行业和社会公众等了解中国新能源汽车产业发展的最新动态，为政府部门出台新能源汽车产业相关政策法规、企业制定相关战略规划，提供必要的借鉴和参考。

行 业 及 其 他 类

旅游绿皮书

2017 ~ 2018 年中国旅游发展分析与预测

中国社会科学院旅游研究中心 / 编　2018 年 2 月出版　估价：99.00 元

◆ 本书从政策、产业、市场、社会等多个角度勾画出 2017 年中国旅游发展全貌，剖析了其中的热点和核心问题，并就未来发展作出预测。

民营医院蓝皮书

中国民营医院发展报告（2018）

薛晓林 / 主编　2018 年 1 月出版　估价：99.00 元

◆　本书在梳理国家对社会办医的各种利好政策的前提下，对我国民营医疗发展现状、我国民营医院竞争力进行了分析，并结合我国医疗体制改革对民营医院的发展趋势、发展策略、战略规划等方面进行了预估。

会展蓝皮书

中外会展业动态评估研究报告（2018）

张敏 / 主编　　2018 年 12 月出版　估价：99.00 元

◆　本书回顾了 2017 年的会展业发展动态，结合"供给侧改革"、"互联网+"、"绿色经济"的新形势分析了我国展会的行业现状，并介绍了国外的发展经验，有助于行业和社会了解最新的展会业动态。

中国上市公司蓝皮书

中国上市公司发展报告（2018）

张平　王宏淼 / 主编　　2018 年 9 月出版　　估价：99.00 元

◆　本书由中国社会科学院上市公司研究中心组织编写的，着力于全面、真实、客观反映当前中国上市公司财务状况和价值评估的综合性年度报告。本书详尽分析了 2017 年中国上市公司情况，特别是现实中暴露出的制度性、基础性问题，并对资本市场改革进行了探讨。

工业和信息化蓝皮书

人工智能发展报告（2017～2018）

尹丽波 / 主编　　2018 年 6 月出版　　估价：99.00 元

◆　本书国家工业信息安全发展研究中心在对 2017 年全球人工智能技术和产业进行全面跟踪研究基础上形成的研究报告。该报告内容翔实、视角独特，具有较强的产业发展前瞻性和预测性，可为相关主管部门、行业协会、企业等全面了解人工智能发展形势以及进行科学决策提供参考。

国际问题与全球治理类

世界经济黄皮书

2018年世界经济形势分析与预测

张宇燕 / 主编　2018年1月出版　估价：99.00元

◆　本书由中国社会科学院世界经济与政治研究所的研究团队撰写，分总论、国别与地区、专题、热点、世界经济统计与预测等五个部分，对2018年世界经济形势进行了分析。

国际城市蓝皮书

国际城市发展报告（2018）

屠启宇 / 主编　2018年2月出版　估价：99.00元

◆　本书作者以上海社会科学院从事国际城市研究的学者团队为核心，汇集同济大学、华东师范大学、复旦大学、上海交通大学、南京大学、浙江大学相关城市研究专业学者。立足动态跟踪介绍国际城市发展时间中，最新出现的重大战略、重大理念、重大项目、重大报告和最佳案例。

非洲黄皮书

非洲发展报告 No.20（2017～2018）

张宏明 / 主编　2018年7月出版　估价：99.00元

◆　本书是由中国社会科学院西亚非洲研究所组织编撰的非洲形势年度报告，比较全面、系统地分析了2017年非洲政治形势和热点问题，探讨了非洲经济形势和市场走向，剖析了大国对非洲关系的新动向；此外，还介绍了国内非洲研究的新成果。

国别类

美国蓝皮书
美国研究报告（2018）

郑秉文　黄平 / 主编　2018 年 5 月出版　估价：99.00 元

◆　本书是由中国社会科学院美国研究所主持完成的研究成果，它回顾了美国 2017 年的经济、政治形势与外交战略，对美国内政外交发生的重大事件及重要政策进行了较为全面的回顾和梳理。

德国蓝皮书
德国发展报告（2018）

郑春荣 / 主编　2018 年 6 月出版　估价：99.00 元

◆　本报告由同济大学德国研究所组织编撰，由该领域的专家学者对德国的政治、经济、社会文化、外交等方面的形势发展情况，进行全面的阐述与分析。

俄罗斯黄皮书
俄罗斯发展报告（2018）

李永全 / 编著　2018 年 6 月出版　估价：99.00 元

◆　本书系统介绍了 2017 年俄罗斯经济政治情况，并对 2016 年该地区发生的焦点、热点问题进行了分析与回顾；在此基础上，对该地区 2018 年的发展前景进行了预测。

文 化 传 媒 类

新媒体蓝皮书

中国新媒体发展报告 No.9（2018）

唐绪军 / 主编　2018 年 6 月出版　估价：99.00 元

◆　本书是由中国社会科学院新闻与传播研究所组织编写的关于新媒体发展的最新年度报告，旨在全面分析中国新媒体的发展现状，解读新媒体的发展趋势，探析新媒体的深刻影响。

移动互联网蓝皮书

中国移动互联网发展报告（2018）

余清楚 / 主编　　2018 年 6 月出版　估价：99.00 元

◆　本书着眼于对 2017 年度中国移动互联网的发展情况做深入解析，对未来发展趋势进行预测，力求从不同视角、不同层面全面剖析中国移动互联网发展的现状、年度突破及热点趋势等。

文化蓝皮书

中国文化消费需求景气评价报告（2018）

王亚南 / 主编　2018 年 2 月出版　估价：99.00 元

◆　本书首创全国文化发展量化检测评价体系，也是至今全国唯一的文化民生量化检测评价体系，对于检验全国及各地＂以人民为中心＂的文化发展具有首创意义。

地方发展类

北京蓝皮书

北京经济发展报告（2017～2018）

杨松/主编　2018年6月出版　估价：99.00元

◆　本书对2017年北京市经济发展的整体形势进行了系统性的分析与回顾，并对2018年经济形势走势进行了预测与研判，聚焦北京市经济社会发展中的全局性、战略性和关键领域的重点问题，运用定量和定性分析相结合的方法，对北京市经济社会发展的现状、问题、成因进行了深入分析，提出了可操作性的对策建议。

温州蓝皮书

2018年温州经济社会形势分析与预测

蒋儒标　王春光　金浩/主编　2018年4月出版　估价：99.00元

◆　本书是中共温州市委党校和中国社会科学院社会学研究所合作推出的第十一本温州蓝皮书，由来自党校、政府部门、科研机构、高校的专家、学者共同撰写的2017年温州区域发展形势的最新研究成果。

黑龙江蓝皮书

黑龙江社会发展报告（2018）

王爱丽/主编　2018年6月出版　估价：99.00元

◆　本书以千份随机抽样问卷调查和专题研究为依据，运用社会学理论框架和分析方法，从专家和学者的独特视角，对2017年黑龙江省关系民生的问题进行广泛的调研与分析，并对2017年黑龙江省诸多社会热点和焦点问题进行了有益的探索。这些研究不仅可以为政府部门更加全面深入了解省情、科学制定决策提供智力支持，同时也可以为广大读者认识、了解、关注黑龙江社会发展提供理性思考。

宏观经济类

城市蓝皮书
中国城市发展报告（No.11）
著(编)者：潘家华 单菁菁
2018年9月出版 / 估价：99.00元
PSN B-2007-091-1/1

城乡一体化蓝皮书
中国城乡一体化发展报告（2018）
著(编)者：付崇兰
2018年9月出版 / 估价：99.00元
PSN B-2011-226-1/2

城镇化蓝皮书
中国新型城镇化健康发展报告（2018）
著(编)者：张占斌
2018年8月出版 / 估价：99.00元
PSN B-2014-396-1/1

创新蓝皮书
创新型国家建设报告（2018~2019）
著(编)者：詹正茂
2018年12月出版 / 估价：99.00元
PSN B-2009-140-1/1

低碳发展蓝皮书
中国低碳发展报告（2018）
著(编)者：张希良 齐晔
2018年6月出版 / 估价：99.00元
PSN B-2011-223-1/1

低碳经济蓝皮书
中国低碳经济发展报告（2018）
著(编)者：薛进军 赵忠秀
2018年11月出版 / 估价：99.00元
PSN B-2011-194-1/1

发展和改革蓝皮书
中国经济发展和体制改革报告No.9
著(编)者：邹东涛 王再文
2018年1月出版 / 估价：99.00元
PSN B-2008-122-1/1

国家创新蓝皮书
中国创新发展报告（2017）
著(编)者：陈劲　2018年3月出版 / 估价：99.00元
PSN B-2014-370-1/1

金融蓝皮书
中国金融发展报告（2018）
著(编)者：王国刚
2018年2月出版 / 估价：99.00元
PSN B-2004-031-1/7

经济蓝皮书
2018年中国经济形势分析与预测
著(编)者：李平　2017年12月出版 / 定价：89.00元
PSN B-1996-001-1/1

经济蓝皮书春季号
2018年中国经济前景分析
著(编)者：李扬　2018年5月出版 / 估价：99.00元
PSN B-1999-008-1/1

经济蓝皮书夏季号
中国经济增长报告（2017~2018）
著(编)者：李扬　2018年9月出版 / 估价：99.00元
PSN B-2010-176-1/1

经济信息绿皮书
中国与世界经济发展报告（2018）
著(编)者：杜平
2017年12月出版 / 估价：99.00元
PSN B-2003-023-1/1

农村绿皮书
中国农村经济形势分析与预测（2017~2018）
著(编)者：魏后凯 黄秉信
2018年4月出版 / 估价：99.00元
PSN G-1998-003-1/1

人口与劳动绿皮书
中国人口与劳动问题报告No.19
著(编)者：张车伟　2018年11月出版 / 估价：99.00元
PSN G-2000-012-1/1

新型城镇化蓝皮书
新型城镇化发展报告（2017）
著(编)者：李伟 宋敏 沈本雁
2018年3月出版 / 估价：99.00元
PSN B-2005-038-1/1

中国省域竞争力蓝皮书
中国省域经济综合竞争力发展报告（2016~2017）
著(编)者：李建平 李闽榕 高燕京
2018年2月出版 / 估价：198.00元
PSN B-2007-088-1/1

中小城市绿皮书
中国中小城市发展报告（2018）
著(编)者：中国城市经济学会中小城市经济发展委员会
　　　　中国城镇化促进会中小城市发展委员会
　　　　《中国中小城市发展报告》编纂委员会
　　　　中小城市发展战略研究院
2018年11月出版 / 估价：128.00元
PSN G-2010-161-1/1

区域经济类

东北蓝皮书
中国东北地区发展报告（2018）
著(编)者：姜晓秋　2018年11月出版 / 估价：99.00元
PSN B-2006-067-1/1

金融蓝皮书
中国金融中心发展报告（2017~2018）
著(编)者：王力 黄育华　2018年11月出版 / 估价：99.00元
PSN B-2011-186-6/7

京津冀蓝皮书
京津冀发展报告（2018）
著(编)者：祝合良 叶堂林 张贵祥
2018年6月出版 / 估价：99.00元
PSN B-2012-262-1/1

西北蓝皮书
中国西北发展报告（2018）
著(编)者：任宗哲 白宽犁 王建康
2018年4月出版 / 估价：99.00元
PSN B-2012-261-1/1

西部蓝皮书
中国西部发展报告（2018）
著(编)者：璋勇 任保平　2018年8月出版 / 估价：99.00元
PSN B-2005-039-1/1

长江经济带产业蓝皮书
长江经济带产业发展报告（2018）
著(编)者：吴传清　2018年11月出版 / 估价：128.00元
PSN B-2017-666-1/1

长江经济带蓝皮书
长江经济带发展报告（2017~2018）
著(编)者：王振　2018年11月出版 / 估价：99.00元
PSN B-2016-575-1/1

长江中游城市群蓝皮书
长江中游城市群新型城镇化与产业协同发展报告（2018）
著(编)者：杨刚强　2018年11月出版 / 估价：99.00元
PSN B-2016-578-1/1

长三角蓝皮书
2017年创新融合发展的长三角
著(编)者：刘飞跃　2018年3月出版 / 估价：99.00元
PSN B-2005-038-1/1

长株潭城市群蓝皮书
长株潭城市群发展报告（2017）
著(编)者：张萍 朱有志　2018年1月出版 / 估价：99.00元
PSN B-2008-109-1/1

中部竞争力蓝皮书
中国中部经济社会竞争力报告（2018）
著(编)者：教育部人文社会科学重点研究基地南昌大学中国
中部经济社会发展研究中心
2018年12月出版 / 估价：99.00元
PSN B-2012-276-1/1

中部蓝皮书
中国中部地区发展报告（2018）
著(编)者：宋福平　2018年12月出版 / 估价：99.00元
PSN B-2007-089-1/1

区域蓝皮书
中国区域经济发展报告（2017~2018）
著(编)者：赵弘　2018年5月出版 / 估价：99.00元
PSN B-2004-034-1/1

中三角蓝皮书
长江中游城市群发展报告（2018）
著(编)者：秦尊文　2018年9月出版 / 估价：99.00元
PSN B-2014-417-1/1

中原蓝皮书
中原经济区发展报告（2018）
著(编)者：李英杰　2018年6月出版 / 估价：99.00元
PSN B-2011-192-1/1

珠三角流通蓝皮书
珠三角商圈发展研究报告（2018）
著(编)者：王先庆 林至颖　2018年7月出版 / 估价：99.00元
PSN B-2012-292-1/1

社会政法类

北京蓝皮书
中国社区发展报告（2017~2018）
著(编)者：于燕燕　2018年9月出版 / 估价：99.00元
PSN B-2007-083-5/8

殡葬绿皮书
中国殡葬事业发展报告（2017~2018）
著(编)者：李伯森　2018年4月出版 / 估价：158.00元
PSN G-2010-180-1/1

城市管理蓝皮书
中国城市管理报告（2017-2018）
著(编)者：刘林 刘承水　2018年5月出版 / 估价：158.00元
PSN B-2013-336-1/1

城市生活质量蓝皮书
中国城市生活质量报告（2017）
著(编)者：张连城 张平 杨春学 郎丽华
2018年2月出版 / 估价：99.00元
PSN B-2013-326-1/1

城市政府能力蓝皮书
中国城市政府公共服务能力评估报告（2018）
著(编)者: 何艳玲　2018年4月出版 / 估价: 99.00元
PSN B-2013-338-1/1

创业蓝皮书
中国创业发展研究报告（2017～2018）
著(编)者: 黄群慧　赵卫星　钟宏武
2018年11月出版 / 估价: 99.00元
PSN B-2016-577-1/1

慈善蓝皮书
中国慈善发展报告（2018）
著(编)者: 杨团　2018年6月出版 / 估价: 99.00元
PSN B-2009-142-1/1

党建蓝皮书
党的建设研究报告No.2（2018）
著(编)者: 崔建民　陈东平　2018年1月出版 / 估价: 99.00元
PSN B-2016-523-1/1

地方法治蓝皮书
中国地方法治发展报告No.3（2018）
著(编)者: 李林　田禾　2018年3月出版 / 估价: 118.00元
PSN B-2015-442-1/1

电子政务蓝皮书
中国电子政务发展报告（2018）
著(编)者: 李季　2018年8月出版 / 估价: 99.00元
PSN B-2003-022-1/1

法治蓝皮书
中国法治发展报告No.16（2018）
著(编)者: 吕艳滨　2018年3月出版 / 估价: 118.00元
PSN B-2004-027-1/3

法治蓝皮书
中国法院信息化发展报告No.2（2018）
著(编)者: 李林　田禾　2018年2月出版 / 估价: 108.00元
PSN B-2017-604-3/3

法治政府蓝皮书
中国法治政府发展报告（2018）
著(编)者: 中国政法大学法治政府研究院
2018年4月出版 / 估价: 99.00元
PSN B-2015-502-1/2

法治政府蓝皮书
中国法治政府评估报告（2018）
著(编)者: 中国政法大学法治政府研究院
2018年9月出版 / 估价: 168.00元
PSN B-2016-576-2/2

反腐倡廉蓝皮书
中国反腐倡廉建设报告No.8
著(编)者: 张英伟　2018年12月出版 / 估价: 99.00元
PSN B-2012-259-1/1

扶贫蓝皮书
中国扶贫开发报告（2018）
著(编)者: 李培林　魏后凯　2018年12月出版 / 估价: 128.00元
PSN B-2016-599-1/1

妇女发展蓝皮书
中国妇女发展报告 No.6
著(编)者: 王金玲　2018年9月出版 / 估价: 158.00元
PSN B-2006-069-1/1

妇女教育蓝皮书
中国妇女教育发展报告 No.3
著(编)者: 张李玺　2018年10月出版 / 估价: 99.00元
PSN B-2008-121-1/1

妇女绿皮书
2018年: 中国性别平等与妇女发展报告
著(编)者: 谭琳　2018年12月出版 / 估价: 99.00元
PSN G-2006-073-1/1

公共安全蓝皮书
中国城市公共安全发展报告（2017～2018）
著(编)者: 黄育华　杨文明　赵建辉
2018年6月出版 / 估价: 99.00元
PSN B-2017-628-1/1

公共服务蓝皮书
中国城市基本公共服务力评价（2018）
著(编)者: 钟君　刘志昌　吴正昊
2018年12月出版 / 估价: 99.00元
PSN B-2011-214-1/1

公民科学素质蓝皮书
中国公民科学素质报告（2017～2018）
著(编)者: 李群　陈雄　马宗文
2018年1月出版 / 估价: 99.00元
PSN B-2014-379-1/1

公益蓝皮书
中国公益慈善发展报告（2016）
著(编)者: 朱健刚　胡小军　2018年2月出版 / 估价: 99.00元
PSN B-2012-283-1/1

国际人才蓝皮书
中国国际移民报告（2018）
著(编)者: 王辉耀　2018年2月出版 / 估价: 99.00元
PSN B-2012-304-3/4

国际人才蓝皮书
中国留学发展报告（2018）No.7
著(编)者: 王辉耀　苗绿　2018年12月出版 / 估价: 99.00元
PSN B-2012-244-2/4

海洋社会蓝皮书
中国海洋社会发展报告（2017）
著(编)者: 崔凤　宋宁而　2018年3月出版 / 估价: 99.00元
PSN B-2015-478-1/1

行政改革蓝皮书
中国行政体制改革报告No.7（2018）
著(编)者: 魏礼群　2018年6月出版 / 估价: 99.00元
PSN B-2011-231-1/1

华侨华人蓝皮书
华侨华人研究报告（2017）
著(编)者: 贾益民　2018年1月出版 / 估价: 139.00元
PSN B-2011-204-1/1

环境竞争力绿皮书
中国省域环境竞争力发展报告（2018）
著（编）者：李建平 李闽榕 王金南
2018年11月出版 / 估价：198.00元
PSN G-2010-165-1/1

环境绿皮书
中国环境发展报告（2017~2018）
著（编）者：李波　2018年4月出版 / 估价：99.00元
PSN G-2006-048-1/1

家庭蓝皮书
中国"创建幸福家庭活动"评估报告（2018）
著（编）者：国务院发展研究中心"创建幸福家庭活动评估"课题组
2018年12月出版 / 估价：99.00元
PSN B-2015-508-1/1

健康城市蓝皮书
中国健康城市建设研究报告（2018）
著（编）者：王鸿春 盛继洪　2018年12月出版 / 估价：99.00元
PSN B-2016-564-2/2

健康中国蓝皮书
社区首诊与健康中国分析报告（2018）
著（编）者：高和荣 杨叔禹 姜杰
2018年4月出版 / 估价：99.00元
PSN B-2017-611-1/1

教师蓝皮书
中国中小学教师发展报告（2017）
著（编）者：曾晓东 鱼霞　2018年6月出版 / 估价：99.00元
PSN B-2012-289-1/1

教育扶贫蓝皮书
中国教育扶贫报告（2018）
著（编）者：司树杰 王文静 李兴洲
2018年12月出版 / 估价：99.00元
PSN B-2016-590-1/1

教育蓝皮书
中国教育发展报告（2018）
著（编）者：杨东平　2018年4月出版 / 估价：99.00元
PSN B-2006-047-1/1

金融法治建设蓝皮书
中国金融法治建设年度报告（2015~2016）
著（编）者：朱小黄　2018年6月出版 / 估价：99.00元
PSN B-2017-633-1/1

京津冀教育蓝皮书
京津冀教育发展研究报告（2017~2018）
著（编）者：方中雄　2018年4月出版 / 估价：99.00元
PSN B-2017-608-1/1

就业蓝皮书
2018年中国本科生就业报告
著（编）者：麦可思研究院　2018年6月出版 / 估价：99.00元
PSN B-2009-146-1/2

就业蓝皮书
2018年中国高职高专生就业报告
著（编）者：麦可思研究院　2018年6月出版 / 估价：99.00元
PSN B-2015-472-2/2

科学教育蓝皮书
中国科学教育发展报告（2018）
著（编）者：王康友　2018年10月出版 / 估价：99.00元
PSN B-2015-487-1/1

劳动保障蓝皮书
中国劳动保障发展报告（2018）
著（编）者：刘燕斌　2018年9月出版 / 估价：158.00元
PSN B-2014-415-1/1

老龄蓝皮书
中国老年宜居环境发展报告（2017）
著（编）者：党俊武 周燕珉　2018年1月出版 / 估价：99.00元
PSN B-2013-320-1/1

连片特困区蓝皮书
中国连片特困区发展报告（2017~2018）
著（编）者：游俊 冷志明 丁建军
2018年4月出版 / 估价：99.00元
PSN B-2013-321-1/1

流动儿童蓝皮书
中国流动儿童教育发展报告（2017）
著（编）者：杨东平　2018年1月出版 / 估价：99.00元
PSN B-2017-600-1/1

民调蓝皮书
中国民生调查报告（2018）
著（编）者：谢耘耕　2018年12月出版 / 估价：99.00元
PSN B-2014-398-1/1

民族发展蓝皮书
中国民族发展报告（2018）
著（编）者：王延中　2018年10月出版 / 估价：188.00元
PSN B-2006-070-1/1

女性生活蓝皮书
中国女性生活状况报告No.12（2018）
著（编）者：韩湘景　2018年7月出版 / 估价：99.00元
PSN B-2006-071-1/1

汽车社会蓝皮书
中国汽车社会发展报告（2017~2018）
著（编）者：王俊秀　2018年1月出版 / 估价：99.00元
PSN B-2011-224-1/1

青年蓝皮书
中国青年发展报告（2018）No.3
著（编）者：廉思　2018年4月出版 / 估价：99.00元
PSN B-2013-333-1/1

青少年蓝皮书
中国未成年人互联网运用报告（2017~2018）
著（编）者：季为民 李文革 沈杰
2018年11月出版 / 估价：99.00元
PSN B-2010-156-1/1

人权蓝皮书
中国人权事业发展报告No.8（2018）
著(编)者: 李君如　2018年9月出版 / 估价: 99.00元
PSN B-2011-215-1/1

社会保障绿皮书
中国社会保障发展报告No.9（2018）
著(编)者: 王延中　2018年1月出版 / 估价: 99.00元
PSN G-2001-014-1/1

社会风险评估蓝皮书
风险评估与危机预警报告（2017～2018）
著(编)者: 唐钧　2018年8月出版 / 估价: 99.00元
PSN B-2012-293-1/1

社会工作蓝皮书
中国社会工作发展报告（2016~2017）
著(编)者: 民政部社会工作研究中心
2018年8月出版 / 估价: 99.00元
PSN B-2009-141-1/1

社会管理蓝皮书
中国社会管理创新报告No.6
著(编)者: 连玉明　2018年11月出版 / 估价: 99.00元
PSN B-2012-300-1/1

社会蓝皮书
2018年中国社会形势分析与预测
著(编)者: 李培林 陈光金 张翼
2017年12月出版 / 定价: 89.00元
PSN B-1998-002-1/1

社会体制蓝皮书
中国社会体制改革报告No.6（2018）
著(编)者: 龚维斌　2018年3月出版 / 估价: 99.00元
PSN B-2013-330-1/1

社会心态蓝皮书
中国社会心态研究报告（2018）
著(编)者: 王俊秀　2018年12月出版 / 估价: 99.00元
PSN B-2011-199-1/1

社会组织蓝皮书
中国社会组织报告（2017-2018）
著(编)者: 黄晓勇　2018年1月出版 / 估价: 99.00元
PSN B-2008-118-1/2

社会组织蓝皮书
中国社会组织评估发展报告（2018）
著(编)者: 徐家良　2018年12月出版 / 估价: 99.00元
PSN B-2013-366-2/2

生态城市绿皮书
中国生态城市建设发展报告（2018）
著(编)者: 刘举科 孙伟平 胡文臻
2018年9月出版 / 估价: 158.00元
PSN G-2012-269-1/1

生态文明绿皮书
中国省域生态文明建设评价报告（ECI 2018）
著(编)者: 严耕　2018年12月出版 / 估价: 99.00元
PSN G-2010-170-1/1

退休生活蓝皮书
中国城市居民退休生活质量指数报告（2017）
著(编)者: 杨一帆　2018年5月出版 / 估价: 99.00元
PSN B-2017-618-1/1

危机管理蓝皮书
中国危机管理报告（2018）
著(编)者: 文学国 范正青
2018年8月出版 / 估价: 99.00元
PSN B-2010-171-1/1

学会蓝皮书
2018年中国学会发展报告
著(编)者: 麦可思研究院
2018年12月出版 / 估价: 99.00元
PSN B-2016-597-1/1

医改蓝皮书
中国医药卫生体制改革报告（2017～2018）
著(编)者: 文学国 房志武
2018年11月出版 / 估价: 99.00元
PSN B-2014-432-1/1

应急管理蓝皮书
中国应急管理报告（2018）
著(编)者: 宋英华　2018年9月出版 / 估价: 99.00元
PSN B-2016-562-1/1

政府绩效评估蓝皮书
中国地方政府绩效评估报告 No.2
著(编)者: 贠杰　2018年12月出版 / 估价: 99.00元
PSN B-2017-672-1/1

政治参与蓝皮书
中国政治参与报告（2018）
著(编)者: 房宁　2018年8月出版 / 估价: 128.00元
PSN B-2011-200-1/1

政治文化蓝皮书
中国政治文化报告（2018）
著(编)者: 邢元敏 魏大鹏 龚克
2018年8月出版 / 估价: 128.00元
PSN B-2017-615-1/1

中国传统村落蓝皮书
中国传统村落保护现状报告（2018）
著(编)者: 胡彬彬 李向军 王晓波
2018年12月出版 / 估价: 99.00元
PSN B-2017-663-1/1

中国农村妇女发展蓝皮书
农村流动女性城市生活发展报告（2018）
著(编)者: 谢丽华　2018年12月出版 / 估价: 99.00元
PSN B-2014-434-1/1

宗教蓝皮书
中国宗教报告（2017）
著(编)者: 邱永辉　2018年8月出版 / 估价: 99.00元
PSN B-2008-117-1/1

产业经济类

保健蓝皮书
中国保健服务产业发展报告 No.2
著(编)者: 中国保健协会　中共中央党校
2018年7月出版 / 估价: 198.00元
PSN B-2012-272-3/3

保健蓝皮书
中国保健食品产业发展报告 No.2
著(编)者: 中国保健协会
　　　　　中国社会科学院食品药品产业发展与监管研究中心
2018年8月出版 / 估价: 198.00元
PSN B-2012-271-2/3

保健蓝皮书
中国保健用品产业发展报告 No.2
著(编)者: 中国保健协会
　　　　　国务院国有资产监督管理委员会研究中心
2018年3月出版 / 估价: 198.00元
PSN B-2012-270-1/3

保险蓝皮书
中国保险业竞争力报告(2018)
著(编)者: 保监会　2018年12月出版 / 估价: 99.00元
PSN B-2013-311-1/1

冰雪蓝皮书
中国冰上运动产业发展报告(2018)
著(编)者: 孙承华 杨占武 刘戈 张鸿俊
2018年9月出版 / 估价: 99.00元
PSN B-2017-648-3/3

冰雪蓝皮书
中国滑雪产业发展报告(2018)
著(编)者: 孙承华 伍斌 魏庆华 张鸿俊
2018年9月出版 / 估价: 99.00元
PSN B-2016-559-1/3

餐饮产业蓝皮书
中国餐饮产业发展报告(2018)
著(编)者: 邢颖
2018年6月出版 / 估价: 99.00元
PSN B-2009-151-1/1

茶业蓝皮书
中国茶产业发展报告(2018)
著(编)者: 杨江帆 李闽榕
2018年10月出版 / 估价: 99.00元
PSN B-2010-164-1/1

产业安全蓝皮书
中国文化产业安全报告(2018)
著(编)者: 北京印刷学院文化产业安全研究院
2018年12月出版 / 估价: 99.00元
PSN B-2014-378-12/14

产业安全蓝皮书
中国新媒体产业安全报告(2016~2017)
著(编)者: 肖丽　2018年6月出版 / 估价: 99.00元
PSN B-2015-500-14/14

产业安全蓝皮书
中国出版传媒产业安全报告(2017~2018)
著(编)者: 北京印刷学院文化产业安全研究院
2018年3月出版 / 估价: 99.00元
PSN B-2014-384-13/14

产业蓝皮书
中国产业竞争力报告(2018)No.8
著(编)者: 张其仔　2018年12月出版 / 估价: 168.00元
PSN B-2010-175-1/1

动力电池蓝皮书
中国新能源汽车动力电池产业发展报告(2018)
著(编)者: 中国汽车技术研究中心
2018年8月出版 / 估价: 99.00元
PSN B-2017-639-1/1

杜仲产业绿皮书
中国杜仲橡胶资源与产业发展报告(2017~2018)
著(编)者: 杜红岩 胡文臻 俞锐
2018年1月出版 / 估价: 99.00元
PSN G-2013-350-1/1

房地产蓝皮书
中国房地产发展报告No.15(2018)
著(编)者: 李春华 王业强
2018年5月出版 / 估价: 99.00元
PSN B-2004-028-1/1

服务外包蓝皮书
中国服务外包产业发展报告(2017~2018)
著(编)者: 王晓红 刘德军
2018年6月出版 / 估价: 99.00元
PSN B-2013-331-2/2

服务外包蓝皮书
中国服务外包竞争力报告(2017~2018)
著(编)者: 刘春生 王力 黄育华
2018年12月出版 / 估价: 99.00元
PSN B-2011-216-1/2

工业和信息化蓝皮书
世界信息技术产业发展报告(2017~2018)
著(编)者: 尹丽波　2018年6月出版 / 估价: 99.00元
PSN B-2015-449-2/6

工业和信息化蓝皮书
战略性新兴产业发展报告(2017~2018)
著(编)者: 尹丽波　2018年6月出版 / 估价: 99.00元
PSN B-2015-450-3/6

客车蓝皮书
中国客车产业发展报告（2017～2018）
著(编)者：姚蔚　2018年10月出版 / 估价：99.00元
PSN B-2013-361-1/1

流通蓝皮书
中国商业发展报告（2018～2019）
著(编)者：王雪峰 林诗慧
2018年7月出版 / 估价：99.00元
PSN B-2009-152-1/2

能源蓝皮书
中国能源发展报告（2018）
著(编)者：崔民选 王军生 陈义和
2018年12月出版 / 估价：99.00元
PSN B-2006-049-1/1

农产品流通蓝皮书
中国农产品流通产业发展报告（2017）
著(编)者：贾敬敦 张东科 张玉玺 张鹏毅 周伟
2018年1月出版 / 估价：99.00元
PSN B-2012-288-1/1

汽车工业蓝皮书
中国汽车工业发展年度报告（2018）
著(编)者：中国汽车工业协会
　　　　　中国汽车技术研究中心
　　　　　丰田汽车公司
2018年5月出版 / 估价：168.00元
PSN B-2015-463-1/2

汽车工业蓝皮书
中国汽车零部件产业发展报告（2017～2018）
著(编)者：中国汽车工业协会
　　　　　中国汽车工程研究院深圳市沃特玛电池有限公司
2018年9月出版 / 估价：99.00元
PSN B-2016-515-2/2

汽车蓝皮书
中国汽车产业发展报告（2018）
著(编)者：中国汽车工程学会
　　　　　大众汽车集团（中国）
2018年11月出版 / 估价：99.00元
PSN B-2008-124-1/1

世界茶业蓝皮书
世界茶业发展报告（2018）
著(编)者：李闽榕 冯廷佺
2018年5月出版 / 估价：168.00元
PSN B-2017-619-1/1

世界能源蓝皮书
世界能源发展报告（2018）
著(编)者：黄晓勇　2018年6月出版 / 估价：168.00元
PSN B-2013-349-1/1

体育蓝皮书
国家体育产业基地发展报告（2016～2017）
著(编)者：李颖川　2018年4月出版 / 估价：168.00元
PSN B-2017-609-5/5

体育蓝皮书
中国体育产业发展报告（2018）
著(编)者：阮伟 钟秉枢
2018年12月出版 / 估价：99.00元
PSN B-2010-179-1/5

文化金融蓝皮书
中国文化金融发展报告（2018）
著(编)者：杨涛 金巍
2018年5月出版 / 估价：99.00元
PSN B-2017-610-1/1

新能源汽车蓝皮书
中国新能源汽车产业发展报告（2018）
著(编)者：中国汽车技术研究中心
　　　　　日产（中国）投资有限公司
　　　　　东风汽车有限公司
2018年8月出版 / 估价：99.00元
PSN B-2013-347-1/1

薏仁米产业蓝皮书
中国薏仁米产业发展报告No.2（2018）
著(编)者：李发耀 石明 秦礼康
2018年8月出版 / 估价：99.00元
PSN B-2017-645-1/1

邮轮绿皮书
中国邮轮产业发展报告（2018）
著(编)者：汪泓　2018年10月出版 / 估价：99.00元
PSN G-2014-419-1/1

智能养老蓝皮书
中国智能养老产业发展报告（2018）
著(编)者：朱勇　2018年10月出版 / 估价：99.00元
PSN B-2015-488-1/1

中国节能汽车蓝皮书
中国节能汽车发展报告（2017～2018）
著(编)者：中国汽车工程研究院股份有限公司
2018年9月出版 / 估价：99.00元
PSN B-2016-565-1/1

中国陶瓷产业蓝皮书
中国陶瓷产业发展报告（2018）
著(编)者：左和平 黄速建
2018年10月出版 / 估价：99.00元
PSN B-2016-573-1/1

装备制造业蓝皮书
中国装备制造业发展报告（2018）
著(编)者：徐东华　2018年12月出版 / 估价：118.00元
PSN B-2015-505-1/1

行业及其他类

"三农"互联网金融蓝皮书
中国"三农"互联网金融发展报告（2018）
著(编)者：李勇坚 王弢
2018年8月出版 / 估价：99.00元
PSN B-2016-560-1/1

SUV蓝皮书
中国SUV市场发展报告（2017~2018）
著(编)者：靳军　2018年9月出版 / 估价：99.00元
PSN B-2016-571-1/1

冰雪蓝皮书
中国冬季奥运会发展报告（2018）
著(编)者：孙承华 伍斌 魏庆华 张鸿俊
2018年9月出版 / 估价：99.00元
PSN B-2017-647-2/3

彩票蓝皮书
中国彩票发展报告（2018）
著(编)者：益彩基金　2018年4月出版 / 估价：99.00元
PSN B-2015-462-1/1

测绘地理信息蓝皮书
测绘地理信息供给侧结构性改革研究报告（2018）
著(编)者：库热西·买合苏提
2018年12月出版 / 估价：168.00元
PSN B-2009-145-1/1

产权市场蓝皮书
中国产权市场发展报告（2017）
著(编)者：曹和平　2018年5月出版 / 估价：99.00元
PSN B-2009-147-1/1

城投蓝皮书
中国城投行业发展报告（2018）
著(编)者：华景斌
2018年11月出版 / 估价：300.00元
PSN B-2016-514-1/1

大数据蓝皮书
中国大数据发展报告（No.2）
著(编)者：连玉明　2018年5月出版 / 估价：99.00元
PSN B-2017-620-1/1

大数据应用蓝皮书
中国大数据应用发展报告No.2（2018）
著(编)者：陈军君　2018年8月出版 / 估价：99.00元
PSN B-2017-644-1/1

对外投资与风险蓝皮书
中国对外直接投资与国家风险报告（2018）
著(编)者：中债资信评估有限责任公司
　　　　　中国社会科学院世界经济与政治研究所
2018年4月出版 / 估价：189.00元
PSN B-2017-606-1/1

工业和信息化蓝皮书
人工智能发展报告（2017~2018）
著(编)者：尹丽波　2018年6月出版 / 估价：99.00元
PSN B-2015-448-1/6

工业和信息化蓝皮书
世界智慧城市发展报告（2017~2018）
著(编)者：尹丽波　2018年6月出版 / 估价：99.00元
PSN B-2017-624-6/6

工业和信息化蓝皮书
世界网络安全发展报告（2017~2018）
著(编)者：尹丽波　2018年6月出版 / 估价：99.00元
PSN B-2015-452-5/6

工业和信息化蓝皮书
世界信息化发展报告（2017~2018）
著(编)者：尹丽波　2018年6月出版 / 估价：99.00元
PSN B-2015-451-4/6

工业设计蓝皮书
中国工业设计发展报告（2018）
著(编)者：王晓红 于炜 张立群　2018年9月出版 / 估价：168.00元
PSN B-2014-420-1/1

公共关系蓝皮书
中国公共关系发展报告（2018）
著(编)者：柳斌杰　2018年11月出版 / 估价：99.00元
PSN B-2016-579-1/1

管理蓝皮书
中国管理发展报告（2018）
著(编)者：张晓东　2018年10月出版 / 估价：99.00元
PSN B-2014-416-1/1

海关发展蓝皮书
中国海关发展前沿报告（2018）
著(编)者：干春晖　2018年6月出版 / 估价：99.00元
PSN B-2017-616-1/1

互联网医疗蓝皮书
中国互联网健康医疗发展报告（2018）
著(编)者：芮晓武　2018年6月出版 / 估价：99.00元
PSN B-2016-567-1/1

黄金市场蓝皮书
中国商业银行黄金业务发展报告（2017~2018）
著(编)者：平安银行　2018年3月出版 / 估价：99.00元
PSN B-2016-524-1/1

会展蓝皮书
中外会展业动态评估研究报告（2018）
著(编)者：张敏 任中峰 聂鑫焱 牛盼强
2018年12月出版 / 估价：99.00元
PSN B-2013-327-1/1

基金会蓝皮书
中国基金会发展报告（2017~2018）
著(编)者：中国基金会发展报告课题组
2018年4月出版 / 估价：99.00元
PSN B-2013-368-1/1

基金会绿皮书
中国基金会发展独立研究报告（2018）
著(编)者：基金会中心网　中央民族大学基金会研究中心
2018年6月出版 / 估价：99.00元
PSN G-2011-213-1/1

基金会透明度蓝皮书
中国基金会透明度发展研究报告（2018）
著（编）者：基金会中心网
　　　　　清华大学廉政与治理研究中心
2018年9月出版 / 估价：99.00元
PSN B-2013-339-1/1

建筑装饰蓝皮书
中国建筑装饰行业发展报告（2018）
著（编）者：葛道顺 刘晓一
2018年10月出版 / 估价：198.00元
PSN B-2016-553-1/1

金融监管蓝皮书
中国金融监管报告（2018）
著（编）者：胡滨 2018年5月出版 / 估价：99.00元
PSN B-2012-281-1/1

金融蓝皮书
中国互联网金融行业分析与评估（2018～2019）
著（编）者：黄国平 伍旭川 2018年12月出版 / 估价：99.00元
PSN B-2016-585-7/7

金融科技蓝皮书
中国金融科技发展报告（2018）
著（编）者：李扬 孙国峰 2018年10月出版 / 估价：99.00元
PSN B-2014-374-1/1

金融信息服务蓝皮书
中国金融信息服务发展报告（2018）
著（编）者：李平 2018年5月出版 / 估价：99.00元
PSN B-2017-621-1/1

京津冀金融蓝皮书
京津冀金融发展报告（2018）
著（编）者：王爱俭 王璟怡 2018年10月出版 / 估价：99.00元
PSN B-2016-527-1/1

科普蓝皮书
国家科普能力发展报告（2018）
著（编）者：王康友 2018年5月出版 / 估价：138.00元
PSN B-2017-632-4/4

科普蓝皮书
中国基层科普发展报告（2017～2018）
著（编）者：赵立新 陈玲 2018年9月出版 / 估价：99.00元
PSN B-2016-568-3/4

科普蓝皮书
中国科普基础设施发展报告（2017～2018）
著（编）者：任福君 2018年6月出版 / 估价：99.00元
PSN B-2010-174-1/3

科普蓝皮书
中国科普人才发展报告（2017～2018）
著（编）者：郑念 任嵘嵘 2018年7月出版 / 估价：99.00元
PSN B-2016-512-2/4

科普能力蓝皮书
中国科普能力评价报告（2018～2019）
著（编）者：李富强 李群 2018年8月出版 / 估价：99.00元
PSN B-2016-555-1/1

临空经济蓝皮书
中国临空经济发展报告（2018）
著（编）者：连玉明 2018年9月出版 / 估价：99.00元
PSN B-2014-421-1/1

旅游安全蓝皮书
中国旅游安全报告（2018）
著（编）者：郑向敏 谢朝武 2018年5月出版 / 估价：158.00元
PSN B-2012-280-1/1

旅游绿皮书
2017～2018年中国旅游发展分析与预测
著（编）者：宋瑞 2018年2月出版 / 估价：99.00元
PSN G-2002-018-1/1

煤炭蓝皮书
中国煤炭工业发展报告（2018）
著（编）者：岳福斌 2018年12月出版 / 估价：99.00元
PSN B-2008-123-1/1

民营企业社会责任蓝皮书
中国民营企业社会责任报告（2018）
著（编）者：中华全国工商业联合会
2018年12月出版 / 估价：99.00元
PSN B-2015-510-1/1

民营医院蓝皮书
中国民营医院发展报告（2017）
著（编）者：薛晓林 2018年1月出版 / 估价：99.00元
PSN B-2012-299-1/1

闽商蓝皮书
闽商发展报告（2018）
著（编）者：李闽榕 王日根 林琛
2018年12月出版 / 估价：99.00元
PSN B-2012-298-1/1

农业应对气候变化蓝皮书
中国农业气象灾害及其灾损评估报告（No.3）
著（编）者：矫梅燕 2018年1月出版 / 估价：118.00元
PSN B-2014-413-1/1

品牌蓝皮书
中国品牌战略发展报告（2018）
著（编）者：汪同三 2018年10月出版 / 估价：99.00元
PSN B-2016-580-1/1

企业扶贫蓝皮书
中国企业扶贫研究报告（2018）
著（编）者：钟宏武 2018年12月出版 / 估价：99.00元
PSN B-2016-593-1/1

企业公益蓝皮书
中国企业公益研究报告（2018）
著（编）者：钟宏武 汪杰 黄晓娟
2018年12月出版 / 估价：99.00元
PSN B-2015-501-1/1

企业国际化蓝皮书
中国企业全球化报告（2018）
著（编）者：王辉耀 苗绿 2018年11月出版 / 估价：99.00元
PSN B-2014-427-1/1

企业蓝皮书
中国企业绿色发展报告No.2（2018）
著(编)者：李红玉　朱光辉
2018年8月出版 / 估价：99.00元
PSN B-2015-481-2/2

企业社会责任蓝皮书
中资企业海外社会责任研究报告（2017~2018）
著(编)者：钟宏武　叶柳红　张蒽
2018年1月出版 / 估价：99.00元
PSN B-2017-603-2/2

企业社会责任蓝皮书
中国企业社会责任研究报告（2018）
著(编)者：黄群慧　钟宏武　张蒽　汪杰
2018年11月出版 / 估价：99.00元
PSN B-2009-149-1/2

汽车安全蓝皮书
中国汽车安全发展报告（2018）
著(编)者：中国汽车技术研究中心
2018年8月出版 / 估价：99.00元
PSN B-2014-385-1/1

汽车电子商务蓝皮书
中国汽车电子商务发展报告（2018）
著(编)者：中华全国工商业联合会汽车经销商商会
　　　　　北方工业大学
　　　　　北京易观智库网络科技有限公司
2018年10月出版 / 估价：158.00元
PSN B-2015-485-1/1

汽车知识产权蓝皮书
中国汽车产业知识产权发展报告（2018）
著(编)者：中国汽车工程研究院股份有限公司
　　　　　中国汽车工程学会
　　　　　重庆长安汽车股份有限公司
2018年12月出版 / 估价：99.00元
PSN B-2016-594-1/1

青少年体育蓝皮书
中国青少年体育发展报告（2017）
著(编)者：刘扶民　杨桦　　2018年1月出版 / 估价：99.00元
PSN B-2015-482-1/1

区块链蓝皮书
中国区块链发展报告（2018）
著(编)者：李伟　　2018年9月出版 / 估价：99.00元
PSN B-2017-649-1/1

群众体育蓝皮书
中国群众体育发展报告（2017）
著(编)者：刘国永　戴健　　2018年5月出版 / 估价：99.00元
PSN B-2014-411-1/3

群众体育蓝皮书
中国社会体育指导员发展报告（2018）
著(编)者：刘国永　王欢　　2018年4月出版 / 估价：99.00元
PSN B-2016-520-3/3

人力资源蓝皮书
中国人力资源发展报告（2018）
著(编)者：余兴安　　2018年11月出版 / 估价：99.00元
PSN B-2012-287-1/1

融资租赁蓝皮书
中国融资租赁业发展报告（2017~2018）
著(编)者：李光荣　王力　　2018年8月出版 / 估价：99.00元
PSN B-2015-443-1/1

商会蓝皮书
中国商会发展报告No.5（2017）
著(编)者：王钦敏　　2018年7月出版 / 估价：99.00元
PSN B-2008-125-1/1

商务中心区蓝皮书
中国商务中心区发展报告No.4（2017~2018）
著(编)者：李国红　单菁菁　　2018年9月出版 / 估价：99.00元
PSN B-2015-444-1/1

设计产业蓝皮书
中国创新设计发展报告（2018）
著(编)者：王晓红　张立群　于炜
2018年11月出版 / 估价：99.00元
PSN B-2016-581-2/2

社会责任管理蓝皮书
中国上市公司社会责任能力成熟度报告No.4（2018）
著(编)者：肖红军　王晓光　李伟阳
2018年12月出版 / 估价：99.00元
PSN B-2015-507-2/2

社会责任管理蓝皮书
中国企业公众透明度报告No.4（2017~2018）
著(编)者：黄速建　熊梦　王晓光　肖红军
2018年4月出版 / 估价：99.00元
PSN B-2015-440-1/2

食品药品蓝皮书
食品药品安全与监管政策研究报告（2016~2017）
著(编)者：唐民皓　　2018年6月出版 / 估价：99.00元
PSN B-2009-129-1/1

输血服务蓝皮书
中国输血行业发展报告（2018）
著(编)者：孙俊　　2018年12月出版 / 估价：99.00元
PSN B-2016-582-1/1

水利风景区蓝皮书
中国水利风景区发展报告（2018）
著(编)者：董建文　兰思仁
2018年10月出版 / 估价：99.00元
PSN B-2015-480-1/1

私募市场蓝皮书
中国私募股权市场发展报告（2017~2018）
著(编)者：曹和平　　2018年12月出版 / 估价：99.00元
PSN B-2010-162-1/1

碳排放权交易蓝皮书
中国碳排放权交易报告（2018）
著(编)者：孙永平　　2018年11月出版 / 估价：99.00元
PSN B-2017-652-1/1

碳市场蓝皮书
中国碳市场报告（2018）
著(编)者：定金彪　　2018年11月出版 / 估价：99.00元
PSN B-2015-430-1/1

体育蓝皮书
中国公共体育服务发展报告（2018）
著(编)者：戴健　2018年12月出版 / 估价：99.00元
PSN B-2013-367-2/5

土地市场蓝皮书
中国农村土地市场发展报告（2017~2018）
著(编)者：李光荣　2018年3月出版 / 估价：99.00元
PSN B-2016-526-1/1

土地整治蓝皮书
中国土地整治发展研究报告（No.5）
著(编)者：国土资源部土地整治中心
2018年7月出版 / 估价：99.00元
PSN B-2014-401-1/1

土地政策蓝皮书
中国土地政策研究报告（2018）
著(编)者：高延利 李宪文　2017年12月出版 / 估价：99.00元
PSN B-2015-506-1/1

网络空间安全蓝皮书
中国网络空间安全发展报告（2018）
著(编)者：惠志斌 覃庆玲
2018年11月出版 / 估价：99.00元
PSN B-2015-466-1/1

文化志愿服务蓝皮书
中国文化志愿服务发展报告（2018）
著(编)者：张永新 良警宇　2018年11月出版 / 估价：128.00元
PSN B-2016-596-1/1

西部金融蓝皮书
中国西部金融发展报告（2017~2018）
著(编)者：李忠民　2018年8月出版 / 估价：99.00元
PSN B-2010-160-1/1

协会商会蓝皮书
中国行业协会商会发展报告（2017）
著(编)者：景朝阳 李勇　2018年4月出版 / 估价：99.00元
PSN B-2015-461-1/1

新三板蓝皮书
中国新三板市场发展报告（2018）
著(编)者：王力　2018年8月出版 / 估价：99.00元
PSN B-2016-533-1/1

信托市场蓝皮书
中国信托业市场报告（2017~2018）
著(编)者：用益金融信托研究院
2018年1月出版 / 估价：198.00元
PSN B-2014-371-1/1

信息化蓝皮书
中国信息化形势分析与预测（2017~2018）
著(编)者：周宏仁　2018年8月出版 / 估价：99.00元
PSN B-2010-168-1/1

信用蓝皮书
中国信用发展报告（2017~2018）
著(编)者：章政 田侃　2018年4月出版 / 估价：99.00元
PSN B-2013-328-1/1

休闲绿皮书
2017~2018年中国休闲发展报告
著(编)者：宋瑞　2018年7月出版 / 估价：99.00元
PSN G-2010-158-1/1

休闲体育蓝皮书
中国休闲体育发展报告（2017~2018）
著(编)者：李相如 钟秉枢
2018年10月出版 /.估价：99.00元
PSN B-2016-516-1/1

养老金融蓝皮书
中国养老金融发展报告（2018）
著(编)者：董克用 姚余栋
2018年9月出版 / 估价：99.00元
PSN B-2016-583-1/1

遥感监测绿皮书
中国可持续发展遥感监测报告（2017）
著(编)者：顾行发 汪克强 潘教峰 李闽榕 徐东华 王琦安
2018年6月出版 / 估价：298.00元
PSN B-2017-629-1/1

药品流通蓝皮书
中国药品流通行业发展报告（2018）
著(编)者：佘鲁林 温再兴
2018年7月出版 / 估价：198.00元
PSN B-2014-429-1/1

医疗器械蓝皮书
中国医疗器械行业发展报告（2018）
著(编)者：王宝亭 耿鸿武
2018年10月出版 / 估价：99.00元
PSN B-2017-661-1/1

医院蓝皮书
中国医院竞争力报告（2018）
著(编)者：庄一强 曾益新　2018年3月出版 / 估价：118.00元
PSN B-2016-528-1/1

瑜伽蓝皮书
中国瑜伽业发展报告（2017~2018）
著(编)者：张永建 徐华锋 朱泰余
2018年6月出版 / 估价：198.00元
PSN B-2017-625-1/1

债券市场蓝皮书
中国债券市场发展报告（2017~2018）
著(编)者：杨农　2018年10月出版 / 估价：99.00元
PSN B-2016-572-1/1

志愿服务蓝皮书
中国志愿服务发展报告（2018）
著(编)者：中国志愿服务联合会
2018年11月出版 / 估价：99.00元
PSN B-2017-664-1/1

中国上市公司蓝皮书
中国上市公司发展报告（2018）
著(编)者：张鹏 张平 黄胤英
2018年9月出版 / 估价：99.00元
PSN B-2014-414-1/1

中国新三板蓝皮书
中国新三板创新与发展报告（2018）
著(编)者：刘平安 闻召林
2018年8月出版 / 估价：158.00元
PSN B-2017-638-1/1

中医文化蓝皮书
北京中医药文化传播发展报告（2018）
著(编)者：毛嘉陵 2018年5月出版 / 估价：99.00元
PSN B-2015-468-1/2

中医文化蓝皮书
中国中医药文化传播发展报告（2018）
著(编)者：毛嘉陵 2018年7月出版 / 估价：99.00元
PSN B-2016-584-2/2

中医药蓝皮书
北京中医药知识产权发展报告No.2
著(编)者：汪洪 屠志涛 2018年4月出版 / 估价：168.00元
PSN B-2017-602-1/1

资本市场蓝皮书
中国场外交易市场发展报告（2016～2017）
著(编)者：高峦 2018年3月出版 / 估价：99.00元
PSN B-2009-153-1/1

资产管理蓝皮书
中国资产管理行业发展报告（2018）
著(编)者：郑智 2018年7月出版 / 估价：99.00元
PSN B-2014-407-2/2

资产证券化蓝皮书
中国资产证券化发展报告（2018）
著(编)者：纪志宏 2018年11月出版 / 估价：99.00元
PSN B-2017-660-1/1

自贸区蓝皮书
中国自贸区发展报告（2018）
著(编)者：王力 黄育华 2018年6月出版 / 估价：99.00元
PSN B-2016-558-1/1

国际问题与全球治理类

"一带一路"跨境通道蓝皮书
"一带一路"跨境通道建设研究报告（2018）
著(编)者：郭业洲 2018年8月出版 / 估价：99.00元
PSN B-2016-557-1/1

"一带一路"蓝皮书
"一带一路"建设发展报告（2018）
著(编)者：王晓泉 2018年6月出版 / 估价：99.00元
PSN B-2016-552-1/1

"一带一路"投资安全蓝皮书
中国"一带一路"投资与安全研究报告（2017～2018）
著(编)者：邹统钎 梁昊光 2018年4月出版 / 估价：99.00元
PSN B-2017-612-1/1

"一带一路"文化交流蓝皮书
中阿文化交流发展报告（2017）
著(编)者：王辉 2018年9月出版 / 估价：99.00元
PSN B-2017-655-1/1

G20国家创新竞争力黄皮书
二十国集团（G20）国家创新竞争力发展报告（2017～2018）
著(编)者：李建平 李闽榕 赵新力 周天勇
2018年7月出版 / 估价：168.00元
PSN Y-2011-229-1/1

阿拉伯黄皮书
阿拉伯发展报告（2016～2017）
著(编)者：罗林 2018年3月出版 / 估价：99.00元
PSN Y-2014-381-1/1

北部湾蓝皮书
泛北部湾合作发展报告（2017～2018）
著(编)者：吕余生 2018年12月出版 / 估价：99.00元
PSN B-2008-114-1/1

北极蓝皮书
北极地区发展报告（2017）
著(编)者：刘惠荣 2018年7月出版 / 估价：99.00元
PSN B-2017-634-1/1

大洋洲蓝皮书
大洋洲发展报告（2017～2018）
著(编)者：喻常森 2018年10月出版 / 估价：99.00元
PSN B-2013-341-1/1

东北亚区域合作蓝皮书
2017年"一带一路"倡议与东北亚区域合作
著(编)者：刘亚政 金美花
2018年5月出版 / 估价：99.00元
PSN B-2017-631-1/1

东盟黄皮书
东盟发展报告（2017）
著(编)者：杨晓强 庄国土
2018年3月出版 / 估价：99.00元
PSN Y-2012-303-1/1

东南亚蓝皮书
东南亚地区发展报告（2017～2018）
著(编)者：王勤 2018年12月出版 / 估价：99.00元
PSN B-2012-240-1/1

非洲黄皮书
非洲发展报告No.20（2017～2018）
著(编)者：张宏明 2018年7月出版 / 估价：99.00元
PSN Y-2012-239-1/1

非传统安全蓝皮书
中国非传统安全研究报告（2017～2018）
著(编)者：潇枫 罗中枢 2018年8月出版 / 估价：99.00元
PSN B-2012-273-1/1

国际安全蓝皮书
中国国际安全研究报告（2018）
著（编）者：刘慧　2018年7月出版 / 估价：99.00元
PSN B-2016-521-1/1

国际城市蓝皮书
国际城市发展报告（2018）
著（编）者：屠启宇　2018年2月出版 / 估价：99.00元
PSN B-2012-260-1/1

国际形势黄皮书
全球政治与安全报告（2018）
著（编）者：张宇燕　2018年1月出版 / 估价：99.00元
PSN Y-2001-016-1/1

公共外交蓝皮书
中国公共外交发展报告（2018）
著（编）者：赵启正 雷蔚真　2018年4月出版 / 估价：99.00元
PSN B-2015-457-1/1

金砖国家黄皮书
金砖国家综合创新竞争力发展报告（2018）
著（编）者：赵新力 李闽榕 黄茂兴
2018年8月出版 / 估价：128.00元
PSN Y-2017-643-1/1

拉美黄皮书
拉丁美洲和加勒比发展报告（2017~2018）
著（编）者：袁东振　2018年6月出版 / 估价：99.00元
PSN Y-1999-007-1/1

澜湄合作蓝皮书
澜沧江-湄公河合作发展报告（2018）
著（编）者：刘稚　2018年9月出版 / 估价：99.00元
PSN B-2011-196-1/1

欧洲蓝皮书
欧洲发展报告（2017~2018）
著（编）者：黄平 周弘 程卫东
2018年6月出版 / 估价：99.00元
PSN B-1999-009-1/1

葡语国家蓝皮书
葡语国家发展报告（2016~2017）
著（编）者：王成安 张敏 刘金兰
2018年4月出版 / 估价：99.00元
PSN B-2015-503-1/2

葡语国家蓝皮书
中国与葡语国家关系发展报告·巴西（2016）
著（编）者：张曙光　2018年8月出版 / 估价：99.00元
PSN B-2016-563-2/2

气候变化绿皮书
应对气候变化报告（2018）
著（编）者：王伟光 郑国光　2018年11月出版 / 估价：99.00元
PSN G-2009-144-1/1

全球环境竞争力绿皮书
全球环境竞争力报告（2018）
著（编）者：李建平 李闽榕 王金南
2018年12月出版 / 估价：198.00元
PSN G-2013-363-1/1

全球信息社会蓝皮书
全球信息社会发展报告（2018）
著（编）者：丁波涛 唐涛　2018年10月出版 / 估价：99.00元
PSN B-2017-665-1/1

日本经济蓝皮书
日本经济与中日经贸关系研究报告（2018）
著（编）者：张季风　2018年6月出版 / 估价：99.00元
PSN B-2008-102-1/1

上海合作组织黄皮书
上海合作组织发展报告（2018）
著（编）者：李进峰　2018年6月出版 / 估价：99.00元
PSN Y-2009-130-1/1

世界创新竞争力黄皮书
世界创新竞争力发展报告（2017）
著（编）者：李建平 李闽榕 赵新力
2018年1月出版 / 估价：168.00元
PSN Y-2013-318-1/1

世界经济黄皮书
2018年世界经济形势分析与预测
著（编）者：张宇燕　2018年1月出版 / 估价：99.00元
PSN Y-1999-006-1/1

丝绸之路蓝皮书
丝绸之路经济带发展报告（2018）
著（编）者：任宗哲 白宽犁 谷孟宾
2018年1月出版 / 估价：99.00元
PSN B-2014-410-1/1

新兴经济体蓝皮书
金砖国家发展报告（2018）
著（编）者：林跃勤 周文　2018年8月出版 / 估价：99.00元
PSN B-2011-195-1/1

亚太蓝皮书
亚太地区发展报告（2018）
著（编）者：李向阳　2018年5月出版 / 估价：99.00元
PSN B-2001-015-1/1

印度洋地区蓝皮书
印度洋地区发展报告（2018）
著（编）者：汪戎　2018年6月出版 / 估价：99.00元
PSN B-2013-334-1/1

渝新欧蓝皮书
渝新欧沿线国家发展报告（2018）
著（编）者：杨柏 黄森　2018年6月出版 / 估价：99.00元
PSN B-2017-626-1/1

中阿蓝皮书
中国-阿拉伯国家经贸发展报告（2018）
著（编）者：张廉 段庆林 王林聪 杨巧红
2018年12月出版 / 估价：99.00元
PSN B-2016-598-1/1

中东黄皮书
中东发展报告No.20（2017~2018）
著（编）者：杨光　2018年10月出版 / 估价：99.00元
PSN Y-1998-004-1/1

中亚黄皮书
中亚国家发展报告（2018）
著（编）者：孙力　2018年6月出版 / 估价：99.00元
PSN Y-2012-238-1/1

国别类

澳大利亚蓝皮书
澳大利亚发展报告（2017-2018）
著(编)者：孙有中 韩锋　　2018年12月出版 / 估价：99.00元
PSN B-2016-587-1/1

巴西黄皮书
巴西发展报告（2017）
著(编)者：刘国枝　　2018年5月出版 / 估价：99.00元
PSN Y-2017-614-1/1

德国蓝皮书
德国发展报告（2018）
著(编)者：郑春荣　　2018年6月出版 / 估价：99.00元
PSN B-2012-278-1/1

俄罗斯黄皮书
俄罗斯发展报告（2018）
著(编)者：李永全　　2018年6月出版 / 估价：99.00元
PSN Y-2006-061-1/1

韩国蓝皮书
韩国发展报告（2017）
著(编)者：牛林杰 刘宝全　　2018年5月出版 / 估价：99.00元
PSN B-2010-155-1/1

加拿大蓝皮书
加拿大发展报告（2018）
著(编)者：唐小松　　2018年9月出版 / 估价：99.00元
PSN B-2014-389-1/1

美国蓝皮书
美国研究报告（2018）
著(编)者：郑秉文 黄平　　2018年5月出版 / 估价：99.00元
PSN B-2011-210-1/1

缅甸蓝皮书
缅甸国情报告（2017）
著(编)者：孔鹏 杨祥章　　2018年1月出版 / 估价：99.00元
PSN B-2013-343-1/1

日本蓝皮书
日本研究报告（2018）
著(编)者：杨伯江　　2018年6月出版 / 估价：99.00元
PSN B-2002-020-1/1

土耳其蓝皮书
土耳其发展报告（2018）
著(编)者：郭长刚 刘义　　2018年9月出版 / 估价：99.00元
PSN B-2014-412-1/1

伊朗蓝皮书
伊朗发展报告（2017~2018）
著(编)者：冀开运　　2018年10月 / 估价：99.00元
PSN B-2016-574-1/1

以色列蓝皮书
以色列发展报告（2018）
著(编)者：张倩红　　2018年8月出版 / 估价：99.00元
PSN B-2015-483-1/1

印度蓝皮书
印度国情报告（2017）
著(编)者：吕昭义　　2018年4月出版 / 估价：99.00元
PSN B-2012-241-1/1

英国蓝皮书
英国发展报告（2017~2018）
著(编)者：王展鹏　　2018年12月出版 / 估价：99.00元
PSN B-2015-486-1/1

越南蓝皮书
越南国情报告（2018）
著(编)者：谢林城　　2018年1月出版 / 估价：99.00元
PSN B-2006-056-1/1

泰国蓝皮书
泰国研究报告（2018）
著(编)者：庄国土 张禹东 刘文正
2018年10月出版 / 估价：99.00元
PSN B-2016-556-1/1

文化传媒类

"三农"舆情蓝皮书
中国"三农"网络舆情报告（2017~2018）
著(编)者：农业部信息中心
2018年6月出版 / 估价：99.00元
PSN B-2017-640-1/1

传媒竞争力蓝皮书
中国传媒国际竞争力研究报告（2018）
著(编)者：李本乾 刘强 王大可
2018年8月出版 / 估价：99.00元
PSN B-2013-356-1/1

传媒蓝皮书
中国传媒产业发展报告（2018）
著(编)者：崔保国　　2018年5月出版 / 估价：99.00元
PSN B-2005-035-1/1

传媒投资蓝皮书
中国传媒投资发展报告（2018）
著(编)者：张向东 谭云明
2018年6月出版 / 估价：148.00元
PSN B-2015-474-1/1

非物质文化遗产蓝皮书
中国非物质文化遗产发展报告（2018）
著(编)者：陈平　2018年5月出版 / 估价：128.00元
PSN B-2015-469-1/2

非物质文化遗产蓝皮书
中国非物质文化遗产保护发展报告（2018）
著(编)者：宋俊华　2018年10月出版 / 估价：128.00元
PSN B-2016-586-2/2

广电蓝皮书
中国广播电影电视发展报告（2018）
著(编)者：国家新闻出版广电总局发展研究中心
2018年7月出版 / 估价：99.00元
PSN B-2006-072-1/1

广告主蓝皮书
中国广告主营销传播趋势报告No.9
著(编)者：黄升民 杜国清 邵华冬 等
2018年10月出版 / 估价：158.00元
PSN B-2005-041-1/1

国际传播蓝皮书
中国国际传播发展报告（2018）
著(编)者：胡正荣 李继东 姬德强
2018年12月出版 / 估价：99.00元
PSN B-2014-408-1/1

国家形象蓝皮书
中国国家形象传播报告（2017）
著(编)者：张昆　2018年3月出版 / 估价：128.00元
PSN B-2017-605-1/1

互联网治理蓝皮书
中国网络社会治理研究报告（2018）
著(编)者：罗昕 支庭荣
2018年9月出版 / 估价：118.00元
PSN B-2017-653-1/1

纪录片蓝皮书
中国纪录片发展报告（2018）
著(编)者：何苏六　2018年10月出版 / 估价：99.00元
PSN B-2011-222-1/1

科学传播蓝皮书
中国科学传播报告（2016~2017）
著(编)者：詹正茂　2018年6月出版 / 估价：99.00元
PSN B-2008-120-1/1

两岸创意经济蓝皮书
两岸创意经济研究报告（2018）
著(编)者：罗昌智 董泽平
2018年10月出版 / 估价：99.00元
PSN B-2014-437-1/1

媒介与女性蓝皮书
中国媒介与女性发展报告（2017～2018）
著(编)者：刘利群　2018年5月出版 / 估价：99.00元
PSN B-2013-345-1/1

媒体融合蓝皮书
中国媒体融合发展报告（2017）
著(编)者：梅宁华 支庭荣　2018年1月出版 / 估价：99.00元
PSN B-2015-479-1/1

全球传媒蓝皮书
全球传媒发展报告（2017～2018）
著(编)者：胡正荣 李继东　2018年6月出版 / 估价：99.00元
PSN B-2012-237-1/1

少数民族非遗蓝皮书
中国少数民族非物质文化遗产发展报告（2018）
著(编)者：肖远平（彝）柴立（满）
2018年10月出版 / 估价：118.00元
PSN B-2015-467-1/1

视听新媒体蓝皮书
中国视听新媒体发展报告（2018）
著(编)者：国家新闻出版广电总局发展研究中心
2018年7月出版 / 估价：118.00元
PSN B-2011-184-1/1

数字娱乐产业蓝皮书
中国动画产业发展报告（2018）
著(编)者：孙立军 孙平 牛兴侦
2018年10月出版 / 估价：99.00元
PSN B-2011-198-1/2

数字娱乐产业蓝皮书
中国游戏产业发展报告（2018）
著(编)者：孙立军 刘跃军
2018年10月出版 / 估价：99.00元
PSN B-2017-662-2/2

文化创新蓝皮书
中国文化创新报告（2017·No.8）
著(编)者：傅才武　2018年4月出版 / 估价：99.00元
PSN B-2009-143-1/1

文化建设蓝皮书
中国文化发展报告（2018）
著(编)者：江畅 孙伟平 戴茂堂
2018年5月出版 / 估价：99.00元
PSN B-2014-392-1/1

文化科技蓝皮书
文化科技创新发展报告（2018）
著(编)者：于平 李凤亮　2018年10月出版 / 估价：99.00元
PSN B-2013-342-1/1

文化蓝皮书
中国公共文化服务发展报告（2017~2018）
著(编)者：刘新成 张永新 张旭
2018年12月出版 / 估价：99.00元
PSN B-2007-093-2/10

文化蓝皮书
中国少数民族文化发展报告（2017～2018）
著(编)者：武翠英 张晓明 任乌晶
2018年9月出版 / 估价：99.00元
PSN B-2013-369-9/10

文化蓝皮书
中国文化产业供需协调检测报告（2018）
著(编)者：王亚南　2018年2月出版 / 估价：99.00元
PSN B-2013-323-8/10

文化蓝皮书
中国文化消费需求景气评价报告（2018）
著(编)者：王亚南 2018年2月出版 / 估价：99.00元
PSN B-2011-236-4/10

文化蓝皮书
中国公共文化投入增长测评报告（2018）
著(编)者：王亚南 2018年2月出版 / 估价：99.00元
PSN B-2014-435-10/10

文化品牌蓝皮书
中国文化品牌发展报告（2018）
著(编)者：欧阳友权 2018年5月出版 / 估价：99.00元
PSN B-2012-277-1/1

文化遗产蓝皮书
中国文化遗产事业发展报告（2017~2018）
著(编)者：苏杨 张颖岚 卓杰 白海峰 陈晨 陈叙图
2018年8月出版 / 估价：99.00元
PSN B-2008-119-1/1

文学蓝皮书
中国文情报告（2017~2018）
著(编)者：白烨 2018年5月出版 / 估价：99.00元
PSN B-2011-221-1/1

新媒体蓝皮书
中国新媒体发展报告No.9（2018）
著(编)者：唐绪军 2018年7月出版 / 估价：99.00元
PSN B-2010-169-1/1

新媒体社会责任蓝皮书
中国新媒体社会责任研究报告（2018）
著(编)者：钟瑛 2018年12月出版 / 估价：99.00元
PSN B-2014-423-1/1

移动互联网蓝皮书
中国移动互联网发展报告（2018）
著(编)者：余清楚 2018年6月出版 / 估价：99.00元
PSN B-2012-282-1/1

影视蓝皮书
中国影视产业发展报告（2018）
著(编)者：司若 陈鹏 陈锐 2018年4月出版 / 估价：99.00元
PSN B-2016-529-1/1

舆情蓝皮书
中国社会舆情与危机管理报告（2018）
著(编)者：谢耘耕 2018年9月出版 / 估价：138.00元
PSN B-2011-235-1/1

地方发展类-经济

澳门蓝皮书
澳门经济社会发展报告（2017~2018）
著(编)者：吴志良 郝雨凡 2018年7月出版 / 估价：99.00元
PSN B-2009-138-1/1

澳门绿皮书
澳门旅游休闲发展报告（2017~2018）
著(编)者：郝雨凡 林广志 2018年5月出版 / 估价：99.00元
PSN G-2017-617-1/1

北京蓝皮书
北京经济发展报告（2017~2018）
著(编)者：杨松 2018年6月出版 / 估价：99.00元
PSN B-2006-054-2/8

北京旅游绿皮书
北京旅游发展报告（2018）
著(编)者：北京旅游学会
2018年7月出版 / 估价：99.00元
PSN G-2012-301-1/1

北京体育蓝皮书
北京体育产业发展报告（2017~2018）
著(编)者：钟秉枢 陈杰 杨铁黎
2018年9月出版 / 估价：99.00元
PSN B-2015-475-1/1

滨海金融蓝皮书
滨海新区金融发展报告（2017）
著(编)者：王爱俭 李向前 2018年4月出版 / 估价：99.00元
PSN B-2014-424-1/1

城乡一体化蓝皮书
北京城乡一体化发展报告（2017~2018）
著(编)者：吴宝新 张宝秀 黄序
2018年5月出版 / 估价：99.00元
PSN B-2012-258-2/2

非公有制企业社会责任蓝皮书
北京非公有制企业社会责任报告（2018）
著(编)者：宋贵伦 冯培 2018年6月出版 / 估价：99.00元
PSN B-2017-613-1/1

福建旅游蓝皮书
福建省旅游产业发展现状研究（2017~2018）
著(编)者：陈敏华 黄远水
2018年12月出版 / 估价：128.00元
PSN B-2016-591-1/1

福建自贸区蓝皮书
中国(福建)自由贸易试验区发展报告(2017~2018)
著(编)者：黄茂兴 2018年4月出版 / 估价：118.00元
PSN B-2016-531-1/1

甘肃蓝皮书
甘肃经济发展分析与预测（2018）
著(编)者：安文华 罗哲 2018年1月出版 / 估价：99.00元
PSN B-2013-312-1/6

甘肃蓝皮书
甘肃商贸流通发展报告（2018）
著(编)者：张应华 王福生 王晓芳
2018年1月出版 / 估价：99.00元
PSN B-2016-522-6/6

甘肃蓝皮书
甘肃县域和农村发展报告（2018）
著(编)者：朱智文 包东红 王建兵
2018年1月出版 / 估价：99.00元
PSN B-2013-316-5/6

甘肃农业科技绿皮书
甘肃农业科技发展研究报告（2018）
著(编)者：魏胜文 乔德华 张东伟
2018年12月出版 / 估价：198.00元
PSN B-2016-592-1/1

巩义蓝皮书
巩义经济社会发展报告（2018）
著(编)者：丁同民 朱军　2018年4月出版 / 估价：99.00元
PSN B-2016-532-1/1

广东外经贸蓝皮书
广东对外经济贸易发展研究报告（2017~2018）
著(编)者：陈万灵　2018年6月出版 / 估价：99.00元
PSN B-2012-286-1/1

广西北部湾经济区蓝皮书
广西北部湾经济区开放开发报告（2017~2018）
著(编)者：广西壮族自治区北部湾经济区和东盟开放合作办公室
　　　　　广西社会科学院
　　　　　广西北部湾发展研究院
2018年2月出版 / 估价：99.00元
PSN B-2010-181-1/1

广州蓝皮书
广州城市国际化发展报告（2018）
著(编)者：张跃国　2018年8月出版 / 估价：99.00元
PSN B-2012-246-11/14

广州蓝皮书
中国广州城市建设与管理发展报告（2018）
著(编)者：张其学 陈小钢 王宏伟　2018年8月出版 / 估价：99.00元
PSN B-2007-087-4/14

广州蓝皮书
广州创新型城市发展报告（2018）
著(编)者：尹涛　2018年6月出版 / 估价：99.00元
PSN B-2012-247-12/14

广州蓝皮书
广州经济发展报告（2018）
著(编)者：张跃国 尹涛　2018年7月出版 / 估价：99.00元
PSN B-2005-040-1/14

广州蓝皮书
2018年中国广州经济形势分析与预测
著(编)者：魏明海 谢博能 李华
2018年6月出版 / 估价：99.00元
PSN B-2011-185-9/14

广州蓝皮书
中国广州科技创新发展报告（2018）
著(编)者：于欣伟 陈爽 邓佑满　2018年8月出版 / 估价：99.00元
PSN B-2006-065-2/14

广州蓝皮书
广州农村发展报告（2018）
著(编)者：朱名宏　2018年7月出版 / 估价：99.00元
PSN B-2010-167-8/14

广州蓝皮书
广州汽车产业发展报告（2018）
著(编)者：杨再高 冯兴亚　2018年7月出版 / 估价：99.00元
PSN B-2006-066-3/14

广州蓝皮书
广州商贸业发展报告（2018）
著(编)者：张跃国 陈杰 荀振英
2018年7月出版 / 估价：99.00元
PSN B-2012-245-10/14

贵阳蓝皮书
贵阳城市创新发展报告No.3（白云篇）
著(编)者：连玉明　2018年5月出版 / 估价：99.00元
PSN B-2015-491-3/10

贵阳蓝皮书
贵阳城市创新发展报告No.3（观山湖篇）
著(编)者：连玉明　2018年5月出版 / 估价：99.00元
PSN B-2015-497-9/10

贵阳蓝皮书
贵阳城市创新发展报告No.3（花溪篇）
著(编)者：连玉明　2018年5月出版 / 估价：99.00元
PSN B-2015-490-2/10

贵阳蓝皮书
贵阳城市创新发展报告No.3（开阳篇）
著(编)者：连玉明　2018年5月出版 / 估价：99.00元
PSN B-2015-492-4/10

贵阳蓝皮书
贵阳城市创新发展报告No.3（南明篇）
著(编)者：连玉明　2018年5月出版 / 估价：99.00元
PSN B-2015-496-8/10

贵阳蓝皮书
贵阳城市创新发展报告No.3（清镇篇）
著(编)者：连玉明　2018年5月出版 / 估价：99.00元
PSN B-2015-489-1/10

贵阳蓝皮书
贵阳城市创新发展报告No.3（乌当篇）
著(编)者：连玉明　2018年5月出版 / 估价：99.00元
PSN B-2015-495-7/10

贵阳蓝皮书
贵阳城市创新发展报告No.3（息烽篇）
著(编)者：连玉明　2018年5月出版 / 估价：99.00元
PSN B-2015-493-5/10

贵阳蓝皮书
贵阳城市创新发展报告No.3（修文篇）
著(编)者：连玉明　2018年5月出版 / 估价：99.00元
PSN B-2015-494-6/10

贵阳蓝皮书
贵阳城市创新发展报告No.3（云岩篇）
著(编)者：连玉明　2018年5月出版 / 估价：99.00元
PSN B-2015-498-10/10

贵州房地产蓝皮书
贵州房地产发展报告No.5（2018）
著(编)者：武廷方　2018年7月出版 / 估价：99.00元
PSN B-2014-426-1/1

贵州蓝皮书
贵州册亨经济社会发展报告（2018）
著（编）者：黄德林　　2018年3月出版 / 估价：99.00元
PSN B-2016-525-8/9

贵州蓝皮书
贵州地理标志产业发展报告（2018）
著（编）者：李发耀 黄其松　　2018年8月出版 / 估价：99.00元
PSN B-2017-646-10/10

贵州蓝皮书
贵安新区发展报告（2017~2018）
著（编）者：马长青 吴大华　　2018年6月出版 / 估价：99.00元
PSN B-2015-459-4/10

贵州蓝皮书
贵州国家级开放创新平台发展报告（2017~2018）
2018年11月出版 / 估价：99.00元
PSN B-2016-518-7/10
著（编）者：申晓庆 吴大华 季泓

贵州蓝皮书
贵州国有企业社会责任发展报告（2017~2018）
著（编）者：郭丽　　2018年12月出版 / 估价：99.00元
PSN B-2015-511-6/10

贵州蓝皮书
贵州民航业发展报告（2017）
著（编）者：申振东 吴大华　　2018年1月出版 / 估价：99.00元
PSN B-2015-471-5/10

贵州蓝皮书
贵州民营经济发展报告（2017）
著（编）者：杨静 吴大华　　2018年3月出版 / 估价：99.00元
PSN B-2016-530-9/9

杭州都市圈蓝皮书
杭州都市圈发展报告（2018）
著（编）者：沈翔 戚建国　　2018年5月出版 / 估价：128.00元
PSN B-2012-302-1/1

河北经济蓝皮书
河北省经济发展报告（2018）
著（编）者：马树强 金浩 张贵　　2018年4月出版 / 估价：99.00元
PSN B-2014-380-1/1

河北蓝皮书
河北经济社会发展报告（2018）
著（编）者：康振海　　2018年1月出版 / 估价：99.00元
PSN B-2014-372-1/3

河北蓝皮书
京津冀协同发展报告（2018）
著（编）者：陈璐　　2018年1月出版 / 估价：99.00元
PSN B-2017-601-2/3

河南经济蓝皮书
2018年河南经济形势分析与预测
著（编）者：王世炎　　2018年3月出版 / 估价：99.00元
PSN B-2007-086-1/1

河南蓝皮书
河南城市发展报告（2018）
著（编）者：张占仓 王建国　　2018年5月出版 / 估价：99.00元
PSN B-2009-131-3/9

河南蓝皮书
河南工业发展报告（2018）
著（编）者：张占仓　　2018年5月出版 / 估价：99.00元
PSN B-2013-317-5/9

河南蓝皮书
河南金融发展报告（2018）
著（编）者：喻新安 谷建全
2018年6月出版 / 估价：99.00元
PSN B-2014-390-7/9

河南蓝皮书
河南经济发展报告（2018）
著（编）者：张占仓 完世伟
2018年4月出版 / 估价：99.00元
PSN B-2010-157-4/9

河南蓝皮书
河南能源发展报告（2018）
著（编）者：国网河南省电力公司经济技术研究院
　　　　　　河南省社会科学院
2018年3月出版 / 估价：99.00元
PSN B-2017-607-9/9

河南商务蓝皮书
河南商务发展报告（2018）
著（编）者：焦锦淼 穆荣国　　2018年5月出版 / 估价：99.00元
PSN B-2014-399-1/1

河南双创蓝皮书
河南创新创业发展报告（2018）
著（编）者：喻新安 杨雪梅　　2018年8月出版 / 估价：99.00元
PSN B-2017-641-1/1

黑龙江蓝皮书
黑龙江经济发展报告（2018）
著（编）者：朱宇　　2018年1月出版 / 估价：99.00元
PSN B-2011-190-2/2

湖南城市蓝皮书
区域城市群整合
著（编）者：童中贤 韩未名　　2018年12月出版 / 估价：99.00元
PSN B-2006-064-1/1

湖南蓝皮书
湖南城乡一体化发展报告（2018）
著（编）者：陈文胜 王文强 陆福兴
2018年8月出版 / 估价：99.00元
PSN B-2015-477-8/8

湖南蓝皮书
2018年湖南电子政务发展报告
著（编）者：梁志峰　　2018年5月出版 / 估价：128.00元
PSN B-2014-394-6/8

湖南蓝皮书
2018年湖南经济发展报告
著（编）者：卞鹰　　2018年5月出版 / 估价：128.00元
PSN B-2011-207-2/8

湖南蓝皮书
2016年湖南经济展望
著（编）者：梁志峰　　2018年5月出版 / 估价：128.00元
PSN B-2011-206-1/8

湖南蓝皮书
2018年湖南县域经济社会发展报告
著(编)者：梁志峰　　2018年5月出版 / 估价：128.00元
PSN B-2014-395-7/8

湖南县域绿皮书
湖南县域发展报告（No.5）
著(编)者：袁准 周小毛 黎仁寅
2018年3月出版 / 估价：99.00元
PSN G-2012-274-1/1

沪港蓝皮书
沪港发展报告（2018）
著(编)者：尤安山　　2018年9月出版 / 估价：99.00元
PSN B-2013-362-1/1

吉林蓝皮书
2018年吉林经济社会形势分析与预测
著(编)者：邵汉明　　2017年12月出版 / 估价：99.00元
PSN B-2013-319-1/1

吉林省城市竞争力蓝皮书
吉林省城市竞争力报告（2018~2019）
著(编)者：崔岳春 张磊　　2018年12月出版 / 估价：99.00元
PSN B-2016-513-1/1

济源蓝皮书
济源经济社会发展报告（2018）
著(编)者：喻新安　　2018年4月出版 / 估价：99.00元
PSN B-2014-387-1/1

江苏蓝皮书
2018年江苏经济发展分析与展望
著(编)者：王庆五 吴先满　　2018年7月出版 / 估价：128.00元
PSN B-2017-635-1/3

江西蓝皮书
江西经济社会发展报告（2018）
著(编)者：陈石俊 龚建文　　2018年10月出版 / 估价：128.00元
PSN B-2015-484-1/2

江西蓝皮书
江西设区市发展报告（2018）
著(编)者：姜玮 梁勇　　2018年10月出版 / 估价：99.00元
PSN B-2016-517-2/2

经济特区蓝皮书
中国经济特区发展报告（2017）
著(编)者：陶一桃　　2018年1月出版 / 估价：99.00元
PSN B-2009-139-1/1

辽宁蓝皮书
2018年辽宁经济社会形势分析与预测
著(编)者：梁启东 魏红江　　2018年6月出版 / 估价：99.00元
PSN B-2006-053-1/1

民族经济蓝皮书
中国民族地区经济发展报告（2018）
著(编)者：李曦辉　　2018年7月出版 / 估价：99.00元
PSN B-2017-630-1/1

南宁蓝皮书
南宁经济发展报告（2018）
著(编)者：胡建华　　2018年9月出版 / 估价：99.00元
PSN B-2016-569-2/3

浦东新区蓝皮书
上海浦东经济发展报告（2018）
著(编)者：沈开艳 周奇　　2018年2月出版 / 估价：99.00元
PSN B-2011-225-1/1

青海蓝皮书
2018年青海经济社会形势分析与预测
著(编)者：陈玮　　2017年12月出版 / 估价：99.00元
PSN B-2012-275-1/2

山东蓝皮书
山东经济形势分析与预测（2018）
著(编)者：李广杰　　2018年7月出版 / 估价：99.00元
PSN B-2014-404-1/5

山东蓝皮书
山东省普惠金融发展报告（2018）
著(编)者：齐鲁财富网
2018年9月出版 / 估价：99.00元
PSN B2017-676-5/5

山西蓝皮书
山西资源型经济转型发展报告（2018）
著(编)者：李志强　　2018年7月出版 / 估价：99.00元
PSN B-2011-197-1/1

陕西蓝皮书
陕西经济发展报告（2018）
著(编)者：任宗哲 白宽犁 裴成荣
2018年1月出版 / 估价：99.00元
PSN B-2009-135-1/6

陕西蓝皮书
陕西精准脱贫研究报告（2018）
著(编)者：任宗哲 白宽犁 王建康
2018年6月出版 / 估价：99.00元
PSN B-2017-623-6/6

上海蓝皮书
上海经济发展报告（2018）
著(编)者：沈开艳
2018年2月出版 / 估价：99.00元
PSN B-2006-057-1/7

上海蓝皮书
上海资源环境发展报告（2018）
著(编)者：周冯琦 汤庆合
2018年2月出版 / 估价：99.00元
PSN B-2006-060-4/7

上饶蓝皮书
上饶发展报告（2016~2017）
著(编)者：廖其志　　2018年3月出版 / 估价：128.00元
PSN B-2014-377-1/1

深圳蓝皮书
深圳经济发展报告（2018）
著(编)者：张骁儒　　2018年6月出版 / 估价：99.00元
PSN B-2008-112-3/7

四川蓝皮书
四川城镇化发展报告（2018）
著(编)者：侯水平 陈炜
2018年4月出版 / 估价：99.00元
PSN B-2015-456-7/7

四川蓝皮书
2018年四川经济形势分析与预测
著(编)者：杨钢　2018年1月出版 / 估价：99.00元
PSN B-2007-098-2/7

四川蓝皮书
四川企业社会责任研究报告（2017～2018）
著(编)者：侯水平 盛毅　2018年5月出版 / 估价：99.00元
PSN B-2014-386-4/7

四川蓝皮书
四川生态建设报告（2018）
著(编)者：李晟之　2018年5月出版 / 估价：99.00元
PSN B-2015-455-6/7

体育蓝皮书
上海体育产业发展报告（2017~2018）
著(编)者：张林 黄海燕　2018年10月出版 / 估价：99.00元
PSN B-2015-454-4/5

体育蓝皮书
长三角地区体育产业发展报告（2017～2018）
著(编)者：张林　2018年4月出版 / 估价：99.00元
PSN B-2015-453-3/5

天津金融蓝皮书
天津金融发展报告（2018）
著(编)者：王爱俭 孔德昌　2018年3月出版 / 估价：99.00元
PSN B-2014-418-1/1

图们江区域合作蓝皮书
图们江区域合作发展报告（2018）
著(编)者：李铁　2018年6月出版 / 估价：99.00元
PSN B-2015-464-1/1

温州蓝皮书
2018年温州经济社会形势分析与预测
著(编)者：蒋儒标 王春光 金浩
2018年4月出版 / 估价：99.00元
PSN B-2008-105-1/1

西咸新区蓝皮书
西咸新区发展报告（2018）
著(编)者：李扬 王军
2018年6月出版 / 估价：99.00元
PSN B-2016-534-1/1

修武蓝皮书
修武经济社会发展报告（2018）
著(编)者：张占仓 袁凯声
2018年10月出版 / 估价：99.00元
PSN B-2017-651-1/1

偃师蓝皮书
偃师经济社会发展报告（2018）
著(编)者：张占仓 袁凯声 何武周
2018年7月出版 / 估价：99.00元
PSN B-2017-627-1/1

扬州蓝皮书
扬州经济社会发展报告（2018）
著(编)者：陈扬
2018年12月出版 / 估价：108.00元
PSN B-2011-191-1/1

长垣蓝皮书
长垣经济社会发展报告（2018）
著(编)者：张占仓 袁凯声 秦保建
2018年10月出版 / 估价：99.00元
PSN B-2017-654-1/1

遵义蓝皮书
遵义发展报告（2018）
著(编)者：邓彦 曾征 龚永育
2018年9月出版 / 估价：99.00元
PSN B-2014-433-1/1

地方发展类-社会

安徽蓝皮书
安徽社会发展报告（2018）
著(编)者：程桦　2018年4月出版 / 估价：99.00元
PSN B-2013-325-1/1

安徽社会建设蓝皮书
安徽社会建设分析报告（2017～2018）
著(编)者：黄家海 蔡宪
2018年11月出版 / 估价：99.00元
PSN B-2013-322-1/1

北京蓝皮书
北京公共服务发展报告（2017～2018）
著(编)者：施昌奎　2018年3月出版 / 估价：99.00元
PSN B-2008-103-7/8

北京蓝皮书
北京社会发展报告（2017～2018）
著(编)者：李伟东
2018年7月出版 / 估价：99.00元
PSN B-2006-055-3/8

北京蓝皮书
北京社会治理发展报告（2017～2018）
著(编)者：殷星辰　2018年7月出版 / 估价：99.00元
PSN B-2014-391-8/8

北京律师蓝皮书
北京律师发展报告 No.3（2018）
著(编)者：王隽　2018年12月出版 / 估价：99.00元
PSN B-2011-217-1/1

北京人才蓝皮书
北京人才发展报告（2018）
著(编)者：敏华　2018年12月出版 / 估价：128.00元
PSN B-2011-201-1/1

北京社会心态蓝皮书
北京社会心态分析报告（2017~2018）
北京市社会心理服务促进中心
2018年10月出版 / 估价：99.00元
PSN B-2014-422-1/1

北京社会组织管理蓝皮书
北京社会组织发展与管理（2018）
著(编)者：黄江松
2018年4月出版 / 估价：99.00元
PSN B-2015-446-1/1

北京养老产业蓝皮书
北京居家养老发展报告（2018）
著(编)者：陆杰华 周明明
2018年8月出版 / 估价：99.00元
PSN B-2015-465-1/1

法治蓝皮书
四川依法治省年度报告No.4（2018）
著(编)者：李林 杨天宗 田禾
2018年3月出版 / 估价：118.00元
PSN B-2015-447-2/3

福建妇女发展蓝皮书
福建省妇女发展报告（2018）
著(编)者：刘群英　2018年11月出版 / 估价：99.00元
PSN B-2011-220-1/1

甘肃蓝皮书
甘肃社会发展分析与预测（2018）
著(编)者：安文华 包晓霞 谢增虎
2018年1月出版 / 估价：99.00元
PSN B-2013-313-2/6

广东蓝皮书
广东全面深化改革研究报告（2018）
著(编)者：周林生 涂成林
2018年12月出版 / 估价：99.00元
PSN B-2015-504-3/3

广东蓝皮书
广东社会工作发展报告（2018）
著(编)者：罗观翠　2018年6月出版 / 估价：99.00元
PSN B-2014-402-2/3

广州蓝皮书
广州青年发展报告（2018）
著(编)者：徐柳 张强
2018年8月出版 / 估价：99.00元
PSN B-2013-352-13/14

广州蓝皮书
广州社会保障发展报告（2018）
著(编)者：张跃国　2018年8月出版 / 估价：99.00元
PSN B-2014-425-14/14

广州蓝皮书
2018年中国广州社会形势分析与预测
著(编)者：张强 郭志勇 何镜清
2018年6月出版 / 估价：99.00元
PSN B-2008-110-5/14

贵州蓝皮书
贵州法治发展报告（2018）
著(编)者：吴大华　2018年5月出版 / 估价：99.00元
PSN B-2012-254-2/10

贵州蓝皮书
贵州人才发展报告（2017）
著(编)者：于杰 吴大华
2018年9月出版 / 估价：99.00元
PSN B-2014-382-3/10

贵州蓝皮书
贵州社会发展报告（2018）
著(编)者：王兴骥　2018年4月出版 / 估价：99.00元
PSN B-2010-166-1/10

杭州蓝皮书
杭州妇女发展报告（2018）
著(编)者：魏颖　2018年10月出版 / 估价：99.00元
PSN B-2014-403-1/1

河北蓝皮书
河北法治发展报告（2018）
著(编)者：康振海　2018年6月出版 / 估价：99.00元
PSN B-2017-622-3/3

河北食品药品安全蓝皮书
河北食品药品安全研究报告（2018）
著(编)者：丁锦霞　2018年10月出版 / 估价：99.00元
PSN B-2015-473-1/1

河南蓝皮书
河南法治发展报告（2018）
著(编)者：张林海　2018年7月出版 / 估价：99.00元
PSN B-2014-376-6/9

河南蓝皮书
2018年河南社会形势分析与预测
著(编)者：牛苏林　2018年5月出版 / 估价：99.00元
PSN B-2005-043-1/9

河南民办教育蓝皮书
河南民办教育发展报告（2018）
著(编)者：胡大白　2018年9月出版 / 估价：99.00元
PSN B-2017-642-1/1

黑龙江蓝皮书
黑龙江社会发展报告（2018）
著(编)者：谢宝禄　2018年1月出版 / 估价：99.00元
PSN B-2011-189-1/2

湖南蓝皮书
2018年湖南两型社会与生态文明建设报告
著(编)者：卞鹰　2018年5月出版 / 估价：128.00元
PSN B-2011-208-3/8

湖南蓝皮书
2018年湖南社会发展报告
著(编)者：卞鹰　2018年5月出版 / 估价：128.00元
PSN B-2014-393-5/8

健康城市蓝皮书
北京健康城市建设研究报告（2018）
著(编)者：王鸿春 盛继洪　2018年9月出版 / 估价：99.00元
PSN B-2015-460-1/2

江苏法治蓝皮书
江苏法治发展报告No.6（2017）
著(编)者：蔡道通 龚廷泰　2018年8月出版 / 估价：99.00元
PSN B-2012-290-1/1

江苏蓝皮书
2018年江苏社会发展分析与展望
著(编)者：王庆五 刘旺洪　2018年8月出版 / 估价：128.00元
PSN B-2017-636-2/3

南宁蓝皮书
南宁法治发展报告（2018）
著(编)者：杨维超　2018年12月出版 / 估价：99.00元
PSN B-2015-509-1/3

南宁蓝皮书
南宁社会发展报告（2018）
著(编)者：胡建华　2018年10月出版 / 估价：99.00元
PSN B-2016-570-3/3

内蒙古蓝皮书
内蒙古反腐倡廉建设报告 No.2
著(编)者：张志华　2018年6月出版 / 估价：99.00元
PSN B-2013-365-1/1

青海蓝皮书
2018年青海人才发展报告
著(编)者：王宇燕　2018年9月出版 / 估价：99.00元
PSN B-2017-650-2/2

青海生态文明建设蓝皮书
青海生态文明建设报告（2018）
著(编)者：张西明 高华　2018年12月出版 / 估价：99.00元
PSN B-2016-595-1/1

人口与健康蓝皮书
深圳人口与健康发展报告（2018）
著(编)者：陆杰华 傅崇辉　2018年11月出版 / 估价：99.00元
PSN B-2011-228-1/1

山东蓝皮书
山东社会形势分析与预测（2018）
著(编)者：李善峰　2018年6月出版 / 估价：99.00元
PSN B-2014-405-2/5

陕西蓝皮书
陕西社会发展报告（2018）
著(编)者：任宗哲 白宽犁 牛昉　2018年1月出版 / 估价：99.00元
PSN B-2009-136-2/6

上海蓝皮书
上海法治发展报告（2018）
著(编)者：叶必丰　2018年9月出版 / 估价：99.00元
PSN B-2012-296-6/7

上海蓝皮书
上海社会发展报告（2018）
著(编)者：杨雄 周海旺
2018年2月出版 / 估价：99.00元
PSN B-2006-058-2/7

社会建设蓝皮书
2018年北京社会建设分析报告
著(编)者：宋贵伦 冯虹　2018年9月出版 / 估价：99.00元
PSN B-2010-173-1/1

深圳蓝皮书
深圳法治发展报告（2018）
著(编)者：张骁儒　2018年6月出版 / 估价：99.00元
PSN B-2015-470-6/7

深圳蓝皮书
深圳劳动关系发展报告（2018）
著(编)者：汤庭芬　2018年8月出版 / 估价：99.00元
PSN B-2007-097-2/7

深圳蓝皮书
深圳社会治理与发展报告（2018）
著(编)者：张骁儒　2018年6月出版 / 估价：99.00元
PSN B-2008-113-4/7

生态安全绿皮书
甘肃国家生态安全屏障建设发展报告（2018）
著(编)者：刘举科 喜文华
2018年10月出版 / 估价：99.00元
PSN G-2017-659-1/1

顺义社会建设蓝皮书
北京市顺义区社会建设发展报告（2018）
著(编)者：王学武　2018年9月出版 / 估价：99.00元
PSN B-2017-658-1/1

四川蓝皮书
四川法治发展报告（2018）
著(编)者：郑泰安　2018年1月出版 / 估价：99.00元
PSN B-2015-441-5/7

四川蓝皮书
四川社会发展报告（2018）
著(编)者：李羚　2018年6月出版 / 估价：99.00元
PSN B-2008-127-3/7

云南社会治理蓝皮书
云南社会治理年度报告（2017）
著(编)者：晏雄 韩全芳
2018年5月出版 / 估价：99.00元
PSN B-2017-667-1/1

地方发展类-文化

北京传媒蓝皮书
北京新闻出版广电发展报告（2017～2018）
著(编)者：王志　2018年11月出版 / 估价：99.00元
PSN B-2016-588-1/1

北京蓝皮书
北京文化发展报告（2017～2018）
著(编)者：李建盛　2018年5月出版 / 估价：99.00元
PSN B-2007-082-4/8

创意城市蓝皮书
北京文化创意产业发展报告（2018）
著(编)者：郭万超 张京成　2018年12月出版 / 估价：99.00元
PSN B-2012-263-1/7

创意城市蓝皮书
天津文化创意产业发展报告（2017~2018）
著(编)者：谢思全　2018年6月出版 / 估价：99.00元
PSN B-2016-536-7/7

创意城市蓝皮书
武汉文化创意产业发展报告（2018）
著(编)者：黄永林 陈汉桥　2018年12月出版 / 估价：99.00元
PSN B-2013-354-4/7

创意上海蓝皮书
上海文化创意产业发展报告（2017~2018）
著(编)者：王慧敏 王兴全　2018年8月出版 / 估价：99.00元
PSN B-2016-561-1/1

非物质文化遗产蓝皮书
广州市非物质文化遗产保护发展报告（2018）
著(编)者：宋俊华　2018年12月出版 / 估价：99.00元
PSN B-2016-589-1/1

甘肃蓝皮书
甘肃文化发展分析与预测（2018）
著(编)者：王俊莲 周小华　2018年1月出版 / 估价：99.00元
PSN B-2013-314-3/6

甘肃蓝皮书
甘肃舆情分析与预测（2018）
著(编)者：陈双梅 张谦元　2018年1月出版 / 估价：99.00元
PSN B-2013-315-4/6

广州蓝皮书
中国广州文化发展报告（2018）
著(编)者：屈哨兵 陆志强　2018年6月出版 / 估价：99.00元
PSN B-2009-134-7/14

广州蓝皮书
广州文化创意产业发展报告（2018）
著(编)者：徐咏虹　2018年7月出版 / 估价：99.00元
PSN B-2008-111-6/14

海淀蓝皮书
海淀区文化和科技融合发展报告（2018）
著(编)者：陈名杰 孟景伟　2018年5月出版 / 估价：99.00元
PSN B-2013-329-1/1

河南蓝皮书
河南文化发展报告（2018）
著(编)者：卫绍生　2018年7月出版 / 估价：99.00元
PSN B-2008-106-2/9

湖北文化产业蓝皮书
湖北省文化产业发展报告（2018）
著(编)者：黄晓华　2018年9月出版 / 估价：99.00元
PSN B-2017-656-1/1

湖北文化蓝皮书
湖北文化发展报告（2017~2018）
著(编)者：湖北大学高等人文研究院
　　　　　中华文化发展湖北省协同创新中心
2018年10月出版 / 估价：99.00元
PSN B-2016-566-1/1

江苏蓝皮书
2018年江苏文化发展分析与展望
著(编)者：王庆五 樊和平　2018年9月出版 / 估价：128.00元
PSN B-2015-637-3/3

江西文化蓝皮书
江西非物质文化遗产发展报告（2018）
著(编)者：张圣才 傅安平　2018年12月出版 / 估价：128.00元
PSN B-2015-499-1/1

洛阳蓝皮书
洛阳文化发展报告（2018）
著(编)者：刘福兴 陈启明　2018年7月出版 / 估价：99.00元
PSN B-2015-476-1/1

南京蓝皮书
南京文化发展报告（2018）
著(编)者：中共南京市委宣传部
2018年12月出版 / 估价：99.00元
PSN B-2014-439-1/1

宁波文化蓝皮书
宁波"一人一艺"全民艺术普及发展报告（2017）
著(编)者：张爱琴　2018年11月出版 / 估价：128.00元
PSN B-2017-668-1/1

山东蓝皮书
山东文化发展报告（2018）
著(编)者：涂可国　2018年5月出版 / 估价：99.00元
PSN B-2014-406-3/5

陕西蓝皮书
陕西文化发展报告（2018）
著(编)者：任宗哲 白宽犁 王长寿
2018年1月出版 / 估价：99.00元
PSN B-2009-137-3/6

上海蓝皮书
上海传媒发展报告（2018）
著(编)者：强荧 焦雨虹　2018年2月出版 / 估价：99.00元
PSN B-2012-295-5/7

上海蓝皮书
上海文学发展报告（2018）
著(编)者：陈圣来　2018年6月出版 / 估价：99.00元
PSN B-2012-297-7/7

上海蓝皮书
上海文化发展报告（2018）
著(编)者：荣跃明　2018年2月出版 / 估价：99.00元
PSN B-2006-059-3/7

深圳蓝皮书
深圳文化发展报告（2018）
著(编)者：张晓儒　2018年7月出版 / 估价：99.00元
PSN B-2016-554-7/7

四川蓝皮书
四川文化产业发展报告（2018）
著(编)者：向宝云 张立伟　2018年4月出版 / 估价：99.00元
PSN B-2006-074-1/7

郑州蓝皮书
2018年郑州文化发展报告
著(编)者：王哲　2018年9月出版 / 估价：99.00元
PSN B-2008-107-1/1

❖ 皮书起源 ❖

"皮书"起源于十七、十八世纪的英国，主要指官方或社会组织正式发表的重要文件或报告，多以"白皮书"命名。在中国，"皮书"这一概念被社会广泛接受，并被成功运作、发展成为一种全新的出版形态，则源于中国社会科学院社会科学文献出版社。

❖ 皮书定义 ❖

皮书是对中国与世界发展状况和热点问题进行年度监测，以专业的角度、专家的视野和实证研究方法，针对某一领域或区域现状与发展态势展开分析和预测，具备原创性、实证性、专业性、连续性、前沿性、时效性等特点的公开出版物，由一系列权威研究报告组成。

❖ 皮书作者 ❖

皮书系列的作者以中国社会科学院、著名高校、地方社会科学院的研究人员为主，多为国内一流研究机构的权威专家学者，他们的看法和观点代表了学界对中国与世界的现实和未来最高水平的解读与分析。

❖ 皮书荣誉 ❖

皮书系列已成为社会科学文献出版社的著名图书品牌和中国社会科学院的知名学术品牌。2016年，皮书系列正式列入"十三五"国家重点出版规划项目；2013~2018年，重点皮书列入中国社会科学院承担的国家哲学社会科学创新工程项目；2018年，59种院外皮书使用"中国社会科学院创新工程学术出版项目"标识。

中国皮书网

（网址：www.pishu.cn）

发布皮书研创资讯，传播皮书精彩内容
引领皮书出版潮流，打造皮书服务平台

栏目设置

关于皮书：何谓皮书、皮书分类、皮书大事记、皮书荣誉、
皮书出版第一人、皮书编辑部

最新资讯：通知公告、新闻动态、媒体聚焦、网站专题、视频直播、下载专区

皮书研创：皮书规范、皮书选题、皮书出版、皮书研究、研创团队

皮书评奖评价：指标体系、皮书评价、皮书评奖

互动专区：皮书说、社科数托邦、皮书微博、留言板

所获荣誉

2008 年、2011 年，中国皮书网均在全国新闻出版业网站荣誉评选中获得"最具商业价值网站"称号；

2012 年，获得"出版业网站百强"称号。

网库合一

2014 年，中国皮书网与皮书数据库端口合一，实现资源共享。

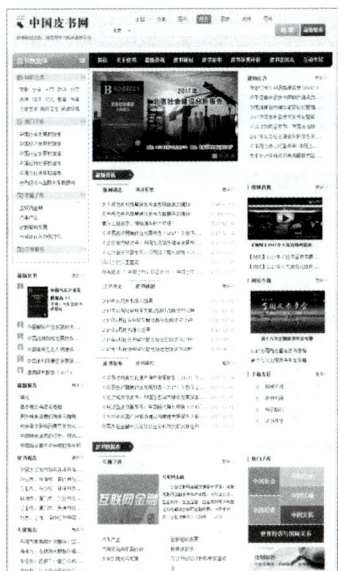

权威报告·一手数据·特色资源

皮书数据库
ANNUAL REPORT(YEARBOOK)
DATABASE

当代中国经济与社会发展高端智库平台

所获荣誉

- 2016年，入选"'十三五'国家重点电子出版物出版规划骨干工程"
- 2015年，荣获"搜索中国正能量 点赞2015""创新中国科技创新奖"
- 2013年，荣获"中国出版政府奖·网络出版物奖"提名奖
- 连续多年荣获中国数字出版博览会"数字出版·优秀品牌"奖

WWW.PISHU.COM.CN

成为会员

通过网址www.pishu.com.cn或使用手机扫描二维码进入皮书数据库网站，进行手机号码验证或邮箱验证即可成为皮书数据库会员（建议通过手机号码快速验证注册）。

会员福利

- 使用手机号码首次注册的会员，账号自动充值100元体验金，可直接购买和查看数据库内容（仅限使用手机号码快速注册）。
- 已注册用户购书后可免费获赠100元皮书数据库充值卡。刮开充值卡涂层获取充值密码，登录并进入"会员中心"—"在线充值"—"充值卡充值"，充值成功后即可购买和查看数据库内容。

数据库服务热线：400-008-6695　　　　图书销售热线：010-59367070/7028
数据库服务QQ：2475522410　　　　　　图书服务QQ：1265056568
数据库服务邮箱：database@ssap.cn　　　图书服务邮箱：duzhe@ssap.cn